"博学而笃志，切问而近思。"

（《论语》）

博晓古今，可立一家之说；

学贯中西，或成经国之才。

作者简介

丁法章，高级编辑，上海市新闻学会名誉会长、中国晚报工作者协会学术委员会名誉主任。1940年9月15日生，江苏盐城人。1966年7月毕业于复旦大学新闻系。1967年9月至1973年8月，先后在江西《赣中报》、《江西日报》从事采编工作，1973年9月至1983年10月，在复旦大学新闻系任教，主讲《新闻采编》、《新闻评论》等课程。嗣后，担任《青年报》、《新民晚报》总编辑和文汇新民联合报业集团领导工作共达20年。撰述出版过《新闻写作》、《新闻评论学》、《新闻评论教程》、《我当晚报老总》、《灯下走笔》、《报海拾贝》、《丁法章散文选》、《丁法章文集》等专著，并主编或参与主编的著作多部。两次获得上海社会科学类著作一等奖，撰写的新闻论文曾分获中国新闻奖第一、二等奖。1992年获国务院突出贡献证书，终身享受政府特殊津贴。社会兼职相继有：上海新闻工作者协会副主席兼上海市新闻学会会长；上海市政协第八届、第九届常委兼文史资料委员会常务副主任；中华全国新闻工作者协会常务理事、中国晚报工作者协会常务副会长、学术委员会主任；中国人民对外友好协会、上海市作家协会理事；上海复旦大学校友会会长；复旦大学、中国人民大学新闻学院兼职教授、研究员；北京吉利大学副校长兼新闻传播学院院长；上海市公关协会副会长。

新闻与传播学系列教材/新世纪版

博學

当代新闻评论教程

（第五版）

丁法章　著

复旦大学出版社

内容提要

新闻评论是媒体的旗帜和“灵魂”。随着高新技术的迅猛发展和现代社会的不断进步，它的重要地位和独特功能，正被越来越多的人们所认识，被越来越多的新闻媒体所重视。本书作者于1985年曾出版新中国第一本《新闻评论学》教学专著，获得广泛好评。在此后的27年里，根据评论发展和教学需要，此书经过三次修订，重印30余次，发行近50万册。

这本《当代新闻评论教程》（第五版），作者对原著作了全面修订，它涵盖了新闻评论学的科学原理、评论写作的基本程序和常用技法，反映了新闻评论在步入新世纪特别是近几年来的发展轨迹和最新成果。如对社会转型中新闻评论独特功能和发展机遇的论述，对传统新闻评论特别是党报评论如何应对新媒体冲击的阐释，对传统新闻评论与网络新闻评论、微博言论关系的廓清，对各种评论形式如何创新与运用的梳理，对如何加强评论人才培养和评论队伍建设的归纳，以及结合实例对评论写作基本技能的解读，都不乏独创性见解，从而使本书具有一定的时代性、针对性、科学性、前瞻性和可操作性。

本书作者从事过近50年的新闻评论教学和媒体评论工作，加上担任过20年著名报纸总编辑和报业集团领导工作的经历，使其具备了撰写新闻评论类专著的独特优势。故本书渗透着作者对新闻评论时间与教学的体察与感悟，深入浅出，生动可读。

2006年6月，该书前身《新闻评论教程》（第四版）被教育部列为全国高等教育“十一五”国家级规划教材，是当年首批唯一入选的新闻评论教材专著。

巧得丁总新“教程”(序一)

范敬宜

我到清华大学新闻与传播学院上任后，校方提出希望我开一门课：“新闻评论”或“评论与专栏”。我是办报出身，对这项任务自然义不容辞。

开课就得有教材。我过去虽然天天和评论打交道，也经常撰写和修改评论，却从未从理论上对评论写作作过系统的总结，对评论教学更无研究。现在要开评论课，按规定必须先向教务处上报采用的教材。说来惭愧，我对国内当前究竟有哪些比较权威的评论教学著作不甚了了，只好委托同事帮我收集。

几天之后，同事从图书馆给我捧来一大摞评论著作，我翻了一遍，大部分是评论写作的经验谈，缺少可供教学用的教材。正在发愁，终于发现了一本《新闻评论学》，丁法章著。“内容提要”上说，这是解放后我国第一本《新闻评论学》；再看一遍目录，也正符合教学需要。乃大喜过望，毅然拍板：“就报这本！”

丁法章同志，人称“丁总”，是我国著名新闻工作者，过去和他虽然交往不多，但是对他在上海报界的业绩和声誉非常了解，十分敬佩他的多方面才能。尤其是像他这样又办报、又教课、又著书的，在总编辑中可谓凤毛麟角。十年前，我应他之邀，到上海参加一个全国性晚报工作会议，他亲自到机场接我，因为已过饭时，他爽快地答应了我的要求，在近郊一家路边小店吃了一碗菜汤面，方知他是一个实实在在的人，不是讲究排场的“官”，更增加了对他的好感。现在得到了他的著作，自然倍感亲切。

我用了两天时间，从头至尾读完了这本《新闻评论学》，深深为它的体例之完备、内容之丰富、立论之精当、文字之活泼所倾服，唯一感到不足的是，此书作于1985年，距今已将近20年，而这20年中，我们国家已经发生巨大而深刻的变化，新闻媒体的变化尤其明显，评论的品种、技法也更趋多样化，更趋讲究和成熟，这些重要的新变化、新情况、新问题，自然不可能在20年前的著作中即有充分反映，更不能苛求于编著者。好在基本框架很理想，我就满足了，问题只是如何增添一些新视点、新内容。

真是无巧不成书。2002年6月20日，我应上海市委宣传部和市记协邀请，到上海讲课。下了飞机，想不到又是丁法章同志来接我。老友重逢，分外高兴。上车以后，他把随身携带的一个牛皮纸袋交给我说："这是我最近出版的一本书，请你提提意见！"

我打开一看，又一次喜出望外，原来是最近由复旦大学出版社出版的《新闻评论教程》！

我说："真是'踏破铁鞋无觅处'，来得正是关键时！你难道知道我正需要它？"

丁法章同志说："那本《新闻评论学》出版以后，一直很受欢迎，后来修订过一次，共印了六万多册，还是供不应求。出版社的同志希望我根据近20年来的新闻实践和新闻教学经验，再作一次全面修订，力求反映这门学科的最新水平。可是因为太忙，迟迟未能完成。今年春节以后，出版社的同志限定我必须四月底以前交稿。我只好尽可能地辞掉外面一切活动，几乎天天闭门谢客，日夜兼程，有时真达到了废寝忘食的地步，终于按时交稿、出版了。"

听了他的简单叙述，我非常感动。因为我知道他是新闻圈子里的大忙人，虽然已退居二线，兼职仍然很多。能够挤出这么多时间著书立说，太不容易。相比之下，我只能自愧弗如，甘拜下风。

在宾馆刚住下，上海就大雨倾盆。下雨正是读书天，干脆把预定的下午一切活动都取消，定下心来读这本《新闻评论教程》，边读边做笔记。这时才发现，这不是一般的修订，实际上是重写。特别是读到"电视新闻评论"、"网络新闻评论"等新章节时，不禁暗想真是天助我也，丁法章这本书怎么好像是专为我写的似的……

（原载于2002年7月25日《新民晚报》。
作者为清华大学新闻与传播学院
院长、《人民日报》原总编辑）

突出创新精神　富有时代特征(序二)

康　群　郑迎光

读完作为复旦大学出版社“博学”品牌、新世纪版的新闻与传播学大学系列教材之一的《新闻评论教程》,深感作者思维敏锐,治学严谨。

此书的确是研究新闻评论的一部力作。

这本书值得称道的地方很多,给我们印象最深的是突出的创新精神、富于时代特征和可用特点的精彩内容。

本书的创新主要体现在哪些方面呢?

一、一根红线,通贯全书,就是坚持马克思主义新闻评论观。例如,它阐明和引用毛泽东写的大量社论评论是“傍着活事件来讨论”,阐述毛泽东主张“精心写作社论是一项极重要任务”,“组织大家写评论”,“写得不要刻板,形式要多样化”,“政论应该像政论,但并不排斥抒情”,一直到评论价值、写作技巧等等,这种思想贯穿于全书。但,“坚持”又不是照抄照搬,不是唯上、唯书、唯人,千篇一律。“坚持”也不是否定一切、无视历史上正反经验,不是以猎奇代替“创新”,而是继承优良传统。

二、发扬解放思想、实事求是、与时俱进、科学严谨的作风。作者敢于明确界定新闻评论的内容,如针对当前工作中的薄弱环节,针对社会上种种倾向性问题,针对群众中流行的错误观点与行为,针对人们普遍关心、议论纷纷、莫衷一是的问题,针对某种新人新事新风尚未被人们充分认识的问题,及时发表评论。除此之外,本书还指出了当前新闻评论写作的通病:用抽象的原则道理去代替对具体事物的分析和论证;用革命导师的论述、知名人士的谈话或科学原理取代作者对具体事物的分析和论证;停留在赘述同类的故事代替论证;或者列出某种现象取代分析。

如此鲜明地提出问题、分析问题,没有大胆的、科学的、求实的、严肃的作风是不可能做到言之有新意的。

三、对于新闻单位和大学新闻教育，必须解决重视和提高新闻评论工作者的素养问题，并且明确这种素养的内涵。本书认为这一问题应该提上新闻单位和大学新闻教育的议事日程。为什么？因为从现状看，“当前解决评论工作者青黄不接、质量不高的问题，显得更为突出、更为迫切”，现在新闻单位对此重视不够，大学专业评论教学力量薄弱，师资缺乏，评论课程设置不成比例，学生缺乏兴趣，但是新闻评论又非常重要，“评论工作者的基本素养如何，往往在一定程度上代表和反映了一家媒体队伍的基本面貌和素养”。这些实事求是的论断，击中新闻评论工作的时弊。试想，我们的新闻评论在读者中、在评奖中，有多少是动之以情，晓之以理，掷地有声，扣人心弦，使读者爱不释手、拍案叫好的呢？有，但不多。在我国现实生活中群众关心的复杂问题不少。加入WTO后，将会出现过去没有的新难点、新热点，将出现更多新的复杂问题，需要新闻评论工作者根据中央精神和法律政策去正确回答。这本书专列一章提出这一带有时代特征的迫切问题，同时回答了新闻评论工作者应该有什么样的素养。这个问题过去的新闻论著有所涉及，但较空泛化，不全面。作者用了1.5万多字阐述新闻工作者的素养：即政治家的眼光、理论家的头脑、社会活动家的本领、杂家的智能、作家的技巧。论述每一种素养时，都列举古今名人名言名事名篇，旁征博引，异彩纷呈。作者强调，从根本上解决新闻评论工作者的素养问题，要贯彻一位中央高层领导提出的“打好五个根底”、“发扬六种作风”的要求，这是“前进方向与具体目标”。

四、重视资料运用是写好新闻评论著作的关键。资料的有无、正误、真伪、衍缺是决定一本新闻评论著作质量的重要方面。本书全文引用的评论文章达45篇之多，其中大多数是中国新闻奖新闻评论获奖作品，书中摘选、点到题目的就更多了。

本书所引资料反映了中国新闻评论的前天、昨天、今天，但重点是主流媒体发表的最新优秀作品，体现了关注当前、详今略古的原则，引用作为论据的最新资料，使读者易于理解内容。在研究方法上，应用辩证法，比较中外古今，异中求同、同中求异，逆向思考、触类旁通，使读者易懂易记、印象深刻。

五、力求创新而不哗众取宠。这本评论学著作是在总结前人新闻评论的经验和新世纪的新经验基础上的创新，全书没有离开新闻评论另搞一些哗众取宠的东西，没有把领导讲话、读者来信之类在新闻评论中另立一体，本书只把杂文、广播电视的有关谈话和分析列入新闻评论，这是创造性见解。把“历届中国新闻奖新闻评论获奖作品名录”附后，更是方便读者查找之举。如果有人问，你们说本书的时代特征和可用特点是什么呢？

从某种意义上说，我们的时代是解放思想、实事求是、与时俱进、开拓创新的时代，是发展先进生产力、发展先进文化、维护人民根本利益的时代。

本书作者抓住时代特征，肯定“近10年来新闻评论最大的变化，就在其思想之活跃、观点之新颖、论述之深刻，都是前所未有的”。如书中全文引用《改革开放要有新思路》、《扬长避短才能多快好省》、《收起对策，执行政策》、《我们的时代需要“最佳”精神》、《全面加强党的建设的伟大纲领》、《坚决制止低俗炒作行为》、《无官最是好待遇》、《再也不要干“西水东调”式的蠢事了》、《阿房宫应该重建吗?》、《感恩老兵》、《“邪恶轴心”为子虚》等。关于网络新闻评论，引用中央高层领导的指示，“要高度重视互联网的舆论宣传，积极发展，充分运用，加强管理，趋利避害，不断增强网上宣传的影响力和战斗力，使之成为思想政治工作的新阵地，对外宣传的新渠道。”这一指示使网络新闻工作者感到提高自己的政治意识、大局意识、阵地意识、责任意识的迫切性。可见本书的时代特征是非常鲜明的。知行合一、学以致用是自古以来我国大学问家治文治事的重要原则。本书十分注意可用性，有一定知识基础者，学了就能懂得什么是新闻评论，细分的各种形式如何区别，新闻评论怎样才能写好。当然，判断一部著作的质量要看实践、看效果。研究新闻评论的目的在于应用。我们读丁法章所著的《新闻评论教程》，觉得属高质量高水平，相信读者是会喜欢的。

（原载于《新闻战线》2003年第4期。
作者康群为《郑州晚报》原总编辑、高级编辑，
郑迎光为河南电视台理论专栏制片人）

新版前言

我之所以对《新闻评论教程》(2008年第四版)要作一次全面修订,并改名为《当代新闻评论教程》出版,原因不外乎:其一,此书于1985年初版后,根据情况变化和教学需要,曾分别于1996年、2002年、2007年作过三次修订,去年出版社又嘱我作第四次修订;其二,更重要的,乃是因为在步入新世纪特别是2008年以来,以《人民日报》发表一系列“任仲平”重要评论为标志,以主流媒体尤其是党报积极应对新兴媒体(网络、手机短信、博客、微博)冲击为抓手,以公众广泛参与和平民化写作为亮点,我国媒体新闻评论进入了新的发展时期,出现了不少新理念、新突破、新举措、新经验,主要体现在以下五个方面:

——在社会转型时期,各级党政领导和广大公众对新闻评论的特殊地位和独特功能,对党报评论在主流舆论中的引领作用有了新的感悟和理解。

——在新兴媒体特别是近两年博客、微博的挑战面前,对主流媒体新闻评论如何积极应对、顺势而为作了可贵探索,并取得了阶段性成果。

——在构建社会公共话语平台方面,对如何吸引公众广泛参与,鼓励各类草根评论独放异彩,有了新的开拓和突破。

——在各种评论形式蓬勃兴盛的情况下,对其如何恰当运用和创新编排,有了不少尝试,积累了一些成功做法和经验。

——在评论人才青黄不接、后继乏人的情势下,对如何重视评论人才培养,加强评论队伍建设,已引起普遍关注,并在实践和教育这两个方面有了初步进展。

以上这一切,在本次修订中将作为重点予以反映、梳理和总结,以期对当前评论工作和评论教育有所启示和促进。值得一提的是,今年四五月间，在中共上海市委宣传部的指导和安排下，作者有幸和顾龙、吕怡然、忻才良、刘丽莎等同行组成调研小组，就近年来上海媒体新闻评论工作的主要成绩、基本经验以及目前存在的突出问题和对策建议等，分赴各主要新闻单位作专题调研，获得不少第一手资料，这对本书的修订工作大有裨益。

本书在修订过程中，我还参阅了不少报刊资料和新闻学者、专家的撰述，并得到了复旦大学出版社社长贺圣遂和责任编辑章永宏的大力支持，在此一并表示真诚的感谢。尽管如此，书中不足不当之处在所难免，敬请读者不吝批评指教。

作者

2012 年 10 月 12 日于踔厉斋

目　录

序　　文

上编　新闻评论学的一般原理

下编 常见评论形式与写作要领

上编

新闻评论学的一般原理

第一章

绪　论

本章内容提要：

1. 新闻评论学的范畴。
2. 新闻评论在社会转型期的独特功能。
3. 学习和研究新闻评论的重要性和必要性。
4. 学习评论写作提高评论素养的首要条件。

第一节　新闻评论学的界说

在本书开宗明义之前，首先需说明两点：一是书名之所以取《当代新闻评论教程》，而未用原名《新闻评论教程》，主要是考虑到此书在内容上较之原作有很大变化，更加突出了当代元素，扼要反映了步入新世纪特别是近几年来新闻评论在社会转型期的新理念、新思路、新突破、新进展、新举措、新经验，很有现实针对性和指导性。二是本书所论及的新闻评论，虽然以发表在纸质媒体(包括报纸、通讯社和新闻性期刊)上的为主，但也涵盖电子媒体(包括广播和电视)与网络媒体(包括互联网、手机话语、博客、微博等)上的新闻评论，这里不存在厚此薄彼的问题。

对于新闻评论学，总体来说，这在我国还是一门年轻的学科，对它的研究，还是近30年的事情。1985年12月，笔者撰写的《新闻评论学》(约20万字)公开出版，是1949年后我国大陆第一本新闻评论教学专著。

嗣后，一批有分量的新闻评论学著作相继问世，有力推动了这门年轻学科的建设。但平心而论，这些研究视野还不够开阔，有一定的实用主义的倾向，大量停留在什么是新闻评论和如何写作新闻评论上，一句话，集中在如何写的问题上，这样，新闻评论学无形中就变成了新闻评论写作学。在编撰本书之前，笔者翻阅了上海报人程仲文 1947 年 9 月出版的《新闻评论学》，以及台湾报人林大椿 1978 年 7 月出版的《新闻评论学》，老报人王一民 1981 年 1 月在台北出版的《新闻评论写作》等，包括查阅了欧美国家的一些新闻评论学专著和教材，发现同样存在类似的问题，几乎都没有跳出就事论事的窠臼。

那么，新闻评论学的研究范围到底是什么呢？这里，不妨先介绍几种有代表性的论述。

中国人民大学新闻学院教授秦珪、胡文龙、涂光晋认为："新闻评论学是新闻学的一个组成部分，它是研究新闻评论的运用和写作规律的科学，有很强的政治性和实践性。"①

《宣传舆论学大辞典》下的定义是："应用新闻学的重要学科。对新闻进行解释和评论的学问。它主要研究新闻评论的特征与类型、历史沿革与地位、评论与政治的关系、评论的规律等。它是政治性、思想性和实践性都很强的学科。研究新闻评论学的目的是探索新闻评论的运用规律，了解新闻评论的特点，掌握新闻评论的写作方法，指导新闻评论的写作实践。"②

苏州大学文学院新闻传播系青年学者杨新敏下的定义则为："新闻评论学研究的范围要广泛得多，有关新闻评论的各种现象、各个方面，新闻评论的过程、规律，都在它研究的视野之内。所以，若下一个比较宽泛的定义，可以这样说：新闻评论学是有关新闻评论现象及其规律的科学。"他还大胆提出了新闻评论学应涵盖本体论、创作主体论、对象论、创作论、文体论、媒体论、接受主体与传播环境论以及新闻评论史等的主张③。

综上所述，可以将新闻评论学的定义概括为：新闻评论学是应用新闻学中的一个分支，是以纸质媒体、电子媒体和网络媒体新闻评论的原理、原则、方法以及历史沿革作为研究对象，以逐步掌握新闻评论运作规律、发挥评论最大效用为主旨的一门科学。它是我国新闻传播学一级学科中应用新闻学教学与研究的重要组成部分，也是我国新闻传

---

① 胡文龙、秦珪、涂光晋：《新闻评论教程》，中国人民大学出版社，1998 年 7 月版，第 1 页。

② 刘建明主编：《宣传舆论学大辞典》，经济日报出版社，1993 年 3 月版，第 256 页。

③ 杨新敏：《新闻评论学》，苏州大学出版社，2002 年 9 月版，第 4—5 页。

播教育和新闻传播实践不可或缺的重点和支点之一。新闻评论学同新闻采访学、新闻编辑学一样，是新闻传播业实务方面的基本学科，具有很强的政治性和实践性。由于新闻评论在新闻十八般武艺中起着挂帅的作用，同时新闻评论写作又是熔采访、写作、编辑于一炉的综合性表现手段，因此，对新闻工作者来说，它是一门必修的专业课，也是一项应该练就的基本功。

学习和研究新闻评论学，要运用科学的世界观和方法论，力求从理论和实践的结合上，总结、归纳和探索新闻评论现象及其规律，特别是我们党报新闻评论工作的成功经验和优良传统，既立足于当前新闻评论工作的实际，又着眼于指导今后的实践。随着现代社会的不断前进和新媒体时代的到来，新闻传播业改革在不断深化，新闻传播方式在不断改进，新闻评论也不断地得到发展，各种形式新颖、观点鲜明、公众喜爱的新闻评论的大量出现，对正确舆论的酝酿、先进文化的探求、人类社会的发展起了积极的推动作用。我们学习和研究新闻评论学，就是要按照新闻传播业的客观规律，发挥新闻评论的独特长处，探索真理、追求真理和传播真理，在不同的场合和条件下，让这种体裁更好地起到反映舆论、引导并形成舆论，从而推动社会发展的作用。

开设新闻评论学这门课程，通过教学和实践，旨在使学生掌握新闻评论学的基本理论和基本知识，了解新闻评论的特点、种类、地位和作用，并懂得这种新闻体裁发展的历史、现状与趋势，以及我党数十年来评论工作的根本传统，明确从事新闻评论工作所应具备的修养和必须遵循的原则。在此基础上，通过思维训练和技能培养，使学生初步了解新闻评论写作（或制作）的主要环节与基本程序；基本掌握几种常用评论形式，诸如社论、社评、评论员文章、短评、编后、按语以及署名新闻时评、思想评论、微型评论、广播电视评论、网络评论等的写作要领，为逐步掌握它的写作和运作规律，并在工作实践中较好地运用新闻评论打下扎实基础。

第二节 学习和研究新闻评论学的意义

谈到新闻评论，相当一部分新闻专业学生表示："我的志愿是当记者，写新闻报道，对搞评论没有兴趣。"不少媒体通讯员则说："写评论主要是编辑、记者的事，和我们关系不大。”一些新闻从业人员也认为：“这主要是专职评论员的事，我们写不写无关紧要。”这些看法都是不尽全面的，不可取的。事实是，懂一点新闻评论学，学一点评论写作，不断提高自己在评论方面的素养，这不仅是搞好当前学习，做好新闻工作的需要，而且对今后具有长远的意义。这是为什么呢？

一、新闻评论在现代传播和主流媒体上的独特地位

接触每天的新闻媒体，我们可以清楚地发现，尽管版面上、节目里、音像中、网页上有各种不同的体裁样式，但总的说来，大体上不外乎两大类型：一是叙述描写类，如消息、通讯、特写、人物访谈、调查报告以及各种文艺作品等；一是说理论证类，如新闻评论、各种理论文章以及谈话类节目等。就报纸而言，在近现代新闻史上，也有将文体归为新闻报道、评论文章、文艺作品三大类或者新闻、言论、副刊、广告四大件的。我国改革开放以来，中央有关主管新闻宣传的领导，历来强调要特别注意抓好典型报道、评论文章和热点引导这“三大件”。其实，对不同的新闻媒体，无论怎样变革，都少不了新闻评论这一类。新闻评论由于它的独特地位，是作为新闻传播的旗帜和灵魂而存在的，它是直接把握社会脉动、影响社会舆论的最权威、最有力的传播形式，在整个信息传输中，总是一马当先，起着引领舆论的作用。具体可从两个方面来看。

第一，新闻评论是判定一家新闻媒体政治面貌的旗帜，加强新闻评论是提高媒体引导力、影响力和核心竞争力的基本一环，新闻评论质量的高低是衡量媒体工作水准的重要依据之一。对主流媒体特别是各级党报更是如此。这是因为，在现代社会里，新闻传媒总是为一定阶级、政党、派别所掌握，并用来为本阶级、政党、派别的利益服务的。新闻评论这种以直接表明作者观点为特征的体裁，各个阶级、政党、派别的新闻从业人员总是十分重视，努力用它来申述自己的思想观点，以求最大限度地影响和争取受众。在我国，新闻评论特别是代表编辑部意见的重要评论，往往是上级领导机关精神和基层工作实际相结合的产物，它既体现着党的意志，也反映着民众的心声；既对上负责，也对下负责；既反映着媒体工作人员对党的路线、方针、政策理解的深度，也体现着这家媒体同广大受众以及整个社会联系的程度，它最敏感最直接地反映出这家媒体的水平。报纸坚持办报方向，强化办报宗旨，必须注意发挥

新闻评论特别是社论的功能。对重大事件、重要活动亮不出自己的观点，举不起自己的旗帜，就谈不上办出水平，更不谈不上有所作为。因此，尽管评论在媒体上所占的篇幅较新闻报道为小，但在整个新闻传播中却起着主导和挂帅的作用。

第二，就某家新闻媒体而言，新闻评论往往是整个宣传报道的纲，抓好评论这一环，就可以把全部报道工作贯穿起来；所以，加强评论工作和提高评论质量，是显示这家媒体工作水平的重要方面。实践表明，一个时期的评论选题计划，常常体现着一个时期的主要传播思想和传播步骤，也常常决定着媒体在一个时期内宣传的主旋律和主基调。所以，对社会主义新闻工作者来说，明确评论选题的过程，实际上就是学习党的路线、方针、政策，分析当前客观形势，确立报道思想的过程。就一般情况而言，评论的选题拟定好了，一个时期的传播任务、传播方向、传播重点和步骤也就大体上明确了。这样，编辑部的工作人员，对于一个时期应该提倡什么，重点突出什么，基本上做到了心中有数，就可以按照各自的分工，围绕一条主线，有中心、有层次地做好配合工作。新闻评论是新闻传播的纲，还在于媒体在树立一个重大典型，阐明一个关键问题，倡导一种新的思想时，新闻评论都是必不可少的统率。新闻从业人员常常以评论的思想为核心，辅之以其他报道形式，组织一个突出的版面、专栏、节目、网页；或者形成一个系列，既有红花，也有绿叶；既有中心，又有声势。这样的新闻宣传，符合传播规律，主题更为集中，导向性更加鲜明，深受广大受众欢迎。

事实也正是这样。在我国新闻传播界，从《人民日报》、新华通讯社到中央人民广播电台、中央电视台，从《光明日报》、《经济日报》、《工人日报》、《中国青年报》到人民网、新华网，到各个省、市、自治区党委主办的党报、广播、电视、网站，都称得上是主流媒体，在新闻传播中都将新闻评论放在十分突出的位置，党报更是如此。《人民日报》的历届领导都高度重视评论工作，评论一直是该报的传统强项和优势所在。近十多年来，以“人民日报的重要评论”谐音的“任仲平”名义发表的评论，更是独领风骚，受到广大读者的高度评价。近几年来，新华社播发的评论员和时评文章，异风突起，独树一帜，以反应迅捷、深中肯綮、切中时弊而广受欢迎。在上海，从《解放日报》、《文汇报》、《新民晚报》到上海广播电视台，从“东方网”到“新民网”，都由主要领导负责评论工作。各媒体都设有评论部(组)，配备专人撰写新闻评论。由于评论部(组)人员都是业务骨干，善于观测风云变幻、关注社会舆情，容易出思想、出观点，他们的看法和创意，常常被领导所采纳，成为决策时的参考。因而评论部(组)的同志，每每被同仁们誉称为“信息窗”、“思想库”、“参谋部”。

二、新闻评论在社会转型和公共话语中的独特功能

重视新闻评论，不断改进和加强评论工作，这是我国现代民主报刊的一贯传统，更是无产阶级新闻事业和党报的优良传统，也是经济社会发展和现代文明进步、广大受众阅读需求发生变化提出的必然要求。可以说，当今在我国有着新闻评论振兴和繁荣的深刻背景。

其一，随着社会主义市场经济体制和民主政治建设的推进，社会经济成分、组织形式、物质利益和就业方式的多样化，给人们的思想观念、价值取向、文化生活带来多元化，这不仅使人们的思想空前活跃，而且提高了人们的参与认识，迫切要求有更多的知情权、表达权和话语权，真正实现“重大情况向人民报告，重大问题经人民讨论，由人民决定”。事实表明，新闻评论不仅是现代社会公民表达的重要手段，也是我们党治国理政，加强民主政治建设的重要思想源泉。我们的主要媒体尤其是各级党报，有义务和责任使人民更好地认识自己，认识自己所处的社会，认识中国。

其二，随着社会转型、经济转轨、企业转制、体制转换的深化，改革由局部转向整体、由经济领域转向上层建筑的各个方面，推进改革和加快发展都面临着一些从未遇到过的新矛盾、新课题，不断衍生着许多人们以前想所未想、见所未见的新事物、新思潮。无论是人们为之振奋，为之思考，为之争辩，抑或为之困惑，有一点是共同的，那就是在大众关心的现实话题面前，每个人都期待理智的光芒，渴求思想的启迪。在今天，因为有了海量的信息传播，在一般情况下，人们已经不缺少新闻，而是缺少对新闻深入、准确的理解与认识，这就需要借助于权威的分析与评论。正因如此，有一位新闻学者满怀激情地指出:“我国新闻媒体已经进入评论与分析的黄金时代”;更多的人说:“我们进入了‘思想’、‘观点’时代。”

其三，随着信息技术特别是互联网的普及，新闻传播更加快捷，方式更加多样，这既拓展了信息与思想交流的空间和渠道，提供了丰富多

彩、生动活泼的公共话语平台,也给传统媒体尤其是党报整合新闻资源、做大做强自身带来了新的机遇和挑战。这就要求占主导地位的党报,应在党的方针、政策和社会主义核心价值体系的指导下,通过综合、分析、分辨,逐步使多种多样的声音融合,向主流的声音靠拢。事实表明,在价值多元、信息海量的当今,人们更加渴望有一个主流声音来引领,当然这个主流声音一定要适应社会和民众的需要。这一过程,既是新闻评论大有作为的过程,也是新闻评论教育社会化的过程,可以让更多的民众特别是网民掌握新闻评论写作,掌握新闻传播的一些基本知识和技能,从而有助于提高全民族的媒介素养。说到底,这既是党报评论引领社会舆论的一种贡献,也是对经济社会发展所承担的一种责任。

正是在这样的情势下,我国新闻评论的内容和形式都随之发生了可喜的变化,一种利用现代科技手段、越过时空限制的电视评论、网络评论(包括手机话语、博客、微博)发展势头强劲,评论工作展现出广阔的发展前景。当前,在我国新闻传播界,无论是纸质的、电子的、网络的还是手机、论坛、博客、微博的载体,无论是中央的、省部级的、地市的还是区县的新闻单位,也无论是党派和群众团体的、专业的还是行业的媒体,对新闻评论都前所未有的重视,被提上了议事日程,放在突出的位置,从而使新闻评论在传播科学理论、发展先进文化、通达社情民意、反映各种诉求、化解公众情绪、弘扬社会正气、塑造美好心灵、实施舆论监督、构建和谐社会中,一句话,在把握社会脉动、引领主流舆论中发挥了极其重要的作用。而且,新闻评论选题的时效性、立论的针对性、论理的透辟性、风格的多样性、作者的广泛性等方面都有了长足的进步,出现了从未有过的大好局面。

三、新闻评论在人才培养与媒体竞争中的独特效应

由于大家都知道的原因,直到今天,仍有不少人对新闻评论怀有一种冷漠感。除此之外,还有不少人认为搞评论容易犯错误,要担风险,写评论不像写新闻报道那样具体、讨巧,还要经常奉命作文搞突击,等等。因而在今天的新闻从业人员中,愿意搞评论的较少,较为成熟的评论工作者更是凤毛麟角。从中央到省、市、自治区一级的新闻媒体,普遍缺少专职评论人员,严重存在青黄不接、后继乏人的状况。难能可贵的是,根据当前新闻工作的急切需要,近 10 年来华中科技大学新闻与

信息传播学院不断调整专业结构和课程设置，在全国新闻院系中首次开设新闻评论方向班，并组建了新闻评论团和新闻评论研究中心，强调教学、研究和实践相结合，注重学生的思维训练和写作训练，把培养学生评论素养和动手能力放在非常突出的位置，积极为新闻单位输送合格的评论人才，已经取得了阶段性成果。据此，有志于献身新闻事业的传媒工作者和高等院校的新闻专业学生，何不确立做一个评论工作者的志向，在当前新闻传播最需要的岗位一显身手呢？新闻从业人员和广大媒体通讯员，又何不在搞好新闻报道的同时，在撰写新闻评论方面也有所作为呢？更何况，要做一个称职的优秀的新闻工作者，在采写新闻报道的同时，在提高评论素养、学习评论写作上下一番苦工夫、真工夫，也是一举数得的好事情。

大家知道，作为一个新闻工作者，首先应当是具有高尚人格的思想政治工作者，是社会活动家，应当具有灵敏的政治嗅觉，做到眼观六路，耳听八方，对周围的一切，对社会、经济、政治等方面的情况有充分的了解，有自己的判断和估价，有发言的主动权。这就是一个新闻工作者首先应当具备的素养，姑且称之为评论素养。评论素养应当成为每个新闻工作者的基本素养之一。我们党的新闻工作的杰出领导者胡乔木，1991年11月5日在约见新华社负责同志时指出："培养名记者的一条重要方法是多写评论和述评"，"评论和述评是一种高层次的新闻报道。"我国著名记者、新华社原社长穆青也说过，要学习西方记者的写作技巧，注意抓细节，善作画龙点睛的议论。可见，要做一个完备的新闻工作者，就必须自觉地锻炼和加强自己的评论素养，就应当学习和研究新闻评论学，并在阅读和写作新闻评论上刻苦磨砺，矢志不渝。

正反两方面的经验教训都表明：有些记者和通讯员在第一线，虽然采访作风很深入，也可以采访到很多新闻事实，包括生活细节，但不善于对其进行科学抽象，往往发现不了问题，抓不住要害，有时发现了问题也提不到应有的高度，提炼不出新颖而深刻的报道主题，其原因主要就在于缺乏评论素养。据了解，这些同志多半对理论不感兴趣，对评论文章不仅不尝试写一点，而且读得也很少，这就使自己在事业上难于有进一步的发展。相反，大凡有出息、有作为的记者，总是在锤炼自己的评论素养上孜孜以求，下过一番工夫的。他们对社会政治和全局情况留心观察，缜密思考，保持高度的政治敏感，蕴含丰富的思想积累，因而写出来的新闻报道，常常比一般记者高出一筹。他们善于从纷繁复杂的社会现象和迷离混沌的生活事件中，捕捉事物的本质，理出报道的主线，其结果，不仅能够得心应手地采写好新闻报道，而且可以根据需要配发多种形式的评论。

还应当看到，根据新闻传播业的发展和新闻改革的深化，新闻从业人员正在逐步打破计划经济体制下的分工界限，向一专多能的方向发展，努力做全能型的记者。实践告诉我们，现今媒体上依托新闻报道配发的评论最为常见，传播效果也好。这就需要采写新闻报道的记者和通讯员最好自己动手配评论，因为你在现场进行了深入采访，对有关的人和事有真情，有实感，最有发言权。这比专职评论员或编辑坐在办公室根据书面材料撰写评论，要实际得多，有利得多。事实也正是如此，当领导和编辑拿到记者从一线发回的配套报道和评论时，都乐于处理，及时编用。

值得一提的是，在日趋激烈的媒体竞争中，新闻评论已被公认为主打产品，成为决定胜负的一个重要方面。因为就一般情况而言，新闻报道由于事实来源大体一致，同质化较为普遍(独家报道除外)，新闻评论却不一样，对同样的新闻事实"智者见智，仁者见仁"，正好可以大显身手，张扬不同媒体的个性，显示不同媒体的水平和风格，对一家媒体的品牌形象至关重要。正因如此，不少有识之士深有感触地说："当前媒体之间的竞争，说到底是'思想'的竞争，'观点'的竞争！""谁想在竞争中处于领先，争得主动，就必须精心打造新闻评论，扩充评论队伍，提高评论质量，优化评论生态！"我们欣喜地看到，不少新闻媒体已将重视评论人才培养，加强评论队伍建设放在重要议事日程。浙江《嘉兴日报》为加强评论工作，在全国公开招聘评论记者，建立评论记者工作机制，专门开设评论版面，并主办过两届以新闻评论为专题的全国研讨会，在全国有良好口碑。当然，更多的新闻单位是眼睛向下，从各部门挑选优秀记者集中培训，在实战中学习，在实战中提高。《解放日报》全国名专栏"解放论坛"，由一位专职评论员负责，一帮一，老带新，短短两年已为各部门培养了近40名兼职评论员。《人民日报》"任仲平"写作小组，更是培养评论写手的摇篮，10多年来已经有近50位同志在这里学习训练过，大家深感"这是人生难忘的一次经历"。

总而言之，不论从新闻评论在现代传播和主流媒体中的独特地位看，从社会转型和公共话语中的独特功能看，还是从人才培养和媒体竞争中的独特效应看，懂一点新闻评论学，学一点评论写作，不断提高自己的评论素养，都是十分必要的。这既是当务之急，也是长远之策。

第三节　学习评论写作应有的态度

既然懂一点新闻评论学，学一点评论写作，不断提高自己在评论方面的素养是如此重要，那么，究竟怎样才能学好评论写作呢？也就是说，要扫除哪些思想障碍，树立怎样的态度才能学有成效呢？

一、打破“评论神秘”的观念，树立苦战能过关的志向

评论写作，虽然有其特定的要求，但是它和一般论说文乃至新闻报道的写作，不失互通之处，都有一定的规律可循，都可以经过主观努力，由知之不多到知之甚多，由不敢动笔到逐步掌握，到挥洒自如，实现由必然王国向自由王国的飞跃。事实也正是这样。既然我们经过一段时期的努力，可以学会写一般的论说文，可以学会采写新闻报道，为什么就不可以经过努力，逐步学会写评论呢？实践表明：评论写作本身并不神秘，问题往往出在人为产生的神秘观念上。世上无难事，只要肯登攀。只要我们充分发挥人的主观能动作用，就可以打破这个神秘观念。这里，马克思有一句至理名言，委实是我们打破这种神秘观念的灵丹妙药。马克思说：

> 在科学的门口，正像在地狱的门口一样，必须提出如下一个要求：
>
> 在这里一切的疑惧都须抛弃，一切怯懦的念头都须化除。

这就是说，我们要想取得任何事业的成功，达到理想的彼岸，就一定要打破神秘观念，一扫疑惧和怯懦的念头。学习评论写作亦莫不如此。当然，冲破了思想牢笼以后，还必须树立苦战攻关的精神，并辅之以正确的方法。这些道理，如果用法国生物学家、化学家巴斯德说过的一句话来引证，那是再恰当不过了。巴斯德说：“立志、工作、成功是人

类活动的三大要素。立志是事业的大门，工作是登堂入室的旅程，这旅程的尽头就有成功在等待着，来庆祝你努力的结果。”打破神秘观念，坚持苦战攻关，不正是学习评论写作上的一种“立志”和“工作”吗？若能如此，哪有不成功的道理？又哪有不到旅程尽头的一天呢？

在这方面，我是有一定体会的。20 世纪 60 年代初期，还在复旦大学新闻系求学的时候，我的志向是毕业后搞新闻报道，搞报告文学，企望通过记者之路走向作家之路，要说写作评论，我当时只觉得枯燥抽象，神秘莫测，高不可攀，压根儿也没有想到会有跟它打交道的一天。可是大学毕业踏上新闻工作岗位以后，由于工作需要，领导却偏偏要我去搞并不心甘情愿的评论工作，尝试撰写新闻评论，并且一搞就是七八年；想不到的是，后来调大学新闻系任教后，居然主讲新闻评论课，操起教学生怎么写评论的行当来，也整整搞了 10 年；更没有想到的是，后来重返新闻岗位后，在担任上海《青年报》、《新民晚报》总编辑的 15 年间，不仅主管评论工作，审改过大量评论，而且还动笔写了不少评论文章，仅 1988 年一年，单为《新民晚报》头版“今日论语”专栏撰发的小言论，就多达 112 篇之多。说句心里话，现在我已逾古稀之年，但无论对评论写作，还是对评论教学和研究，都怀有浓厚的兴趣，颇想在这方面有所作为。我的这个变化过程说明了什么呢？说明实践可以打破人为的神秘观念，实践可以培养一个人的志趣爱好，实践可以增长一个人的聪明才智。诚然，由于主观努力不够，我离旅程的尽头，离心中目标还远着哩！但我的这个经历，难道不是对评论写作并不神秘的一个有力佐证吗？

二、克服“评论无学”的思想，认清评论和政治与理论的关系

有不少同志认为：“搞评论就是搞政治，搞理论，本身没有多少学问，谈不上有多少个人创造。”这种“评论无学”的思想，既是对新闻评论的一种误解，又是对自我创造精神的一种束缚，如不加以澄清，势必会影响我们学习评论写作的兴趣与成效。

不错，评论写作同马克思主义的理论，同党的路线、方针、政策的关系是非常密切、不可分割的。作为社会主义新闻传播业，新闻评论的根本任务，就是要针对当前政治、经济、军事、教育、科技、文学、艺术、国防及社会生活等各领域、各方面出现的新情况、新问题，及时地作出新的分析，提供新

的见解，以醒人耳目、振奋精神、鼓舞斗志。可以说，坚持运用科学的世界观和方法论，紧密联系当前国情、舆情，深入浅出地阐释党的现行路线、方针、政策，用正确的舆论引导人，就是我们评论工作的出发点和归宿。从这个意义上也可以说，评论工作是在搞政治，搞理论。其实，岂止是评论写作，搞新闻报道又何尝不如此呢？如果不以马克思主义的立场、观点、方法，不以邓小平理论、“三个代表”重要思想和科学发展观作指导，没有一定的思想理论水平，你能够从瞬息万变的大千世界中发现新事物的萌芽吗？能够从纷繁复杂的社会现象中捕捉有本质意义的东西，采写出有分量的报道吗？回答是很清楚的。正因为如此，对从事新闻报道工作的人员来说，认真地而不是敷衍地、系统地而不是零碎地学习马克思主义和党的路线、方针、政策，并提高自己运用科学的世界观与方法论分析和解决实际问题的能力，这对个人成长和事业建树实在是具有长远战略意义的一项基本建设。

应当承认，由于体裁本身的特殊性，评论写作同理论和党的现行政策的关系，较之新闻报道、文艺作品来，要直接得多。但是，绝不能据此就把评论和政治、和理论等同起来，在它们之间画上等号。须知媒体上的新闻评论，绝不是纯理性的论证，也不是学术上的探讨，更不是党的政策的复述，文件指示的照抄，领导讲话的翻版，它是具有强烈时效性的“时评”，蕴含鲜明针对性和普遍指导性的“政论”。新闻评论在分析客观形势，阐释党的路线、方针、政策时，在评述有价值的新闻事件和热点话题时，总是力求把上头的精神和基层的实际结合起来，和广大干部群众的思想状况结合起来，做到有的放矢，就实论虚，进行生动切实而有说服力的舆论引导。而要做到这一切，就不能不精心总结前人和今人的评论理念与实践经验，努力学习被实践证明是行之有效的传播手段和引导艺术，掌握各种评论形式的写作技法，恰当运用和巧妙编排各种评论形式。所有这些，不都是实实在在的学问吗？新闻评论学之所以会成为一门独立的学科，也充分说明了这一点。应该看到，人们之所以会产生“评论无学”的思想，与一些媒体评论在“左”的路线影响下，曾一度存在不少为公众厌恶的“职业病”，一些评论文章充斥着装腔作势的说教，枯燥乏味的唠叨，指手画脚的“官”腔，千篇一律的语言，新闻评论学不被重视有关。这就更需要我们坚定志向，充满信心，积极涉足这个空白领域，纵横驰骋，从理论和实践这两个方面，为创立社会主义新闻评论学体系而作出努力。

三、改变"眼高手低"的状况，做评论园地里坚持练笔的耕耘者

学习评论写作，固然主要取决于作者的思想理论水平，取决于作者深入调查研究和分析与解决实际问题的能力，但是也有一个努力了解和熟悉评论写作基本要求的问题，特别是在坚持练笔中逐步掌握写作技法的问题。虽然这是提高评论写作水平的第二位的问题，但在一定条件下，却可以起决定性作用。譬如，具有较高马克思主义理论水平和工作经验的领导干部，不一定都能写得一手好文章；党校的政治教员，马克思主义理论不可谓不熟悉，但未必都写得出合格的新闻评论。如此等等，都说明了这个问题。因此，我们在认真学习马克思主义和党的路线、方针、政策，深入社会调查研究，不断提高分析问题与解决问题能力的同时，一定要坚持在评论园地里辛勤笔耕，乐此不疲。

问题是到底怎么抓写作练习。当然主要不在于熟记评论写作的基本要领，背出各种条条杠杠，而在于将这些东西运用于实践，注重在坚持练笔中认真体会，摸索规律，把别人的经验变成自己的财富。反之，如果"眼高手低"，做"天桥把式"，光说不练，"大文章写不来，小文章不屑练"，那是不可能提高评论写作的水平的。这就好比一个把游泳指南之类的书背得滚瓜烂熟，而从不下水练习的人一样，永远只能望洋兴叹。基于此，我们就应该不畏劳苦地坚持练笔。就评论的练笔而言，可说题材丰富，形式多样，大有练武之地。什么一事一议、三言两语，什么短论随笔、漫谈杂感，什么读书偶得、影视观后乃至博客微博……都可用来尝试练习。在这方面，具有比练习写新闻报道更便利的条件。

在坚持笔耕方面，许多老一辈评论工作者为我们树立了学习的榜样。我国无产阶级杰出的评论行家邓拓，早在二十几岁时就担任晋察冀日报社社长，三十几岁时就担任人民日报社社长。在"笔走龙蛇二十年"的办报生涯中，他亲自撰写的社论就达 100 多万字，其中有不少是在枪林弹雨的篝火旁，在疲惫不堪的膝盖上写成的。在担任北京市委书记期间，他应《北京晚报》的要求，利用十分有限的业余时间，仅 1961 年就写了 150 多篇总题为《燕山夜话》的杂文，几乎每一两天一篇。这需要多么坚强的毅力啊！又如，美国最负盛名也是世界上影响最大的评论家和专栏作家李普曼，从 25 岁写到 85 岁逝世，纵横论坛 60 年，几

乎每天都要为一至两家的报纸撰写专栏文章，一生写了总数达 1 000 万字的上万篇时论，以及 31 本关于哲学、政治与外交方面的著作。这些名家大师尚且这样每日写作，不让一天闲过，我们还有什么理由不勤于练笔，做到“夏练三伏，冬练三九”呢？

问题与练习：

1. 什么是新闻评论学？它研究的范围有哪些？
2. 学习和研究新闻评论学的主要目的何在？
3. 怎样认识当今时代为新闻评论的兴盛和发展提供了深厚的社会和文化背景？
4. 提高评论素养，对搞好新闻报道有什么帮助？
5. 学习评论写作的正确态度是什么？
6. 有选择地走访一些媒体总编辑或专职评论员，请他们现身说法，谈谈对抓评论工作和写新闻评论的体会。

第二章

新闻评论的特点

本章内容提要：

1. 新闻评论的定义。
2. 新闻评论的显著特点。
3. 新闻评论与新闻报道、理论文章的异同。

我们同新闻媒体打过交道的同志，不论是专职新闻从业人员或业余通讯员，都会不时遇到这样的情况：人们在日常思想、工作和生活中，特别是在多变、多样、多元的当今社会，不时会有一些新鲜事件和热门话题，需要及时作出评判，而又不宜于或不便于采用新闻报道的形式，只是需要从思想与理论的角度析事明理、解疑释惑；还有，上级部门和有关领导对某一项运动、任务、工作，有了新的批示与部署，或者发现了运动与工作中的新问题，需要很快地通过新闻媒体进行疏导，但是由于这是完全新的问题，有时很难马上找到典型材料写成新闻报道；再有，一篇新闻报道有时还不足以说明白某个问题，很需要借助另一种形式来加以补充阐述，把问题说得更清楚、更透彻，以引起受众注意，扩大传播效果；如此等等。这种种情况下需要采用的另一种形式，就是新闻评论。

究竟什么叫新闻评论？它同以叙述为主的新闻报道、文艺作品有何不同？凡是议论和说理的文章，就是新闻评论吗？理论文章与新闻评论有何异同？回答这些问题，就需要对新闻评论作深入剖析。

第一节　新闻评论的定义

关于新闻评论的定义，方方面面的新闻行家有不少概括，可说是百花齐放，各有千秋。这里，按发表时间先后，摘录几个有代表性的论述。

台湾报人林大椿在《新闻评论学》一书中说："新闻为事实的客观记载，评论为基于事实而发表的意见。"

我国著名评论工作者、《人民日报》原副总编辑范荣康认为："新闻评论是就当天或最近报道的新闻，或者虽未见诸报端但确有新闻意义的事实，所发表的具有政治倾向的，以广大读者为对象的评论文章。"①

1996年3月出版的《中国新闻实用大辞典》则表述为："新闻媒体或作者个人就新近发生的事件、当前社会生活中存在的现象或思想倾向、公众普遍关注的问题等阐述自己观点、立场的新闻文体。"

"新闻评论是新闻传播工具对当前重大问题和典型新闻事件进行批评论说的议论文，是新闻媒体上社论、评论员文章、短评、编后、专栏评论、述评诸种评论形式的总称。"②

曾从事过媒体评论工作、现在执教新闻评论课程的学者马少华这样表述："新闻评论是新闻体裁中重要的一类，它表达人们对新闻事件的判断、对由新闻引发的各类社会问题的思考。"③

华中科技大学新闻评论研究中心主任赵振宇教授则认为："所谓新闻评论是传者借用大众传播工具或载体，对新近发生或发现的新闻事实、问题、现象直接表达自己意愿的一种有理性有思想有知识的论说形式。新闻评论在报纸、广播、电视和网络上有不同的表现形式，或文字、或声音、或音像结合、或图文并茂，在新闻传播中发挥着重要作用"。④

根据以上六位方家的归纳，新闻评论的定义可否这样概括：新闻评论，是媒体编辑部或作者对最新发生的有价值的新闻事件和有普遍意义的社会现象、热门话题，运用分析和综合的方法，就事论理，就实论虚，有着鲜明针对性和思想启迪性的一种新闻文体，是现代新闻传播工具报纸、广播、电视、网络经常采用的社论、社评、评论员文章、短评、编者按、专栏评论和述评等的总称，属于论说文的范畴。简而言之，新闻评论是就有价值的新闻事实和社会现象发表意见以指导实践的一种文体。新闻评论由于它的独特功能，在报刊上为了区别于其他文字体裁，

---

① 范荣康：《新闻评论学》，人民日报出版社，1988年2月版，第5页。

② 刘根生：《新闻评论范文评析》，新华出版社，2001年1月版，第2页。

③ 马少华：《新闻评论教程》，高等教育出版社，2007年3月版，第1页。

④ 赵振宇：《现代新闻评论》，武汉大学出版社，2005年版，第43页。

一般都采用正楷字体，清晰、醒目。一些特别重要的社论、编辑部文章以及特约评论员文章，有时还用大一号的正楷字或宋体字，多数评论都放在版面的显著地位，并围框，以示庄重。音像评论一般都安排在节目的领先时段。

随着新闻传播业的发展，新闻评论体裁的应用范围不断扩大，它已经从过去单一的报刊体裁，逐步演变为通讯社、广播、电视、网络经常运用的文章形式，并与不同的新闻样式的长处相结合，形成不同的个性特征而各具魅力。尽管报刊评论见长于文字的逻辑推理，广播评论见长于有声语言的表情达意，电视评论见长于形象与声音的视听兼备，网络评论见长于快速反应和先声夺人，但是，它们仍然都具有两重属性，既是新闻体裁，又隶属于论说文体。因此，可以这样认为，新闻评论是论说文体中的新闻体裁，是新闻体裁中的论说文，问题是将它放在什么范畴来考察。

在新闻的十八般武艺中，新闻报道和新闻评论是最常用的两种主要文体，它们在一个总的报道思想指导下，分工合作、紧密配合，完成一定的传播任务。有学者指出：新闻在传播的过程中有两种信息，一是传播事实信息，一是传播观点信息，两者结合才是完整的新闻含义。人们接受信息，不仅需要及时了解该事实的发生过程，同时也想知道该事实发展的性质和意义。而且，随着信息传播的广泛和快捷，一般来说，在短时间里掌握某一事实并不是十分困难的事情，然而如何评判这一事实，揭示它的性质、意义和发展趋势，却并非易事，必定是因人而异、千姿百态、千差万别的。可以说，新闻报道是基础和主体，它的主要任务是报道新闻事实，传递事实信息，用事实来反映现实生活，以一种无形的意见来启迪受众。新闻评论则是旗帜和灵魂，它总是围绕党和政府在各个时期的中心任务，针对当前发生的各种典型事件和存在的突出问题，运用分析和综合的方法，从现实生活出发，进行评述说理，指明什么是正确的，什么是错误的，传播观点信息，以有形的意见直接地指导人们的工作、思想和行动。这两种主要文体的大目标是一致的，都要求准确、鲜明、生动地宣传党的方针政策，发挥舆论导向的作用，但各自的特点又是十分明显的。在新闻体裁的范围内，如果强调“发表意见，阐明观点”，就将新闻评论区别于消息、通讯一类的文章。它总是立足当前，面向最广大的受众，就实论虚，析事明理，通过对现实典型事件和具体问题的具体分析，直接阐明观点，表明媒体编辑部或作者的立场与态度。需要强调的是，新闻评论应力求经得起历史的检验，要在科学、民主、独立的前提下，提倡宽容，最终促进社会的进步、和谐与发展。

第二节 新闻评论与新闻报道的比较

1997年7月1日，香港回到了祖国的怀抱，这是中国人民普天同庆的百年盛事。这一天，在各家新闻媒体上都刊播了大量的消息、通讯、特写、画面、图片等。这些新闻报道，按照新闻五个W的要求，如实反映了香港回归祖国这一重大政治事件，形象而又生动地展示了7月1日零点在香港会展中心举行的中英两国政府香港政权交接仪式、香港特区成立暨特区政府宣誓就职仪式的现场情景……旨在向广大受众及时传递这一重大信息，提供事实发生发展的全过程，给人们以"知"，至于这一重大事件所蕴含的本质，以及由此还可以引申出哪些方面的意义，则留给受众去思考，去作结论。而这一天《人民日报》所配发的社论《中华民族的百年盛事——热烈庆祝香港回归祖国》(获第八届中国新闻奖一等奖)，则以香港回归祖国这一重大事件为由，深刻揭示了这一事件的本质意义，表达了亿万中华儿女的心声，抒发了强烈的爱国主义情感。通篇文情并茂，情理交融，使广大受众不能不由接近而贴近而共鸣。一句话，这篇社论较之新闻报道，不仅给受众以"知"，而且给受众以"感"、以"悟"、以"情"。这里引录全文如下：

> 1997年7月1日零点，全世界都在谛听从东方响起的庄严钟声。它响彻寰宇，向五洲四海郑重宣告：中华人民共和国政府恢复对香港行使主权的时刻到来了！中华民族洗雪百年耻辱、扬眉吐气的时刻到来了！
>
> 以中英两国政府完成交接仪式，香港特别行政区宣布成立为标志，圆了中华民族期盼了一个多世纪的香港回归梦，实现了几代人的夙愿。这一天，举世瞩目，永载史册。
>
> 香港回归，百年盛事，普天同庆，举国欢腾。在960万平方公里国土上，热血沸腾的中国人民，以千歌万曲、千言万语表达着自己欢乐、自豪、振奋的感情。

在欢庆香港回归的时候，我们决不能忘记，为了这一天，中国人民走过的不平凡的道路：

——为了这一天，无数中华民族的英雄儿女御外侮、争主权，前赴后继，同殖民统治进行不屈不挠的斗争，充分显示了维护民族尊严和国家主权不可动摇的信念，表现出崇高的爱国主义情怀。但是，由于当时的祖国积弱积贫，由于当时的政府腐败无能，斗争是壮烈的，结局是悲哀的。一代又一代仁人志士壮志难酬。

——为了这一天，新中国成立后，我国政府多次庄严申明，香港自古以来是中国领土不可分割的一部分，不承认英帝国主义强加给中国的三个不平等条约；对于这一历史遗留问题，将在条件成熟的时候通过和平谈判解决；未解决之前维持现状。新中国第一代领导人毛泽东、周恩来等，十分关心香港的前途，关怀香港同胞。在新中国建立前后，毛泽东同志先后提出了“暂不收回香港”、“长期打算、充分利用”和“1997年平稳交接”等一系列解决香港问题的战略决策，为保持和促进香港的繁荣稳定，为香港回归祖国奠定了坚实的基础。党的十一届三中全会以后，我国进入改革开放和社会主义现代化建设新的历史时期，社会生产力蓬勃发展，综合国力显著增强，国际地位日益提高。中国作为一个最具发展活力的国家，巍然屹立在世界的东方，为香港的顺利回归创造了决定性条件。

——为了这一天，中国政府以统一祖国的大局为重，以保持香港繁荣稳定的大局为重，按照“一国两制”的构想，为解决香港、澳门、台湾问题，最终实现祖国的完全统一，提供了一条现实可行的途径。实践表明，“一国两制”、“港人治港”、高度自治的基本方针，符合香港的利益，符合全民族的根本利益，得到了广大香港同胞和全国各族人民的拥护，也得到了国际社会的赞同。这是一个高瞻远瞩的伟大创造，是人类文明进步史上的一个创举。

在欢庆香港回归的时候，我们深切怀念敬爱的邓小平同志。他作为一个伟大的革命者、爱国者和中国改革开放的总设计师，毕生以祖国的解放、振兴、统一为己任。他作为第二代中央领导集体的核心，以罕见的政治勇气、恢宏气度、高超智慧，创造性地提出了“一国两制”的伟大构想，为香港顺利回归祖国起到了巨大作用。“一国两制”构想将作为他对中华民族的伟大贡献而功垂青史、光照中华。

在欢庆香港回归的时候，我们更加深刻地体会到，没有中国共产党的领导，没有祖国的日益强盛，没有改革开放的伟大成就，没有新中国三代领导人的不懈努力，特别是没有邓小平建设有中国特色社会主义理论的指引，就不可能有今天的香港回归。这就是一百多年历史写下的庄重结论。

香港回归，是落实“一国两制”方针的第一步。更重要的，是确保香港长期繁荣和稳定。《中华人民共和国香港特别行政区基本法》是根据“一国两制”的构想而制定的一部全国性法律，是今后香港特别行政区一切运作的法制基础，更是香港长期繁荣稳定的根本保证。香港回归祖国以后，《基本法》即开始实施，从中央到地方，广大干部和群众都要认真学习、严格遵守《基本法》。香港特区政府和广大港人也会认真贯彻、执行《基本法》，以主人翁的责任感，肩负起“港人治港”的重任，把香港管理好、建设好。

现在，在党的基本理论和基本路线指引下，在以江泽民同志为核心的党中央的坚强领导下，我们国家政治稳定，经济发展，民族团结，社会进步。世界将看到，中国的明天会更好，具有五千年文明史的中华民族在新世纪的征途上，将向着现代化的宏伟目标昂首阔步前进，中国的完全统一、中华民族的全面振兴，将成为辉煌灿烂的现实。

由此可见，以议论为主的新闻评论同以叙述为主的新闻报道作比较，可以发现它们在反映内容、写作目的和表达方式上是有所不同的。

1. 反映内容

新闻报道主要向受众传递新的事实信息，提供新闻事件的事实真相，力求反映客观事实，“用事实说话”，当然，也体现一定的思想倾向。新闻报道的事实主要给受众以“知”，至于事件本身的实质何在，以及由此还可以引申出哪些方面的意义，对社会有何影响等等更深层的内涵，则留给受众去思考。新闻评论则以新闻提供的事实为出发点，深入挖掘事实表象所掩盖的本质所在，然后进行分析说理，由点到面，由表及里，深刻揭示事实所蕴含的意义，直接阐明作者对事实或问题的评价与看法，传播观点信息，反映传播的意图。上面引录的《中华民族的百年盛事》这篇社论，贯穿全文的“根”就是一个“情”字——真挚的爱国主义情怀。文章一开头，便表达了因香港回归祖国而生的自豪感，因百年耻辱得以洗雪而生的痛快感；接着，一连三个排比句“为了这一天”，抒发了对无数“中华儿女御外侮、争主权，前赴后继，同殖民统治进行不屈不挠的斗争”的崇敬之情，对老一辈国家领导人的敬仰和对邓小平同志的怀念之情。全文自始至终洋溢着的爱国情感，读之荡气回肠，使人感慨万千。这就是新闻评论给人以“感”和“悟”的魅力所在。

2. 写作目的

新闻报道是以传播事实信息为主，由此在社会上形成舆论。它在满足受众欲知未知目的的同时，发挥宣传政策、表彰先进、传播知识、激浊扬清等作用。新闻评论则旨在使新闻内在的思想得以引申、提高与升华，直接阐明主张与思想观点，摆事实是其论证的手段，讲道理为其根本目的。优秀的新闻评论之所以会受到人们的青睐，关键就是它能“点破窗纸”，在事实的要害之处“说长道短”，使受众感到“一吐为快”，能有这样的效果，新闻评论的写作目的也达到了。

3. 表达方式

新闻报道以记叙为主，以讲清事实“五要素”（即时间、地点、人物、事情、为什么等）为基本条件。其中事实是否确凿可靠，能否准确地反映客观实际，是新闻报道的生命。新闻评论以议论为主，讲究概念、判断、推理，要求论点准确、论据充分、论证有逻辑性。因为新闻评论是一种思想观点的发挥，旨在阐明事物的真理，所以析事明理是它的基本条件。为此，也只有占据大量典型、实在的事实，进行入木三分的剖析，才能使本质被揭示得更充分、更深刻。

新闻报道与新闻评论是现代传播两种基本的表现手段，是互相依存、共同配合的。当然，首先新闻是评论得以存在和发展的基础与条件，评论因有新闻提供的事实可使道理阐述得更具体、更有说服力。如果说新闻是报道事实的艺术，那么评论就是抓矛盾、摆事实、讲道理的艺术，是依靠新闻提供的事实从理论上帮助人们加深理解的手段。简而言之，新闻，是对新近发生的事实的报道，重在说明“是什么”。而评论，则是对新闻事实本质的揭示，重在回答“为什么”、“怎么样”。新闻务实，评论务虚，一实一虚，构成了媒体的两大表现样式。两者正是在这一“实”一“虚”、一“报”一“导”(道)上，各司其职，相得益彰，从而使我们的新闻传播媒体熠熠生辉，异彩纷呈。

学习和把握这两者的不同特点与区别，是成功写作新闻评论的前提之一。在努力掌握新闻报道写作技巧的基础上，我们应进一步掌握新闻评论的特点与具体写作要领，使自己成为一个多面手。

至于新闻评论与文艺作品的区别是显而易见的：文艺作品主要是以情感人，通过塑造鲜明、生动的艺术形象来感染受众，潜移默化地教育和引导受众。

第三节　新闻评论与理论文章的比较

一般来说，新闻评论与新闻报道、文艺作品之间还比较容易分辨，与一般针对性不强的议论文以及专业性很强的学术论文也不难区分，但与报刊上的理论文章有时就难以辨别了，因为在议论对象与表达方式上大体相近。尽管如此，两者之间的微妙区别还是客观存在的，新闻评论在选题的确定、时效的讲究、论证的方法、语言的运用乃至篇幅的长短等方面，都有自己独特的要求，从而显现出与理论文章的大同小异来。

一、具有更强烈的时效性

所谓时效性，就是大众传播媒介传播的信息在一定时间内产生的社会效果。时效性对于新闻评论，同对于新闻报道一样，都有着重要的价值。尤其是关于新闻事件的评论，只有讲究时效性，才能赢得受众，掌握舆论的主动权。至于如何准确把握时机，真正做到切合时宜，必须从新闻评论特定的内涵来分析和把握。

我们说，新闻评论所关心的是“直接的当前现实”，有较为明晰的时间概念，甚而连“日前”、“新近”、“前不久”都应力求避免，它以迅速及时地评述最新事件、热门话题，阐明事理，引导舆论见长，以提出和解决当前最迫切需要解决的问题取胜。这与一般的理论文章有着不同的要求。理论文章虽然也服务于现实需要，但更注重分析的透辟和论证的严密，着眼于道理的说服力和生命力，它是就某一学科、某一领域、某一思想，深入分析和阐明一种概念、一种理论、一种科学，更富有理论色彩，其社会作用往往更深远些。

新闻评论追求在社会“热点”、“难点”、“焦点”、“疑点”和紧迫问题上做文章。凡是抓住能拨动亿万人民心弦的问题来论是非，抓住能够触及当前实际工作中一叩就响的“关节”来说短长的评论，势必会引起社会的反响，受到广大受众的好评。所以，时效性对新闻评论至关重要，直接决定着它的生命与价值。如果时过境迁，放“马后炮”，就没有意义了。

大家知道，党的十三届七中全会以后，思想解放的进一步标志，就是如何看待市场经济的问题。然而，当时围绕着这一重大问题，在怎样看待“把计划经济等同社会主义经济、把市场经济等同资本主义”的传统观念上，在如何认识“计划和市场不是划分社会主义和资本主义的标志、资本主义有计划社会主义有市场”的观念上，从党内到党外，从高层到基层，都存在着不同意见的争论，一时间人们议论纷纷，莫衷一是。面对这类重大的政治思想问题，如何不失时机地引导干部群众对此进行唯物辩证的分析，以廓清模糊界限，统一思想认识，这是新闻评论义不容辞的任务。正是在这样的情势下，《解放日报》打破沉寂，于1991年3月2日在头版突出位置发表了本报评论员文章《改革开放要有新思路》(第二届中国新闻奖新闻评论奖一等奖)。这篇评论运用邓小平同志的一贯思想，对一些糊涂观点作了十分精当的分析，明确指出——

> 研究新情况、探索新思路，关键在于要进一步解放思想。解放思想决不是一劳永逸的。就以计划与市场的关系而言，有些同志总是习惯于把计划经济等同于社会主义经济，把市场经济等同于资本主义，认为在市场调节背后必然隐藏着资本主义的幽灵。随着改革的进一步深化，越来越多的同志开始懂得：计划和市场只是资源配置的两种手段和形式，而不是划分社会主义与资本主义的标志。资本主义有计划，社会主义有市场。这种科学认识的获得，正是我们在社会主义商品经济问题上又一次重大的思想解放。在改革深化、开放扩大的新形势下，我们要防止陷入某种“新的思想僵滞”。我们不能把发展社会主义商品经济和社会主义市场，同资本主义

简单等同起来，一讲市场调节就以为是资本主义；不能把利用外资同自力更生对立起来，在利用外资问题上，谨小慎微，顾虑重重；不能把深化改革同治理整顿对立起来，对有些已经被实践证明是正确的、行之有效的改革，不敢坚持和完善，甚至动摇、走回头路；不能把持续稳定发展经济、不急于求成同紧迫感对立起来，工作松懈，可以办的事情也不去办。总之，进一步解放思想，是保证我们完成第二步战略目标的必要条件。实践证明，凡是思想解放的地方、部门和单位，工作就打得开新局面；凡是思想不解放的单位，就缺乏生气，工作就很难搞上去。

这篇受到广泛赞誉的评论，在全国最早提出了要解放思想、防止新的思想僵化，要以改革开放的新思路，开创经济建设新局面的观点，“犹如滚滚春雷，催人惊醒，促人深思”。文章不仅在国内振聋发聩，在海外也引起了广泛关注。

当然，新闻评论讲究时效性，还必须遵循新闻工作的党性原则，从政治的大局利益出发，做到“切合时宜”。这就需要从事新闻评论工作的同志，具有高度的政治敏锐性和社会责任感，努力掌握好评论的主动权。

二、具有更鲜明的针对性

新闻评论强调“有的放矢”，要求针对当前具有新闻价值的事件和问题来发表意见和主张，评论对象都是客观的、具体的，所揭示与促使解决的问题，都应是实际工作中迫切需要解决、人民群众迫切需要解释的问题。新闻评论与理论文章虽然都要求从现实出发，要求理论与实际结合，但是新闻评论所论之题更具体一些，所论之物更实在一些。倘若脱离了事物所特有的环境和背景，离开了一定的时间、地点和条件，新闻评论就不会有明确的目标。

譬如，《安徽日报》2000 年 1 月 3 日发表的《警惕加重农民负担新动向》一文（获第十一届中国新闻奖新闻评论一等奖），就是一篇有的放矢、针对性很强的好评论。大家知道，农民负担问题是我国各地农村长期普遍存在的“顽症”，也是党和政府历来十分关注并致力加以解决的问题。此文不是一般地论述减轻农民负担的重要性，也不是泛泛地谈如何减轻农民负担的设想，而是在农村税费改革试行的前夕，敏锐地抓住当地农村基层出现的“三转移”（即增项加码行为由农业税费向行业税费转移、摊派对象由大人向孩子转移、“摊派”行为由乡镇向村组转移）这个加重农民负担的新动向，进行了鞭辟入里的剖析，明确地提出了解决这一问题的对策。这篇评论发表后，社会反响极大，立即引起政府有关部门的高度重视，对当地乃至全国具有普遍监督及指导意义，尤其为国家制定农村税费改革方案及相关决策提供了重要信息和参考。这篇评论全文如下：

年末岁尾，又到了各种收费和摊派的高峰期、多发期。为此，笔者调查、走访了一些乡村。总体上感到由于各级党政干部对农民负担问题警惕性较高，广大农民的民主意识、法制观念明显增强，早些年常见的一些部门利用夏秋两季粮食征购时增项加码、硬性摊派行为很少见了，比起前几年农民负担大为减轻。但是这次调查也发现，农民负担问题并没有风平浪静，有关部门认为，加重农民负担的行为出现了三种新的转移动向。

一是增项加码行为由农业税费向行业税费转移。近几年实行的“农民负担监督卡”制度，使得农民应该缴多少粮，交什么钱，一清二楚。所以，一些部门便改变方式方法，以有关“政策”、“法规”为挡箭牌，直接分配任务，让村组干部代征，或亲自上道征收。有关资料表明，现在农民常见的收费项目就有二三十项，而且收费标准不一。如在农村电网改造中，农民安一个新电表需交校表费、安装费、电盒费共 66 元，有的交到 100 元，更多的则达 120 元。按政策规定，农民建房只需交“建房证”工本费 5 元，而有关管理部门则要农民交 50 元，除此之外，还要拿出宅基使用费 170 元至 180 元，就连当年没有建房的村民也要交“宅基证年审费”5 元。政策还规定，有序输出的民工，每人交纳“劳务输出跟踪服务费”49 元，而有的地方不仅乘机提高收费标准，还扩大收费范围，甚至往行政村硬性摊派。还有一些税费在一些地方出现被平均摊派或多头收取现象，如农用车收费，在这个镇收 220 元，在那个镇收

240 元，在另一个镇干脆每个农机户收 400 元。有的地方就更有意思了，只要农机户交了税费不开票，就可少交钱。

二是摊派对象由大人向孩子转移。政府明文规定，农村中、小学学杂费、水电费分别为 55 元和 31 元，预收代支费分别为 39 元至 66 元和 136 元至 143 元。可很多学校对预收代支费与自愿交费区分不清，把学生校服费、保险费等属于自愿交纳的费用与杂费、课本费同时收取，一票开出。有的教育主管部门额外为保险公司代收学生保险费，强行要求学生订阅各种报刊，还以服务为名为学生代办作业本、AB 卷、墨水等，其项目不下十几种。至于平时收取试卷费、资料费就难以计数了。有的学校新生入学费用高出应交费用最高档的 146.46%。

三是"摊派"行为由乡镇向村组转移。近两年，由于党中央关于减轻农民负担精神的广泛深入宣传贯彻，乡镇干部普遍能把农民负担问题作为政治问题认真对待。但是，在村组一级干部中，由于文化素养、认识水平、思想品质等方面的因素，还有相当一部分人对上级的三令五申置若罔闻。有的则是打着办"好事"的名义派粮收款，如以铺路、建校、修敬老院为名。更多的村组干部则打着"首长工程"幌子，为关系单位、关系户推销种子包衣剂、秸秆速腐剂、麦种豆种玉米种籽、菜苗树苗等等。据调查，有的村 1998 年一年代办这类项目多达 12 项，人均支出 9.7 元。

加重农民负担影响大局，影响稳定，更影响经济发展。基层干群普遍认为要在坚持依法治理，实施"一票否决权"的同时，制定具体的操作规程。如以县为单位，对农业税费以外的各种收费项目进行清理审核，依法提出标准项目和数额后，由政府发布方可执行；还可以仿照"农民负担监督卡"的形式，把各种收费项目和标准，按负担对象，统一填写制卡发放；严格要求村干部按《村民委员会组织法》办事，凡在农民承担的法定税费之外兴办收费事项，一律要经过群众"举手"表决。

总之，新闻评论主要针对什么倾向发言，重点解决什么问题，作者必须心中有数，做到目标明确。要知道，论题只有置身于社会生活的漩涡之中，才能真正帮助人们排疑解难、明辨是非，达到扶正祛邪、兴利除弊的目的。同时，新闻评论还肩负着指导实践的重任。因此在针对某一事物进行分析论述时，总是要依照客观的需要选择切入点，触动社会上绷得最紧的那根弦，这样才能评到"穴位"上。一句话，针对性强不强，是新闻评论能否吸引人、打动人，能否收到预期效果的重要因素之一。

三、具有更直接的现实性

一般来说，新闻评论不是从理论到理论的分析、论证，也不是专门担负探讨理论的任务，而是重在紧密联系现实，实事求是地以科学理论来开拓人们的思路，运用事物的客观规律、党的方针政策来启发和提高人们的认识水平，力求让受众觉得这类文章所论述的问题既发生在我们的周围，又充满生活的哲理，因而感到可近、可亲、可信。

事实上，我们在前面所列举的诸如《警惕加重农民负担新动向》等评论，都具有这方面的特色。再如，温州市广播台于 2009 年 12 月 28 日播发的电视评论《温州：望楼兴叹》(获第 20 届中国新闻奖新闻评论一等奖)，首先将镜头对准了温州楼市的火爆场面以及出现的售楼假摇号、群众砸盘等事件，然后从多个角度发问："温州楼市如此火爆的背后究竟隐藏着什么样的原因？居高不下的房价会给温州造成什么样的影响？温州楼市未来怎么走向？"继而分析了温州楼市疯涨的原因："90 年代初，温州楼市就已经进入市场化。在人多地少的温州，民资富裕，在市场化热潮的推动下，温州人'炒'的天性发挥，因而使房价一再暴涨。同时，楼面地价的不断蹿升，进一步刺激了房价的飙升。"最后深入剖析了温州高房价带来的一系列弊端和危险，并提出了平抑温州房价的几点建议。由于这篇评论抓住实际生活中的典型事例进行分析，自始至终从事实出发，寓理于事，叙事出理，使事与理浑然成为一体，从而给人以直接现实性的感觉，留下了十分难忘的印象。因而，这个节目播出后，引起了观众的强烈共鸣，也引起了温州市委市政府的高度重视。

综上所述，新闻评论较之理论文章，具有更突出的时效性、针对性和现实性，是"时事性论文"和"政治性论文"的结合，这就是它常被人们简称为“时评”与“政论”的道理。尽管如此,我们仍然认为这些区别都是相对而言的,并不是绝对的。我们指出和认识新闻评论与一般理论文章的区别,是为了更好地把握新闻评论这一文体的特点。随着新闻传播媒介的发展,各种形式的评论正在不断出现,这都为新闻评论这一样式的发展提供了广阔的天地。古人说:写文章“定体则无,大体须有”,体裁之间的区别只能是一个“大体”。如果我们把“大体”当作“定体”,绝对化,反而无助于写作,那就谈不上有什么创新和发展了。这显然是为我们所不取的。

第四节　新闻评论的根本特征

在分析比较了新闻评论与新闻报道、理论文章的区别之后,我们就不难看出新闻评论的根本特征,或者说主要特点是什么了。这里,不妨引述几种评论专著和辞书上对此的说法。

“根据我的粗浅了解,最重要的特性,也许即在‘新闻’二字,亦即这新闻评论所讨论的问题,应具有新闻性。”①

“新闻评论是一种具有新闻性、政治性和群众性等显著特征的评论文章。……离开了新闻性、政治性和群众性,都不成其为新闻评论。”②

“新闻评论的主要特点为:鲜明的政治性、强烈的新闻性、广泛的群众性和严格的科学性。”③

“应该有这样四个特点,即:鲜明的党性、较强的时间性、明显的指导性、广泛的群众性。”④

“党报的新闻评论,究竟有些什么特征?……我想有这么五条。第一条是导向正确,第二条是有的放矢,第三条是讲究科学,第四条是平等待人,第五条是简短生动。”⑤

“由新闻评论的定义,我们可以推论出以下几个鲜明的特点来:

---

① 王民:《新闻评论写作》,第3—4页。

② 范荣康:《新闻评论学》,人民日报出版社,1988年2月版,第5页。

③ 秦珪、胡文龙:《新闻评论学》,中国人民大学出版社,1987年8月版,第8—15页。

④ 于宁、李德民:《怎样写新闻评论》,中国新闻出版社,1988年3月版,第10—20页。

⑤ 邵华泽:《新闻评论探讨》,人民日报出版社,1993年7月版,第4页。

(1) 以新闻事件为依托;(2) 时效性;(3) 思想性;(4) 论理性;(5) 大众性。"①

如此等等,不一而足。

应当说,新闻评论特点研究中这种诸说并存的现象,并非是不好的事情,它说明了随着新闻评论实践的丰富和发展,要求我们对其做出新的评估;同时,也反映了研究者与时俱进,力图在继承的基础上有所开拓、有所创新的精神,这是应该充分肯定的。然而,当我们静下心来对这六种说法细加比较的时候,就会发现,尽管表述有所差异,却都不是原则性分歧,而是在互补基础上的大同小异,只是论述的角度和重点有所不同罢了。如果从命题的科学性、表述的严谨性和学科的稳定性出发,集各家之长,新闻评论的根本特征似可归纳为三点,即:论题具有强烈的新闻性;论理具有鲜明的思想性;论说具有广泛的公众性。

一、论题具有强烈的新闻性

新闻评论,顾名思义,先有新闻,再有评论;若议论不以新闻为由头、为依托,就无所谓新闻评论。而且,这个新闻应该是刚刚发生或正在发生的,时效性越强越好;并且,这个新闻是有价值的,是事关国计民生,为广大人民群众所密切关注的。正因为如此,解放前我国不少报纸的主笔,常常在深夜上班,先看新闻版大样,继而针对当天最重要的新闻撰写评论,边写稿边发排,等稿子写完小样差不多也出来了,然后审改定稿就算完成了任务。这就是报界流传的"今日事今日评"、"看完大样写社论"的行话。其实,这种情况在今天也并不鲜见,有时为时间性很强的新闻配写的评论,也是限时限刻见报,晚一天也不行。在当今信息化的社会,时效对于新闻评论和新闻报道同样的重要。失去时效,也就失去了新闻评论的质量。譬如,1998 年夏天,我国长江流域发生了百年一遇的特大水灾,防汛形势十分严峻,8 月 8 日,党中央下达了把长江抗洪抢险工作作为当前头等大事的紧急通知。《人民日报》评论部的同志闻风而动,在社领导的直接指导下,呕心沥血,快中求快,当夜就赶写出了题为《当前头等大事》的评论(获第九届中国新闻奖新闻评论特别奖),并于第二天见报。这篇评论作为抗洪斗争系列评论的首篇,

① 杨新敏:《新闻评论学》,苏州大学出版社,1998 年 10 月版,第 12—17 页。

及时传达了党中央的声音，对鼓舞抗洪军民士气，指导防洪抢险，对于夺取抗洪斗争全胜起到了重要的舆论导向作用。大量事实表明，新闻评论要起到影响人们思想、引导社会舆论、促进社会发展的作用，就必须要有强烈的时效性。这是新闻评论要有强烈的新闻性的第一层意思。

新闻评论要有强烈的新闻性的第二层意思，而且是更为常见的，是针对现实工作和实际生活中的某一个热点问题、某一类思想倾向而写的。这类新闻评论，由于论题紧跟时代的脚步，追踪社会生活的进程，搭准人们思想的脉搏，力求“言当其时”、“评在当口”，同样可以获得先声夺人的优势，充分发挥舆论的导向作用。譬如，2011 年五六月间，在迎接中国共产党诞生 90 周年的日子里，5 月 5 日，新华社首先播发评论员文章《感悟伟大历程，凝聚奋进力量——迎接中国共产党成立 90 周年》。这篇评论引入公众视野时，距离 7 月 1 日将近两个月。

该文开篇写道：“7 月 1 日——一个伟大的日子正在向我们走来。举国上下，纪念中国共产党成立 90 周年活动不断升温，广大党员和干部群众热情参与，在回顾党的历史、感悟伟大历程中弘扬光荣传统，坚定理想信念，凝聚奋进力量。”这样的叙述一下子抓住了读者，烘托了喜庆的气氛，让受众不禁对 7 月 1 日这个神圣的日子充满期待。在回顾中国共产党的奋斗历程之后，文章指出，纪念建党 90 周年，就是要“牢记历史昭示”、“坚定理想信念”、“明确奋斗目标”、“凝聚奋进力量”，把伟大祖国建设得更加繁荣富强，使中华民族以更加昂扬的雄姿屹立于世界民族之林。

这是在重大节庆之际，我们主流媒体借题发挥、因事抒感的一篇力作。实践告诉我们，每当事物发展的变革时期、新旧思想的交替时期、两种体制的转轨时期、社会前进的转折时期，特别容易产生一些新的矛盾、新的问题，而人们的思想认识由于准备不足，往往会产生困惑和迷惘，在这个当口上，特别需要新闻评论释疑解惑，激浊扬清，发挥“用正确的舆论引导人”的作用。当然，新闻评论要恰到好处地抓住说话的时机，评在火候上，论在“穴位”处，并把握好“度”，并不是轻而易举的事。它需要我们有敏锐的政治嗅觉、高度的政策观念和精湛的引导艺术，这样才能做到方向正确，把握平稳，疏导有方，效果显著。

二、论理具有鲜明的思想性

所谓评论的思想性，主要指的是必须从政治的视角辨析是非，阐明立场，纠正谬误，宣示观点，给出科学的思想方法，给出解读论题的正确思路。落实到评论写作上，无非包含三层意思，即新闻评论贵在说理、怎样说理和说什么样的道理。

如前所述，新闻评论是有的放矢、就事论理的一种文体，就实论虚、析事明理是它的根本任务，离开了揭矛盾、摆事实、发议论、讲道理，就不称其为新闻评论了。一位评论的行家指出："如果手中无利矢，心中无靶子，不明指向，不知所云，再精美的文字也打动不了人。"新闻评论贵在说理，道理说透几分，就有几分力量。然而，新闻评论的说理，与理论文章又不尽相同，它不要求引经据典，旁征博引，左右逢源，反复论证，不厌其详，不嫌其长，讲求理论的力度、厚度与深度。新闻评论虽然也讲要有理论色彩，但有的放矢，分析扼要，说理明快，画龙点睛，恰到好处是它的主要技法。而且，新闻评论在对论题进行分析论证的过程中，十分强调要敢于触及当前的工作实际和思想实际，敢于触及时弊，开展思想交锋，做到善破善立。如果连问题都不敢碰，那就谈不上解决问题，更何谈什么思想性。实践告诉我们："评论要发挥它的战斗作用，就要善于抓住它的对立面。有了思想的对立面，就便于把问题展开，说得深讲得透，也使文章波澜起伏。"

至于评论中应说什么样的道理，当然应该力求是正确的道理，深刻的道理，经实践检验证明是科学的道理。对此于宁、李德民作了很好的回答："党报的新闻评论既不是用来发抒文人墨客的个人情怀，也不是夸夸其谈的书生论政，而是紧扣时代的脉搏，紧密结合我国各族人民在革命和建设中的实践，宣传党的路线、方针、政策，以利于革命和建设的顺利进行。不管是有关重大政治原则的评论，还是关于日常工作的评论，也不管是关于哪个领域、哪个部门的评论，它总要帮助读者澄清一些认识上模糊的问题，提醒读者注意一些在实践中忽略的问题，或者给读者提供一些认识问题、解决问题的思路和办法。"①那么，怎样才能使道理说得既正确又科学呢？范荣康在他的《新闻评论学》一书中说："努

① 于宁、李德民：《怎样写新闻评论》，中国新闻出版社，1988 年 3 月版，第 10—20 页。

力用历史唯物主义的观点来分析各种纷繁复杂的社会现象，从中得出必要的结论，而决不允许对所要评论的问题作主观、唯心、随心所欲的分析。这也是中国共产党党报的性质所决定的。我们党以马克思列宁主义、毛泽东思想作为自己的行动指南。马克思列宁主义、毛泽东思想要求我们用历史唯物主义的观点来分析问题、解答问题。这样的分析，才是科学的分析。这样的解答，才是有力的解答。”[①]在今天，作为我们行动指南的，当然还应包括邓小平理论以及“三个代表”重要思想和科学发展观。这无疑是一个很高的要求。要达到这个要求，是不容易的，但评论工作要求我们必须这样做，而且要力求做好。事实上，得到广大受众欢迎的新闻评论，无一不是这样努力的产物。

这里，我们不妨以《解放军报》2000 年 3 月 6 日发表的评论员文章《“台独”即意味战争》为例（获第十一届中国新闻奖新闻评论一等奖，是 2000 年网上点击率最高的文章之一），来看一看作者是怎样运用正确的立场、观点和方法，对论题进行持之有据的分析，层层推理，环环相扣，从而把“台独”和“战争”顺理成章与符合逻辑地联系在一起的。文章第一段，主要交代背景和题旨：

> 中国政府《一个中国的原则与台湾问题》白皮书发表后，在海内外引起强烈反响。朱镕基总理在九届全国人大三次会议所作的政府工作报告，进一步阐述了中国政府解决台湾问题的一贯立场。中央军委副主席张万年在解放军代表团审议政府工作报告的发言，充分反映了全军和武警部队广大官兵期望早日实现祖国完全统一的共同意愿，表达了我们解决台湾问题的决心和信心。我人民武装力量将按照党中央、中央军委的要求，更好地肩负起维护祖国统一的神圣使命。

继而，在文章的第二自然段，即正文的第一个层次，就亮出了反击的靶子——针对“台独”势力及其支持者的代表性言行，重点揭露了“台独”头面人物两面三刀的丑恶嘴脸，以及美国国会势力企图向台湾出售先进武器的卑劣行径：

---

① 范荣康：《新闻评论学》，人民日报出版社，1988 年 2 月版，第 96 页。

香港、澳门相继回归祖国之后，推进祖国和平统一大业进入了新的历史阶段。早日结束两岸分离的局面，实现祖国完全统一，是中华民族的根本利益所在，是不可逆转的历史潮流。为此，中国共产党和中国政府以极大的诚意和最大的努力，争取以“一国两制”的方式实现和平统一。但是，“台独”和炮制“两国论”的分裂势力没有放弃分裂祖国的图谋，没有放弃从所谓“法律”层次上将台湾从祖国分裂出去的野心。特别值得注意的是，最近一段时间，一贯搞“台独”的头面人物，一面明目张胆地叫嚷“台独万岁”，一面又用一些美丽动听的言辞，假言要与大陆方面“善意和解、积极合作、永久和平”，欺骗台湾民众。不久前发表的那个所谓“宪政白皮书”，实质上就是一部“台独宣言书”。我们千万不要被其花言巧语迷惑。同时，我们一贯反对外国势力插手台湾问题，反对美国国会一些人通过炮制《加强台湾安全法》，并以种种借口企图向台湾出售先进武器。

读到这里，我们不难看出：“台独”头面人物的表演和美国势力的插手，乃罪恶之源，正是引起战争的导火索。为了推导出这个结论，接着，文章用了两个中心段对此进行剖析和论理。在第一个中心段(即正文部分的第二段)，首先运用联系对比、纵联横切的方法，从我们的方针原则到八项主张没有变，从台湾同胞的希望到我们的主观愿望也不愿意发生战争，反衬出“台独”势力对中国主权和领土完整的极大挑衅，进而得出义正词严的结论：

中国政府坚持“和平统一，一国两制”方针没有改变，江泽民主席提出的发展两岸关系、推进祖国和平统一进程的八项主张没有改变。但是，这一方针是以坚持一个中国的原则为基础和前提的。我们希望和平统一，也深知台湾同胞渴望和平；我们不希望看到战争，也相信台湾同胞不愿看到战争，不愿看到自己的骨肉同胞兵戎相见。我们有实现和平统一的最大诚意，也将尽一切可能，尽最大努力争取和平统一。但是，我们必须明确指出：“台独”即意味战争，分裂就没有和平。因为“台独”和分裂只能破坏中国的主权和领土完整，只能将台

> 湾从祖国分裂出去，只能使祖国和平统一变得不可能。不管“台独”和分裂势力以什么名义、何种方式制造分裂，谋求独立，都是对中国主权和领土完整的极大挑衅。这是一种十分危险的玩火行为，每一个华夏子孙都不能接受。实现祖国完全统一是国家、民族的最高利益，是全体中国人民不可动摇的坚强意志，是绝对不能更改的伟大目标。在这个事关中华民族前途命运的重大原则问题上，没有任何妥协的余地。

至此，读者很自然地从“不可调和”的字眼里，嗅到了战争的火药味。接着，在第二个中心段（即正文部分的第三段），文章重点阐述了我国军方的态度，重申和强调了我人民武装力量在国家重大问题上的严正立场，并从这里继续推导战争发生的可能。文章从军队是战争的主体讲起，讲到中国人民解放军的性质任务和一贯立场，进而讲到我们的军队将为履行神圣使命而浴血奋战的坚强决心。讲到这里，“台独”即意味战争的结论跃然纸上，评论鲜明的思想性也由此充分凸显。接着，文章又用了三个并非虚幻的假设，将这一结论继续推向极致：

> 以民族利益为最高利益、以国家意志为最高意志的中国人民解放军，历来把维护国家主权和领土完整，实现祖国完全统一，视为自己的神圣使命。无论过去、现在和将来，无论出现什么样的“台独”分裂活动，我军都将不遗余力地为国家主权和领土完整而浴血奋战。我们完全有决心、有信心、有能力、有办法维护国家主权和领土完整，决不容许一寸土地从祖国的版图上分裂出去。为了维护包括台湾同胞在内的全中国人民的利益，为了维护亚太地区的和平与发展，我们坚决拥护我国政府解决台湾问题实行的“和平统一，一国两制”方针和江主席推进祖国和平统一进程的八项主张，尽一切可能争取和平统一。但是，对“台独”和分裂势力，人民解放军的百万雄师严阵以待，保持高度戒备，决不容忍、决不坐视任何分裂中国的图谋得逞。如果出现台湾被以任何名义从中国分割出去的重大事变，如果出现外国侵占台湾，如果台湾当局无限期地拒绝通过谈判和平解决两岸统一问题，我们将采取一切手段，坚决粉碎一切分裂中国的图谋，实现祖国的完全统一。

纵览全文，作者采取先礼后兵的手法，随着分析的深入和推理的递进，措辞愈益犀利，情感不断升华。文章结尾，借用中国一句古话加以生发，再一次表达了包括台湾同胞、台湾官兵在内的全中国人民争取祖国和平统一的共同意志：

> 中国有句老话：善有善报，恶有恶报，不是不报，时候未到，时候一到，一切都报。维护祖国统一是最大的"善"，对中国人民来说，分裂祖国是最大的"恶"。"台独"和分裂势力胆敢冒天下之大不韪，在作"恶"的道路上越走越远，必将遭到历史的报应。包括台湾同胞、台湾官兵在内的全中国人民团结起来，反对分裂，制止"台独"，共同争取祖国的和平统一！

三、论说具有广泛的公众性

新闻评论，不是科技论文，更不是学术文章，从内容到形式，从论题到论理，从语言到文风，都要面向最大多数的公众，具有广泛的公众性、群众性，或者叫大众化。这是由媒体作为大众传播工具这一特性所决定的。我国现代著名报人戈公振在他的《中国报学史》论著中，在给"报纸"一词下定义时，就说了"为公众而刊行"。正因为报纸是"为公众而刊行"的，毫无疑问，作为报纸四大件之一的新闻评论，作为其他新闻传播工具诸如通讯社、广播、电视、网络的新闻评论，也是为"公众"而写的，是写给广大公众看的、听的，绝不是面向少数人的。这就是新闻评论的公众性。

我们说，媒体的社会责任，是媒体"全心全意为人民服务"指导思想在新闻宣传中的体现，是一种自律性和自觉性的责任，是高瞻远瞩、面对社会各个层面受众的普遍性的责任。新闻评论要有广泛的公众性，首先要求它所提出和解决的问题，应该是那些具有现实意义的问题，是当前实际工作和日常生活中迫切需要解决的问题，也是广大民众最关心和最感兴趣的，是同人民群众切身利益密切相关的，又是能反映人民群众的要求和呼声的问题。借用毛泽东的一句名言："一切群众的实际生活问题，都是我们应当注意的问题。假如我们对这些问题注意了，解决了，满足了群众的需要，我们就真正成了群众生活的组织者，群众就会真正围绕在我们周围，热烈地拥护我们。”[①]也可以借用今天对党的宗旨的一句概括：“立党为公，执政为民。”对新闻评论来说，道理亦莫不如此。我们在前几节提到的获奖评论，诸如《当前头等大事》、《警惕加重农民负担新动向》、《“台独”即意味战争》等，无论是抗洪斗争问题、增加农民负担问题，还是早日实现祖国的完全统一问题，无一不是为全国人民所迫切关心，为党和政府所高度重视的问题，都是紧扣了社会上所绷紧的那根“弦”啊！

新闻评论要有广泛的公众性，不仅表现在所论之“题”来自公众，与公众切身利益有关，还表现在立论客观、公允，为民代言，为民立言，真正成为公众利益的代表者，时代变化和时代进步的记录者和见证者，正确舆论的传播者和引导者。大家知道，我国著名新闻工作者邹韬奋在主编《生活》周刊期间，曾经发表了大量受到广大民众欢迎和喜爱的小言论。不少青年通过阅读韬奋言论，逐步认识了真理，走上了革命的道路。韬奋言论之所以会产生这样大的感召力，就在于他执笔为文的时候始终抱定一个宗旨：“同人愿以自勉的第一义，便是以全国民众的利益为一切记述评判和建议的中心标准。”[②]这在我们今天读来，仍然颇受教益。作为新时期的评论工作者，无论是党和政府，还是广大人民群众，对我们这方面的期望就更高了，其中最根本的一条，就是不仅要代表群众利益，反映群众心声，更重要的，是通过卓有成效的评论传播，帮助受众“开辟认识真理的道路”，“使群众认识自己的利益，并且团结起来，为自己的利益而奋斗”[③]。这就向评论工作者提出了严格的素质要求，我们在后面将专题论及，这里不再展开。

新闻评论要有广泛的公众性，还表现在论述方式和语言表达上也应当符合广大民众的特点和需要，尽量照顾他们的兴趣和爱好，为他们所喜闻乐见。正如范荣康所指出的：“新闻评论的群众性，要求我们面向广大读者说话，而不是只向各级党委的少数领导人说话(即便是向各级党委领导人说话，也是同时说给广大读者听的)，这就需要克服指令性的口吻，多用平易近人的商榷的语言；需要深入浅出，把道理说得清楚易懂，切不可故弄玄虚、高深莫测。有些评论通篇都是‘必须指出’

① 《毛泽东选集》第一卷，人民出版社，1966年7月横排版，第123页。

② 《韬奋文集》第一卷，生活·读书·新知三联书店，1956年1月版，第139页。

③ 《毛泽东新闻工作文选》，新华出版社，1983年12月版，第149页。

‘应该注意’，还有些评论谈一些很深奥的专门问题，都不能说是成功的新闻评论。”①时下，有一些评论作者热衷于摆起架子，喜欢大量使用学术语言，致使读者看不懂，专家不爱看，有人还美其名曰“专业化趋向”。这无疑是一个认识误区，其结果只能弱化新闻评论的效能。走出这个误区的唯一办法，就是回归“大众化”，坚持“三贴近”（贴近实际、贴近群众、贴近生活），学会运用大众化的语言去表达作者的专业化思考，从而做到为群众说话，说群众的话，让群众说话。

最后，新闻评论要有广泛的公众性还有一义，即群众对于新闻评论的积极参与。各新闻媒体应想方设法，尽量吸引广大群众关心新闻评论工作，直接参与新闻评论的写作。这起码有三个好处：一是让群众走上论坛，反映了政治的民主和言论的自由；二是既有利于经常反映人民群众的呼声，也有助于在写作上做到更加生动活泼、丰富多彩；三是对共同话题的评说，有了群众的参与，形成双向对话交流，新闻评论就更显生机，更有活力。我们高兴地看到，改革开放以来，各新闻媒体都开设了不少群众性评论栏目，已涌现了一批业余评论作者，他们为新闻评论园地繁花似锦打下了坚实的基础。

问题与练习：

1. 什么是新闻评论？
2. 试比较各位专家、学者对新闻评论定义表述的长与短。
3. 新闻评论与新闻报道的共同点和不同点在哪里？
4. 新闻评论与理论文章的共同点与不同点在哪里？
5. 凡是议论和说理的文章就是新闻评论吗？为什么？
6. 新闻评论最根本的特征是什么？各个特征之间的内在联系如何？
7. 试从当地公开出版的党报上，找出反映同一题材和主题而分别采用新闻报道、新闻评论与理论文章三种不同体裁的例子。
8. 试从新闻媒体的专栏评论里，找出不太具备新闻评论基本条件的文章，并说明理由。

---

① 范荣康：《新闻评论学》，人民日报出版社，1988年2月版，第34页。

第三章

新闻评论的社会价值

本章内容提要：

1. 新闻评论的根本任务。
2. 新闻评论的具体作用。

对于新闻评论的价值，或曰主要功能和积极作用，中外政治家和新闻学者素有各种各样的称誉，诸如："评论是报纸的旗帜"，"评论是报纸的灵魂"，"评论是报纸最主要的声音"，"评论是报纸的主旋律"，"评论是报纸的探照灯"，"评论是报纸的心脏"，"没有评论的报纸是不完全的报纸"，"评论就是每天负责地告诉人们：应该走向何处去，不应该走向何处去"，等等。有人还用了一个生动浅显的比喻来说明评论的特殊功能："新闻纸好比一个复杂的机体，像一个人体一样，它也有五官四肢，它的通讯网，好比眼睛与耳朵，它的发行网好比两条腿，它的印刷排版好像一个人的仪表，新闻评论恰好像是一张嘴巴，又似一个人应有一个灵魂。"

至于社论，更被美称为"报纸的元帅"。我国著名新闻工作者邓拓说过："社论是表明报纸的政治面目的旗帜，报纸必须有了社论才具有完全的政治价值。"①前苏联著名的无产阶级宣传鼓动家加里宁也说过："报纸是永远不散的群众大会。社论是会议的总结。"时任香港中文大学新闻传播系主任的余也鲁，1980 年 7 月在他编撰出版的《门内门外——与现代青年谈现代传播》一书中说得更形象："报纸的评论与广告，所进行的都是一种劝导传通。一篇社论有时力量之大胜过千军万马。"这种种说法，都充分表明了新闻评论的独特功能，是众所公认的。而且，不仅报纸上的新闻评论如此，其他诸如广播、电视、网络等媒体上的新闻评论也同样如此。

---

① 《中国报刊研究文集》，上海人民出版社，1959 年 9 月版，第 413 页。

第一节 新闻评论的功能定位

前面已经说过，新闻评论是媒体的旗帜和灵魂，尤其党报评论是代表媒体编辑部立场和主张，反映和影响社会舆论，帮助受众开辟认识真理道路的有效载体。就党报而言，评论无疑是权威性和公信力的思想表达，是引导社会舆论、主导话语权的重要手段。作为社会主义媒体的新闻评论，毫无疑问，应该把"坚持用正确的舆论引导人"作为自己的根本任务和最大追求。这就要求自觉地运用马克思主义的世界观和方法论，对当前具有新闻价值的社会、政治、经济、文化现象，对具有普遍意义的重大事件和思想倾向，进行及时的有说服力的评论，指出什么看法和行为是正确的，什么看法和行为是错误的，什么是应该干的，什么是不应该干的，以及当前应该干什么和怎么干，从而引导舆论，影响社会，指导人生。由此也可以说，任何一家称职的有作为的社会主义媒体，都应该在搞好新闻报道的同时，高举新闻评论这面旗帜，通过卓有成效的评论传播，把众多志同道合者凝聚于这面旗帜之下，团结在我们党和政府的周围，从而形成强大的政治力量。

所谓舆论，它是社会群体对某种事件或事态发展所持的大体一致的意见与议论，是一种社会思潮。舆论在任何时候总有正确与错误、全面与片面、唯物与唯心、辩证与僵化之分，因此，新闻评论在进行舆论引导时，能否坚持马克思主义的立场、观点与方法，注重科学的分析和权威的评论，把握正确的导向，显得尤为重要。也正因为如此，当代新闻理论往往把新闻评论也纳入到独家新闻的范畴，认为"独家新闻的含义不仅仅是独家的事实报道，还包括具有创见性的新闻评论"。可以这么说，强化有着"独家新闻"性质的"有创见性的新闻评论"，是媒体强化主流舆论的声音，把握舆论引导的主导权和话语权的一个有力举措。

新闻媒介反映与引导舆论有两种基本手段：一是新闻报道手段，即采写消息、通讯、特写、调查报告等；二是评论手段，即撰写社论、评论员文章、短评等等。前者主要是告诉人们社会上新近发生了什么事情；后者旨在告诉人们如何正确认识这些事情，或深挖事件原因、阐明事物实质，或说明事物的意义与价值，或指出应采取何种措施来解决矛盾等等。如果说，新闻传播媒介是影响社会舆论的一种特殊工具，舆论监督又是新闻事业的一种本质属性，那么，也可以这样认为，传播新闻和发表评论则是新闻媒介实现这种本质属性的两个不可忽略的方面，它们各自的特性决定了各自独特的、不能替代的责任和功能。还应该看到，在全媒体时代，随着媒体之间同质化的增多和通讯技术的迅猛发展，随着新闻竞争和受众需求进入到新的阶段，媒体在报道新近发生的事实的同时，还必须报道最近发现的新观念和新思想，所以在当今社会，新闻与评论的相互延伸，相互深化，相得益彰，显得更为密不可分。

应当指出的是，随着改革开放的不断深入，政治文明进程的加快，社会的宽容度、宽松度已经越来越大，健康的舆论环境逐渐形成，这为新闻评论向新的广度和深度拓展提供了广阔的空间。正如前文已论述过的，因为我们的社会正处于转型期，需要思考的问题层出不穷，社会舆论急需有权威的引导和疏通。毫无疑问，新闻媒体应担负起这份引导责任。一个重要新闻事件发生后，媒体仅仅快速、全面报道出来是远远不够的，还要通过新闻评论加以引导、解释。在这种情况下，新闻评论在很大程度上创造了一个公众化的言论社区，也就是说，为公众在社会公共领域里发言提供了一个话语平台。新闻评论的存在，等于把媒体放在了扩张公共话语的言说空间之中，从而也扩大了媒体的功能。

实践证明，新闻评论由于它在就某一重大事件或重要问题发表意见时，往往直接阐明某种舆论的基本立场与原则，因此它是新闻事业中影响社会舆论的最主要的方式。特别是社会主义主流媒体上的新闻评论(社论为最)，由于它不同于任何个人与团体发表的谈话，而是既代表党委又代表群众的一种发言形式，因此是影响某种社会舆论的一个重要因素。从宏观的角度来看，新闻传媒是社会生活中最重要的舆论工具，新闻评论作为一种重要文体，它对舆论的引导和形成作用更加不可低估。正因如此，有一家媒体对新闻评论在当今社会的功能作了重新定位，提出了两个值得探讨的命题：新闻评论与社会转型期的启蒙作用；媒体独特的思考与社会认识能力提高的对应。这是很有见地的。也正因如此，历史上任何一种政治力量为取得社会舆论的主动权，为宣传自己的政策主张，在开始他们报刊活动的同时，就开始了他们积极的政论活动，以求得更广泛的社会影响。

然而，新闻评论本身蕴含的社会作用和价值是一回事，而在实践中能不能充分体现则是另一回事，这里就有一个双向互动、有效传播的问题。因此,新闻评论在围绕党和政府工作中心,服务大局,面向公众的前提下,怎样满足受众需求,通过对评论对象严密辩证的分析、推理,将有关政策、观点传达给受众,实现新闻评论"引导舆论,烛照社会,启迪心智"的社会作用,这是必须面对的一个现实而又至关重要的问题。经验告诉我们,讲求新闻评论信息的新鲜性、及时性和真实性;选题要触及与受众休戚相关的直接现实;立论要着眼于受众的认识水平和接受能力;逐步建立和完善受众直接参与评论的机制,都是行之有效的做法。

第二节　新闻评论的具体作用

从微观的角度看,新闻评论的具体作用,主要体现在以下几个方面。

一、紧密联系当前工作实践和思想实际,准确及时地阐释党的路线、方针、政策,统一思想认识,使其变为广大干部群众的统一行动

关于报纸的作用和力量,毛泽东曾经明确地指出:"就在它能使党的纲领路线,方针政策,工作任务和工作方法,最迅速最广泛地同群众见面。"还说:"马克思列宁主义的基本原则,就是要使群众认识自己的利益,并且团结起来,为自己的利益而奋斗。"①可见,宣传党的政策,这是社会主义新闻传播业的首要任务。在新闻的十八般武艺中,由于体裁的特性所决定,新闻评论又是宣传党的现行政策,统一干部群众认识和行动的最有效形式。这是因为,新闻评论在宣传党的现行方针政策时,不是简单地照搬文件,而是密切联系当前形势任务和工作实际,紧扣干部群众的思想情绪,有的放矢地阐明政策精神,帮助大家释疑解惑,提高认识,了解制定政策的依据,懂得贯彻政策的意义,从而把执行政策作为自己的自觉行动。

---

① 《毛泽东选集》第四卷,人民出版社,1966 年 7 月横排版,第 1261 页。

譬如,2007年10月15日至21日召开的中国共产党第十七次全国代表大会,是一次承前启后,继往开来,高举中国特色社会主义伟大旗帜,为夺取全面建设小康社会新胜利而奋斗的历史盛会。其历史地位和历史意义,怎么估计都不会过分。在会议闭幕的第二天,《人民日报》发表了以《在中国特色社会主义伟大旗帜下奋勇前进》的社论,对这次大会鲜明回答的当代中国举什么旗、走什么路、以什么样的精神状态、朝着什么样的发展目标继续前进的根本问题,作了扼要中肯的阐述,具有现实的针对性和普遍的指导性,对全党全国各族人民学习贯彻落实十七大精神,无疑是一个很好的思想动员。

社论在高度评价了胡锦涛同志所作的报告和十六大以来中央委员会的工作以后,深刻地揭示了这次十七大的主题及其重大意义:

> "高举中国特色社会主义伟大旗帜,以邓小平理论和'三个代表'重要思想为指导,深入贯彻落实科学发展观,继续解放思想,坚持改革开放,推动科学发展,促进社会和谐,为夺取全国建设小康社会新胜利而奋斗。"这一主题,揭示了中国社会主义的发展规律,反映了时代发展的新要求和各族人民的新期待,是党的十七大的历史性贡献。中国特色社会主义伟大旗帜,是当代中国发展进步的旗帜,是全党全国各族人民团结奋斗的旗帜。在中国特色社会主义伟大旗帜下,全党全国各族人民团结一心、奋勇前进,就一定能够不断夺取全面建设小康社会新胜利,完成时代赋予的崇高使命。

接着,社论就当代中国举什么旗、走什么路这一根本问题,充满激情地指出:

> 改革开放是决定当代中国命运的关键抉择,是发展中国特色社会主义、实现中华民族伟大复兴的必由之路;只有社会主义才能救中国,只有改革开放才能发展中国、发展社会主义、发展马克思主义。改革开放以来我们取得一切成绩和进步的根本原因,归结起来就是:开辟了中国特色社会主义道路,形成了中国特色社会主义理论体系。高举中国特色社会

主义伟大旗帜，最根本的就是要坚持中国特色社会主义道路和中国特色社会主义理论体系。中国特色社会主义道路是当代中国发展进步的唯一正确道路。在当代中国，坚持中国特色社会主义道路，就是真正坚持社会主义。

继而，社论对在新的发展阶段继续全面建设小康社会、发展中国特色社会主义必须坚持的指导思想以及今后五年的主要任务作了高度概括：

在新的发展阶段继续全面建设小康社会、发展中国特色社会主义，必须坚持以邓小平理论和“三个代表”重要思想为指导，深入贯彻落实科学发展观。科学发展观，是对党的三代中央领导集体关于发展的重要思想的继承和发展，是马克思主义关于发展的世界观和方法论的集中体现，是同马克思列宁主义、毛泽东思想、邓小平理论和“三个代表”重要思想既一脉相承又与时俱进的科学理论，是我国经济社会发展的重要指导方针，是发展中国特色社会主义必须坚持和贯彻的重大战略思想。

今后5年是全面建设小康社会的关键时期，我们必须促进国民经济又好又快发展，坚定不移发展社会主义民主政治，推动社会主义文化大发展大繁荣，加快推进以改善民生为重点的社会建设，开创国防和军队现代化建设新局面，推进“一国两制”实践和祖国和平统一大业，始终不渝走和平发展道路。我们要坚定信心，埋头苦干，为全面建成惠及十几亿人口的更高水平的小康社会打下更加牢固的基础。

最后，社论明确指出：摆在全党全国各族人民面前首要的政治任务，就是认真学习党的十七大精神，全面贯彻党的十七大精神，并紧密联系实际，提出了“五个深刻领会”：

我们要深刻领会高举中国特色社会主义伟大旗帜的重大意义，深刻领会新时期29年来改革开放宝贵经验的精神实质，深刻领会科学发展观的科学内涵和精神实质，深刻领会报告关于社会主义经济建设、政治建设、文化建设、社会建设的部署为发展中国特色社会主义指明了方向，深刻领会以改革创新精神全面推进党的建设新的伟大工程的根本要求，自觉把思想和行动统一到党的十七大精神上来，把智慧和力量凝聚到落实党的十七大提出的重大战略部署和各项重大任务上来。

很显然，这篇社论对于全党全国各族人民认真学习十七大精神，深刻领会十七大精神，全面贯彻落实十七大精神，对于举国上下万众一心，开拓奋进，为夺取全面建设小康社会新胜利、谱写人民美好生活新篇章而努力奋斗，发挥了积极的引导作用和动员作用。

又如，2008 年 5 月 12 日，汶川特大地震发生后，传闻四起，人心惶惶。《四川日报》作为主震区的省级党报，根据党中央、国务院和省委的指示精神，连夜赶写了一篇题为《万众一心　众志成城　战胜特大地震灾害》的评论(获第十九届中国新闻奖新闻评论一等奖)，于 5 月 13 日以第一时间率先发表。该文从标题、提法到基本观点，都充分体现了党中央、国务院关于抗震救灾决策部署的精神，在关键时刻对稳定人心、鼓舞士气、凝聚力量功莫大矣！

二、触及现实，激浊扬清，兴利除弊，为提高全民思想文化道德素质和社会文明程度，积极发挥舆论引导作用

新闻评论，作为议论和说理为主要特征的新闻体裁，作为论是非、说短长为基本内容的舆论工具，理所当然，应该立足于对现实问题的理性思考，着眼于对人们思想行为的正确引导，把弘扬新风、树立正气、兴利除弊、激浊扬清作为自己的神圣职责，把坚持用正确的舆论“武装人、引导人、塑造人、鼓舞人”作为自己的追求目标。这是由社会主义新闻传播业的性质所决定的，也是由新闻评论的功能定位所决定的。打开每天的报纸，收听每天的广播，观看每天的电视，点击每天的网络，我们可以欣喜地发现，各种形式的新闻评论千姿百态，各展其长，以其独特的魅力吸引着我们的读者、听众、观众和网民，成为大家公认的通向真理之路的先导，提高理性认识的良朋，解开思想疙瘩的益友；对新闻媒体自身来说，也收到了深化报道思想、提升引导水准的实效。

可以说，新闻评论在这方面的成功例证，多得不胜枚举。

大家知道，1977 年，在“四人帮”被粉碎后的第二年，全国从中央级媒体到地方媒体，曾围绕真理标准问题开展了一场大讨论，发表了一系列很有见地的评论。这些文章敢于冲破“四人帮”一伙在理论与实践关系上所设置的重重禁区，从理论上进行了根本的拨乱反正，坚持了实践是检验真理的唯一标准这一马克思主义的最基本的原则，具有强烈的针对性和战斗性。通过阅读这些评论，人们不光澄清了被“四人帮”搅得混乱不堪的一些思想是非，懂得了如何正确认识某些具体问题，而更重要的，它大大启发人们学习运用正确的立场、观点、方法去认识真理标准问题，从而提高坚持党的实事求是、一切从实际出发、理论和实际相结合的传统作风的自觉性。这场讨论之所以被称为第二次伟大的思想解放运动，其深远意义就在于此。

上面举的是大题目大评论的成功例子，这里再以获得第十五届中国新闻奖新闻评论一等奖的评论《坚决制止低俗炒作行为》为例，看看它在现实生活和思想文化领域里，怎样潜移默化地发挥着舆论引导作用。这篇评论的采编过程是这样的：2004 年 4 月，我国云南昆明出现一家用年轻美女的赤裸身体作为盛放食品、菜肴的容器，并取名为“女体盛宴”的餐厅。开业当天邀请各方人士包括新闻媒体记者参加了“女体盛宴”餐厅开业仪式。次日一些都市类小报即以大幅照片在显著位置炒作此事件，有的电视频道也报道了此事。昆明大街小巷一时议论纷纷，莫衷一是，有的人还认为这是一种“创新、开放”行为，导致了人们对这一奇特现象认识上的模糊和混乱，造成了恶劣的社会影响。针对这一事件，作者以很强的政治敏锐性、政治鉴别力和高度的社会责任感，尖锐地指出：商家以“女体盛宴”来哗众取宠，并借助媒体、扩大影响、招徕食客的行为，违反了有关法律法规，违背了中华民族文化道德风尚，与发展先进文化和社会主义文明建设是格格不入的；新闻媒体追求“轰动效应”，推波助澜，低俗炒作，与新闻媒体的社会责任、职业道德是背道而驰的，必须理直气壮地、旗帜鲜明地坚决予以反对。请看全文：

最近在昆明一家餐厅出现的“女体盛宴”，是企业进行自我低俗商业炒作的一个典型事件，引起了人们的极大反感，受到了社会公众的强烈谴责。省委、省政府领导对这一事件高度重视，先后作出重要批示，严厉批评了这种逐利忘义的行为。这一事件已被坚决制止并受到了有关部门的严肃查处，但它非常值得我们深刻反思。

中华民族有良好的传统道德规范，改革开放以来我们切实加强精神文明建设和公民道德建设，发展先进文化，形成了良好的社会道德风尚和文化氛围。举办“女体盛宴”，不仅违背社会公德，有伤社会风化，与发展先进文化和社会主义精神文明建设的要求格格不入，而且是对女性人格的侮辱、歧视和对妇女合法权益的损害，违反了饮食卫生法规。虽然搞这种低俗炒作的只是极个别商家，但非常值得引起我们的高度重视和警惕。对这种既违反法律法规，又违背社会道德风尚的行为，理所当然要坚决制止，严肃处理。

企业要谋求好的经济效益，要发展，是应当突出经营特色，增强产品对消费者的吸引力。问题的关键在于，创造特色和增强吸引力，必须符合法律法规，要用正当、规范的方式，符合社会道德要求，有利于社会主义精神文明建设。作为餐饮业，要努力弘扬先进饮食文化，坚决摒弃低俗的东西，杜绝违反法律法规的经营行为。我们云南民族众多，各民族都有极富特色的饮食文化，这些饮食文化对消费者有长盛不衰的魅力。只要我们认真发掘，加以提高，就一定能够为我们带来好的经济效益和社会效益。用低俗的炒作来哗众取宠，吸引消费者注意，那只会适得其反，最终害了自己。“女体盛宴”的深刻教训，非常值得商家们引以为戒。

这一事件对于新闻媒体也很有警示意义。要认识到，商家的不良炒作行为要达到目的，得借助传媒。如果新闻媒体为了追求“轰动效应”而去关注，去炒作，那就正中其意，给社会带来更大的负面影响。尤其值得注意的是，类似事件即使是批评报道，也会出现负面效应，同样马虎不得。全省各新闻媒体一定要增强社会责任感和大局意识，准确把握哪些是低俗的，哪些是高尚的，哪些该宣传，哪些不该报道。特别在社会效益与本单位的经济效益有冲突时，务必把社会效益放在第一位。广大新闻工作者在正在开展的“三项学习教育活动”中，要认真学习，切实解决存在问题，提高把握正确导向的能力，增强综合素质，切实改进作风，树立良好形象，不负以科学的理论武装人、以正确的舆论引导人、以高尚的精神塑造人、以优秀的作品鼓舞人的神圣使命。

用法律规范和道德规范加强社会管理，这是一项长期的任务。我们有关部门要用“三个代表”重要思想武装头脑，增强政治敏锐性和鉴别力，从“女体盛宴”事件举一反三，对一些低俗的、违反道德文化传统和法律法规的经营行为要及时反映，旗帜鲜明地坚决制止，严肃查处，决不姑息。要通过做好这一工作，促进道德建设和先进文化建设，推动物质文明、政治文明和精神文明协调发展。

（载于2004年4月19日《云南日报》）

这是一篇在全国较早旗帜鲜明反对低俗炒作之风的言论。由于文章深刻剖析了低俗炒作之风对社会、企业和媒体的危害，依次指出企业、媒体及有关部门要吸取的教训和必须加强的工作，抓住了遏制低俗炒作之风的关键，因而对商家、媒体引以为戒，为抵制低俗炒作之风、促进新闻队伍建设发挥了显著的舆论引导作用。

当前，我国发展已进入关键时期，在社会多变、多样、多元的时下，各种新事物、新课题、新矛盾层出不穷，新与旧、是与非、真与假、美与丑、善与恶往往呈现胶着状态，使人一时难以分辨。在这种情况下，特别需要新闻评论发挥针砭时弊、激浊扬清的作用，为提高人们的思想文化道德素质，为改革、发展、稳定创造良好的舆论环境。

需要指出的是，在充分认识新闻评论的任务和作用的时候，还应明确：把新闻评论在舆论导向中的作用提高到一定高度来认识，并非是要把它提到一种至高无上的、能够左右一切的地位，也并非将它视同政策和法规，企图获得对公众的强制作用。在强调新闻评论应有地位的同时，应正确估价它的作用，千万别走向极端。我们应清醒地看到，舆论仅仅是社会存在的一种反映形式，如果忽略了舆论的客观性、公正性，就会导致以主观意念去期望达到左右社会舆论的目的，会变成人为的制造和对现实的违逆。这当然是我们所反对的。

问题与练习：

1. 新闻评论的功能定位是什么？

2. 在把党的政策交给群众,变为群众的自觉行动方面,新闻评论有何优势?
3. 在针砭时弊、激浊扬清方面,新闻评论有何具体作用?
4. 在你周围的人群中,做一次科学抽样调查,了解各种媒体的新闻评论在受众中的不同反应,并写成书面报告。

第四章

新闻评论的嬗变

本章内容提要：

1. 新闻评论的起源。
2. 我国民主主义革命时期报刊言论的发展脉络。
3. 欧美等国报刊新闻评论简况。

第一节　新闻评论的缘起

对于新闻评论的起源，由于谈论的角度不尽相同，所得出的结论也不尽一致。这里引述几位有代表性的新闻学者的论说。

“由于新闻纸必须发言，必须呐喊，于是奠定了‘评论’在新闻纸上的地位；不仅是如此，以中国新闻事业的历史传统与现实情况说，尤其有一个特色：即新闻评论先新闻报道而出现，新闻评论先新闻报道而健全发展。早年中国的报纸，多数是评论重于报道。”①

“新闻为事实的客观记载，评论为基于事实而发表的意见。”“到了新闻本位时期，报纸每天的社论，应根据当天的新闻，有此新闻，才有此社论。不但如此，而且要根据本报的当天新闻。不能无新闻而有社论，不能以一、二月前的新闻作题材，拿来写社论，尤其不能以‘报载’字样引用他报新闻。”②

当代著名报人徐铸成在《漫谈新闻和新闻评论》一文中认为，司马迁著《史记》，在每篇“本纪”、“世家”、“列传”的后面，写一段“太史公曰”，对此人此事作简要概括的评议，“这也可说是为后代的史论、新闻

---

① 程仲文：《新闻评论学》上海力生文化出版公司，1947 年 9 月版，第 1—2 页。

② 林大椿：《新闻评论学》，台湾学生书局，1978 年 7 月版。

评论开创了先例，树立了典范”。司马光编《资治通鉴》，运用夹叙夹议的手法，在紧要处写上一段“臣光曰”，发挥了史论——旧闻评论的传统。王船山写《谈通鉴论》，就《资治通鉴》所载的重要史事，逐条加以评论，篇篇都有新见解，内容精辟，文字简洁，为史论增一异彩。徐铸成还说，新闻这一行，如果也要从历史上找开山祖师爷，那么，“司马迁和司马光应是我们的祖师爷，而王船山则是新闻评论家杰出的代表”①。

苏州大学文学院新闻传播系学者杨新敏，在他的新著《新闻评论学》中则明确表示：“新闻评论的历史可以说与人类社会的产生同时发生，只不过早期的新闻评论就像人类早期的新闻一样，是依靠人际传播口头进行的。比如，某地发生了自然灾害，先民便议论纷纷，认为是人们的某些行为触怒了天神，因而产生了各种禁忌。因此，从广义上来说，有了人类社会，便有了新闻评论。”他还进一步指出：科学技术的发展为新闻评论提供了物质前提；近代社会的民主化是新闻评论产生的思想前提；大众社会的出现是新闻评论产生和发展的消费基础。

这种种说法，都不无道理，很难说孰是孰非。它起码表明了两点：一是我国的新闻评论源远流长，不自今日始；二是我们今天的新闻评论是历史的中国新闻评论的一个发展，应该在继承优良传统的基础上不断开拓创新。实际上，我国是一个有着悠久政论传统的国家，若问新闻评论的起源，可以追溯到古代的论辩文。论辩文分为“论文”和“辩文”两种类型。前者偏重从正面阐述某个观点，证明其是正确的；后者则是要对某个错误的观点加以辩驳和论争，进而阐述自己的正确见解。战国时期的论辩文就已相当活跃，以荀子为代表的立论文章和以孟子为代表的驳论文章，都具有相当的论说技巧和理论水平。这种干预时政、直面现实的论说传统，对后世新闻评论的发展不能不产生积极的影响。然而，按照我们今天对新闻评论的理解，对它正规出现的时间，似应有一个相对科学的界定。

在我国，早在唐朝开元年间（公元 713—741 年），就出现了被称为《邸报》的报纸（距今已有 1 200 多年历史），这是我国最早的报纸。但报纸内容多是皇帝文告、臣子奏章、官员任免等消息，并没有新闻评论的体裁。而且，自此以后，历代宫廷都发行这类宫报（亦称之为“阁抄”、“朝报”、“杂报”、“京报”等），但由于封建专制下没有言论自由，心非巷

① 徐铸成：《新闻丛谈》，浙江人民出版社，1983 年 11 月版

议均所不许，所以，这类报纸的内容即使在其较成熟的时期，也只能是皇帝的命令文告，臣下给皇帝的奏章以及官吏的任命消息等等，算不上现代意义上的报纸，更谈不上有新闻评论的体裁。

进入19世纪以后，1815年出现了最早的以我国文字刊行的《马六甲察世俗每月统记传》，开始登载论说；1833年在广州发刊的《东西洋考每月统记传》，也登有少许言论。这类言论虽多为宣传宗教道德的文字，对政治经济所涉不多，但无论如何，毕竟是我国报刊言论的发端。迨后，随着外国人在我国办报活动的开创，陆续出现了《中外新报》(1858年)、《上海新报》(1862年)以及首倡社论的《申报》(1872年)。这些报纸虽然发表了不少言论，但总体水平不高，缺乏时效性和针对性，还不能算是真正的新闻评论。而且其内容多半宣传宗教，宣传西方的进步文明，灌输殖民思想，虽然在某些方面开启了民智，但在某种程度上，对中国人民只能起一种麻醉的作用。应该说，新闻评论在报纸上地位的真正确立，是在19世纪70年代我国民间报纸勃兴以后。

第二节　我国民主革命时期的报刊言论

我国近代报刊发展的历史充分表明：作为政治战线和思想战线重要舆论载体的报刊言论，是伴随民主政治的产生而产生，伴随政治斗争的发展而发展的，是在不断适应社会需要、不断从我国悠久的政论传统中吸取营养的必然结果。可以说，一百多年来，我国各个时期的报刊言论，都是当时阶级斗争、政治斗争或与这种斗争相适应的思想斗争的产物，同时又反过来作用于这种斗争。特别是当社会发生大的变化，或者阶级斗争、政治斗争复杂化、尖锐化的时候，往往是报刊言论最活跃的时候。总之，重视报刊言论，运用报刊言论进行政治斗争，这是我国近、现代民主主义报刊一开始就形成的根本传统。

一、以政论为主的报纸评论的兴起(1874—1894年)

19世纪60年代以后，随着英法帝国主义对我国侵略活动的日益加剧，随着清朝腐朽统治的不断衰败，同时，也随着外国侵略者在我国办报活动的逐步开展，我国民族资产阶级开始觉醒并逐渐成长起来，一部分具有资产阶级观点的知识分子提出了一些改良政治的主张。他们把办报作为宣传自己的政治主张、扩大政治影响和推动改良运动发展的重要手段，政论报刊从此得以产生。自 1874 年起的 20 年里，他们先后创办了《昭文新报》、《循环日报》、《述报》等我国最早的一批现代的报纸。这些我国资产阶级改良派办的大部分报纸，“都始终以政论为主要内容”①。

新的思想内容需要新的表现手段，这些报纸的新闻文体随之发生了一定的变革。拿报纸言论来说，已开始摆脱“八股文”、“桐城派”的束缚，由回避尖锐的政治问题，不敢触及时弊，到逐步和政治经济问题相联系，逐渐向政论方向发展，在政治上明确提出励精图治的要求；在表现形式上，也从“代圣人立言”、“托古证今”的程式中摆脱了出来，开始转向新闻评论。这一时期，王韬和他的密友郑观应的论说，可说是异军突起，独放异彩。其中尤以王韬于 1874 年 1 月 5 日在香港创刊的《循环日报》影响最大，这是公开宣传变法的第一家报纸，也是我国历史上第一张以政论为主的报纸。王韬是我国最早接触西方文化的知识分子之一。1862 年，他因与太平天国有染，被清廷缉拿，逃亡香港。他曾两次周游列国，开阔了他的眼界，坚定了他“变法图强”的政治主张。他撰写的《变法》、《重民》等 100 多篇政论，直抒胸臆，表达了他力主变法的政治观点，反映了我国新兴的民族资产阶级要求在政治上和经济上获得发展的愿望。这些政治论文，虽然还说不上是真正的新闻评论，但在我国报纸评论的沿革中，却起了可贵的承上启下的作用。王韬称得上是我国历史上第一个有影响的报刊政论家。

二、从政论向评论的演变(1894—1914 年)

1894 年，甲午中日之战以清军惨败而告结束后，我国社会开始处于大动荡、大变化时期，新闻文体尤其是报刊评论，也开始进入一个大变革、大发展的时期。面临严重的外患，我国资产阶级的改良运动有了进一步的发展。改良派的首领们都感到有必要组织政治团体，并通过创办报纸来宣传主张，号召大众。1894 年 8 月 17 日，第一个改良主义

---

① 转引自方汉奇：《中国近代报刊史》，山西人民出版社，1981 年版。

团体——强学会，在北京创刊了机关报《中外纪闻》(刚开办的四个月报名叫《万国公报》)；1896 年 12 月 1 日，强学会的上海分会创办了《强学报》；强学会被迫解散以后，改良派首领之一、著名报刊政论家梁启超于 1896 年 8 月，在上海创刊《时务报》。梁启超在该报上发表的《变法通义》、《论中国之将强》等长篇政论，由于针对性强，气势不凡、“笔端常带感情”等特点，被认为是政论文章的典范。这一时期，陆续创办的比较有名的报纸，还有《苏报》(1897 年)、《中外日报》(1898 年)、《中国日报》(1899 年)以及首倡时事短评(简称“时评”)的《时报》(1904 年)等。以上诸报均以论政为其主要宗旨，尤其是《时务报》，论说之作日多，思想新颖，文笔犀利，有力地抨击了以练兵购械为主的洋务新政，直接为变法运动服务，成为政论报刊中的一个代表。与此同时，各报在新闻文体上也发生了一系列重要的变革，其中《时报》首倡的“时评”给新闻评论注入了新的生机，是新闻评论演进为独立新闻体裁的重要标志。该报主办人狄平子(楚青)说：“吾之办此报，非为革新舆论，而欲革新代表舆论之报界尔。”“时评”大致相当于现在报上的“短评”或“编后”，它抓住当天报上的一则新闻，题目具体，一事一议，使报纸找到了一个新闻和评论相配合的形式，为各报开辟时评或类似时评的言论专栏起了示范作用。其他如《中国日报》、《民报》等报纸开设的“论说”专栏，使得社论这种文体成为常用的言论形式，受到广大读者的欢迎。梁启超和严复、章太炎都是这一时期我国报刊政论的开山鼻祖。

嗣后，1905 年，资产阶级革命派的各个革命团体，在孙中山的领导下，联合组成了中国同盟会，并创办了自己的机关报——《民报》，被称为言论总机关，成了宣传民主革命主张、反对君主立宪等的工具。为了肃清已经完全不符合当时形势，成为革命障碍的改良主义影响，《民报》同梁启超主办的改良派机关报《新民丛报》，围绕着要不要革命，要不要实行民主政治，要不要改变土地制度等等问题，开展过激烈的论战。论战前后持续了两年之久。在此期间，革命派和改良派在国外各地的机关报全部投入了论战。经过这场论战，革命派取得了思想领导权，在理论战线上击溃了改良派。不少原来受改良主义思想影响的青年，在论战中受到教育，转向革命。在这场论战中，形式逻辑作为论证的方法从此进入报界，成为以后政论文写作的重要手段。这一时期，《中国日报》、《新民丛报》在倡导编者按这个更短小、活泼的评论手段上所作的功绩，也是不容抹杀的。

值得一提的是，辛亥革命前后，同盟会系统政党办的"三民报"（有"竖三民"、"横三民"之分，"竖三民"指辛亥革命前出版的《民呼日报》、《民吁日报》、《民立报》；"横三民"指辛亥革命后同时问世的《国民新闻》、《民权报》、《中华民报》）在精心写作社论，使社论有强烈的时间性和新闻性方面，大大前进了一步。总之，从甲午中日战争至辛亥革命前后，顺应社会政治形势的需要，一时报纸勃兴，议论激昂，撰稿人大多为当时政坛上的活跃人物，他们往往以撰写政论作为参加斗争的重要手段，像孙中山、宋教仁、陈天华、邹容、秋瑾等。当时政论"一般占到整个报刊篇幅的三分之一以上"，"政论的好坏和影响的大小，成为衡量报刊质量高低的一个重要标志。报刊在群众中的口碑，主要是通过它所发表的脍炙人口、动人心弦的杰出的政论文章建立起来的"①。这时期报纸言论的内容，不仅有政治、外交，而且涉及军事、经济等问题，是我国报刊言论从政论向新闻评论演变的黄金时代。从此，新闻评论已正式成为报纸的四大部件（新闻、言论、副刊、广告）之一，文字风格也从文言变为半文半白，无论是社论、专论、释论、短评、编者按，均逐步成型，奠定了我国新闻评论发展的新纪元。

辛亥革命之后，胜利的果实很快被大地主大买办阶级的代表袁世凯所抢夺，继而又进入军阀混战的局面。袁世凯为了实行独裁统治，对革命报刊和报人大肆摧残，报刊出版事业受到了比清朝末年还要严重的破坏。在袁世凯的反动统治下，资产阶级的软弱性明显暴露。有些报刊经不起考验，丧失鲜明的政治立场，把政论放到可有可无的地位，"往往日撰二三百字时评，敷衍塞责而已"；另有一些报刊则钱欲熏心，时时待价而沽，不惜使自己沦为任何一个肯出钱的军阀或政客集团的附庸；个别报刊完全堕落成了维护反动统治的工具，几乎没有真正的政论可言。一句话，袁世凯篡位后，我国的报刊出版事业受到了严重摧残。报刊向何处去？一部分激进的革命民主主义者面临着新的抉择。

三、新闻评论进入了新的时期（1915—1949 年）

哪里有压迫，哪里就有反抗。就在北洋军阀的黑暗统治时期，我国工人阶级的力量逐渐壮大起来。随着革命形势的不断发展，我国报刊

① 转引自方汉奇：《中国近代报刊史》，山西人民出版社，1981 年版。

的历史又进入了新的阶段。以陈独秀、李大钊、鲁迅为代表的一部分激进的革命民主主义者，高举起“民主”、“科学”和文学革命的旗帜，向形形色色的封建教条展开了有力的冲击。1915 年陈独秀创刊的《新青年》，发表了大量从现实生活出发，宣传民主和科学，批判孔孟之道，反对帝制和封建礼教的言论文章，有极大的针对性和战斗性。《新青年》在揭开新文化运动序幕，领思想解放潮流之先方面所建立的功勋，将永垂史册。俄国十月革命以后，以马克思主义为主流的新思潮在我国广泛传播，民主革命运动进一步开展。这时，在实际斗争中出现了以政论为中心，用来进行实际政治斗争的报刊，影响最大的有李大钊 1918 年创办的《每周评论》。李大钊等同志力主恢复我国报刊政论传统，运用马克思主义世界观和方法论写作评论，积极倡导新文化运动，勇敢地进行反帝反封建的宣传，热情地歌颂了俄国十月社会主义革命的伟大胜利，促进了马克思主义在中国的传播。《新青年》和《每周评论》把报刊评论推进到一个新的阶段，成为当时颇负盛名的革命民主主义的阵地和论坛。陈独秀、李大钊、鲁迅当时发表的许多著名评论，已成为我国报刊评论史上光辉的篇章。

“五四”运动以后，随着马克思主义的广泛传播和新民主主义革命的不断深入，我们党早期的活动家、宣传家如毛泽东、蔡和森、瞿秋白、恽代英、周恩来、萧楚女、邓中夏等同志，开始自觉地运用辩证唯物主义、历史唯物主义和阶级分析的方法来从事言论写作，我国报刊的评论工作进入了新的发展时期，政论在内容和形式上均已与旧民主主义时期的报刊政论有很大不同。除社论以外，以政论与新闻报道相结合的“述评”形式得到了普遍应用。由《新青年》开创的“随感录”成了广泛采用的形式。就是在一部分改良派的报纸上，政论也大为加强，有时占报纸主要地位半版以上。“专论”、“代论”、“事论”等形式名目繁多，呈现了欣欣向荣的景象。在进步的新闻工作者当中，重视报刊言论，以邹韬奋为最突出。他从 1926 年接办《生活周刊》到 1944 年逝世，前后十几年中，在主办《生活周刊》到以后的《大众生活》等报刊中，亲自主持报刊的言论工作。他的《小言论》(以后为“社评”)和《读者信箱》，对读者的影响十分深远。邹韬奋小言论的特点是善于抓群众最关心的问题，说群众想说的话，往往从一件具体事生发，采取谈家常的方式，评它三五百字，开门见山，一针见血，简单干脆，明白晓畅，既生动活泼又有战斗性，很适合群众阅读，被广大读者视为自己的良师益友。

这一时期，资产阶级报刊积极运用评论，散布它的思想观点者则以《大公报》为代表。作为《大公报》灵魂的张季鸾，是一个爱国主义者。他1926年接办《大公报》，担任总编辑，主持笔政15年，写了大量的新闻评论，是20世纪20年代末至40年代初中国最著名的资产阶级政论家。他才思敏捷，出手很快，“看完大样写社论”，倏忽而就，文采斐然。1923年改组后的新记《大公报》，自称“大公报是一个论政机构”，“既许身立论，就不旁骛”(见1948年大公报社评：《政党・和平・填土工作》)。1927年以后，它和蒋介石开始靠拢，对国内外政治表现出浓厚兴趣，对当时政治事件大肆散布反动意见，竭力争取群众，自我标榜为“文人论政”，把政论传统向右发展。新记《大公报》打着“文人论政”的旗号，善于运用报纸特点，刻意求新，它的言论在一部分知识分子中有很大的煽惑作用。为了揭露这些评论的实质，指明事件的真相，我们党领导的重庆《新华日报》在抗日战争和解放战争时期，运用巧妙的斗争艺术，与它进行过激烈的论战。尤其是在抗战胜利以后，《新华日报》刊登的一系列评论，深刻揭露了国民党挑动内战的阴谋，回击了对共产党的诽谤。战斗在敌人心脏里的《新华日报》，在国统区人民的心中成为一盏光芒四射的明灯。

李大钊、邹韬奋、张季鸾等都是我国报刊史上著名的新闻评论家。他们以自己的写作实践推进了我国新闻评论走向成熟的进程，为促使新闻评论的文体不断趋于完备，做出了不可磨灭的贡献。

第三节　欧美等国报刊新闻评论述略

纵览世界各国报刊发展的历史，可以看出欧美不少国家的报纸，其新闻评论的发端比我国要早一些。当然，这些国家的报纸起初也是没有社论的，只是办报人每每于编发稿件之余，对新闻事件发抒一些个人的意见。英国是最早开始“政论报纸”时代的国家。以1640年开始的国会和王党之争为背景，许多报纸应运而生。1694年特别制度废除时，在辉格党和托利党两大政党之争的背景下，出现了如丹尼尔・狄福主编的《评论报》(1704年)，乔纳森・斯威夫特主笔社论的托利党机关报《观察家报》(1710年)等许多政党报纸。

德国则在1609年就出现了世界最早的周报《论坛报》，但由于国家分裂以及专制统治等原因，报纸评论发展极为困难。后来受法国革命的影响，才出现了主张政治自由的报纸。1848年3月的自由主义革命爆发后，出现了伯恩斯坦主编的《选民报》等政论报纸。卡尔·马克思主编的《新莱茵报》是这个时期较为突出的报纸。法国的政论报纸出现在大革命中。到了18世纪初叶，英国报纸开始重视评论文字，到该世纪末，即开始建立社论制度，用一定的篇幅登载新闻评论，并称之为领导文字，其中尤以《泰晤士报》的信誉最高。

至于美国，政论报纸在独立战争时期达到顶峰。开始辟评论专栏的报纸是1800年创办的《奥罗拉报》，在报纸的第二版，按期刊载社论，采用"我们"的口吻，代表报社说话。美国的报纸，最初是分别采取英法两国办报的作风，英国报重评论，法国报重报道。美国新闻评论文字，始盛于联邦派与共和派政争激烈之时(即1861年至1865年的南北战争时期)。美国独立战争后，民主、共和两大政党，围绕着建国的方针展开了新的斗争。以这种对立为背景，产生了《美国新闻报》(民主党机关报)、《国民新闻报》(共和党机关报)等为数众多的政党报纸。当时由名政论家格里莱斯主持的《纽约论坛报》为最强调新闻评论的报纸，曾以反对奴隶制度的言论风靡全美。美国名报人普利策于1883年接办《世界报》时，同样十分重视评论，称评论为"报纸的心脏"。但后来由于报业经营者均能超然或独立，不愿做政争的工具，新闻本位的评论逐步确立，并取代政论本位的评论。现在，美国的新闻评论已构成为美国新闻事业发展的一大条件，可以说没有一家报纸不设评论版。而且凡有新闻的地方，就有新闻评论的产生，如无线电广播与电视新闻中就有广播评论和电视评论，网络媒体新闻中就有网络评论出现。

打开今天欧美主要国家的报纸，可以发现评论占有大量的篇幅，而且普遍有固定的社论版，几乎没有一天不发表社论、专论的，有的报纸一天要发表好几篇社论(美国《纽约时报》平均每天要发五至六篇)。社论版最早出现于美国。与我国传统报刊一般一天只刊发一篇社论不同，欧美的一些报纸每天都刊发三四篇甚至四五篇社论。大报的社论每篇约500字，小报的每篇300字左右。遇有重大新闻事件，无论是大报还是小报，大多会集中发表一两篇较长的社论，再辅以两三篇较短的社论文章。这样多的社论需要有一个专门的版面来安排，由此便产生了社论版。需要说明的是，欧美报纸的社论版并不以社论为限，也可以登载专栏、读者投书、书评、政治性漫画等其他内容。这些内容刊于社论版，表示其被认可代表报社的意见或表示报社对其非常重视，具有特别的意义。而且，欧美报纸的社论多数被一分为二，一边刊登代表正面意见的评论，另一边刊登代表反面意见的评论。刊登反面意见评论的版面被称为“社论版对页”。设立“社论版对页”的意义在于表示报纸的客观公正，使报纸反映的观点更全面，收集读者意见的范围更广泛。

在欧美国家，各报都拥有一支庞大的评论队伍，配有撰写社论的主笔、撰写专论的专栏作家、撰写释论的编辑人或专家、撰写各类短评的批评家。主笔，就是评论记者，或称社论撰述委员，是一个很高的尊誉，是主持一家报馆的言论方向与编辑方针的，是新闻政策的执行人。主笔一般都是社会上享有名望的人担任的。如英国，就常有内阁退职大员去做主笔，他们的社会地位很高，政治影响很大，常被人们称为具有宪法上第四权威的人。就是说，评论记者和皇家、政府、议会有相同的权威。由于主笔的权威性，平时政论的内外政策，常受新闻评论的主张而转移。美国情况也莫不如此。大家都知道的美国最负盛名也是世界上影响最大的评论家和专栏作家李普曼，不仅在世界各地拥有几千万的普通读者，而且受到美国官方与各国政治家、外交家的重视。作为一个阅历丰富的政论家，他对美国外交政策和世界局势的演变发展，常常有自己独到的见解与主张，因而在美国，人们把他称为“小国务院”。1974 年李普曼逝世后，在华盛顿国立大教堂为他举行了葬礼，当时的美国国务卿基辛格和美国参议院外交委员会主席富布赖特亲自出席，并代表官方向这位高级谋士告别和表示哀悼，称他“也许是当代最有影响的政治家，他曾帮助引导美国三代人认识外交和内政方面的复杂问题”。

必须指出，资产阶级报纸上的评论，其作用同我们社会主义媒体新闻评论的作用相比，是不同性质的两码事。他们的评论，尽管有的打着“公正的舆论”、“客观的评判”等旗号，而实际上它们都是从资产阶级立场出发，其中不少是用主观唯心主义、形而上学和实用主义等观点、方法，来观察和评判世界。

关于新闻评论今后的发展趋向，欧美国家不少新闻学者认为：新闻评论的范围将日益扩大，新闻评论的种类将日益繁多，新闻释论的需要将日益迫切，新闻专论的人才将日益需要，新闻评论的地位将日益独立，新闻评论的责任将日益加重。这些看法不无道理，当然只能作为我们参考，但新闻评论将随着时代的发展而发展，则是毫无疑义的。

问题与练习：

1. 按照今天对新闻评论的理解，我国的新闻评论发端于什么时候？
2. 我国民主革命时期报刊言论的发展大概可分为几个阶段？每个阶段的代表性人物是谁？
3. 由政论报纸演变为新闻评论，其重要标志是什么？
4. 欧美等国家新闻评论的发端早于我国，主要原因是什么？
5. 从邹韬奋全集或选集中，选读若干篇小言论，分析其内容和文风的特点。

第五章

无产阶级报刊新闻评论的传统

本章内容提要：

1. 无产阶级革命导师高度重视报纸言论。
2. 党报评论在革命和建设实践中渐趋成熟。
3. 毛泽东对党报评论的重视与贡献。
4. 我国改革开放以来新闻评论的蓬勃发展。

第一节 国际无产阶级革命导师十分重视报纸言论

革命导师马克思、恩格斯、列宁等在领导国际共产主义运动的过程中，都有过自己参加办报和写作言论的经历。他们在当时的历史条件下，在自己所主办的《新莱茵报》、《火星报》、《明星报》等报刊上所发表的大量评论，都及时地对当时发生的重要历史事件表明了自己的观点和态度，对革命运动中提出的新问题作了卓有远见、深刻透辟的解答。1842年，马克思写下《评普鲁士最近的书报检查》一文，这可以算作无产阶级新闻评论的开端。1848年6月1日至1849年5月19日，由马克思任《新莱茵报》总编辑，使无产阶级有了自己公开发表评论的阵地。马克思和恩格斯在《新莱茵报》上发表了大量述评、社论，表现了坚定的革命立场和爱憎分明的态度。该报被迫停刊后，马克思和恩格斯又在美国的进步报纸《纽约每日论坛报》等报纸上继续战斗。据统计，从1851年8月到1862年3月，马克思和恩格斯应邀为美国《纽约每日论坛报》写评论，共写了500余篇，几乎占他们一生撰稿1 600余篇的三分之一。

列宁的办报活动是与他的革命活动紧密联系在一起的。早在1900年12月，他就在德国莱比锡创办了全俄第一份马克思主义的报纸——《火星报》。后来，又陆续在日内瓦创办了《前进报》、《无产者报》，在彼得堡创办了俄国第一份公开出版的布尔什维克报纸《新生活报》，发表了大量政论。1912年5月5日，俄国第一份公开出版的工人报纸《真理报》创刊，后来成为布尔什维克党中央机关报。从1912年至1923年，列宁在《真理报》上发表论文852篇，其中绝大部分是评论和署名评论。斯大林仅仅在准备和实现十月革命的几个月里，就为《真理报》写了70多篇评论。革命导师的这些光辉评论撰述，高瞻远瞩，生动泼辣，富有炽烈的战斗激情和巨大的精神力量，成为激励无产阶级和人民群众投身斗争的号角和旗帜，是一笔宝贵的财富。

第二节　建党后党报评论在革命实践中不断发展

中国共产党诞生及至中华人民共和国成立以后，毛泽东、周恩来、刘少奇等党和国家的主要领导人，无论在新民主主义革命时期，还是在社会主义建设时期，总是把党报评论工作放在十分重要的地位。他们不仅对报刊评论工作作过一系列重要的论述，而且亲自为报纸刊物写下了许多闪耀着马克思主义理论光辉，充满无产阶级革命斗争精神，具有为中国人民所喜闻乐见的高质量的社论、评论、按语等。这些光辉篇章，不仅给革命和建设事业以有力的指导，而且在由党的主要负责同志关心并写作报纸评论方面，为全党作出了榜样，提供了范例。

当然，党报的评论工作，是随着革命斗争的深入发展而发展，随着全党马列主义水准的不断提高而提高的。在中国共产党成立和第一次国内革命战争时期，以《向导》周报、《政治周报》、《工人周刊》、《中国工会》、《中国青年》等报刊为代表的无产阶级报刊先后创办，大大发挥了报刊评论在革命斗争中的巨大指导作用。第二次国内革命战争时期，在国民党反动派先后五次发动的反革命围剿中，在二万五千里长征中，党仍然创办了以《布尔什维克》、《红色中华》、《新中华报》、《解放》周刊等为主的一系列报刊，及时通过社论、评论指导革命斗争。党的领导通过这些报刊发表的大量政治评论，广泛地宣传了马列主义和党的纲领路线，为广大群众指明了斗争方向和行动目标，成为鼓动群众投身火热斗争的号角。但是，应该指出，在党的早期报刊言论中，由于用马克思主义的立场、观点、方法来分析和解决实际问题还刚刚开始，因而有少数评论缺乏周密的分析过程，说服力不强，这同我们党在当时还不够成熟有直接关系。

抗日战争时期和第三次国内革命战争时期，我们党的报刊评论工作又有了新的发展，其中尤以 1941 年 5 月创刊于延安的《解放日报》和 1938 年 1 月创刊于国统区武汉的《新华日报》特别出色。《解放日报》作为第一张在革命根据地每日出版的党中央机关报，十分重视评论，把按照党的意志指导实际工作列为评论的首要任务，强调要当好党的喉舌。据统计，1942 年 7 月至 10 月间，该报共发社论 94 篇、代论 7 篇、半月国际述评 8 篇，平均每天发表言论稿 1 500 字。继延安《解放日报》之后，各根据地也相继办起了报纸，并把评论放在极为重要的位置。此后，各省市陆续办起了机关报，广播电台也相继出现。这些报纸和电台都极为重视新闻评论。毛泽东同志和中央许多负责同志都亲自参加和领导报纸的工作，经常为报纸写社论和文章，这些评论为报纸增添了奇光异彩，成为我党在全国解放以前报刊评论的杰出典范。周恩来主持领导下的《新华日报》，则通过各种报道和言论，使整个国民党统治区的人民能直接地感受共产党的宣传，成为我党在国民党的心脏建立的一座公开的讲坛。这一时期我们党的报刊的评论，由于全党思想理论水平的明显提高，能比较娴熟地运用马克思主义的立场、观点、方法来分析中国的实际问题，有的放矢，尖锐泼辣，处处显示出掌握了自己历史命运，把握着历史发展主动权的无产阶级的战斗风貌，在我们党报评论发展史上写下了新的一页。

第三节　解放后党和政府对新闻评论的重视

在毛泽东和其他老一辈无产阶级革命家的倡导下，全国解放之后，党和政府在许多决议、文件中一再指示报纸加强评论工作，搞好言论宣传。如1954年7月17日中共中央政治局通过的《中共中央关于改进报纸工作的决议》中规定:“报纸的评论工作必须加强。全国性的报纸应该根据党的总路线和各项政策决议,逐步做到对于国内国际发生的重大问题发表有高度思想政治水平的评论;各地方的报纸除了转载人民日报的重要评论外,也应该逐步做到对于当地实际生活和地方工作中的各种重要问题经常发表正确的评论。”

此外,党和政府在召开报纸工作会议时,对加强评论工作也多次作了明确的指示。改进和加强评论工作,几乎成为每一次改进报纸工作的一个重要方面。譬如,1950年在全国新闻工作者会议上,加强评论工作就是其中一个重要的议题。在1953年报纸工作改革中,评论工作有了显著的改进。1958年,由于大家都知道的原因,在报纸“大跃进”中,评论工作出现了不少“左”的偏差,提出了一些脱离实际的口号,说了很多直接违背客观经济规律的话,这个教训是深刻的。但是,也应看到,当时群众性的评论队伍有所加强,不少地方的党委组成了言论写作小组,使报纸评论数量有了很大增长,也出现了一些具有理论色彩、对实际工作有指导意义的好评论。1960年以后,各报在总结报纸工作的过程中,又进一步梳理了评论工作中正反两方面的经验教训,但就根本来说,并没有真正摆脱自1957年业已开始的“左”的影响。

“十年内乱”期间,由于林彪、“四人帮”的严重干扰与破坏,“左”的错误恶性膨胀,报纸的评论工作出现了重大曲折。“小报抄大报,大报抄‘梁效’,一个面孔一个调”[①],是对当时报纸评论的真实写照。在很长一段时间里,党的宣传部门未掌握在真正的马克思主义者手中。通过拨乱反正,肃清“左”的影响和流毒,党报工作包括评论工作逐步进入了健康发展的轨道,出现了新的生机。

第四节　毛泽东对党报评论工作的贡献

在重视并经常撰写党报评论方面,毛泽东堪为全党的楷模。他从理论和实践这两个方面都为我们党报评论工作的发展做出了重

---

① 指当时由“四人帮”操控的北京大学、清华大学联合写作小组的笔名。

要贡献。

早在"五四"运动时期，青年时代的毛泽东在湖南由他创办的《湘江评论》上，就发表了《民众的大联合》等大量战斗檄文，以震撼人心的文字，评论天下大事，讨伐封建礼教，向反动统治和一切旧势力、旧习惯进行了大无畏的冲击。在抗日战争、解放战争时期，毛泽东经常为新华社、《解放日报》撰写重要评论、社论。《毛泽东选集》中的许多重要文章，如《一个极其重要的政策》、《第二次世界大战的转折点》、《质问国民党》、《游击区也能进行生产》、《将革命进行到底》、《南京政府向何处去?》、《丢掉幻想，准备斗争》、《别了，司徒雷登》、《为什么要讨论白皮书》、《"友谊"，还是侵略?》、《唯心历史观的破产》等，都是作为新华社、《解放日报》的社论、评论发表的。由于毛泽东具有坚定的无产阶级世界观和一往无前的革命气势，"傍着活事件来讨论"（毛泽东语——笔者注），因而他的评论高屋建瓴，气贯长虹，能道人所未道之理，言人所未言之事。这些评论著述，不仅内容博大精深，在国内外产生过广泛、深远的影响，是我国无产阶级革命真实而生动的历史记录，而且也是报纸评论的珍品，正如范荣康所评价的："在文风上，毛泽东的新闻评论兼收并蓄，集中西之大成，形成了自己独特的风格，开一代先河，对当代新闻评论的影响至深且远。可以说，当代中国新闻评论工作者的评论风格，无不是在毛泽东言传身教或潜移默化中形成的。"①

全国解放以后，毛泽东继续关心党报的评论工作，撰写和大量修改重要社论文章。在日理万机的繁忙工作之中，仅 20 世纪 50 年代前期，他为党中央机关报《人民日报》撰写的社论，就有《应当重视武训传的讨论》（1951 年 5 月 20 日）、《元旦献词》（1952 年 1 月 1 日）等数篇，还亲自为《中国农村的社会主义高潮》等书写了序言、按语。毛泽东还经常教导各级党委负责同志和新闻工作者要重视评论工作，并对如何搞好言论宣传作过多次指示。1958 年 1 月，他在写给刘建勋、韦国清两同志的信中说："精心写作社论是一项极重要任务，你们自己、宣传部长、秘书长、报社总编辑，要共同研究。第一书记挂帅，修改一些最重要的社论，是必要的。"同年，他又先后在南宁会议和成都会议上，两次就评论、社论的具体写作提出了精辟的意见，指出："组织大家写评论"，"写得不要刻板，形式要多样化"，"政论应该像政论，但并不排斥抒情"。这

① 范荣康：《新闻评论学》，人民日报出版社，1988 年 2 月版，第 63 页。

对动员全党尤其是党的负责同志重视报纸评论工作，学习评论写作，具有十分重要的意义。

第五节　我国改革开放以来的新闻评论工作

党的十一届三中全会以来，为了加强对报纸工作的领导，1979 年 3 月，中共中央宣传部召开了全国新闻工作座谈会。会议针对林彪、“四人帮”在新闻工作领域中推行的极“左”路线及其“假、大、空”等流毒表现，明确提出：报纸和其他新闻工具为了加强理论宣传，最重要的是要运用马列主义、毛泽东思想的普遍原理，回答重心转移和四化建设中出现的种种新问题，正确地解释、阐明党的现行政策，针对思想实际和工作实际，做到有的放矢、生动活泼地进行理论的阐明。不久，党中央在有关决定中，又强调指出，对于马克思列宁主义、毛泽东思想的基本观点，应当结合当前的实际情况，持久不懈地进行生动有力的宣传。宣传四项基本原则，要从群众的实际思想情况出发，尽最大努力使这种宣传真正具有说服力。主管中央宣传思想工作的胡耀邦同志，更是明确提出要加强报纸评论工作，大学新闻系要开设评论课程。

20 世纪 80 年代末以来，从党的第二代、第三代领导人邓小平、江泽民到以胡锦涛为总书记的党中央，高度重视新闻宣传和舆论引导工作，强调要用社会主义核心价值体系引导广大干部群众，明确提出：“要用科学的理论武装人，用正确的舆论引导人，用高尚的精神塑造人，用优秀的作品鼓舞人。”胡锦涛等党和国家领导人十分关心网络宣传，亲自和网民对话、交流。2003 年 5 月 23 日，胡锦涛还对《人民日报》的重要评论《筑起我们新的长城——论抗击非典的伟大精神》作出批示：“这篇文章观点鲜明，论述透彻，文字清新。体现了《人民日报》在政论方面的优势。望再接再厉，让‘任仲平’这一优势品牌发挥更大的作用。”

在邓小平理论、“三个代表”重要思想和科学发展观的指引下，我国改革不断深化，开放进一步扩大，经济建设持续快速健康推进，特别是近几年取得了又好又快的发展，这一切都为新闻传播业提供了新的发展机遇。值得一提的是，步入新世纪以来，随着高新技术的迅猛发展，特别是以互联网为代表的新兴媒体对传统媒体的有力冲击，加上我国社会深厚的思想和文化背景，更为新闻评论的繁荣和发展，注入了新的生机和活力。请看今日新闻评论之天下，可谓百花盛开，姹紫嫣红，其内容之丰富，思想之活跃，观点之新颖，论述之深刻，形式之多样，文风之活泼，作者之广泛，都是前所未有的。可以说，它所关注的话题，就是全党工作的重点，社会发展的热点，群众关心的焦点；"党和人民都满意"的原则，从来也没有像今天这样在新闻评论中得到了有机的统一。这几年新闻评论的精品力作之所以会逐年增加，其根本原因就在这里。

我们还高兴地看到，近些年各种媒体的新闻评论受到普遍重视，在紧扣时代脉搏，引领主流舆论，强化评论特别是党报评论的影响力和引导力方面；在提高思想格调，坚持"三贴近"（即贴近实际、贴近群众、贴近生活），加强调查研究，沟通社情民意，疏解公众情绪，实施舆论监督方面；在吸引公众参与，搭建社会公共话语平台，注意发挥各种形式的新闻评论的作用方面，已经作了很大的努力，出现了不少既能正确地宣传党的路线、方针、政策，又同群众心连心，站在群众中间引导群众前进的评论。此外，各种媒体上评论专栏越来越多，一种主要由一线群众作者撰写的微型评论、网络评论、手机话语、公共论坛、博客、微博，以及公众积极参与的广播、电视评论和谈话类、专题类节目，异军突起，大放异彩，受到普遍欢迎。此外，随着新闻评论实践的发展，有些报纸如《中国青年报》、《南方都市报》等已经出现了社论版的雏形，《解放日报》、《新民晚报》、《羊城晚报》、《嘉兴日报》等也相继开设了评论专版。新闻评论队伍在公众广泛参与的同时，专业化和学者化的趋势也日渐明显。一句话，新闻评论在媒体上的地位和作用愈益凸显，在现实生活和公众中的影响日益增长，新闻媒体的传播质量不断提高，党报在群众中的公信力和影响力大大增强。

但是，总的说来，媒体的新闻评论的发展还不尽如人意，还有不少薄弱环节，突出表现在评论生态有待进一步优化，发展还不够平衡，对新兴媒体的冲击还少有办法，评论数量还不够多，品种还不够全，质量较高的评论更不多见。不少媒体特别是市场化媒体的新闻评论的同质化现象比较严重，大量主题雷同、观点相似、写法格式化的评论在广泛流传，独家评论越来越少。因此，高度重视并大力加强新闻评论工作，改进评论写作，努力通过各种形式发表评论，提高评论质量，充分发挥评论在引导舆论、凝聚人心、鼓舞斗志中的独特作用，不啻是加强当前新闻传播、提高核心竞争力的一个重要方面。

问题与练习：

1. 马克思、恩格斯、列宁等革命导师是怎样重视报刊言论工作的？
2. 我们党报新闻评论是如何在革命实践中不断发展的？
3. 从建国以后到“文革”以前，我国报纸新闻评论的发展大约可分为几个阶段？每个阶段的突出问题是什么？
4. 毛泽东对党报评论工作的贡献，主要表现在哪里？
5. 改革开放以来，尤其是跨入新世纪以来，我国新闻评论发生了哪些可喜的变化？原因何在？

第六章

社会主义新闻评论的党性原则

本章内容提要：

1. 社会主义新闻评论坚持党性原则的重要性与必要性。
2. 在政治上与党中央保持高度一致的意义与内涵。
3. 坚持党的实事求是思想路线的意义与内涵。
4. 贯彻全党办报、群众办报路线的意义及其方式。

我们国家是共产党领导的社会主义国家，新闻传播必须坚持党性原则，坚持实事求是，把握正确的舆论导向。社会主义的新闻媒体，最主要的功能就是：它们都是党的喉舌，当然也是人民的喉舌，是党进行思想政治工作的重要舆论工具。而新闻评论，又是各种宣传形式中最重要、最权威的一种形式，尤其是党报的社论和其他重要评论，最集中最鲜明地体现着媒体的立场、观点和它的党派性。因此，在新闻评论工作中，忠贞不渝地坚持无产阶级党性原则，既是搞好评论工作的首要条件，又是改进和加强媒体工作、提高新闻传播质量和核心竞争力的根本前提。

那么，在我们的新闻评论工作中，如何坚持和体现无产阶级的党性原则呢？毛泽东在《对晋绥日报编辑人员的谈话》中说："同志们是办报的。你们的工作，就是教育群众，让群众知道自己的利益，自己的任务和党的方针政策。"[①]据此，可以这样说，坚持马克思主义的世界观和方法论，坚持站在党的立场上，从党和人民的利益出发观察和处理问题，自觉维护党的利益，同损害党的言论和行为作斗争，这就是包括评论工作在内的新闻传播所必须坚持的党性原则。对新闻评论来说，则必须把握好以下三个方面。

---

① 《毛泽东选集》第四卷，人民出版社，1966年7月横排版，第1262页。

第一节　把握正确的舆论导向

社会主义的新闻事业，有着鲜明的阶级性和党派性，特别是作为媒体旗帜和灵魂的新闻评论，其立论必须建立在马克思主义世界观和方法论的基础之上，向广大受众开辟认识真理的道路。在当前，其内容必须正确地体现党的路线、方针、政策和策略，体现党的基本主张。一句话，就是必须把握正确的舆论导向。这是新闻传播坚持党性原则的第一要义。实践表明，舆论无小事，它往往代表着一个国家的形象。“舆论导向正确，是党和人民之福；舆论导向错误，是党和人民之祸。”①

为了坚持新闻评论的党性原则，把握正确的舆论导向，首先必须做到在政治上与党中央保持高度一致。我们知道，只有无产阶级及其政党才能代表历史前进的方向，才能代表广大人民的最大利益，无产阶级党性正包含了这个要义。2000 年 2 月，江泽民同志在广东考察工作时明确指出：“我们党所以赢得人民拥护，是因为我们党作为中国工人阶级的先锋队，在革命、建设、改革的各个历史时期，总是代表着中国先进社会生产力的发展要求，代表着中国先进文化的前进方向，代表着中国最广大人民的根本利益，并通过制定正确的路线方针政策，为实现国家和人民的根本利益而不懈奋斗。”②这为我们新闻传播包括新闻评论如何坚持党性原则，指出了明确的方向。具体来说，就是在评论工作中，一定要高举邓小平理论伟大旗帜，坚持“三个代表”的重要思想，坚持科学发展观，归根结底，就是坚持党的全心全意为人民服务的宗旨。在这方面，需要强调的是，在新闻评论工作中既要体现党的主张，又要反映人民诉求，把对上负责与对下负责结合起来；既要注意关心人民疾苦，反映人民的呼声和要求，勇于同种种损害人民利益的不正之风作斗争，密切联系人民群众的实际利益和切身体验去进行宣传，使人民群众从自己的切身体验中一步步地提

① 转引自《新闻工作者必读》，文汇出版社，2000 年 11 月版，第 65 页。
② 同上书，第 75 页。

高觉悟，理解党的政策，拥护党的主张，又要十分注意引导人民树立全局观念，自觉地为全国各族人民的根本利益而斗争，决不能“言不及义，好行小惠”，不讲社会主义的前途、理想以及党和国家的整体利益，使人们的思想局限在个人眼前利益的狭隘圈子里。一句话，在任何时候、任何情况下，新闻评论都必须坚持党性和党的政策的立场，从有利于密切党和人民的关系，有利于促进全党、全国各族人民的大团结，有利于一切以经济建设为中心，正确处理改革、发展和稳定的关系，有利于坚持社会主义核心价值体系，用共产主义精神加强对党员、干部和人民群众的教育，有利于用正确的舆论去引导人们的行动、凝聚人心、鼓舞士气这个大局出发。不顾这个大局，就既谈不上坚强的党性，也谈不上真正维护人民利益。

坚持新闻评论的党性原则，在政治上与党中央保持高度一致，并不是一句空话，而有着实实在在的内涵。譬如，当前党中央对社会转型期的道德文化建设高度重视，因为这是制度之母。一种社会制度的形成、巩固和发展，需要有相应的文化为其提供指导和奠定基础，为其提供软实力。在这方面，我们既应看到改革开放 30 多年来文化建设有了很大进步，同时也必须看到文化建设特别是道德文化建设，同经济发展相比仍然是一条短腿，诚信的缺失和道德的滑坡已经到了难以容忍的程度。这就要求我们的新闻传播包括评论工作在内，应积极主动地把加强同市场经济、民主法治、和谐社会建设相适应的道德文化建设放到更加突出、更加重要的位置上来，应创造性地在全社会营造讲道德、讲诚信、讲责任、讲良心的强大舆论氛围。

当然，坚持新闻评论的党性原则，我们还必须加强宣传的组织纪律性。作为社会主义的新闻从业人员，我们的一切舆论（评论工作包括在内），如果不置于党的统一领导下，不遵守党的宣传纪律，搞“上有政策，下有对策”、“打擦边球”，就会“各吹各的号，各唱各的调”，以至走偏方向，贻误和危害党和人民的事业。因此，对于党中央的路线、方针、政策和决策，哪些应该在媒体上公开宣传，哪些不应该公开宣传；哪些现在不能公开宣传，以后可以宣传，以及怎样宣传，把握什么时机，讲到什么程度，采取什么方式，等等，都必须与党的步调一致，不得自行其是。

第二节 坚持实事求是的思想路线

我们党的思想指南是辩证唯物主义和历史唯物主义，表现在思想认识路线上就是"实事求是"。毛泽东曾在《改造我们的学习》一文中对此解释道："'实事'就是客观存在着的一切事物，'是'就是客观事物的内部联系，即规律性，'求'就是我们去研究……从其中引出其固有的而不是臆造的规律性，即找出周围事物的内部联系，作为我们行动的向导。"①新闻评论工作也是这样。新闻评论的党性原则，不能不表现在这个世界观和认识论的根本问题上。因此，是不是坚持实事求是，这是衡量我们有无党性的标准之一。怎样才能坚持新闻评论工作实事求是的原则，应努力按照党中央关于"宣传工作的三条基本要求"(即讲事实、讲真话、讲道理)去做。

1. 讲事实

新闻评论就事论理，析事明理，都离不开以事实为依托，以事实为基础。事实最有说服力，事实是最好的宣传。毛泽东1925年在《〈政治周报〉发刊理由》一文中，讲到怎样打破反革命宣传时，曾经指出："并不多用辩论，只是忠实地报告我们革命工作的事实"，我们的报刊"十分之九是实际事实之叙述"。他在驳斥敌人的谣言时，总是提醒人们："请看事实。"我们的新闻宣传，一定不能违背事实，更不能歪曲事实，要坚持讲事实。夸夸其谈，歪曲事实，隐瞒真相，粉饰太平，是错误的，是我们新闻评论工作者所不应有的一种恶劣作风。当然，在一些重大问题的宣传上，我们也要注意时机，掌握步骤和分寸，做到内外有别。

2. 讲真话

古语说："大智兴邦，不过集众思。"朱熹说："问渠哪得清如许，为有源头活水来。"我们党和政府的政策要做到清明，符合实际，符合人民的意愿，就必须倾听来自人民的意见，集思广益，这就需要持久不断的"活水"。为此，我们要敢于讲真话，提倡讲真话。一是一，二是二，是就是，非就非，正确就正确，错误就错误，不妥就不妥。我们新闻评论的风格，

① 《毛泽东选集》第三卷，人民出版社，1966年7月横排版，第759页。

要旗帜鲜明，不要吞吞吐吐，不要含含糊糊。方式方法要稳妥，不要粗暴，不要骂人、吓人，但不能放弃原则。毛泽东说："我们必须坚持真理，而真理必须旗帜鲜明。我们共产党人从来认为隐瞒自己的观点是可耻的。我们党所办的报纸，我们党所进行的一切宣传工作，都应当是生动的，鲜明的，尖锐的，毫不吞吞吐吐。这是我们革命无产阶级应有的战斗风格。"[①]有两种不讲真话的人：一种是有意弄虚作假，为了个人的目的讲假话，这个要追究；一种是轻信，由于轻信而上当，这要吸取教训。我们提倡开动机器，就是无论什么事情、什么问题，脑子里都要打个转转，要想一想，不要轻信。

3. 讲道理

新闻评论一个最大的特点，就是讲道理。俗话说得好："有理走遍天下，无理寸步难行。"可以说，新闻评论工作就是讲道理的工作。讲道理是不容易的，要下苦工夫。不要讲吓人的话，不要讲套话、大话、空话。不要搞现象罗列，要深入到事物的内部去，弄清事物的必然联系。道理要讲得深刻，就要抓住事物的本质联系，讲出事物的规律性，还要讲究表达的方式和技巧。一定要坚持讲道理。要平心静气地摆事实，讲道理，持之有故，言之成理。不要感情用事，不要以势压人。写东西、讲话，要有感情，没有感情不行；但感情太过头了，甚至感情用事，就容易偏激，空话就多，片面性也就大。对于人民内部问题，不要采取冷嘲热讽的态度、讲闲话的态度。不同意见的争论，要持平等的、探讨的态度，多作分析，多讲道理。

第三节　贯彻全党办报、群众办报的方针

全党办报、群众办报的方针，也就是相信和依靠群众的方针，这是我们党的新闻工作的优良传统，是办好一张报纸的基础。办好广播、电视和网络也是如此。能否贯彻执行这条工作路线，同样是对新闻单位和从业人员的检验。要坚持新闻评论工作的党性原则，就必须坚持这条工作路线。根据近些年来的实践，评论工作要坚持这条方针，一般采

① 《毛泽东选集》第四卷，人民出版社，1966年7月横排版，第1265页。

取三个“结合”和组织集体写作的办法。

1. 上下结合，也就是领导和群众相结合

1958 年 1 月 2 日，毛泽东在写给刘建勋、韦国清两位省委负责人的信中说：“精心写作社论是一项极重要任务，你们自己、宣传部长、秘书长、报社总编辑，要共同研究。第一书记挂帅，动手修改一些最重要的社论，是必要的。”[①]这里指的是作为一个省的领导，要关心、支持和参与新闻评论工作，特别是社论工作。就新闻媒体内部来讲，总编辑、副总编辑等主要领导，就更要亲自过问评论工作了。尤其是撰写一些重要的社论，总编辑、副总编辑都应尽可能参加，从明确主题、撰写提纲到最后定稿，给予具体指导。至于一般评论的产生过程，评论部(组)的主要负责人差不多都要参加。这样做，就把领导的长处充分发挥出来了。一般说来，领导同志由于工作上的关系，思想水平和政策水平要高一些，对政治形势和全局情况要知道得多一些，对党的方针、政策要更熟悉一些，而这一切，都是写好评论的有利条件。事实表明，凡是在社会上影响比较大、对实际工作起推动作用的评论，往往是领导和群众共同努力的结果。譬如，《人民日报》2000 年 5 月 22 日发表的《全面加强党的建设的伟大纲领》这篇社论(获第十一届中国新闻奖新闻评论一等奖)，就是如此。据了解，这篇社论的作者首先认真学习了江泽民同志在广东、江苏、浙江、上海考察工作时关于“三个代表”重要思想的讲话，学习马克思主义经典作家特别是邓小平同志关于党的建设的有关论述，并虚心请教了在党的建设第一线工作的同志，认真研究了党的建设中存在的问题，使社论有了现实针对性。初稿写出后，不仅评论部同志认真讨论，而且分管领导和总编辑、社长进行了反复修改，完全是集体力量和智慧的结晶。《人民日报》“任仲平”写作小组始终由报社总编辑、社长领导，以其名义发表的重要评论，从策划、选题、修改到定稿，无一不是总编辑、社长与有关同志“七嘴八舌”、“七上八下”(反复斟酌乃至推翻重来)的产物。

2. 点面结合，也就是评论部(组)同志和全编辑部同志相结合

搞好评论工作，光依靠专业评论人员还不行，还要发动编辑部其他各部(组)的同志关心评论工作，努力造成一个人人出题目、个个写评论的局面。1958 年 1 月 15 日，毛泽东在南宁会议上对《人民日报》的同

---

① 《毛泽东新闻工作文选》，新华出版社，1983 年 12 月版，第 202 页。

志说：报纸的评论要大家写，你们用包干的办法很好。总编辑是统帅，应组织大家写。分部门包干是“生产关系”，可以发展“生产力”。各部和各版可以竞赛。为了实现这种建议，新闻媒体的编辑、记者应在学习政策、调查研究的基础上，学会对各种有意义的社会问题发表意见，进行评论，把自己逐步锻炼成为政治观察家和评论员，真正达到政治家办报的要求。各个部(组)的同志应经常撰写所分管条线方面的评论，开辟固定的评论栏目，联系一批相对稳定的兼职评论员，使这项工作制度化、经常化。简而言之，就是每个编辑、记者，都应依据所采写典型和组织版面的需要，主动配发各种形式的评论，把这当作自己的应尽职责。这样，我们的媒体就可以力求做到“天天有评论，版版有声音”，充分发挥评论在新闻传播中的独特作用。上海《解放日报》的不少部门都辟有评论专栏，主要由本部门的采编人员撰稿。前面提到的由理论评论部负责的“解放论坛”(被评为全国新闻名专栏)，由于领导重视，在不到两年的时间里，由一个专职评论员发展到近 40 人，组成了一支覆盖众多领域的青年言论作者队伍。

3. 内外结合，也就是报社内部力量和外部力量相结合

在媒体外，应约请有丰富工作经验和真知灼见的同志担任特约评论员，应组织党委负责同志和有关部门的负责同志写评论。这些同志由于熟悉本部门工作，了解实际情况，更有发言权，更具权威性。同时，由于社会分工的细化，有一些特定的领域或题材，媒体的专职评论员已经难以胜任，这就需要有一批专家级的作者，有在社会各方面有影响的评论家，如政治、社会、经济、文艺以及国际问题等方面的评论家。由《人民日报》主办的《环球时报》的社评文章，在国内外很有影响。原来编辑部在每篇社评题目确定以后，至少要向两位以上社外专家征求对该话题的观点和看法。初稿形成后，还立即传送给几名专家，听取他们对社评观点直到文字表达的具体意见。据统计，这样能给该报做第一读者的专家，至今已发展到近百名。

但是，评论工作依靠社会力量，光有上述这些人还不够，还要面向更多的基层作者和网络写手，以形成一支内外结合的庞大的评论作者队伍。为此，我们应积极吸引广大受众在媒体上对各种问题通过各种形式发表自己的评论。应开辟多种让公众发言的话语平台，并努力形成自己的特色，以吸引更多的作者。说到底，这也是发扬民主、反映民意的一个重要方面。而且，从传播效果来看，有些问题通过公众现身说

法，自己教育自己，比媒体人出面讲更好。总之，这样做不仅能使我们的传媒经常保持一定数量的评论，而且能使评论质量不断提高。这些年来，从中央新闻媒体到地方新闻媒体，开设了不少公共话语论坛和评论专栏，吸引了大量来自基层一线作者撰写的新闻评论，受到普遍欢迎。

至于组织集体写作，那也是贯彻群众路线、发挥集体智慧的一个好办法。当然，在通常情况下，这种办法不宜也不必采用过多，但撰写一些应急的和特别重要的评论，又不失为一个多快好省的办法。组织集体写作，一定要坚持集体研究，从确定论题、选择内容到表现形式，进行认真的充分的讨论。由一位同志执笔写出初稿后，再经过大家研究，反复地不厌其烦地修改。有些时间性特别强的评论，可以在集体研究后，由两三位同志分段执笔，然后由一个同志统稿，使风格统一。这样做的好处，一是快，二是能够集思广益，三是带徒弟的一种方法。不过，这样做一定要研究得透，主题要明确，认识要一致，而且又要有一个切合实际的统一的提纲，这样才能够达到既提高效率，又能保证质量的目的。“任仲平”作为《人民日报》的集体笔名，几乎每篇文章都是这样写成的。

诚然，我们强调必须坚持新闻评论的无产阶级党性原则，丝毫也不意味着可以削弱评论的独特性和科学性。恰恰相反，遵循党性原则，正是为了在评论工作实践中，将新闻性、指导性、思想性和科学性具体地统一起来，真正做到既对党负责，又对人民负责。

问题与练习：

1. 社会主义媒体特别是党报的新闻评论为何必须坚持无产阶级党性原则？
2. 新闻评论在政治上把握正确的舆论导向，应注意哪些问题？
3. 在评论工作中如何做到对党负责和对人民负责的有机统一？
4. 讲事实、讲真话、讲道理与新闻评论的关系如何？
5. 新闻评论工作要贯彻全党办报、群众办报方针，有哪些基本做法？
6. 在2010年3月召开的全国两会上，一位政协委员作了题为《狠刹搞形式唱高调耍花架子的不正之风》的大会发言，直指一些领导干部说得好，唱得好，干得不好，只知道搞形式唱高调耍花架子的不正之风。短短8分钟的发言，却在人民大会堂里获得了台下全国政协委员们的9次掌声。通过阅读下列发言全文，你从中获得了哪些启示？

附：大会发言全文

狠刹搞形式唱高调耍花架子的不正之风

近些年来，中央和各省加大力度狠抓作风建设，成效明显，各地的党风、政风和干部作风有了较大转变，促进了经济社会的健康发展。

但是，一些地方、一些党政机关、一些领导干部，仍然存在或出现一种不实事求是的不正之风，具体表现在：

一是搞形式。贯彻中央指示也好，抓工作也好，不是从实际出发，而是给上级、给领导看的；上面怎么部署，就依样画葫芦，层层开会，层层发文件；上级精神未吃透，下面情况没搞清，就照抄照转或“穿鞋戴帽”，以不变应万变，层层作“决定”，搞文字游戏。千篇一律的会议和生搬硬套的官样文章，被群众戏称“常说的老话多、正确的废话多、漂亮的空话多、严谨的套话多、违心的假话多”，形式越搞越繁琐，就是落实不了。

二是唱高调。由于急功近利、急出“政绩”的浮躁心态，一些地方、一些领导爱唱高调，往往不顾条件是否具备、社会是否需要，也不顾能否做到，什么都要高级、高端、高标准、高规格，什么都要最大、最快、最优、最佳，什么都要国际一流、世界一流；动不动就是“新口号”、“新概念”、“新思路”、“新规划”，动不动就是中心、核心、龙头、高地，动不动就是集群、体系；说的、写的、唱的、吹的调子越来越高，却没有采取具体措施抓落实或者根本没有准备落实；他们不怕做不到，就怕别人看不到、听不到。最后是报喜不报忧，更恶劣的是弄虚作假。

三是耍花架子。喜欢赶时髦、变花样、造气氛、装“门面”，追求轰动效应：提倡建立主体功能区，到处都是“中心区”、“示范区”、“宜居区”、“中央商务区”、“国际会展区”、“金融服务区”、“生态旅游区”、“休闲度假区”、“欧陆风情区”，一个比一个“好听”；一些“重点”工程，不计成本、不惜代价，原本好好的建筑也统统拆了推倒重来或新建，反反复复折腾，成了既浪费资金、又影响群众工作和生活的“扰民工程”。热衷于建设声势大、规模大、影响大的“路边工程”、“形象工程”。这样的“政绩”好看不实用，却兴师动众，劳民伤财。

这些不正之风违背了党的实事求是的思想路线，违反了客观规律，妨碍了党的路线、方针、政策和上级决策、部署的贯彻落实，破坏了党群、干群关系，损害了党和政府的形象，腐蚀了干部队伍，严重败坏了党风、政风和社会风气。

造成这种状况的原因是多种多样的。但说到底是一些干部心里没有装着老百姓，一心想着自己的仕途，是“投领导所好”错误思想的产物，是升官靠表面“政绩”的错误政绩观的产物。

建议中央采取强有力的针对性措施，从教育、引导、监督和建立科学的选人用人机制着手，狠刹搞形式、唱高调、耍花架子的不正之风。

1. 进一步加强思想教育，引导各级领导干部牢固树立科学发展观和正确的政绩观。投领导所好，不如实事求是、一切从实际出发好；说得好、写得好、唱得好、吹得好，不如干得好，不如干出实绩好。

2. 进一步加强监督、检查，落实预防、约束措施。一经发现这些不正之风的现象或行为，及早、及时、坚决制止和纠正。

3. 进一步健全科学的选人用人机制。一方面大力提倡讲实话、干实事、求实效、比实绩的好作风，优先选用实事求是、真抓实干、实绩突出的好干部，树立一批好典型；另一方面建立科学的绩效考核、评价体系，决不能让实干的老实人吃亏，更不能让夸夸其谈、弄虚作假的人有市场、得好处。相反，要根据不同情况和造成的后果，分别给予批评、通报、调整岗位，甚至降职、免职、撤职的处分。在选人用人上要更多地相信群众、依靠群众、顺应民意。这样既体现正确的导向，又从科学的选人用人机制这一源头上把好关。

第七章

党报评论应对新媒体冲击的主要方略

本章内容提要：

1. 党报评论应对新媒体挑战的意义。
2. 化被动为主动的内涵。
3. 化说教为说理的内涵。
4. 化生硬为生动的内涵。
5. 化单向为双向的内涵。
6. 化互动为互赢的内涵。

当今，我们正处在瞬息万变的信息化社会和全媒体时代。步入新世纪以来，继网络、手机话语对传统媒体构成有力的冲击之后，近几年各种论坛、博客、微博等的勃兴，更使传统媒体尤其是党报评论面临着严峻考验。传统媒体怎么办？党报评论往何处去？成了广大新闻工作者的迫切课题。我们欣喜地看到：从《人民日报》、新华社到省、市的一些主流媒体，面对新兴媒体的挑战，化“危”为机，顺势而为，创新驱动，转型发展，在新闻报道特别是新闻评论的变革上进行了可贵的探索，取得了阶段性成果。这里，我们仅以《人民日报》的重要评论为例，分别阐述党报评论应对新媒体冲击的主要方略和实现路径。

第一节 化被动为主动

人们常说，报纸、广播、电视、网络等新闻媒体是社会公器。顾名思义，公器者，乃全社会公用之器具也，它们为全社会的成员所共同拥有，共同使用，谋取的是公共利益。职之所在，责有攸归。正因如此，新闻媒体通常被喻为“时代风云的观测站，时代航船的瞭望哨，时代变化的记录者，时代进步的见证人。”作为新闻媒体“旗帜和灵魂”的新闻评论，尤其是党报评论，在这方面所担负的责任无疑会特别重大。

然而，令人遗憾的是，在一些地方和新闻单位，并未完全按照新闻工作的规律，充分发挥新闻评论的功能，把评论工作做到位，而是自我束缚，自设“禁区”，致使一些突发事件、新闻热点出现后，往往以“不炒作、不互动”为由而保持沉默。这就造成主流媒体特别是党报评论在社会公共事件中的缺位、“失声”，说到底是对引导舆论主导权的自我放弃，是评论工作者的最大失职。有学者深刻指出：在社会转型时期，在党和政府出台重大政策的关键时刻，在举国上下广泛开展某项中心工作的时候，在难以预料的突发事件不期而至的时候，社会各个阶层必然会发出多种不同的声音，整个社会舆论常常会在短时间内出现议论纷纷、莫衷一是的情况。有鉴于此，这时候就特别需要主流媒体尤其是党报评论挺身而出，勇立潮立，及时代表党和人民的根本利益，根据中央的精神亮出自己的观点，旗帜鲜明地将多种声音整合起来，形成主流声音，从而确保社会主义核心价值体系的引领，确保构建社会主义和谐社会的主旋律能始终保持积极向上、健康活泼的基调。也正因为如此，为了壮大主流舆论，提高舆论引导的及时性、权威性和公信力、影响力，在各类突发事件、热点新闻面前，我们的党报评论一定要及时准确，抢占舆论引导第一落点，将突发事件舆论引导与事件处置同步推进，在第一时间发布权威观点，先入为主，先声夺人，掌握主动，从而最大程度地挤压谣言传播空间，真正占领舆论制高点。

譬如，2012 年 3 月，全国两会之后，在复杂多变的国际国内形势面前，在我国经济社会发展面临一些困难和矛盾的情况下，意识形态领域各种思潮一度纷然陈杂、相互激荡，各种噪音杂音不断发生、蛊惑人心。对此，《人民日报》不回避、不含糊、不失语、不乱语，于 3 月底接连发表了题为《集中精力把两会精神贯彻好》、《牢牢把握稳中求进的总基调》的评论员文章，主动回应社会关切，及时、准确地阐述了中央精神，对于廓清思路、形成共识、坚定信心，发挥了凝心聚力、奋然前行的舆论引导作用，激起了热烈的社会反响。

实践表明，党报评论要化被动为主动，在关键时刻不缺位、不“失声”，除了对突发事件、热点新闻要在第一时间发布权威观点外，主动设置话题，紧紧围绕经济社会发展中的重大问题，紧紧围绕人民群众尤为关切和反映了强烈的突出问题生发评论，也是党报自觉引导舆论的一个重要路径。这样做，既可掌握话语主动权，又可牢牢占领舆论引导制高点。2011 年 6 月，在迎接中国共产党成立 90 周年的日子里，《人民日报》经过精心筹划，有针对性地设置议题，从 6 月 13 日至 20 日，陆续刊出《伟大征程中不断书写“中国传奇”》、《鲜红党旗上永远铭刻人民利益》、《现代化进程中不懈探索“中国道路”》、《社会发展中始终引领时代进步》等 4 篇系列评论。这组评论的标题对照起来，就像一首对仗工整的诗。整个评论内容饱满、角度新颖、概括准确、语言明快，满怀对党的深情，向读者呈现中国共产党人创造的“中国道路”和“中国传奇”，从而得出一个鲜明的结论：“90 年的历史演进，无不昭示着这样一个真理：没有共产党，就没有新中国；没有共产党，就没有中华民族的复兴。”

第二节　化说教为说理

应当肯定，长期以来，党报评论在广大干部群众中具有一定的权威性，享有较高的声誉。特别是近些年来，以《人民日报》“任仲平”文章为代表，出现了不少视角独特、观点新颖、说理深刻、文风清新的评论力作，为党报评论树立了标杆，增添了新的生机和活力。但毋庸讳言，仍有相当一部分党报评论固守老观念、老格式、老办法，形成了从内容到形式都几乎固化的弊端：有的照抄文件，图解政策；有的空洞说理，泛泛而谈；有的居高临下，指手画脚；有的脱离实际，远离群众；有的官腔十足，盛气凌人，如此等等。我们说，在新兴媒体评论以其快捷、新鲜、犀利、“草根”、贴近、互动的优势，对传统媒体评论特别是党报评论形成“抢、逼、围”之势的今天，党报评论如不下决心切实扭转上述状况，势必要影响自己的生存与发展。

党报评论要化说教为说理，正如一位资深报人所指出的，关键在指导思想上要实现“三个转变”：其一，由命令向对话转变，要放下架子，端正位置，从内心深处把受众视作朋友，平等沟通，倾心交流，多些释疑解惑，多些循循善诱，多些和风细雨，多些人文关怀，以理服人，以情感人；其二，由指导向引导转变，其主旨是带领，是指引，是指明方向，是选择路径，绝不“越俎代庖”、“按图索骥”，而把最终的评判权、选择权和决定权交给受众自己；其三，由灌输向疏导转变，要以人为本，把读者是否接受，宣传是否有效果放在首位，在为群众分忧、减压、解愁方面有所作为。要关注民生，服务百姓，疏导群众心理，理顺社会关系，为构建和谐社会鼓与呼。这一切，绝不单单是工作作风和工作方法问题，而是与群众观点、百姓情怀密切联系在一起的。

“任仲平”评论之所以具有理性的光芒，有很强的说服力，就在于“心中有读者”。他们在执笔为文之前，首先就是努力找到、找准理论和实践的结合点。譬如，2000 年 7 月 10 日发表的《努力培育适应社会主义现代化要求的“四有”公民——论世界观、人生观、价值观》一文，就是一篇兼有理论和说理优长的政论。显而易见，此文“四有”是要求，“三观”是基础，共分三个层次：第一，世界观——并非虚无缥缈，而是具体实在的思想指南；第二，人生观——并非空洞乏味，而是无法回避的选择；第三，价值观——并非可有可无，而是时刻发挥作用的准则。在论述方式上，文章遵循从虚到实、从抽象到具体、从一般到个别的思路，层层剖析步步推进。“指南”、“选择”、“作用”三个层次在具体论述中，善于从人们最熟悉的生活、最熟知的道理入手，把“三观”和普通人的生活、事业、学习联系在一起，既有哲学的睿智，又有生活的哲理。这就是理论和实践相结合所产生的魅力和感召力。

当然，这是一篇文字较长的评论，我们不可能要求每篇评论都做到这样充分说理，但持之有故、言之成理，讲究论点和论据之间的论证关系，讲究逻辑的力量，讲究说理的力量则是不可忽略的。一句话，党报评论必须摒弃空洞说教的八股文风，言之有物，血肉丰满，平易近人，应该是所有评论最起码的要求。

第三节　化生硬为生动

新闻评论的魅力，首先取决于有没有新思想、新观点，同时与表达手法和引导艺术也密切相关，这就涉及文风问题。时下不少党报评论，有一个常见的毛病就是过于感性、情绪化，动辄使用偏激生硬之词，好耍一鸣惊人之语，常常有拒人于千里之外的感觉，既不可近，更不可亲。因而不少读者建议党报评论应革故鼎新，改变空话多、大话多、套话多、官话多的状况，希望观点更新颖一些，说理更充分一些，文风更清新一些，形式更活泼一些。

有人认为，主流媒体的新闻评论，尤其是党报评论，贵在说理，因而必须全面准确、庄重严肃，这显然是一种误解。诚然，党报评论首先必须全面准确地宣传党的理论、方针、政策，因而在重要观点的表述上不能随意率性。但是，正如《人民日报》副总编辑米博华所说的：全面准确不等于空泛枯燥、套话连篇，说一些永远正确的话，讲一些大而无当的道理。因而必须贴近实际、贴近生活、贴近群众，力求使读者在轻松、愉快的阅读中受到教育和启发。其实，全面准确与生动活泼并不矛盾。没有全面准确，花里胡哨的文字只能是持之无据的游谈；没有生动活泼，再大的嗓门、再正确的道理也不会入脑入心。譬如，汶川大地震是一场震惊世界的大灾难，举国同悲，举世瞩目。这无疑是一个十分严肃的话题，但并不排斥在论述中使用动人心魄的语言。《人民日报》于 2008 年 6 月 2 日发表的《灾难中挺立伟大的中国》（获第十九届中国新闻奖新闻评论一等奖）一文，在讲述中国人民抗击天灾的英雄壮举时写道："我们看到为同胞罹难的极度悲痛，看到在危难时刻众志成城的强大凝聚力，看到这场灾难所唤起的高尚品德和伟大情怀。"据说，在修改这篇稿子的时刻，作者们都沉浸在情感的波涛中，没有遇到任何认识上的隔膜，感动传递着感动，激情延伸着激情，思考接续着思考，这些都不由化作有声有色、有情有义、动人心魄的文字。

有些评论，语言之所以生硬、粗暴，显然与作者缺乏现实生活根基，不接"地气"、缺乏"底气"有关。这就要求我们坚持深入群众、深入基层，善于使用源于生活本身的"新鲜"语言，吸收富有表现力的时代语言，力求使评论同拍共振。要适当借鉴文学表现手段，嬉笑怒骂皆成文章，把评论写得五彩缤纷、绚烂夺目，从而实现传播价值。譬如，《人民日报》在另一篇重要评论《历史的契机等待我们把握——写在改革开放 30 周年之际（下）》中（2008 年 12 月 17 日），就有这样一段来自生活的群众语言："我们从哪里来？我们到哪里去？——我们从短缺经济来，到充裕经济去；我们从温饱不足来，到全民小康去；我们从计划经济来，到市场经济去；我们从封闭经济来，到开放经济去；我们从'斗争'年代来，到和谐社会去……"。真是高度凝练、形象可感、呼之欲出！据参加过"任仲平"写作小组的同志说，"任仲平"的创作理念是：文章要有优美的韵律，要有明快的节奏，要有个性化的文字。为此，语意含糊的句子要改，不够有亮度的句子要换，不够简洁的句子要删。改、换、删之后还要朗诵，直到文字达到比较完善为止。

第四节　化单向为双向

传统媒体的新闻评论，尤其是一些党报评论，常常自觉不自觉地停留于单向传播：内容上，自上而下的多，传达上级精神的多，指导当前工作的多；论述上，一味灌输的多，命令训诫的多，“我说你听”的多；受众上，面向领导干部的多，面向上层人士的多，面向知识精英的多。这就致使党报评论脱离实际、脱离群众，“曲高和寡”，不能在引导社会舆论中发挥应有的作用。

党报评论要改变上述状况，就必须遵循“劝导传通”的规律，化单向为双向，要放下身段，面向基层，面向实际，改变居高临下、唯我独尊的评论诉求方式。要把体现党的意志与反映群众心声结合起来，把体现领导意图与通达社情民意、反映公众诉求结合起来，把对上负责与对下负责结合起来。为此，在论述方式上，就要从命令训诫式向平等商量式转变，从专家主导式向公众参与式转变，从道德评判式向专业分析式转变。在这方面，不少党报评论已探索了一些成功的做法，诸如：对一些有争议的话题，通过设置正方和反方，给公众提供思考问题的不同视角，注重引导公众积极参与；对同一个话题，从不同角度和侧面加以讨论，以深化对问题的认识；运用对话和访谈的方式，主要由编辑记者依据特定的新闻事件设置话题，请专家学者发表高见，提高分析问题和解决问题的能力。实践表明，这些做法完全符合“劝导传通”、双向交流的要求，因而取得了明显的效果。

譬如 2011 年 4 月 21 日起，《人民日报》以“关注社会心态”为题，发表了一组评论，深受读者欢迎，在网络上也好评如潮。可以说，这是党报评论在受到网络舆论冲击后，重新赢得舆论影响力和新老媒体良性互动的经典案例之一。可以说，发表在《人民日报·观点版》的这组评论文章，为启动社会管理创新的伟大实践，充分奠定了解放思想、理顺思路、大胆改革、开拓进取的舆论氛围。评论以罕见方式直面现实，用朴实的平民化语言和诚恳质朴的文风，直接回应贫富差距、弱势群体、官民关系等社会敏感问题，以加强和创新社会管理的中央精神为指针，核理和总结政府改进公共治理的经验，呼吁各级政府关注社会心态，以包容心对待"异质思维"，用公平正义消解"弱势心志"，追求理性从疏通利益诉求渠道起步，呼吁倾听那些"沉没的声音"等，具有很强的现实针对性。由于这组评论较好地实现了上情下达与下情上达的统一，把政府改进公共治理新的思路、谋略及时地传播给广大人民群众，体现了党和政府解决社会问题、化解社会矛盾的胆识和魄力，因而给人们以信心和力量。一句话，这组评论从选题、立意、论证到论述的语气，都使我们触摸到了在大众麦克风时代主流舆论和民间舆论的重叠地带，感受到两者在最佳结合点上所迸发出的火花。

第五节　化互动为互赢

今天，新兴媒体已经成为人们获取信息、表达观点的重要途径。网络、手机话语以及论坛、博客、微博等，凭借其强大的资源整合能力和独家性、贴近性、交互性等特点深刻地影响和改变着人们生活的各个领域。网络评论的迅速发展及其产生的越来越大的冲击波，对传统媒体评论尤其是党报评论构成了严峻的挑战，也使其逐渐成为广大评论工作者关注和研究的一个热点。

较之传统新闻评论包括党报评论，网络新闻评论的优势就在于：时效性强，往往在第一时间就作出反应，发表意见；因事抒感，借题发挥，直抒胸臆，一吐为快；平民视角，平民情怀，平民语言，平民风格；善于交流，长于互动，一呼百应，效应集聚，等等。然而，它的短板也是显而易见的，这就是：理性不够，容易偏激，说理往往失之简单，缺乏论证过程，缺少逻辑力量；相互转发，彼此"复制"，克隆现象严重，原创作品不多；作风不够严谨，常常因急于求成而"失真、失信、失误"，等等。为了应对网络评论的挑战，党报评论就应"取其长、避其短"，加速自身改革，实现报网互动，在评论的时效性、贴近性、互动性和大众化上狠下工夫，努力抓出成效。当然，对网络评论而言，也应采取同样的态度，这样才能达到互学共赢的目的。限于篇幅，这儿就不具体展开了。

问题与练习：

1. 党报评论为何要采取应对新媒体的方略？
2. 党报评论化被动为主动的内涵是什么？
3. 党报评论怎样才有说服力和感召力？
4. 党报评论能否做到全面准确与生动活泼相统一？为什么？
5. 党报评论为何要遵循双向传播的规律？
6. 党报评论与网络评论各有什么长处和短处？应如何相互学习，实现双赢？
7. 请尝试写一篇 1 000 字的网络评论。

第八章

评论工作者的基本素养

本章内容提要：

1. 提高基本素养与写好新闻评论的关系。
2. 评论工作者的政治素养。
3. 评论工作者的理论素养。
4. 评论工作者的社会素养。
5. 评论工作者的知识素养。
6. 评论工作者的文字素养。

新闻评论工作搞得好不好，评论的质量高不高，关键的一条，取决于评论工作者的基本素养如何。

对于评论工作者的基本素养，我国新闻学者有各种各样的说法，但有惊人的相似之处——

"评论记者应有哲学的涵养、政治的才能、写作的技巧。"①

"评论记者决定立场是否正确持久，有赖于哲学的修养；决定见解是否深刻恰当，则全靠学识方面的修养，也就是说评论记者必须接受分工专精的训练。"②

"一个评论家应有的形象是什么？我的回答是：他是一位具有专门学识的专家，也是一位头脑冷静、智慧卓越的通人；他是专家与通人的复合体，是一位理性主义者、经验主义者和实用主义者。"③

"对于评论工作者来说，除了具备新闻工作者的基本修养外，在某些方面还应该有更高的要求。他们必须不断地提高自己的思想觉悟和理论政策水平，知识渊博，目光敏锐，特别是要有运用马克思主义的原

---

① 程仲文：《新闻评论学》，上海力生文化出版公司，1947年9月版。

② 林大椿：《新闻评论学》，台湾学生书局，1978年7月版。

③ 王民：《新闻评论写作》，台北联经出版事业公司，1981年5月版。

理分析和解决实际问题的能力。”①

“素质包括多方面的内容，择其荦荦大端，可以概括为如下几点：一、强烈的政治意识；二、准确的角色定位；三、扎实的理论根基；四、敏锐的新闻嗅觉；五、旺盛的求知愿望；六、良好的职业道德。”②

“应有以下几个方面的要求：（一）加强政治修养。一个评论工作者应提高自己的政治觉悟，站到时代的前列；加强道德修养，表现时代精神。（二）评论工作者应学习和掌握马克思主义的科学理论，掌握基本理论，学会分析问题；加强政策观念，做好党的‘耳目喉舌’。（三）评论工作者必须注意文化知识的修养和基本功的训练，做到学识渊博，精通业务。一篇好的评论作品的写作，是各方面知识的综合运用和写作功底的集中表现。这就要求评论工作者勤于涉猎，重视知识积累，具备丰富的想象力。在丰富知识的同时，还要努力提高自己的文字表达能力，提高写作水平。”③

以上各位方家的表述，都不约而同地说明：评论工作是一项极富挑战性的工作，评论作者不但必须具备新闻工作者（主要是编辑、记者）所应具备的基本素养，而且还必须具备评论工作者特有的素养。称职的评论工作者，应该既是媒体的代言人，又是编辑部能出观点、出主意的参谋员，是既能写评论又能写重点报道的多面手。总之，对评论工作者的要求是高的。评论工作者的基本素养如何，往往在一定程度上代表和反映了一家媒体队伍的基本面貌和素养。当前，新闻单位普遍感到评论人员缺乏，评论员素养不够理想。如果说，培养一个合格的编辑、记者不容易，那么培养一个合格的评论员更难。从整个新闻工作队伍状况来说，当前解决评论工作者青黄不接、质量不高的问题，显得更为突出、更为迫切。这个问题不但应当提到新闻工作单位的议事日程上来，而且也应当提到大学新闻教育的议事日程上来。因为，多年来，我们的新闻教育只是侧重于培养采写新闻报道的记者（这当然是必要的），却忽视了对新闻评论工作者的培养。目前，许多大学专业评论教学力量薄弱，师资缺乏，评论课程设置不成比例，学生对评论缺乏兴趣，等等。这种局面同新闻工作的现实要求很不相适应，迫切需要加以

① 范荣康：《新闻评论学》，人民日报出版社，1988 年 2 月版。

② 米博华：《浅谈新闻工作者应具备的基本素质》，载《新闻战线》2002 年第 3 期。

③ 刘建明主编：《宣传舆论学大辞典》，经济日报出版社，1993 年 3 月版，第 253 页。

改变。

评论工作者究竟应当具备哪些基本素养呢？作为党报的评论工作者，首先应当是党的思想政治工作者，是具有真知灼见的政治家、目光敏锐的观察家、思想深邃的理论家和关心实际生活、充满激情的社会活动家。换言之，一个具有敏悟力、剖析力、表达力和知识面广的优秀评论工作者，应当具有政治家的热情和眼光，理论家的头脑和判断，社会活动家的活力和本领，杂家的智慧和博学，作家的技巧和感情。这样的评论员可以称为政论家。我们当然并不需要每个评论工作者都成为政论家，但是，应该以此作为目标，高标准地要求自己，刻苦磨炼砥砺自己，不断加强自身的素养。

第一节 "目光四射，触觉锐敏"——政治家的眼光

新闻评论工作者往往代表编辑部、在某些情况下甚至可以代表同级党委发言，经常通过评论向广大干部和群众就有关全局性的重大问题、重大事件，从政治角度阐明党的路线方针和基本政策，分析实际工作和生活中具有指导意义的新事物、新问题，等等。所以，评论工作者首先要求具备较高的政治素养。

评论工作者的政治素养，首先表现在要有正确的立场，坚定的信念，潜心钻研党的路线方针和基本政策，坚持四项基本原则，同党中央保持政治上思想上的高度一致。这也是对党的新闻评论工作者一条最基本的政治要求。所以，我们撰写新闻评论，千万不能从自己的兴趣情感出发，而一定要站在党的立场，体现党的重要思想、部署、方针、政策，及时传达党中央和各级党委的声音。从这个意义上说，评论工作者在新闻评论工作中，随心所欲、乱发议论，是绝对不允许的。这就要求每个评论工作者要像政治家那样，始终满怀政治热情，关注党和国家的大事，随时随地胸怀全局、目光如炬，熟知党的路线、方针、政策，力求自己能及时正确地通过评论文章宣传党的路线方针和工作意图，动员和引导广大群众为实现党的总任务、总目标而奋斗。

当然，强调评论工作者要同党中央保持政治上思想上的高度一致，丝毫不意味着一切照抄照搬照转。不知从什么时候起，写评论形成一条不成文的规定，即无论大小，必求有根有据，似乎只有每句话、每个词都有“出典”，都曾见诸过文件或权威人士的讲话、文章，才算是“全面准确的”，是“持论有据”的。这显然是一种误解。我们说，阐述党的路线、方针、政策的评论以及一些涉及一个时期党的重大工作部署的评论，力求从内容到文字都准确可靠，切不可掉以轻心、论出多门，这是完全必要的。但是，这并不意味着所有评论都非要上“论”下效，依葫芦画瓢不可。评论工作者的政治素养，表现在吃透两头，并非只顾一头；吃透上头，也并非照抄上头。何况，现实生活中新事物、新问题层出不穷，评论的触及面广阔得很，内容丰富得很，我们完全可以根据党的基本观点去分析各种实际问题，何必要作茧自缚，自画框框，削足适履呢？可见，敢于开第一腔，也就是敢于提出新问题，议出新见解，敢于写出新观点，闯出新天地，这也是评论工作者的一个必不可缺少的重要素养。

一个有作为的评论工作者，总是蕴含着高度的政治敏感性，他目光四射，触觉锐敏，能在风起于青萍之末时就识别到风向，对于新出现的社会动向、社会思潮能敏锐地辨别，清醒地分析，并作出明确的政治判断，从而产生写作评论的欲望和激情。这是评论工作者政治素养中一项极其重要的基本功。大家都知道，我们国家正在走向全面开放，在同西方国家进行经济技术合作的同时，不同社会制度和意识形态的对立和斗争将长期存在。西方敌对势力千方百计地通过经济、文化和舆论渗透，妄图实现其“分化”和“西化”我国的政治图谋。另一方面，我们国家正处在社会转型时期，各种利益关系错综复杂，各种社会矛盾相互交织，这些都会反映到人们的思想中来。思想空前活跃的同时各种社会思潮也起伏跌宕，是与非、真与假、美与丑、公与私、善与恶有时处于胶着状态……这一切，都增加了我们评论工作者辨别是非的难度。但是，只要我们坚持站在党性的立场上，站在人民的立场上，站在国家根本利益的立场上，不忘为贯彻党的方针、政策，为改革、发展和稳定的工作大局提供舆论支持和政治保证，就不会迷失方向，并能比较准确地把握评事说理的“度”，对该说什么，不该说什么；哪些侧重说，用什么方式说，说到什么程度，做到了然于胸。在这方面，党中央提出的“五个有利于”的要求，即：“有利于进一步改革开放，建立社会主义市场经济体制，发展社会生产力的舆论；有利于加强社会主义精神文明建设和民主法制建设的舆论；有利于鼓舞和激励人们为国家富强、人民幸福和社会进步而艰苦创业、开拓创新的舆论；有利于人们分清是非，坚持真善美，抵制假恶丑的舆论；有利于国家统一、民族团结、人民心情舒畅、社会政治稳定的舆论”，委实为我们提供了判断是非、辨别真假、坚持正确导向的检验标准。在今天，新闻评论工作者的政治意识也好，政治眼光也好，就体现在这里；深入开展马克思主义新闻观教育，牢固树立社会主义核心价值体系，最根本的也是为了解决这个问题；新闻工作者特别是评论工作者的清醒、坚定和成熟，也集中体现在这里。

第二节 “以其昭昭，使人昭昭”——理论家的头脑

评论工作者要具有深刻的新闻洞察力、独到的新闻视角、较高的理论功底和透过错综复杂社会现象把握问题实质的能力。政治上的坚定，首先取决于理论上的清醒。所谓理论素养，是指能较为自觉地运用马克思主义世界观、方法论，全面而非孤立地、系统而非零碎地、发展而非静止地观察事物、剖析问题。很难设想，一个理论水平不高的评论员，能够透过错综复杂的社会现象，抓住事物的本质，具有见微知著、鞭辟入里的透视力和纵横捭阖、透彻深刻的剖析力。新闻评论要正确地阐述党的方针政策，及时地分析各种社会现象，帮助广大受众提高认识世界和改造世界的能力，就需要评论工作者具有较高的理论素养。自己昭昭，才能使人昭昭；以其昏昏，岂能使人昭昭。“感觉到了的东西，我们不能立刻理解它，只有理解了的东西才能更深刻地感觉它。感觉只解决现象问题，理论才解决本质问题。”①

马克思在《黑格尔法哲学批判导言》中说：“理论只要说服人，就能掌握群众；而理论只要彻底，就能说服人。所谓彻底，就是抓住事物的根本。”评论工作者的理论水平，主要表现在善于用辩证唯物主义和历史唯物主义的理论来观察社会，提出问题，分析问题，善于从纷繁复杂

① 《毛泽东选集》第一卷，人民出版社，1966 年 7 月横排版，第 263 页。

的现象中揭示事物的本质，解决问题。这就是我们常说的评论员所应具备的透视力和剖析力。这方面的素养越好，写出的评论就越有质量，越具有理论说服力，越能起振聋发聩、醍醐灌顶的作用。实践告诉我们，评论工作者的理论素养，并不是作基本理论的通俗图解，也不是生拼硬凑理论概念、术语，进行教条式的空洞说教，而主要表现在开动脑筋，运用科学的世界观和方法论去研究新问题，把具体问题、具体事件上升到理论上来作透彻、精辟、深刻的分析，从而帮助广大受众解决新形势下遇到的新问题。经验表明，只有对评论的话题有深刻的了解和独到的把握，能够“钻得进去”，又能“跳得出来”，才能“深入浅出，直达人心”。

譬如，在改革开放初期，《北京日报》发表的当时很有影响的《从根本上认识社会主义制度的优越性》这篇得奖评论，就是一篇善于透过现象抓本质、鞭辟入里论是非的好文章。全文不落窠臼，独创一格，紧紧围绕社会主义社会里人们根本利益相同、理想信念相同、道德标准相同和法纪相同（即要求有一个共同的领导）这几个“相同”，从本质上来分析论证社会主义制度的优越性，从而使老话题说出了新道理，给读者以耳目一新之感。文章在论述全体人民共同道德标准时这样写道：

> 为什么当几名解放军战士英勇跳进龙潭湖去抢救一名落水学生的时候，旁观的几个后进青年用来进行嘲讽的语言是这些战士“想入党啦！”“立功的时机到了”？又为什么决不会有人去说那些小偷流氓是“想入党”或“立功”呢？可见，就连这些相当落后的人也不能不承认，在我们这个社会里，只有为人民做好事的人才能入党、立功。为什么有些思想落后的人在公共汽车上不愿给老弱病残孕让座，而又不敢理直气壮地坐着不动，只好把头朝向窗外或假装睡着呢？可见他们也不能对社会舆论完全无所畏惧。诸如此类的事实，还可以列举很多。它们说明了，在我们的社会中，确实存在着共同的道德标准。这些道德标准虽然曾遭受了严重破坏，但不是不能恢复的，而且事实上已在逐步恢复。

这里看起来没有讲大道理，但是却把一个大道理讲得清清楚楚。文章并没有引用马克思主义的词句，但却是用马克思主义的立场、观点、方法，尤其是用辩证法来分析问题，透过现象看本质，具体、实际，能使读者受到启发。从这里也可以看到作者的理论素养，看到作者是怎样运用马克思主义的立场、观点和方法具体地分析问题的。一位评论高手说得好：“要成为一个优秀的评论工作者，必须具有较高的理论素养和精神境界。虽不能至，心向往之；虽难能至，毕生以求。在当今这样一个有些浮躁、有些焦虑、有些趋时的年代，强调理论素质和精神境界的提高，尤为迫切和重要。”

有的评论作者写评论文章时，常常在强调一个倾向时忽视了掩盖着的另一个倾向，于是好讲过头话，不讲科学性，这主要是理论素养不高，缺乏科学的思维方法和评论方法。事实一再表明，评论工作者是否具有科学的思维方法和评论方法，对提高评论文章的水平和质量是至关重要的。那么，科学的思维方法和评论方法包括哪些内容呢？可以概括为“十要十忌”：一要有客观的观点，忌主观；二要有全面的观点，忌片面；三要有深入的观点，忌表面；四要有具体的观点，忌抽象；五要有灵活的观点，忌一刀切；六要有比较的观点，忌自以为是；七要有反复的观点，忌操之过急；八要有全局的观点，忌坐井观天；九要有发展的观点，忌一成不变；十要有群众的观点，忌“唯上”、“唯书”。这“十要十忌”，概而言之，也就是要唯物辩证法，忌唯心主义、形而上学，不断努力在实践中培养自己的科学思维方法，可以大大提高观察问题、分析问题的能力，增强自己的理论素养。

评论工作也是一项政策性很强的工作。政策有对不同时期的形势和实际情况的中肯分析，也有对各种具体思想和问题的理论上的阐述，它往往正确地反映了客观规律和事物的本质。所以，认真学习、切实掌握党的各项基本政策，是评论工作者增强理论素养的一个十分重要的方面。政策水平的高低同理论水平的高低是一致的，或者说是相辅相成的。由于新闻评论涉及各个领域，所论问题极为广泛，因此，一个有作为的评论工作者，对于党和国家各方面的基本政策，诸如经济政策、农村政策、对外开放政策、工商业政策、财税政策、金融政策、知识分子政策、干部政策、民族政策、侨务政策、统战政策、文艺政策、教育政策、科技政策、卫生政策、外事政策、军事政策，等等，都必须认真学习，努力把握。有些地方小报由于政策观念不强，不时因报道或文章违反宗教与民族政策，引起轩然大波，几乎酿成重大政治事件，受到严重警告甚至停刊整顿或取消刊号。这些教训应该认真吸取。可见，把握政策，牢固树立政策观念，既是评论工作者理论素养的重要内容，也是衡量有无强烈政治责任感的重要标尺，千万疏忽不得。

第三节　“上‘天’有路，入‘地’有门”——社会活动家的本领

新闻评论要“吃透两头”，一头是党的路线、方针、政策，党委的工作意图；一头是群众的要求、愿望，社会的实际情况。这就要求评论工作者能“上天入地”。上着“天”，掌握党的路线、方针、政策和重要部署、工作意图；下着“地”，就是充分了解下情，了解实际，了解群众。在上两节政治素养和理论素养部分，我们对“吃透上头”问题已经作了论述，在这一节着重谈“吃透下头”的问题，也就是评论工作者一定要有社会活动家的本领，要熟悉社会，了解群众。

社会是评论工作者的大课堂。黑格尔说过，老年人和小孩子一样会说火是烫手的，但实际感受却不同。这就向评论工作者提出一个重要而迫切的课题，就是要千方百计去关心和了解社会上每日每时发生的人与事，要眼观六路，耳听八方，善于同干部、群众接触交往，脑子的触角要伸向各个领域，三教九流，无不接触，不断积累、丰富自己的社会知识宝库。总之，丰富的社会生活，永远是评论工作者取之不尽、用之不竭的源泉。观察社会、了解社会，注意从社会动向中把握群众的情绪、意愿，了解政治发展的趋向，从而在头脑里形成评论的讯息，产生写作的欲望和激情。这是评论工作者不可缺少的社会素养的锤炼。《河北日报》主持“杨柳青”评论专栏 20 年，受到广泛好评的储瑞耕，成功的原因固然很多，但“他经常深入全省城乡，寻找专栏话题，或论理，或剖析，或赞颂，或鞭挞，或呼吁，或呐喊，或提示，或谈心，和社会现实紧密相连，和社会民生息息相关”，不能不说是其中很重要的一条。有家报社为培养一位年轻的评论员，先要求他去处理读者来信、来访，做群众工作。后来，又要他去跑商店、菜场，坐茶馆，逛公园，下里弄同待业青年共同学习、生活。这看起来同评论工作关系不大，其实对于培养评论工作者把握社会的脉搏、关心群众的痛痒，是起了有益作用的。写评论

要有的放矢，要有针对性，深入了解社会，是寻“的”、抓“活思想”的重要途径之一。为什么有些报纸的言论专栏办得尖锐泼辣、生动活泼、有棱有角，很受读者欢迎，而有的报纸言论专栏泛泛议论，没有紧扣社会上绷紧的那一根弦，读者感到平淡无味呢？看来，它是同评论工作者的社会素养状况密切联系着的。

社会活动家的主要特点，在于联系群众，懂得群众的心。评论工作者要具有社会活动家的本领，必须在关心群众、了解群众、向群众学习上多下工夫。评论工作者要懂得群众的心，就应该及时了解：群众在想些什么？有什么要求？他们拥护什么？反对什么？社会上的人们在议论什么？如果评论工作者在耳边能经常听到各种声音（包括群众的讽刺和牢骚），触摸到群众的脉搏，那就能说出人民群众想说、要说，但是还没有说出的话。在这方面，我国著名新闻工作者、新闻评论家和社会活动家赵超构，堪为学习的榜样。他一生写了一万余篇时评，尤其是“文革”以后写的千余篇脍炙人口、振聋发聩的杂文、短论，在广大读者中久传不衰。他的文章之所以具有如此大的魅力，原因固然很多，但他所说的“我从解放前到解放后的办报经验中，感到最要紧的是了解读者”，恐怕是其中很重要的一条。为此，他在上海虹口区溧阳路瑞康里的一户破旧房屋里，从 35 岁住到 80 岁。这并非他没有改善住房条件的机会，而是他执意不要，只因为那儿有和他朝夕相处、无话不说的左邻右舍、菜场职工、澡堂浴客和理发师傅。平时，只要到附近走一走，什么上海滩的事象变迁、老百姓的甜酸苦辣、石库门里的悲欢离合，他都能掌握个八九不离十。正因为如此，他主持多年的《新民晚报》，才犹如“穿梭飞行于寻常百姓家的燕子……衔泥筑巢，呢喃细语，为百姓分忧，与百姓同乐，跟千家万户同结善缘”。也正因为这样，他的文章才具有那样纯真的平民意识、平民思想、平民情怀、平民特色，从而受到广大读者的敬重。

总之，评论工作者一定要培养一种能和各种人接近、同三教九流交往的品质和本领。要善于同人打交道，交朋友，使他们乐于跟你谈心交心，说真话。要使同你接近谈话的人感到你是平易近人的，是诚实可靠、能够信赖的人。这里很重要的是要有甘当小学生的精神。如果总觉得自己高人一等，把自己凌驾于群众之上，不肯放下架子，摆出一副自以为是、居高临下的架势，使群众望而生畏，或者以旁观者自居，以钦差大臣自居，总是和群众格格不入，那是永远不会了解到真情实况，懂得群众的心的。

第四节 “视野开阔,知识渊博”——杂家的智能

评论工作者要有比较全面、扎实、广博的知识,新闻界的老前辈邓拓就是一个榜样。他博览群书,学精才广,无论写新闻报道还是撰写社论、短文,都“笔走龙蛇”,游刃有余。论历史,他是有名的明清史专家,18 岁在上海参加左翼社会科学家同盟,23 岁发表专著《中国救荒史》,建国后又是中国哲学社会科学部的学部委员和中国历史研究所的学术委员。论新闻,他 25 岁任晋察冀日报社社长,30 多岁任人民日报社社长,写过上百万字的社论,是著名的政论家,担任过中国新闻工作者协会主席。论文学艺术,他是著名的诗人和散文家,又是有造诣的书法家、鉴赏家。1961 年,他为《北京晚报》撰写了 150 余篇《燕山夜话》短文,几乎是天文地理、古今中外、社会科学、自然科学无所不包。他平日勤奋学习,积累知识,常常一边吃饭一边看书,连洗脚时也看书。至于毛泽东一生酷爱读书、涉猎广博就更有口皆碑了。他从追求革命真理的青年时代到革命战争年代,再到建设社会主义时期,即使是重病缠身、生命弥留之际,仍然没有停止过学习。毛泽东读书,涉及的领域极其广泛,文、史、哲、经、军事、自然科学,古今中外,无所不至。

知识就是力量。眼界开阔,知识渊博,是一个评论工作者必备的素养。一篇好评论,是同善于运用知识积累分不开的。很难设想,一个知识浅陋、不学无术的人,能写出以理服人、以情感人、文采飞扬的评论来。我们只要细细研读一下评论文章,就可以看出作者的知识素养如何。有的人写评论总是那几句老话,那一种格局,显得知识面狭窄,思路打不开。而同样的题目到了另外人的手里,知识丰富,妙语连珠,警句迭出,寥寥数语就把文章写得栩栩如生、引人入胜。一比之下,知识、文字水平就见了高低。其实,评论文章本身就是多种知识的综合构成件。评论的严密论证需要有逻辑知识;评论的巧妙构思需要有文学知识;评论语言的准确生动需要有语法修辞知识;评

论的精辟论述、典故运用、背景穿插更离不开历史知识，等等。实践表明，具有丰富知识的评论员比只有浅陋知识更容易产生新的联想和独到的见解，会有更多的生发、激情和文采，写出的评论文章也就更具有感染力和说服力。

大凡政论家都是刻苦学习、博览群书的。宋代三苏（苏洵、苏轼、苏辙）擅写策论（即古代政论），文章纵横捭阖，机锋雄辩，正是因为他们长年潜心读书、精通六经及诸子百家著作的结果。王安石“自百家诸子之书，至于《六经》、《素问》、《本草》、诸小说，无所不读，家夫女工，无所不问”，所以他的文章才能传诸后世。梁启超 11 岁考中秀才，16 岁已饱读经、史、子、集，颇知训诂词章之学，一举中的，成为举人，后又师从康有为，博览中外名著，成为维新志士，舆论界的“骄子”，一生著述在1 400万字以上，“平昔眼中无书，手中无笔之日亦绝少”。至于鲁迅、郭沫若涉猎之广、博学多才，更是人所共知。英国著名哲人培根说得好：“阅读使人充实，会谈使人敏捷，写作与笔记使人精确。”“史鉴使人明智，诗歌使人巧慧，数学使人精细，博物使人深沉，伦理之学使人庄重，逻辑与修辞使人善辩。”评论工作者就需要通过广博的阅读，像蜜蜂采百花那样酿蜜，那样吸取知识，使自己充实、敏捷、精确、明智、巧慧、精细、深沉、庄重、善辩。香港凤凰卫视著名评论员阮次山，其丰富阅历和广博知识，令他游走于政界、传媒业两个领域，使他与《时事开讲》格外切合。在他主持的节目中，我们经常看见他凭借自己的专业知识，以一口流利的英语同国外的政界名流从容对话，十分自然。这种对等交流调动了嘉宾的情绪，促进了谈话节目现场的互动气氛。

知识海洋广阔无垠，天下书籍汗牛充栋，而人的精力有限，所以读书必须讲究方法，必须有所侧重。英国诗人柯勒律把读书分为四类：第一类好比计时的沙漏，读书像漏沙，注进去，漏出来，到头来一点痕迹也没有留下。第二类好像海绵，什么都吸收，挤一挤，流出来的东西原封不变，甚至还脏了些。第三类像滤豆浆的布袋，豆浆都流了，留下的只有豆渣。第四类像是宝石矿井的苦工，把矿渣甩在一旁，只拣些纯净的宝石。评论工作者读书就要去拣宝石。对于重要的理论书、史书、文学书、科技书，要自己读慢、读细、读深。可以顺读，也可以反读，专题读。顺读以致远，反读以溯源，专题读则重点深入以攻坚。三种读法，不可或缺，尔后便可提要钩玄，得其精粹。

新闻评论涉及各行各业、各类问题，要求评论工作者对文、史、哲、经、法、教、科专门知识都懂一点，要成为一个杂家，知识储备多多益善。对评论员来说，不存在“本分”以外不必掌握的知识。只要有可能就应该什么书都读一点，什么知识都涉猎一下。评论员的知识领域越宽广，其发展的潜力就越大。单一的爱好，过窄的兴趣，把自己的视野限制在极其狭小的天地里，搞不好评论工作。评论工作者要精读马克思主义的基本著作，其重要性是不言而喻的。除此以外，多学些历史知识、文学知识、法律知识，是必不可少的。邓拓有句名言：“深入实际兼读史，立定脚跟做圣人。”评论工作者应当把了解现实和了解历史结合起来，从历史的经验教训中得到借鉴，这才可以更深刻地认识、评论现实生活中的人与事。事实证明，评论文章中画龙点睛地引用一些史料，往往可以使所论问题更深刻、更动人。诚如刘知幾所说：“无今不成古，执古易鉴今”，丰富的历史知识必定可以在评论写作中大放异彩。评论工作者应当争取把《史记》、《汉书》、《三国志》和《资治通鉴》认真读一遍，把《四库全书总目提要》浏览一番，此外可多读些野史、演义、回忆录等书来增长历史知识。

当今，世界信息浪潮汹涌激荡，高新技术蓬勃发展。我国加入世贸组织已有多年，形势喜人又逼人。在信息爆炸和知识经济时代，评论工作者一定要下决心学点科技知识、市场经济知识和经济管理知识，要尽可能了解一点不熟悉的新事物、新知识，不仅要懂政治经济学，还要懂一点部门经济学、现代管理学。学习科技知识，旨在了解当代科学技术的方向、内容、目的和问题，了解科学技术的主要门类大体上包括一些什么问题，它是管什么的，每一门类的科学技术与生产和人民生活的关系如何，自身的发展历史又如何，等等。可以读一些有关科学技术史方面的书，以及通俗科技杂志。

知识贵在日积月累。“不积跬步，无以至千里；不积小流，无以成江海。”邓拓把知识积累比喻为农民捡粪，出门带个筐见粪就拣，不管牛粪、羊粪、人粪一概捡回来，长期坚持，积少成多，就变成有用的肥料。这是很有道理的。平时无论读书、看报、上网、听广播、看电视，手要勤，看到新鲜有用的知识，就随时记下来，一定时期再作归纳整理。古今中外的杂家积累资料的形式，大致有以下几种：① 各种描写摘录。见到精彩的肖像描写、心理描写、环境描写、景物描写等等，分类加以摘录。② 名言佳句汇集。凡言简意赅、生动形象、富有哲理的名言佳句，摘录下来。③ 成语典故集释。④ 阅读书报札记。这方面古人的记述方法很值得借鉴，如宋代王应麟的《困学纪闻》，明末清初顾炎武的《日知录》，清朝王念孙的《读书杂志》等，都很有价值。积累知识切忌半途而废，只有坚持不懈，经常翻阅，整理掌握，写作时方可得心应手、左右逢源。同时，还要注意不要安于模仿落入俗套，而应有正确灵活的发展和创新。“书到用时方恨少”。唐代名医孙思邈说：“读书三年，便谓天下无病可治；及治病三年，便谓天下无方可用。”这确是切身经验之谈。现在知识更新很快，评论工作者要学会不断“脱毛”，逼着自己去寻找新知识，以跟上时代的步伐，使评论既有厚实的根基，又充满时代气息。

第五节 “下笔千言，倚马可待”——作家的技巧

评论工作者的政治素养、理论素养、社会素养和知识素养，最后都要通过评论文章的写作表现出来。所以，评论工作者的写作素养，即文字表达能力，是十分重要的。它是诸素养的综合体现和最终归宿。如果缺乏写作素养，即使有一定的政治理论水平和知识基础，也不一定能写得好新闻评论。评论工作者以写作为主，这使他们的观察力、感受力、思维能力得到充分历练。写作本身就是思维敏捷、用语准确、书写流畅等多种能力的综合表现，尤其对严密逻辑、辨析层次大有裨益。对表达者来说，写作的过程就是对话题的观点逐渐明确、认识逐步深化的过程，学会用文字表情达意的过程，真是善莫大矣！

有的同志把写作素养仅仅看作是遣词造句的文字技巧问题，是语言运用问题，这是远远不够的。一篇好评论，首先立意要新颖，分析要精当，也就是要确立好的文章的内容；其次要考虑谋篇，即从开头、选材、布局、过渡、照应、叙述、论辩，一直到语言、句式、笔法、结尾，都要通盘安排。这显然不单纯是个文字技巧问题。

评论工作者在锤炼自己的写作素养时，首先要把工夫下在立论与论证上。立论是评论文章的灵魂、主脑。立论新，一下子就能抓住读者的心。《光明日报》特约评论员文章《实践是检验真理的唯一标准》，发

起了向“两个凡是”[①]猛烈开火的动员令，由于立论高屋建瓴，势如破竹，具有强烈的战斗性和深刻的思想性，因而“一石激起千重浪”，对全国解放思想、拨乱反正起到了重大的历史作用。其他如前面提到的《人民日报》的诸多重要评论，无不是由于立论切中时弊，分析十分透辟，因而在亿万读者中引起强烈反响。有了好的论题、精当的立论，还要在论证上花力气，使文章既有磅礴的气势，又有严密的逻辑力量，通过运用多种多样的论证方法，丝丝入扣，鞭辟入里，使评论具有征服人心的精神力量。

评论工作者的写作素养，除了善于立论和论证以外，还要力求把文章写得有声有色、富有文采，要在语言的准确、鲜明、生动上下工夫。有人认为：“评论文章不是通讯报道，更不是文学作品，根本用不着讲究文采。”这种看法不对。如果一篇评论只有深刻的思想内容，但写得枯燥乏味，干巴巴的八股腔，板着面孔说些空洞、抽象、呆板的套话，那是没有生命力，也是没有人要看的。评论虽然不能像通讯报道和文学作品那样形象动人，但它同样也要求“语言美”，讲究文采飘逸、通俗形象，从布局、谋篇、设喻、遣词、造句，都要反复斟酌。毛泽东的政论文章就很有文采。他的许多深刻思想，都是通过许多形象的比喻、生动的事例、通俗的口语、诙谐的语言表达出来的。总之，评论工作者在写作评论文章时，要切记空洞抽象、言之无物的内容必须尽力避免，而要采取生动活泼、新鲜朴实的文风。评论文章的文采，当然不是指堆砌“舞风珠树月中悬”、“行殿参差翡翠光”这一类华丽辞藻，而是指文章要通俗、简洁、准确、形象。这就要求我们下苦工夫学习和掌握语言，做到像郭沫若所要求的那样：“胸藏万汇凭吞吐，笔有千钧任歙张。”

评论工作者要提高写作技巧，必须多读些古文，要有较扎实的文学修养。1980 年年初，中央一位领导同志曾写信给《人民日报》，推荐韩愈的一篇文章《子产不毁乡校颂》说：“文中的好些话说得很好，对丰富我们的智慧很有用处。我主张每个新闻工作者和宣传工作者都认真读点古文。”老一辈革命家谢觉哉同一位记者谈话时也说过：“有古文底子

---

① “两个凡是”指 1977 年 2 月 7 日《人民日报》、《红旗》杂志、《解放军报》社论《学好文件抓住纲》中提出的“凡是毛主席作出的决策，我们都坚决维护，凡是毛主席的指示，我们都始终不渝地遵循”。摘自《邓小平文选》(1975—1982 年)，人民出版社，1983 年 7 月第 1 版，第 375 页。

的人同没有古文底子的人，写出来的文章不一样，文言文过硬的人，文字一般都比较简洁、干净，运用典故自如，比喻比较生动。”学是为了用，是为了在它的基础上有所创造、发展。抱着这个目的去学，你就会越学越有兴味。一位长期搞评论的老前辈深有体会地说：“多读古人评论之作，如与古人神交，神交已久，自能写其神似之文。”我们应尽量争取读一读《诸子集成》、《昭明文选》、《古文观止》、《词综》和唐、宋、元、明、清五朝《诗别裁》以及《聊斋志异》等，这样不但可以从中扩大视野、丰富知识，提高观察、分析生活中各种人与事以及问题的能力，而且可以从这些富有哲理、寓意深刻的文学作品中得到启示，锤炼思想，并吸收瑰丽多彩、富有表现力的语言，使评论文章增色生辉。我们经常可以看到，那些古文、古诗词造诣颇深的评论员，撰写的评论笔走龙蛇，一挥而就，文字漂亮，音节铿锵，引人入胜，新意纷呈，读来令人回味无穷。

新闻评论贵在及时，它常常是当天确定题目，当天写出初稿，当天修改审定发排，第二天见报，时效性特别强。这就要求评论工作者锻炼“下笔千言，倚马可待”的真工夫、硬工夫。这当然不可能一蹴而就，而需要在长期实践中磨炼、提高。重要的是勤练笔，坚持天天写，天天练，使自己的思路和运用文字的技巧天天像升火待发的轮船一样，一声令下即可起航。或者用一句民间的俗语叫做：“召之即来，来之能战，战之能胜。”实践长才干，多写出技巧。读过《契诃夫手记》的人，都知道这位伟大作家的手头何等勤奋，既随时随地写下许多生活的片断，又记下不同人物的对话，各种景物的描绘。阿·托尔斯泰也不厌其烦地做过文字练习，曾运用九种不同的句式来描写同一件事物、同一个动作。可见，要想得心应手地驾驭文字，就得从运用文字的基本功上下工夫。老舍说得好：“搞文字工作，就是摇笔杆的，应该天天写东西，不管大的东西，还是小的东西，总之要天天写。因为写作要靠练。”评论工作者应该学会写各种新闻文体的文章，包括新闻报道、通讯、特写等，当然重点在练习评论写作，学会写各种形式的评论，不但能写严肃庄重、说理透辟的社论、评论员文章，也会写生动形象、机智幽默的随笔、杂文；既会写洋洋数千言的大评论，也会写寥寥数语、隽永玲珑的按语、编后。一个优秀评论员应当对各种评论文章都得心应手，娴熟走笔。

提高写作技巧和运用语言的能力，除了多写多练习以外，很重要的一个方面必须认真学习范文。可以选 100 篇好评论，包括革命导师的文章、鲁迅的杂文、古代优秀散文以及延安时期《解放日报》和新中国成立以来《人民日报》的优秀评论等，细细咀嚼，精心揣摩，从文章的题目，到开头、立论、布局、选材、论辩、语言、句式、笔法，直至文章结尾，逐一加以研究领会。著名京剧表演艺术家盖叫天先生非常强调学艺要“默”。他说：“‘默’就是用脑筋去思索、揣摩，不经过‘默’，艺术不能融化提高。”我们学习范文也要“默”，就是在认真读完数遍之后，闭着眼睛默一默，文章说的什么意思，那一段怎么写，那一个问题怎么分析；语言运用好在哪里，读了文章自己得到什么益处，如果让自己写怎么开头、展开和收尾，差距在哪里，等等。这样通体默一默，你才算把这篇范文消化了，把范文的营养吸收了。否则光读不想，就成了“文章读人”，不是“人读文章”。学习是为了创新，但能不能创新，要看你学得好不好。学习，要得到灵魂、精粹，就一定要用“默”的功夫，“默”然后才能“悟”，即所谓“心明自明”。把学的、练的、看的、听的，都融合在一起，“万法归一”，然后才能学而通，通而化，化而新，达到创新的境界。

“处处留心皆学问”。选读范文是学习，勤动笔头是学习，人家怎么改自己的文章，更是必不可少的学习。评论的写作，从社论到短评，往往不仅是作者的个人劳动，而且是集体智慧的结晶。重要评论的写作，不但事先经过研究，而且要多次反复修改，总编辑要改，送到领导机关审阅时领导同志又作修改。这种修改就是最好的学习，认真加以研究、咀嚼，领会其奥妙之处，日积月累，便会使自己的写作水平得到较快、较大的提高。

评论工作者的素养是综合的整体。我们为了叙述的方便，才分成政治素养、理论素养、社会素养、知识素养、文字素养等五个方面。其实，五者是紧密结合在一起，通过评论文章集中体现出来的。它们之间相互关联、相互促进，绝不是孤立的。至于提出要具有政治家的眼光、理论家的头脑、活动家的本领、杂家的智能、作家的技巧，那仅是从评论工作者的努力目标而言，并非说一个评论员非要具有五家的德识才学才能动笔。因为，要成为一个方面的“家”都极不容易，又怎么能五个“家”“皆备于我”呢！但是，一个优秀的新闻评论工作者，应该尽量学习五个“家”的长处，以增强自己的素养，这是党的新闻工作的需要，是人民的共同期望，也是评论工作者自己的业务追求，所以并非是不切实际的“高指标”。

一位中央高层领导曾对加强新闻队伍建设提出了“打好五个根底”、“发扬六大作风”的明确要求，即强调要打好理论路线根底、政策法规纪律根底、群众观念根底、知识根底、新闻业务根底；强调要发扬党的新闻工作的优良作风：敬业的作风、实事求是的作风、艰苦奋斗的作风、清正廉洁的作风、严谨细致的作风、勇于创新的作风。这为我们新闻工作者（包括新闻评论工作者）加强自身修养进一步指明了前进方向与努力目标。

问题与练习：

1. 提高基本素养与评论写作的关系如何？
2. 加强政治素养最根本的要解决哪方面的问题？
3. “以其昏昏”为什么不能“使人昭昭”？
4. “吃透下头”对评论写作的关系如何？
5. 评论工作者为何要力求具有杂家的知识涵养？
6. “下笔千言，倚马可待”为何要成为评论工作者的努力目标？怎样练就这方面的工夫？
7. 在评论工作者的五个素养中，你认为最关键的是哪一个？请用 1 000 字左右说明你的理由。

中编

评论写作的基本程序

在上一编，我们主要介绍了新闻评论学的一般原理，其中包括新闻评论的地位、功能、特点、价值、演变以及党的报刊评论工作的传统、必须坚持的原则、应对新媒体冲击的主要方略与评论工作者的基本素养等，使大家对这个文体有了一个初步的、轮廓式的了解。在这一编，我们将在把握并应用新闻评论要素的基础上，依照新闻评论写作的一般程序，结合实例，较为详尽地讲述评论写作的基本要求，传授评论写作的基本技能，提高大家的动笔能力。纵然如此，可绝不要以为学完这一编，就可以掌握评论写作的“诀窍”，写得一手好评论了。这样想会使你失望的，世界上没有这等便宜的事情，更没有这样速成的写作教学法。事实上，能够这样传授的评论作法教程根本是不存在的，可以这样快速掌握的评论写作“诀窍”压根儿也是没有的。因为评论写作同其他文体的写作一样，是艰苦的思想劳动的过程，它需要作者具有多方面的素养，需要作者进行坚持不懈的努力，绝非一朝一夕之功。

当然，评论写作既然也是一门学问，也是一种科学，就不可能没有可循的规律，就不存在人们逾越不了的鸿沟。我们这一编所讲授的内容，正是从众多评论作者的实践经验中，从大量评论作品的分析比较中提炼概括出来的，这些带规律性的东西可以作为我们学习评论写作的参考，可以使我们少付一点学费，少走一些可以避免的弯路。需要说明的是，这些带规律性的东西，大量的还是属于作者思想理论水平和政策水平问题，而不单纯是个写作方法和表现技巧的问题。譬如，新闻评论总是针对特定的新闻事件、一定的问题，并且要有鲜明的观点乃至独到的见解，做到有的放矢，有感而发。如果作者不了解情况，或者不仔细了解情况，同时，又对党的路线、方针、政策掌握不够，哪来针对性和鲜明观点呢？如果没有一定的思想理论水平，不掌握马克思主义的立场、观点、方法，又怎能从政治的视角抓住事物的本质，并进行扼要中肯的分析，把问题提到应有的高度，使评论具有理性色彩，有思想闪光呢？由此可见，要学习评论写作，要真正掌握评论写作的带规律性的东西，首先应该在自己的思想理论水平和分析问题、解决问题的能力上找差距，在学习科学理论，懂得党的政策，深入调查研究，运用科学的世界观和方法论对具体事物进行具体分析上下工夫，而这就不纯粹是写作业务方面的问题，就不是死记硬背评论写作的几个要诀所能奏效的。

那么，新闻评论写作的一般程序究竟是怎样的呢？

下面，我们依新闻评论的要素和写作的基本程序，即选题、立意、论证、谋篇、文采以及修改等方面，逐章加以论述。

第九章

新闻评论的要素及其应用

本章内容提要：

1. 新闻评论的要素：论点、论据、论证。
2. 论点、论据、论证的含义。
3. 论点、论据、论证三者之间的关系。
4. 了解和掌握论点、论据、论证三者关系的意义。

任何事物都有它的基本组成部分，都有构成它的基本要素。新闻评论是论说文（亦称作议论文）的派生体裁，它的要素其实就是议论文的要素。这就是论点、论据、论证三大要素。这三者，论点是提出"证明什么"的问题，论据是"用什么来证明"的问题，论证是解决"如何来证明"的问题。很显然，我们指出和认识新闻评论三大要素的内涵，以及相互之间的关系，无非是在撰写新闻评论的时候，在确定论点、选择论据和进行论证的时候，有更大的理性自觉，少走和避免不必要的弯路，以写出观点鲜明、持之有故、言之成理的评论。尽管这是中学语文教学中就应该解决的问题，但实践告诉我们，不少同志只知皮毛，不知底里，更没有在写作实践中自觉地应用，因而重申和加深对这一问题的理解，对提高新闻评论写作水平显然是十分必要的。

什么叫论点、论据、论证？如何通过论证使论点与论据有机地统一起来？先看新华社播发的《扬长避短才能多快好省》（获当年优秀评论奖）这篇评论员文章：

在经济建设中如何从实际出发，扬长避短，充分发挥自己的优势，以取得最佳的经济效果？这个重要课题正越来越广泛地受到人们的重视。

我们搞的社会主义现代化，是中国式的现代化。在我们这样一个国家里进行现代化建设，有很多有利条件即长处，也有一些不利条件即短处。我们只有认真研究自己的特点，发挥我们的长处，避开我们的短处，才能做到事半功倍，真正收到多快好省的效果。

比如，我国幅员广大，人口众多，劳动力资源和自然资源丰富，这是我们的长处，而生产技术落后，资金有限，则是我们的短处。从这个特点出发，我们就应该多搞一些容纳劳动力多、投资少、经济效果好的产品，少搞一些用人少、投资多、经济效果差的产品。在技术政策上，也要与此相适应，就是要着重发展在中国的条件下能够取得最佳效果的适用技术，在一个相当长的时间内，让机械化、半机械化和手工操作同时并存，而不能片面追求全盘机械化。这样，扬我之长，避我之短，经济效果就一定会好得多。再比如，我国人口多，底子薄，这样在确定积累和消费的比例关系时，就不能把积累率定得太高，发展速度不能要求太急。如果忽视了这一点，主观上要求过高、过急，欲速则不达，想快而实际上却会是慢的。这一点我们过去是吃过亏的。

我们的国家大，在四化建设中需要集中全国的人力、物力、财力，建设一些关系国民经济命脉的重要项目，但不应该集中过多，统得过死。要使经济建设的速度加快，必须十分强调因地制宜，充分发挥各个地区的特长和优势。

应该说，我们国家的每一个地区，都有自己的长处、自己的优势。对青海、新疆、内蒙古来说，搞粮食生产固然比不上平原地区和鱼米之乡，这是它们的短处，然而这些地区有广阔的草原和许多矿产资源，发展畜牧业和某些矿业生产，则具有其他一些地区所不及的有利条件，这又是它们的长处。对广东、广西、福建来说，搞钢铁工业确实比不上有铁矿、有煤矿的地区，这是它们的短处，然而这些地区适宜于种植甘蔗、橡胶、菠萝等亚热带经济作物，发展制糖工业、橡胶工业和其他以亚热带经济作物为原料的工业生产，却有着别的地方所不及的得天独厚的有利条件，这又是它们的长处。如果各个地区在经济建设中都能做到扬长避短，择优发展，宜粮则粮，宜糖则糖，宜纺则纺，宜钢则钢，干什么经济效果最好就干什么，我国现代化建设事业就会出现一个八仙过海、各显神通、竞相发展的大好局面。

要做到扬长避短，使各地区、各单位的优势很好地发挥出来，关键在于经济部门的领导人员有一条正确的思想路线，按照实际情况决定自己的工作。长时间来，由于林彪、“四人帮”极左路线横行，形而上学猖獗，加之我们自己不尊重经济规律，搞了不少不切实际的“一刀切”和主观主义的瞎指挥。说是要“以粮为纲”，就山南海北都搞粮食，连那些宜林、宜牧、宜渔的地方，也要毁林开荒、弃牧种田、填海或围湖造地。说是要“以钢为纲”，就到处大办钢铁，连那些传统的轻工业产区，没有煤炭、铁矿的地区，也要大办钢铁。这种违背实际的做法，使不少地区的长处变成了短处，优势变成了劣势，不得不捧着金饭碗讨饭吃，这种教训太深刻了。

但是，认识到了在经济建设中注意扬长避短的重要性，并不等于就可以做到扬长避短，这里还存在着经济政策、经济体制方面的一些问题。比如，有些地方明明知道自己地区不适合搞煤搞铁，仍然不得已而为之。因为如果他们自己不搞，从别处又得不到，他们就没有煤烧，没有铁用。有些地方本来适宜种植经济作物，但如果国家不能保证供应他们口粮，他们也只好牺牲自己种植经济作物的优势，而去种植粮食。这些年来，一些地方搞“小而全”、“大而全”的经济体系，明知得不偿失，也要去干，政策和体制上存在着某些不合理，是一个重要原因。对于这些问题，应该认真地加以研究、探索，多想办法，逐步解决，以适应经济发展的需要。

为了使各地扬长避短，发挥自己的优势，还需要打破地区和部门的界限，走经济上联合之路，互通有无，密切协作。要加强一个地区内企业与企业之间、地方与地方之间，以及中央和地方企业之间的经济联系，组织各种形式的经济联合体。有的地方，有的企业，有的社队，在自然资源方面拥有优势；有的则在经济条件或技术条件方面拥有优势。如果各搞各的，都有局限性。但是，在自愿互利的基础上联合起来，就可以使各自的长处得以发挥，短处得以补偿。比如，不产煤的省、市，如果可以到有煤的地方去投资，通过联合经营，就可以使无煤区得到煤炭供应，产煤区得到扩大再生产的资金。当前，要特别注意创造条件，让那些有突出优势的地方首先把它的优势尽快发挥出来，把容易搞上去的地区先发展起来。

从自己地区的特点出发，扬长避短，会不会扩大地区之间经济上的差别？由于各地的经济条件不同，出现差别是必然的。我们要承认这种差别。这种差别是在经济发展中的快与慢的差别，总比那种“穷拉平”要好。而且，优势多的地方首先发展起来了，整个国家的经济实力强了，就可以更有效地帮助那些优势比较少的地方，这些地方的发展也就快了。差别就是不平衡，允许一个时期的不平衡，正是为了将来缩小这种不平衡。我们应该允许善于发挥优势的地方先富起来，从而带动全国经济建设的发展。现在我们正进一步贯彻执行“调整、改革、整顿、提高”的方针，经济改革工作已经起步。我们要继续解放思想，开动机器，不断地研究新情况，解决新问题，充分利用我国的有利条件，发挥我们自己的优势，趋利避害，把社会主义现代化建设搞得更好一些。

（载于1980年5月17日《人民日报》）

这篇评论员文章提出的论题很尖锐，很有针对性。它对一些地方、一些人，由于长期受“左”的影响，脱离实际，违背经济规律，盲目跟风，一哄而上等问题，敢于触及，并深入细致地作了分析，强调指出：这种做法，“使不少地区的长处变成了短处，优势变成了劣势，不得不捧着金饭碗讨饭吃”。这些论述和见解，准确及时地宣传了党的现行路线和政策，对当时各地贯彻执行“调整、改革、整顿、提高”的方针，具有重要的指导作用。说实在的，30多年前这篇评论所总结的教训和指出的问题，尽管在今天客观情况已发生了很大的变化，个别提法也未必适合已经发展了的形势，但其基本思路和主要观点，至今对我们仍有重要的现实意义与借鉴作用。

此文之所以具有如此强大的说服力，从写作上来说，显然与文章（以下简称《扬》文）论点、论据、论证三者兼得而且熔于一炉有很大关系。下面我们试一一阐述之。

第一节　论　　点

所谓论点，就是作者对所论述的事物或者问题的主张、看法和所持的态度。它明确地表示作者肯定什么，否定什么；赞成什么，反对什么；歌颂什么，批判什么。这个论点，是经过提炼和浓缩了的观念、思想，是作者站在正确立场上，以马克思主义为指导，以党的路线、方针、政策为准绳，对客观实际做了周密的调查和认真的分析研究之后，对所论述的问题提出的看法、主张和观点，它集中地反映着作者对某个事物或某个问题的基本见解。

论点有两种，一种叫总论点，一种叫分论点。一篇完整的新闻评论，一般总有一个总论点，也可称作中心论点或基本论点，或通常所说的主题，它是评论中全部观点的高度概括和集中，是作者需要全力说明的总主张、总看法，是贯串全文的一根红线。例如《扬》文的中心论点就正如标题和第一自然段所表明的：在经济建设中只有扬长避短，发挥优势，才能取得最佳的经济效果，实现多快好省的要求。文章通过对什么是扬长避短、为什么要扬长避短，以及怎样才能做到扬长避短等问题的系统分析，深刻有力地论证了这一总的论点，阐明了我国经济工作中必须遵循的一个重要指导思想。

不少新闻评论，由于论述的内容比较重要、比较丰富，为了更好地阐明总论点，往往需要从几个方面一层又一层地进行深入论述，提出一些证明、补充或者发挥总论点的从属论点，也叫做分论点或子论点，它们都是派生于总论点并为阐明总论点服务的。可以说，总论点就是纲，分论点就是目；总论点统率分论点，分论点说明总论点。以《扬》文来说，为了阐明总论点，正文部分就是从六个侧面，也就是通过六个分论点来加以证明和补充的。这六个分论点就是：① 从全国特点出发，说明扬长避短、发挥优势的内容与意义（第二、第三自然段）；② 进一步联系各地实际，说明因地制宜、发挥优势的内容与意义（第四、第五自然段）；③ 要做到扬长避短，关键在于有一条正确的思想路线（第六自然段）；④ 要做到扬长避短，还要解决经济政策、经济体制方面的一些问题（第七自然段）；⑤ 要做到扬长避短，还需要打破地区和部门的界限，走经济上联合之路（第八自然段）；⑥ 回答了人们担心的一个问题：扬长避短会不会扩大地区之间的经济差别（第九自然段）？这六个分论点，把“扬长避短才能多快好省”这个总论点阐释得非常严密、透彻。这对我们写作评论时如何立论，如何根据总论点剖成若干分论点并为总论点服务，很有启发意义。当然，有些比较短小的评论，没有分论点的情况也是存在的。

总论点与分论点之间，可以形成多种多样的关系，如主从关系、递进关系、因果关系等。评论中的分论点，对所论述的部分来说是论点（即部分论点），需要加以证明（用以证明的文字称之为部分论据）；而对全文的总论点来说，同时也起论据（称为全文论据）的作用。例如，《扬》文论述扬长避短才能多快好省的六个分论点，也可以看作全文总论点的六个论据。由于各篇评论的内容、思路和论述方式不尽相同，其分论点之间的关系也不尽一致。有的互相平行，如《中国社会各阶级的分析》一文[①]，其正文部分对地主阶级和买办阶级、中产阶级、小资产阶级、半无产阶级、工业无产阶级的情况逐一进行了分析，它们之间就是一种并列的关系。有的逐个深入，如《扬》文从什么是扬长避短，为什么要扬长避短讲到怎样才能扬长避短就是如此；再如《反对自由主义》一文[②]，由表现而讲到根源，由根源而讲到性质，由性质而讲到危害，进而又讲到克服它的必要性，也莫不如此，它们之间就是一种递进的关系。有的互为因果，如《在马克思墓前的讲话》一文[③]，前半部分讲作为科学巨匠的马克思，后半部分讲作为革命家的马克思，而后者又构成了前者的原因，在某种意义上反过来说也可以。有的既平行又有因果条件关系，等等，这里就不一一去说它了。

一篇评论，一般只有一个总论点，但有时在一篇评论里，对有关的几个问题分别提出论点加以论述，它们之间各有相对的独立性，这样的文章就不宜说只有一个总论点了。譬如《关心群众生活，注意工作方法》一文[④]，文章开头就说：“有两个问题，同志们在讨论中没有着重注意，我觉得应该提出来说一说。”接着各自独立地论述了“关心群众生

① 《毛泽东选集》第一卷，人民出版社，1966 年 7 月横排版，第 3—9 页。
② 《毛泽东选集》第二卷，人民出版社，1966 年 7 月横排版，第 330—332 页。
③ 《马克思恩格斯选集》第三卷，人民出版社，1972 年 5 月版，第 574—576 页。
④ 《毛泽东选集》第一卷，人民出版社，1966 年 7 月横排版，第 122—127 页。

活”和“注意工作方法”这两个问题。关心群众生活和注意工作方法，虽然都关系到当时更好地动员和依靠群众进行革命战争，但合写在一篇文章里，不能不说是并列的两个论点。就一般情况说来，如果不是特殊需要，一篇评论是不宜有一个以上的总论点的。

总论点，是一篇文章的灵魂和主旋律，是全文的论述中心之所在。它在文章中的作用，是提挈全篇，把各个论点、材料统率起来，组织成一个有内在联系的说理体系。古人为文，以提炼总论点为“驭文之首术，谋篇之大端”。我国南北朝梁代的文学理论批评家刘勰说：“心生而言立，言立而文明，自然之道也。”他认为，文章“理直”才能“气盛”，即论点正确，才能气势宏大。可见，总论点是否正确、鲜明，对文章的优劣起着决定性作用。新闻评论要宣传马克思主义的真理，总论点准确是首先要达到的目的。一篇评论，总论点站不住脚，即使个别材料、小论点是正确的，文章也会失败。同时，如果总论点不鲜明，主张什么，反对什么，含糊其辞，模棱两可；或者不能始终如一，中途走题，评论就会杂乱无章。

总之，深入地、缜密地提炼准确、鲜明的总论点，是为文之首要。这就要求我们用科学的世界观和方法论作指导，详细地占有材料，科学地分析材料，并善于把握事物的个性特点，以避免人云亦云，真正提炼出正确而有新意的论点。

第二节　论　　据

所谓论据，就是论点赖以形成的根据和用来证实、说明论点的证据。很清楚，这有两层意思，一是论点是从哪里来的，或曰是怎样被证明的。只有这样既从认识角度，又从表述角度来理解论据的含义，才是正确的、全面的。我们说，论据是作者从客观事实中直接或间接提炼出来的，这些事实对论点来说便是论据，即论点提出的依据。没有论据的论点是臆断，是不可靠的也是不能说服人的。评论作者为了使自己的论点能为读者所理解和接受，在论述的时候，总是要拿出足够的能说明论点的材料作依据。实践证明：任何一个论点，如果是正确的话，就必然会有现实的客观基础；而且，只有当它被充分、准确、可靠的论据证实以后，才能被认为是正确的，才能言之有据，持之有故，以理服人。反之，如果论据不充分，论点就架空，评论就没有血肉，就没有说服力（当然，也要防止堆砌材料，铺陈论据，文章需要的是简而精，以能说明论点为限）。如果论据不准确，就会使评论出现破绽，论点就站不住脚，同样不能说服人。如果论据不可靠，问题更大，或者以偏概全，引出片面性的结论；或者以假象代替实质，得出错误的结论。可见，选择充分、准确、可靠的论据，对证明和证实论点是多么重要。

我们纵观《扬》文的六个分论点，就可以清楚地看出无不是建立在有充分事实根据的基础之上，无不是对大量的客观事实经过去粗取精、去伪存真、由此及彼、由表及里的检验和选择。例如，文章在阐明扬长避短必须因地制宜，充分发挥各个地区的特长和优势这样一个分论点时，就分别举了青海、新疆、内蒙古和广东、广西、福建这两类不同地区的不同情况作论据，来加以论证，使论点建立在无懈可击的基础上。当然，用作论据的，未必都需要具有五个“W”的条件，有些是经过高度概括了的事实，具有更普遍的意义，同样可以起到证明论点的作用。用作《扬》文的论据，多半属于这种情况。这些论据都具有这样一个特点：不仅充分、准确、可靠，而且与论点有着必然的内在的联系——或是因果关系，或是主从关系，或是一般与个别的关系，或是相似关系。正因如此，这篇评论才这样深刻而有说服力。

论据，大致分为两类：事实性论据与理论性论据。

一、事实性论据（也称表述事实的判断）

就是用事实作为根据、证据。这类证据是对客观事物的真实的描述或概括，具有直接现实性的品格，因此是证明中心论点的最有说服力的论据。我们常说“事实胜于雄辩”，就是这个道理。事实性论据，主要指现实生活中有代表性的人证、物证，以及典型事例（包括个别事例和概括性事例）、历史资料和统计数字等等。

譬如，毛泽东同志在《别了，司徒雷登》[1]一文中，在证明“我们中国人是有骨气的”这一分论点时，就选用了这样的典型人证：“闻一多拍案而起，横眉冷对国民党的手枪，宁可倒下去，不愿屈服。朱自清

① 《毛泽东选集》第四卷，人民出版社，1966年7月横排版，第1428—1435页。

一身重病，宁愿饿死，不领美国的‘救济粮’。”一个“宁可倒下去”，一个“宁愿饿死”，不用多作解释，事实本身就证明了“我们中国人是有骨气的”。

再如，2010 年 2 月初，在上海世博会召开前夕，有媒体刊出长篇报道，称上海世博会投入高达 4 000 亿人民币，随后以讹传讹，“世上最贵世博会”几成定评，引发中外舆论对上海世博会产生大量负面评价。针对这一社会热点与不实的炒作，《人民日报》于 2 月 24 日刊登李泓冰撰写的题为《世博投入应该怎样算》的评论，通过具体算账来澄清事实，直击那些夸大报道的重要漏洞。请看文中两段由统计数字构成的事实性论据：

> 4 000 亿，实在是个天文数字。这笔巨资是如何算出来的？不得而知。其实细细琢磨，这本账似乎有些模糊。据说，直接投资是 286 亿元，其余的算间接投资，是从这些年上海的基础设施投入估算出来的。光是按上海轨道交通的总通车里程 420 公里计算，这一项投入就近 3 000 亿——而这 420 公里的轨道交通，并非始于世博筹办。上海世博会申办成功，是 2002 年，而最早的上海地铁是 1990 年开工建设的，1995 年投入全线运营——这笔账也算世博投资？是不是把胡萝卜算到蜡烛账上了？
>
> 世博会从申办到举办，搭头带尾将近 10 年。据刚刚公布的统计数字，上海常住人口已经逼近 2 000 万，加上流动人口可能突破 2 500 万，对这样一个特大型城市来说，10 年的基础建设投入之巨，肯定是个天文数字，其中相当大的部分都不能算在世博头上。把 10 年基础设施的公共投入，都要求用世博会的“赔”和“赚”来衡量，也不妥当。如果不办世博，上海这样在基础设施方面历史欠账甚多的城市，难道就不修地铁、不扩机场、不进行旧区改造了吗？

二、理论性论据（也称表述客观规律的判断）

就是用来源于实践，并且业已被实践证明和检验过的正确的理论作为根据、证据。哪些材料可以作理论性论据呢?

1. 科学理论

这是我们立论的最有力的论据之一。因为马克思主义的一般原理,无产阶级革命导师的经典性言论,都是经过实践反复检验过的放之四海而皆准的普遍真理,用来证明论点,具有高屋建瓴、势如破竹的论辩威力。例如,"四人帮"粉碎后,我们在批判"两个凡是"的错误时,正是因为用马克思主义关于实践是检验真理的唯一标准这个基本原则来论述,所以就能所向披靡,揭穿实质。同样,我们在强调人民群众在历史发展中的作用时,正是因为有针对性地引用毛泽东同志关于群众和群众路线的重要论述来加以阐发,所以就要深刻得多,有力得多。引用科学理论做论据要注意:第一,应是经过实践检验是正确的真理,要合乎理论的科学体系,不能断章取义,滥加引用;第二,引用要恰到好处,力求少而精,切忌堆砌滥用,以致淹没了自己的观点。

2. 国家的法律、法令,党和政府的政策、决议以及党和国家主要领导人的讲话

这也是评论中用以阐明观点、判断是非的有力论据。譬如,在关于维护社会治安、打击违法犯罪活动的评论中,常常引用《宪法》及有关法律、法令中关于刑事犯罪问题的条文。在一些论证建国以来我们党内问题的评论中,就常引用党的十一届六中全会通过的《关于建国以来党内若干历史问题的决议》中的有关论断。在论述党风问题和党的建设的评论中,常常引证党章及《关于党内政治生活的若干准则》等文件中的有关规定。

3. 历代政治家、思想家、文学家、科学家和知名人士的权威性的言论

《人民日报》社论《讲生财之道》(载于 1982 年 4 月 4 日)为论证讲究生财方法的重要性,开头就这样写道:

> 宋朝政治家王安石说过:"因天下之力,以生天下之财,取天下之财,以供天下之费。自古治世,未尝以不足为天下之公患也,患在治财无其道耳。"

在毛泽东同志写的评论中,经常引用古今中外名人名言作论据。

在《矛盾论》[①]一书中，为论证要了解矛盾的各方，才能正确解决矛盾的道理时，就引用了军事家孙子在《谋攻》篇中的话："知彼知己，百战不殆"，还引用了唐代名宰相魏徵所说"兼听则明，偏信则暗"的话。通过这些为大家所熟知的历史经验，更加使人感到有理有据，坚信无疑。至于毛泽东同志在文章中引用鲁迅的话就更多了。

4. 公认的道德规范，人人皆知的生活常识，以及反映客观事物本质和规律的科学公理、定义、法则

譬如，我们写赞颂雷锋、张海迪、查文红等先进人物崇高精神品质和批评不良社会风气的评论，往往以共产主义道德规范作评论是非的准绳。又如，毛泽东同志在《矛盾论》中为论证"任何矛盾的一方都不能孤立地存在"这一哲学原理时，就用了这样的生活常识、公理：

> 没有生，死就不见；没有死，生也不见。没有上，无所谓下；没有下，也无所谓上。没有祸，无所谓福；没有福，也无所谓祸；没有顺利，无所谓困难；没有困难，也无所谓顺利。没有地主，就没有佃农；没有佃农，也就没有地主……

5. 古今中外各种著作中带哲理性的格言、谚语、歇后语以及诗文中的佳句、炼语等

如"三个臭皮匠，顶个诸葛亮"、"磨刀不误砍柴工"、"只要工夫深，铁杵磨成针"、"逆水行舟——不进则退"、"先天下之忧而忧，后天下之乐而乐"、"宝剑锋从磨砺出，梅花香自苦寒来"，等等。这些语言，是人们在长期生活实践中总结出来的，恰到好处地引用，有助于我们领悟深刻的道理和哲理。

第三节　论　　证

所谓论证，从形式逻辑角度讲，就是运用和组织论据去说明和证实论点的过程和方法；从写作角度讲，论证过程就是把材料和观点统一起

① 《毛泽东选集》第一卷，人民出版社，1966年7月横排版，第274—312页。

来，组成一个完整的说理体系的过程。论证是评论写作的主要环节之一。全文怎样展开，论点怎样证实，论据怎样安排得当，使文章的道理无懈可击，令人信服，都要靠论证。一句话，论证的任务，就在使论据能够突出地说明论点，帮助读者理解论点的意义，相信论点的正确。

一篇新闻评论，是否有较强的战斗性和说服力，固然主要取决于论点是否正确、鲜明，论据是否充分、准确、可靠，但光有这些还不够，还需要围绕论点，恰当地安排论据，进行合乎逻辑的推理，即进行严密的论证。论证好像纽带，把需要的论据围绕着论点贯串起来，组织起来，使两者有机地结合在一起，从而使文章产生令人信服的力量。革命领袖们写政论，是很重视论证的。恩格斯说过："论文必须写得十分精密，使那家伙无法答辩，否则宁可不写。"[①]斯大林在《论列宁》一文中谈到列宁的演说具有强大的论辩力量时，有这样一段话：

> "……当时使我佩服的是列宁演说中那种不可战胜的逻辑力量，这逻辑力量虽然有些枯燥，但是紧紧地抓住听众，一步进一步地感动听众，然后就把听众俘虏得一个不剩。我记得当时有很多代表说：'演说中的逻辑好像万能的触角，用钳子从各方面把你钳住，使你无法脱身，你不是投降，就是完全失败。'"

由此可见，严密的论证是使新闻评论具有战斗力和说服力的保证。论证越是严密，论点和论据之间的联系就越是紧密，观点与材料就越是得到统一，中心论点就越是突出，文章就越是具有那种"好像万能的触角，用钳子从各方面把你钳住，使你无法脱身"的不可战胜的逻辑力量。

《扬》文在这方面就做得较为出色，充分显示了作者善于论辩的功力。作者十分注意调动逻辑的力量，根据事物发展的客观规律和人们的认识规律，来组合文章的层次。为了说明扬长避短才能多快好省这样一个中心论点，作者首先在标题上和第一自然段中提出了"扬长避短"几个字，把它和发挥优势（择优）联系起来，一语道破，旗帜鲜明，这就有助于读者对"择优"方针有比较准确全面的理解，又为实际工作者提供了一个便于遵循的通俗概念。接着，文章从全国和各个地区的实

① 《马克思恩格斯通信集》第二卷，第 28 页。

际出发，具体回答了“是什么？”“为什么？”的问题，即：什么是长处？什么是短处？什么叫扬长避短？为什么要扬长避短？作者在逐一论述这些问题时，跳出了就事论事的窠臼，十分注意把问题引申到“中国式的现代化”这一命题上来，这就很有启发性，使人很容易理解扬长避短、发挥优势的具体含义，进而引导读者解放思想，在“中国式的现代化”这个问题上去深入思考。继而，文章根据读者的思路，又具体阐释了怎样才能做到扬长避短的问题，这就是：必须坚持一条正确的思想路线和解决经济政策、经济体制方面一些不合理的问题，并且把择优和联合联系起来，“走经济上联合之路”。文章最后既是唯物又是辩证地用哲学观点回答了人们很自然引起担心的一个问题：扬长避短会不会扩大地区之间的经济差别？看了不禁使人豁然开朗，心悦诚服。正因为这篇评论员文章进行了较为严密的论证，使论点和论据有机地结合在一起，所以产生了很强的说服力量，为我们提供了足资借鉴的范例。

总起来说，在新闻评论里，论点是灵魂，论据是血肉，论证是骨骼。说论点是灵魂，因为它对论据、论证起统率作用。说论据是血肉，因为论点靠论据证明或说明，通常说的“持之有故”中的“故”，其实就是论据。说论证是骨骼，因为它是连接论点与论据的桥梁和纽带。所谓“言之成理”，除了所论之理正确以外，主要靠论证的力量。三者就是这样紧密联系，构成一个完整的论证过程。

无产阶级革命导师撰写的评论著作，我们党的报刊在路线正确时所发表的许多评论文章，都是具有鲜明的论点、充分的论据和严密的论证的，三者是有机地结合在一起的。因为我们代表着最广大人民的根本利益，代表着历史前进的方向，真理在我们一边，我们不屑隐瞒自己的观点，我们的观点反映了事物发展的客观规律，是建立在有充分根据的客观基础之上的。这就决定了我们撰写的新闻评论，具有论点、论据、论证三者紧密结合的根本条件。然而，国内外逆时代潮流而动的极少数人，他们手中无真理，身边无群众，只能靠唯心论和诡辩论过日子。他们否认客观事物的发展规律，否认实践是检验真理的唯一标准，在论述问题的时候，总是用主观的想象代替对客观事物的分析。因而，他们的论点往往荒谬绝伦，不符合客观事物的本质和规律；他们的论据常常是各取所需为我所用，甚至是凭空杜撰的；他们对问题的论证不是强词夺理，就是造谣诬蔑，实在不值一驳。曾几何时，在“四人帮”一伙篡夺了党的宣传舆论大权期间，报纸上这类观点反动、不要论据、不讲论证的“假、大、空”评论，难道我们见得还少吗？

需要补充说明的是，并不是每篇评论都具有论点、论据、论证三要素。有的评论，特别是某些小言论，提出了论点，仅仅作一些解释，内容比较简单，这就没有论证的过程。还有的特别短小的评论文，譬如常见的博客、微博、网友评论，一般只讲论点，表明自己的看法和主张，点到即止，无需论据，更无所谓论证，这就更谈不上具有三要素了。

问题与练习：

1. 什么是论点？
2. 什么是论据？
3. 什么是论证？
4. 论点、论据与论证之间的关系怎样？
5. 以《人民日报》最近发表的一篇社论为范文，概括其总论点以及主要分论点，并找出典型的事实性论据与理论性论据。

第十章

选　　题

本章内容提要：

1. 选题的含义。
2. 选题在评论写作中的地位。
3. 选题的主要途径和方法。
4. 好的论题应具备的条件。

第一节　到哪里去找选题

新闻评论的题目从哪里来？在现实生活和实际工作中，提出一个什么样的问题？评析实践中的一个怎样的事物？这是新闻评论写作中首先要解决的问题，即新闻评论的选题问题。

毛泽东在《反对党八股》一文中说："一篇文章或一篇演说，如果是重要的带指导性质的，总得要提出一个什么问题，接着加以分析，然后综合起来，指明问题的性质，给以解决的办法……"①

新闻评论的选题，简而言之，即选择新闻评论所要评述的事物或要论述的问题，它规定着评论的对象与范围。换句话说，也就是择定通常所说的就事论理的"事"，有的放矢的"的"，当然，内中也包括有感而发的"感"。评论的论题往往是主题的概括。正如一位老评论工作者所说的：一篇评论是不是质量高，主要是看它是不是言之有物，有的放矢，是不是提出和解决了当前迫切需要解决的问题。在评论工作中，确定论题的过程，也就是选题的过程，这是写作全过程中的一个首要环节。一篇评论的成败，首先取决于选题。能否正确地选准、选好论题直接关

---

① 《毛泽东选集》第三卷，人民出版社，1966年7月横排版，第796页。

系到评论的指导作用和影响到写作程序的进行。一个好的选题，是决定一篇评论能否引起人们阅读兴趣的重要前提，更体现出媒体的性质和特点。这是因为：一方面，写作评论的目的是为着解决实际工作中存在的各种认识问题，对受众思想和实际工作起积极的作用，所以作者对所确定的将要论述的基本思想，是否正确和切中时弊，直接关系到这篇评论的根本价值。就一家媒体而言，确定什么样的选题，往往体现了该媒体的评论理念、主动意识和组织策划能力。另一方面，评论写作的其他一些环节，诸如论题的分析论证，文章的谋篇布局，语言的恰当运用等等，也只有在论题确定之后，只有在作者对评论要提出什么问题、解决什么问题，做到心中有数之后，才有所依据，才比较有把握地写好文章。

选题不等于命题，它主要确定评论什么问题，命题则是拟定评论的题目。题目可以直接表述所要评论的问题，也可以间接表述。但不管采取什么表述方法，命题都是为了更好地实现选题的意图。因此，一篇评论的论题确定了，就有了正确的方向和明确的目标。以正面论述为主的立论，就亮出了鲜明的旗帜；以反面批判为主的驳论，就有了十分具体的目标。难怪不少评论作者说，评论的选题完成了，论题确定好了，执笔为文的突破口就解决了。这是不无道理的。新中国成立前一些专职从事新闻评论工作的人特别是专栏评论家，他们对此说得更干脆：“从事新闻评论工作的人，在每一天还没有决定他的评论题目以前，是颇有神思缥缈之感的。选择题目，可以说是评论作者最感困难的工作，有了题目，一天的工作，也无异已完成了大半。”

选题对写好一篇评论既然如此重要，究竟从何入手呢？一位著名学者在表扬《北京日报》评论员文章《从根本上认识社会主义制度的优越性》时，有一段话对此作了很好的回答：“一篇评论是不是质量高，主要是看它是不是言之有物，有的放矢，是不是提出和解决了当前最需要解决的问题。要做到这一点，就要深入实际，深入群众调查研究党的路线、方针、政策在实际执行中的情况和问题，了解群众的思想、意见和呼声。”这就告诉我们：评论的论题，主要应该从上头精神和下头情况的结合中去找，最根本的，又是从实际工作中去找，从现实生活中去找，要把群众关心的问题，群众迫切需要解决的问题，列入评论选题范围。因为群众关心的问题，就是我们党关心的问题；群众迫切需要解决的问题，也就是党应该解决的问题。把这些问题列入选题范围，可以使党报新闻评论同群众的思想、群众的生活结合得更紧，更好地起到密切党群关系的作用。实践表明：成功的评论选题，总是真正吃透了上下两头、上下紧密结合的选题。上，就是中央的精神，中央的路线、方针、政策，中央的重大决策和重要部署。下，就是基层实际，群众呼声，现实问题。吃透上头，大多可以通过阅读文件、参加会议和听报告解决，而吃透下头，则必须“身入”下去，真正深入基层、深入实际、深入群众。用今天的话来说，就是坚持“三贴近”。可以说，评论工作者的“身入”，是为了达到评论的“深入”。“身入”是“深入”的前提和基础。然而，这一点并不是我们从事评论工作的每个同志，特别是初学评论写作的同志都认识到的。

有的同志就认为：“事情出在生活里，道理尽在书本上，写新闻报道应深入生活、观察生活，写新闻评论就不一定。”这显然是一种很要不得的想法。这些同志忘记了马克思主义的活的灵魂，就是具体问题具体分析；忘记了我们学习马克思主义的根本目的，完全在于应用，在于与时俱进，分析和解决当前存在的实际问题。我们前面说过，新闻评论绝不是纯理论的文字，更不是搞概念游戏的东西，它是具有鲜明针对性的“时评”，蕴含强烈战斗性的“政论”，一句话，它是理论和实际相结合的产物，怎么能不以丰富的生活为基础呢？拿论题来说，就应该来自生活。哪些是当前社会生活和实际工作中迫切需要解决的问题？社会上出现的各种现象，人们有哪些不同看法？对此是褒还是贬？是赞扬还是反对？新闻评论要充分发挥自己触及现实、针砭时弊的性能，就不能不对此作出反应。要写出比较高水平的、真正能解决问题的评论，关键就在于理论要很好地联系实际，把学到的科学理论和生动具体的事例结合起来，做到用马克思主义之矢，去射实际之的。而要做到这一点，除了论题要来自生活外，论据、说理也应力求来自生活。因为来自生活的实例，有生活气息，真实具体，何容置辩！至于从生活中总结出来的理论，符合生活逻辑的说理，因事抒感，言出由衷，更是最能令人信服的。如果不是这样，理论脱离实际，泛泛而论，现话套话一大堆，空话假话一大片，那种无的放矢、无病呻吟的评论，又有什么实际意义呢？

还有的同志认为：“写有重大指导意义的评论（如社论、本报评论员文章等）主要在阐释党的路线、方针、政策，传达中央的指示精神，因此只要吃透上头就行了。”这同样是一种似是而非的想法。因为新闻评论在分析客观形势，阐述党的路线、方针、政策时，并不是一般地复述和解释有关政策条文，它总是力求把党中央的精神和基层的实际结合起来，和广大干部群众的思想状况结合起来，做到有的放矢、虚实并举，进行具体切实的宣传。反之，如果不了解实际情况，不了解党的方针、政策在执行过程中的经验教训，不了解群众赞成什么，反对什么，有什么要求和愿望，不从上头和下头的结合上讲清问题，只是上头精神的复述和翻版，这样的评论又能解决多少实际问题呢？把党的政策文件直接拿到媒体上发表岂不更省事吗？说实在的，作为评论员，如果不善于加强对当前社会舆情的调研分析，不及时掌握热点问题蕴含的不同利益诉求，不满腔热情地关注社会真善美和假恶丑的反应，他怎么能有的放矢地撰写评论，从而积极有效地引导社会舆论呢？因此，我们从事新闻评论工作的同志，一定要在上头精神和下头情况的结合上用气力，在深入实际、调查研究上下工夫，努力写出既有现实针对性又能很好体现党的意图的评论，这样的工作才是创造性的工作，才能对实际工作有帮助，才能使党和人民都满意。

事实上，大凡优秀的评论作品，无一不是在坚持“到生活中去”“身入”实际、调查研究方面咬住不放的。2010 年 3 月 24 日浙江广电集团《浙江之声》播放的《善待民工才能够缓解民工荒》(获第二十一届中国新闻奖新闻评论一等奖)这篇广播评论，就是作者经过大量调查研究后，从实际生活中提出问题并解决问题的力作。大家知道，“民工荒”这是一个带有普遍意义的社会热点问题。为针对这一问题作出权威分析，作者分别深入杭州、温州、诸暨等地企业和劳动力市场，接触了大量农民工、企业主，并走访了一批从事农民工研究的专家、学者，请他们从理论和实践这两个方面，剖析发生“民工荒”的深层次原因，以及缓解这一问题的思路。这才使这篇评论视角广阔，立意深远，不仅揭露了“民工荒”这一阵痛的表象，更提出了解决阵痛的方法——以人为本，善待民工，很有说服力和前瞻性。

我们说，各种评论的要求不同，对调查研究的具体要求和做法也应有所不同。但是写一篇重要的评论，一般都应深入实际部门，深入基层单位，就有关问题的各个方面作广泛的了解，对其中的主要问题作深入的分析，力求详细地占有材料，从全面情况的分析中选定论题，并寻找出正确分析论题的方法。关于评论作者调查研究的具体方式，是可以多种多样的：有的可与有关部门配合，组成调查组深入基层总结经验；有的由评论作者单独深入实际从事调查；也可以由记者结合典型报道的采访进行深入调查。除此之外，还有不少进行间接调查的方式，如处理读者来信来稿以及广泛阅读有关单位的调查报告、内部情况、书刊材料和参加、召开有关会议等等，从中了解实际情况，分析研究问题。一篇具体评论论题的选定，有时也可能没有经过上面所说的直接调查阶段，但是间接调查这个阶段是不可缺少的。再次，从一篇评论论题选定的具体过程来看，有的是由党委或具体工作部门提供的，有的是新闻单位领导布置或编辑部在研究报道计划时集体确定的，有的是作者自己确定的。但是，不管其具体途径如何，应该说，所有这一些都是多方面调查研究的结果。总之，重要评论的写作，论题的选定需要经过调查研究，一般的评论，甚至短评、编者按、编后等的论题选定，也需要经过调查研究。只是有时具体论题的选定由于建立在经常的调查研究的基础上，它的具体表现形式不同于某些评论论题的选定罢了。

近年来，党中央一再要求宣传思想战线的同志，包括从事新闻工作的同志，一定要坚持“三贴近”，要在这方面取得新进展。撰写新闻评论，无疑应坚持这一原则。要认识到，无论是思想内容，还是表现形式，只有贯彻“三贴近”原则，评论写作才有出路，才能提升质量。“三贴近”有丰富的内涵，概括起来，就是要立足于中国特色社会主义初级阶段这个最大的实际，始终坚持解放思想，实事求是，与时俱进，紧跟时代步伐，适应现阶段经济、政治、文化发展的实际状况和要求，适应不断发展变化的客观现实，真实反映改革开放和现代化建设的实践，坚持把发展作为第一要务，更好地为党和国家的中心工作服务，为大局服务；就是要深入到火热的现实生活中去，深入到社会经济、政治、文化和人民群众的日常生活中去，了解他们的思想情趣、喜怒哀乐和生存状况，从而反映客观现实，把握社会主流，解决具体矛盾，更好地服务生活、引导生活；就要深入扎根于群众之中，想群众之所想，急群众之所急，办群众之所盼，充分反映群众意愿，满足群众需求，把握时代脉搏，为群众说话，让群众说话，说群众能懂的话，努力为群众提供想看爱看、想听爱听的健康向上的精神文化产品。可以说，这就是新时期新闻评论工作者调查研究的根本课题，也是撰写新闻评论的出发点和归宿。

第二节　学会从现实生活中找选题

从上一节论述中，我们可以清楚地知道：新闻评论的论题，存在于丰富多彩的现实生活之中。但是，到现实生活中去找选题，并不是一件轻而易举的事情，它需要我们有一定的思想理论水平和政策水平，需要我们处处做有心人，养成善于观察事物、善于分析问题、善于进行思想积累的习惯。一位新闻工作的老前辈说得好："生活中间处处有题目，就看你留心不留心。"古人也说："问渠那得清如许，为有源头活水来。"

为了使我们真正做到既"身入生活"，又"心入生活"，关键在于头脑应经常处于思考的状态，即"马达"发动的状态，使周围的事物反映到头脑里，很快产生评论的讯息，形成自己的看法。《人民日报》资深评论员米博华在这方面深有体会。他说："选题的产生，主要来自交流、观察和思考。把交流所得、观察所见进行综合归纳，最终以题目显示出来的途径是思考。"关于勤于思考、善于积累的问题，周恩来总理说过一句很概括的话，叫"长期积累，偶然得之"。这句话虽然是对文艺创作说的，但对新闻评论的写作同样适用。不少评论行家说过，一篇新闻评论，具体写作的时间可以是一两天、三五天，但酝酿、思考、积累的时间一般要长得多。有的问题，往往像油锅里滚麻球一样，在脑海里翻来覆去地滚，认识不断深化，说不定有一天突然灵机一动，一个新的见解萌发了，使你产生了写作的欲望；或者，本来是一些很零星、很片断的想法，由于日思夜虑，一下子连贯起来了，就好比一堆散乱的零珠碎玉，开始有一根线把它串起来了，写作的契机成熟了。为此，许多有经验的评论作者，都提倡平时在脑袋里要多装几个问题、多挂几个"号"(包括理论问题的"号"和思想问题的"号")。其方法可以做卡片，也可以用小本本记，分门别类，日积月累，并且经常翻阅，认真思考。这样，思想的积累到了一定的程度，就不愁找不到写文章的题目。总之，只要坚持这样做了，我们就会文思奔涌，题目就会沛然而出，道理就会源源而来。哪会有找不到选题，或者虽有了选题但写不好评论的苦恼呢？

不少优秀评论作者的经验告诉我们：在从上头精神和下头情况的

结合中去找选题，从现实生活和实际工作中去找选题的时候，一定要运用唯物辩证的观点和科学分析的方法，善于优胜劣汰，善于好中选优。我们认为，新闻评论的选题广泛，政治、经济、文化、历史、科技、体育、国际、军事等方面都可以涉及，但政治的视角是第一要义。就一般情况而言，凡与公众切身利益密切相关，或能够引起公众普遍关注、实际工作迫切需要解决的"热点"、"难点"、疑点、焦点问题，往往是评论选题的重点。概而言之，以下五种情况下，往往是新闻评论可以"一显身手"、大有作为的时候。

一、贯彻落实党和国家最新方针、政策和重大部署以及主要领导人的最新讲话精神，亟待进行舆论引导时

党和国家的最新决策、重大部署和主要领导人的重要讲话，往往反映了特定时期的工作大局和政策精神，体现着中央的意图。及时宣传中央决策和领导的讲话精神，显然是新闻评论选题首先要考虑的。2002年春节过后，江泽民同志在中纪委第七次会议上发表重要讲话，要求各级领导干部始终保持当年夺取政权和建国初期那样一种蓬勃朝气，那样一种昂扬锐气，那样一种浩然正气。为了宣传和贯彻这个讲话精神，3月22日《人民日报》在一版显著地位发表了题为《始终保持蓬勃朝气、昂扬锐气、浩然正气》的本报评论员文章。请看该文的引题(第1～2自然段)：

> 江泽民同志在中纪委第七届会议上强调，如果长期执政以后我们的干部丧失了当年夺取政权和建国初期那样一种蓬勃朝气，那样一种昂扬锐气，那样一种浩然正气，而变得明哲保身，事不关己，高高挂起，官僚主义、形式主义严重，以至滥用权力使党和人民的利益受到损害，那么最后必然失去最广大人民的拥护和支持。这番话语重心长，振聋发聩，指出了党的建设的一个十分重要的问题，应引起我们深思。
>
> 中国共产党要保持先进性，要得到人民群众拥护和支持，最根本的一条，就是要按照"三个代表"的要求，全面加强党的建设，始终不渝地坚持全心全意为人民服务的宗旨。而保持

蓬勃朝气、昂扬锐气、浩然正气，保持这样一种精神面貌，正是党的根本宗旨和先进性的重要体现。

继而，评论在正文部分，分别论述了始终保持蓬勃朝气、昂扬锐气、浩然正气这样一种精神面貌的历史继承性和现实紧迫性，具有极其深刻的启发意义。文章最后说：

中国共产党人在长期革命、建设和改革实践中形成的蓬勃朝气、昂扬锐气和浩然正气，是我们党、我们国家和民族弥足珍贵的精神财富。正如军队一些人大代表在人大会上所说的，江主席提出的这一要求，是克服官僚主义、形式主义的“灵丹妙药”，是我们扎扎实实干事业、抓落实的不竭动力。我们要不断增强贯彻“三个代表”要求的自觉性和坚定性，始终保持蓬勃朝气、昂扬锐气、浩然正气，我们的党就能够永葆青春活力，带领亿万人民奋斗不息，实现中华民族的伟大复兴。

二、各条战线刚刚涌现的先进典型和好人好事好思想、新人新事新风尚，亟待进行宣传倡导时

在全国、全党学习援藏干部孔繁森的热潮中，许多同志思考着这样一些问题：孔繁森同志的先进事迹和崇高精神有什么普遍意义？在我们党内出现孔繁森这样的优秀党员、优秀领导干部说明了什么？孔繁森的时代意义又是什么？认真思考和探讨这些问题，对于深入、持久地开展向孔繁森同志学习的活动是非常必要和有益的。1995 年 6 月 2 日，《人民日报》发表了《论孔繁森的时代意义》的社论，对孔繁森精神的实质作了全面而深刻的分析，指出孔繁森同志之所以会成为我们党内又一个具有时代意义的先进典型，是因为他高扬了一面旗子，即闪耀在我们党的旗帜上的永远是九个金光闪闪的大字：“全心全意为人民服务”；是因为他熔铸了一面镜子：一面晶莹闪亮的人生之镜；是因为他奏响了一支曲：在他的精神感召下，必将有数以千计、万计的党员、干部、青年踏上西去的征程，把缩小东西部差距的时代乐章奏得越来越响；是因为他昭示了一条路子：一条正确的人生之路。这篇社论的发

表，加深了人们对孔繁森精神的理解，对于深入持久开展学习孔繁森活动发挥了很好的导向作用。

三、当前实际工作中存在的值得注意的倾向或薄弱环节，亟待进行正面疏导时

在一个时期里，由于一些地区与单位存在着“有经济政策而不用或不用足”的情况，导致贫困落后，面貌依旧。为此，《光明日报》发表了一篇题为《“政策”也是一种资源》的评论，从理论上阐述了政策可以“提高一般资源的使用效率”、“优化一般资源的组合配置”、“扩大一般资源的利用范围”等功能，指出它是一种取之不尽、用之不竭的高效益的资源。评论分析说：

> 由于离开了“管理”生产活动就无法进行，人们说管理是生产力，是一种资源。那么，政策又何尝不是如此呢？实质上，政策和管理是同一性质的资源。它们与资源的不同之处在于看不见，摸不着，具有无形性特征。当然它不能构成物质财富的实体。然而，这绝对不能成为否定它们具有资源性和重要性的理由。如同政策资源和管理资源难以离开其他资源而独立存在和发挥作用一样，没有它们的配合，其他资源也将照样失去价值。其实，物质财富正是劳动资源、物质资源、政策资源、管理资源以及财力资源共同作用的产物。
>
> 政策不仅是资源，而且是一种无与伦比的资源。首先，它有着无限的威力和惊人的效益。相对于一般资源的投入来说，它是一种近乎零的投入，而带来的却是成千上万的产出。其次，它是一种取之不尽、用之不竭的资源。任何国家可以有自然资源多寡之别，却没有政策资源的贫富之差，而且仅此一项资源的合理使用，足以使它自强于世界民族之林。

评论最后号召人们“解放思想，放开手脚，大力开发政策资源”。这篇经得起历史检验和实践检验的新闻评论，既是来自实际工作，又是来

自记者的政策研究与理性思辨。

四、人们共同关注而又议论纷纷莫衷一是的问题，亟待进行释疑解惑时

宣传学习先进模范人物徐虎的精神，是首先在上海掀起、很快扩展到全国的加强精神文明建设的重头戏。徐虎的宣传有什么特点？和过去先进人物的事迹有什么不同？干部群众有什么新的想法和问题？为了写出有强烈时代感和现实针对性的评论，《解放日报》评论部的同志多次参加各种不同范围、不同层次的座谈会，发现人们在高度评价徐虎和徐虎精神的同时，也有种种议论。有人说，徐虎精神是“超前”的，在社会主义初级阶段，共产主义社会的思想行为，大部分人做不到；有人说，徐虎精神是“滞后”的，不讲报酬，没有商品交换意识，现在大搞市场经济了，思想不能搞计划经济那一套；有人说，徐虎是“老好人”；有人说，徐虎是“大怪人”；有人说，宣传徐虎是“老花头”（指老一套），一阵风过去就没有了；也有人说，学徐虎是共产党员的事，与老百姓不搭界。

通过分析这些议论，《解放日报》评论部的同志深感宣传徐虎精神，涉及的很多问题既是老百姓关注的热点，又是相当深刻的理论问题。例如，时代精神的问题，市场经济与精神文明建设的关系问题，物质利益与思想道德的关系问题，求职谋生与奉献牺牲的关系问题，职业道德、社会公德、社会主义道德与共产主义道德的关系问题等等。

针对这些问题，他们设计了四个题目，写了四篇评论。①《九十年代的雷锋精神》为徐虎精神定了位，作了高度评价。②《时代的需要人民的呼唤》，论述了为什么在建立社会主义市场经济体制下的新时期会出现“辛苦我一人，方便千万家”的徐虎精神，说明了发展市场经济与坚持全心全意为人民服务的关系。③《徐虎精神人人可学》，论述了徐虎的平凡与伟大、可敬与可学，是各行各业、各级干部、千百万群众共同的学习榜样。强调学徐虎就要“从本职做起，从一言一行做起，从所有能做到的地方做起，学一点做一点，学一条实践一条”。指出党员干部学徐虎，就是要进一步解决对人民群众的态度和同人民群众的关系这一根本的政治问题，为人民尽实心、办实事、谋实利。④《让千万个徐虎成长起来》，不仅对上海干部群众学徐虎的热潮作了高度的评价，而且论述了徐虎成长的环境条件和成长规律，尤其是揭示了学习徐虎精神，

是我们时代的要求，人民群众的要求，社会主义现代化事业发展的必然要求。要求各级领导善于发现、关心、扶植、支持先进人物。在加强思想政治工作的同时，着眼于体制改革，形成促使千万个徐虎脱颖而出的机制和制度。这四篇评论，循序渐进，步步深入，对解开干部群众在学习徐虎过程中出现的种种思想扣子，推动全市学徐虎活动广泛深入地开展，发挥了很好的舆论引导作用。

五、现实生活中存在一些违反科学而人们又见怪不怪的种种言行，亟待进行唯物论教育时

目前虚假广告屡禁不绝，例如，电视屏幕上，一个胖孩子说："我吃了×××口服液，又考了 100 分。"某份报纸广告说："×××口服液与您共同帮助孩子度过考试难关。"市场上流行"聪明水"、"聪明食品"等等，对于望子成龙的家长来说是颇有诱惑力的。为此，《文汇报》"虚实谈"专栏发表评论《"杜甫诗丸"和"聪明水"》，文章借用典故说：唐代诗人张籍将杜甫诗稿烧成灰烬后吞服，以便吃诗做诗，成为历史笑话；而今人迷信"聪明水"，吃了固然有益无害、无益无害（如含激素则有害），但决不能使你的孩子变得聪明。评论最后直截了当地指出："世上并无'聪明水'，要想孩子健康聪明，还得靠优生优育，还得靠孩子本身的勤奋好学。"这类评论题目既从针砭时弊而来，又从作者唯物辩证地分析事物而来。

综上所述，我们可以清楚地看出：尽管新闻评论找选题的途径不少，但关键在两条：从"上面的精神"中找选题，从"下头的呼声"中找选题。有人把这称作找选题的"规定动作"和"自选动作"。所谓"规定动作"，便是一段时期党和政府的中心工作需要言论作配合，而且占有相当大的比重，其要义是传达上级声音，以利指导工作，这类言论的风格一般是共性大于个性；所谓"自选动作"，便是媒体针对时弊而主动发言，对社会存在的问题、对公众心里存在的疑惑等进行准确的分析、判断、归纳、概括，褒贬得法，抑扬有据，从而澄清是非，引导公众解开心结，这类言论的风格一般是个性大于共性。无论是"规定动作"还是"自选动作"，都需要我们保持高度的敏锐性，从选题的开放性、典型性，以及评论的空间和深度、评论的价值等做出快速的和准确的判断。古人说："纸上得来总觉浅，绝知此事要躬行。"新闻界老前辈徐铸成先生谈

到关于评论的选题时说：谈不上什么诀窍，生活中处处有新闻，也处处有新闻评论题目，关键是善于发现。我们要努力养成这样的职业本能，能够在一般人习以为常的不加注意的事物中，揭示出它的思想理论意义或它的荒谬错误来，给人以启迪。应该说，新闻媒体主动发言的空间是十分广阔的，只要贴近实际、贴近群众、贴近生活，就有写不完的题目；只要不断强化问题意识，并将之作为思维的动力，有效地促进对隐藏在问题背后的规律的探究，就能有所发现，有所创新。

第三节　好的论题应具备的条件

新闻评论较之理论文章，具有更强烈的时效性、针对性和现实性的特点，它是“时评”和“政论”的结合。写作新闻评论的目的，绝不是具体地去论述学术问题和业务技术问题，而是针对现实生活中的重大事件和实际工作中提出的各种迫切需要解决的带有普遍意义的问题，通过对具体事物的分析论证，去阐述党的方针政策，提出解决这些问题的意见和办法，帮助广大受众提高理性认识。从这点出发，我们就不难把握评论论题选择的基本条件了。

一、触及现实，富有新意

新闻评论是否有价值的一个重要标志，就是看它的论题是不是触及现实，时效性和针对性强不强。

触及现实，是新闻评论的生命力之所在。新闻评论的任务，是迅速而广泛地评述一定时期内党的纲领路线、方针政策、工作任务和工作方法，同时针对当前某种倾向、某个问题、某项经验进行议论。它所涉及的问题，一般都是党和群众所关心的迫切需要解决的现实问题，旨在向广大群众及时地明确地提出如何用正确的立场、观点和方法去对待和处理当前的一些重大问题。一篇评论，如果能抓准要点，及时发挥作用，有助于现实问题和思想问题的解决，能够推动工作的进展，那就是对新闻评论最高的奖赏，也是新闻评论工作者的最大快慰。一位从事评论工作的老前辈说得好：“媒体不能要求自己的评论是不朽的，而要有使评论和所指的缺点‘同归于尽’的精神。因为媒体是党的工具，是帮助党推动工作前进的。问题解决了，评论也就死亡了。”这段话明确地指出了新闻评论要触及现实，针砭时弊，指导现实工作发展的基本特点。

根据新闻评论的特点，讲究时效，把握时机，这对评论写作是至关重要的。它的强烈的时效性，决定了它一定要以现实生活中的新人物、新事物、新风尚、新问题、新动向作为主要评述对象，力求做到：有无限生命力的新事物正在萌芽的时候，就要满腔热情地为它的成长擂鼓助威、鸣锣开道；同样，当错误思想、错误倾向起于青萍之末的时候，就要主动进行劝导，激浊扬清，扶正祛邪，以防患于未然。实践表明：这种快速反应、及时发言的评论，往往富有新意，给人以新的启迪。这就要求我们经常研究客观形势的变化，了解当前存在的问题，分析下一步可能发生的情况，这样才能把握时代的脉搏，见微知著，掌握评论工作的主动权。

1998年七八月间，我国长江流域发生了百年一遇的特大洪涝灾害。为了战胜这场特大天灾，解放军和武警部队共投入兵力36万多人，地方党委和政府调动了800多万群众参加抗洪抢险。其规模之大、声势之壮、斗争之严酷激烈，不仅为我国所罕见，也为世界所少有。在这场与大自然的搏斗中，《人民日报》等党报的评论如号角，似战鼓，给抗洪抢险军民以极大的精神鼓舞。8月9日，在中央下达抗洪救灾紧急通知的第二天，《人民日报》就在头版发表《当前头等大事》的评论，鲜明提出抗洪斗争是当前压倒一切的重要任务，对于全国抗洪斗争起到了动员作用。自这篇评论后，该报连续一个多月每天发表一篇评论(有时两篇)，及时传达中央的声音，鼓舞抗洪军民的士气，指导抗洪斗争，对于夺取抗洪斗争的最后胜利起到了重要的舆论导向作用。在抗洪斗争取得了决定性胜利之时，《人民日报》于9月17日又及时撰发了长篇评论《论九八抗洪精神》。这篇评论把抗洪精神提到精神财富的高度加以总结，满腔热情地指出：抗洪，是又一具有时代特色的精神。它的实质就是：万众一心、众志成城，不怕困难、顽强拼搏，坚忍不拔、敢于胜利，公而忘私、人民利益国家利益全局利益至上。这种精神，不仅是抗洪斗争取得全面胜利的保证，更是我们的国家走向更加光辉灿烂的明天的强大精神支柱。此文的重要价值就在于不失时机地总结了这笔宝贵的精神财富，把人们的认识提到了理性的高度，进入新的精神境界。

新闻评论的选题讲究时效性，要充分注意时间与时机的关系。我们要求新闻评论反映现实生活要迅速及时，决不能离开无产阶级的政治利益，如果舍此唯快是好，盲目抢先，追求新异，是不允许的。时效性永远服从于政治性。譬如，有的事情虽然已经露头，但是它的性质和作用尚未显示出来，我们还没有把握分析的时候，就不要匆匆忙忙地妄加评论；又如，有的问题不宜作公开宣传，我们就不要自作主张地公之于众；如此等等，都要严格遵守宣传纪律。

需要说明的是，选题要新，并不意味着每篇评论都要提出新问题，讲出新观点，这在实际上是做不到的。新闻评论确实会常常遇到一些所谓“永恒的主题”，即那些每年必写的老题目。评论老话题，如不精心写作，就免不了会老话重提、老调重弹。诚然，真理是要进行反复宣传的，但这种反复，绝不是原来水平上的重复，而是在更新内容和更高程度上的深入。

那么，怎样才能做到老题新做，常做常新呢？这里关键在于肯下苦工夫，肯花大力气，多研究当前实际，多一点主观能动性。只要善于把普遍意义和当前的现实意义结合起来，或选择一个新的角度论述，讲究一点表达方式，老题目同样可以写出新的思想、新的内容、新的语言来。譬如，有关世界观、人生观、价值观方面的评论，前人已写过不少，怎样常写常新，就只有靠寻找新的角度，或运用新的背景材料，新的表达方式。1991 年 4 月 23 日《长沙晚报》发表的《曾乐的乐》这篇短评，把上海宝钢总厂高级工程师、焊接专家曾乐的人生格言“以付出为快乐”作为评论的突破口，恰当地对比了学者之乐、志士之乐、隐士之乐、醉汉之乐、贫夫之乐，再引申为祖国人民奉献者之乐，显示了“以付出为快乐”的人生价值观的高尚、华美。这同样富有新意，给人以思想启迪。

二、面向全局，准而有当

选题的这个要求包含三层意思：一是评论所评述的问题应体现着特定时期的主要倾向，应为当时广大人民群众所关注并与他们的利益直接攸关的；二是评论应面向最广大的受众，力求具有普遍的指导意义；三是用作评论对象的新闻事实或社会现象，必须是绝对真实的，来不得半点虚假。美国总编协会的准则指出：“必须尽力确保新闻内容准确无误、交代清事情的来龙去脉且不含任何偏见，还要使有关各方得到公平对待。就像新闻报道那样，社论、分析和评论都应在尊重事实的基础上达到准确这一标准。”这统一在论题的确定上，就要善于撷取一定时期出现的主要的、有代表性的、具有普遍意义的倾向，并针对其中的某一个具体问题或它的某一个侧面，在进行周密系统的调查研究的基础上，进行分析与综合，指明问题的性质，给以解决的办法。新闻评论与新闻报道一样，要体现真实性、准确性的基本要求。在这方面，并不是没有教训的。譬如，有篇题为《农村业余教育要“四季常青”》的短评，提出“越是农忙越要坚持业余教育”的要求，表面上看很新鲜，实际上违背了政府的农村业余教育要“农忙少办，农闲多办”的方针。还有的评论在强调干部学习理论贵在坚持时写道：“外出在家一样学，任务轻重一样学，工作忙闲一样学，身体好差一样学。”这同样违反了常情常理，使人不可信、不可学。

要做到选题的准而有当，很重要的一条，就是必须通过理性思考，掌握事物的内部联系，了解此一事物不同于另一事物的质的规定性，从而达到恰如其分、恰到好处的目标。1990 年 6 月 18 日，我国南方某开放城市的一家日报，发表了一篇题为《柴火能烧出原子弹》的“论坛”文章，在论述中有许多片面的认识，甚至宣扬了一种“唯意志论”。该文说：

> 在“奋斗者的足迹”报告团王方定同志的报告中，有这样一句豪言壮语：用柴火也要烧出我们自己的原子弹！
>
> 这是何等的志气！
>
> 50 年代，为了打破帝国主义的核讹诈，中央决定搞我们自己的原子弹。然而，白手起家，又遇上 3 年困难时期，搞原子弹谈何容易！可中国人没有被困难所吓倒，中国共产党和中国人民的志气是：用柴火也要烧出原子弹；让全世界瞧瞧，站起来的中国人是什么样子的。
>
> 鸡毛真的飞上了天，中国人还真的用“柴火”烧出了自己的原子弹。1964 年我国第一颗原子弹的成功爆炸，充分显示出中国人民的志气，中国人民的创造力。也充分说明，很多事情，只要我们铁了心去做，是一定能够成功的。
>
> 今天，我们的经济工作遇到了一些困难，有人在笑话我们：中国改革失败了，中国经济不行了……对此，我们也要有用柴火烧出原子弹这样的志气，用我们的智慧和毅力，“烧出”

一个欣欣向荣的社会主义，让全世界看看，困难能不能吓倒经过40年社会主义实践的中国人民。

"用柴火也要烧出我们自己的原子弹"，这是"奋斗者足迹"报告团王方定同志报告中的一句话，说明了人贵在有"志气"。但是，这篇评论摘取只言片语，并作为选题，甚至作为文章的标题，加以分析、论证，使之绝对化，这就失之偏颇了。试想，如果王方定同志不是中国原子能科学研究院的研究员，没有科学的知识与技能，没有必要的设备，光靠"烧柴火"精神，光靠"白手起家"，那是万万造不出原子弹的。

新闻评论是媒体的旗帜，体现媒体的方向，一定要注意准确性，要有全局观念。只有这样，才能更好地宣扬唯物辩证法，防止唯心论与形而上学，尤其是在胜利时和遇到困难挫折时，更应保持冷静分析的头脑。任何思想方法上的片面性，都会导致选题的错误。

三、大中取小，以小见大

胡乔木一生撰写和修改了许多重要评论，他在总结评论选题和写作经验时认为："我们不是为评论而评论，评论是为了解决群众提出的和迫切希望加以解决的问题，所以题目越具体越好。"米博华对此说得更形象："当我们构想一篇作品时，主题的确立不可以大而化之。这就犹如射击，只晓得向哪个方向射击还不够，还要找到明确的目标。目标既是研究某一事物的正确路径，也是我们讨论某一话题的角度。不论长文还是短文，必须有讨论的重点，而重点越集中越好。换言之，一篇文章最好只有一个'文眼'。"这两位行家所说的，实际上就是从大处着眼，从小处着手，即从大问题的某一个侧面选定论题，选取最贴近生活情感，最体现时代精神，最吸引受众"眼球"的那一点入笔。譬如，2007年10月召开的党的十七大所通过的报告，是全党全国各族人民在新的历史起点上继续发展中国特色社会主义的政治宣言和行动纲领。如何及时、全面、准确地阐释这个报告，宣传党的十七大精神，这是一个大题目。为了配合面上的学习，《人民日报》分别以《鲜明的主题　伟大的旗帜》、《非凡的五年　辉煌的成就》、《光辉的历程　宝贵的经验》、《宽广的发展道路　科学的理论体系》、《重大的战略思想　创新的科学理论》、《宏伟的蓝图　不懈的奋斗》、《转变方式完善体制 促进又好又快发展》、《发展民主政治 建设政治文明》、《推动大发展大繁荣 兴起文化建设新高潮》、《加快社会建设 着力改善民生》、《发扬改革创新精神 全面推进党的建设》、《遵守党的章程 实现党的使命》为题，发表了系列评论员文章，从12种不同的角度系统而又深刻地阐释了党的十七大报告，对全党全国人民深入学习和贯彻落实党的十七大精神发挥了及时雨和辅导员的作用。这称得上是新闻评论选题时大中取小的一个实例。

与此同时，在选题时也要学会“小题大做”，即善于从一个看似极普通的事件中，找出其背后存在的具有普遍意义的大问题，从而深入开掘，写出大主题。2000年3月5日上午，在九届全国人大三次会议上，朱镕基总理作了《政府工作报告》。第二天，《人民日报》即发表了全国人大代表范敬宜写的谈个人聆听《报告》亲身体会的论坛评论《四十个“继续”》。这篇评论隔日见报，既有强烈的时效性，又是一篇切入点小、引导面大的佳作。纵观全文，并没有泛泛地去写体会和想法，而是善于在选题时着眼大局、小处落笔，就《报告》中的某一点(即：“注意到这个报告中使用的‘继续’特别多。散会后仔细数一下，总共正好是40处”，以这一亮点作为立论的由头)顺势切入，深入开掘，小中见大，出奇制胜，引发人们的联想和思考，给人以耳目一新之感。请看全文：

四十个“继续”

3月5日上午，在华灯齐放、庄严肃穆的人民大会堂里，我聚精会神地聆听朱镕基总理作的《政府工作报告》，注意到这个报告中使用的“继续”特别多。散会后仔细数一下，总共正好是40处。

在回顾、总结1999年国内工作时，报告说：“整个国民经济继续朝着好的方向发展”，“货币供应和信贷总量继续增长”，“重点国有企业的改组继续推进”，“社会主义精神文明和法制建设继续加强”，“城乡人民生活继续改善”，共有五处“继续”，听来感到实实在在。

在部署、安排2000年工作时，报告有35处强调“继续”，包括经济、政治、精神文明建设、社会生活、民族团结、国防建设、政府自身建设、祖国和平统一大业、外交工作等方方面面。

比如“继续实施积极的财政政策”,“继续推进各项改革”,“继续开展‘扫黄打非’斗争”,“继续严格执行中央关于廉政准则等有关规定”等等,听来感到符合民心民意。特别是讲到要继续大力纠正部门和行业不正之风,对腐败分子要严惩不贷,和“继续与广大台湾同胞一起,为发展两岸关系和实现祖国和平统一共同努力”时,博得全场热烈掌声。

为什么平平常常的“继续”二字,在代表们的心中占有这样重要的位置?这引起了我的深思。

我是长期做新闻工作的,也干过几年文秘工作,并参与起草过一些文件、报告。职业的习惯在我潜意识里形成了某种“刻意求新”的心理,写什么都追求“新意”“新话”“新提法”“新套套”,而不爱使用“继续”,似乎一“继续”就有因循保守、缺乏创新精神之嫌。现在看来,这是认识上的一大误区,弄不好就会助长虚夸和漂浮。因为一项政策、一套措施的真正贯彻落实,是需要长时间坚持不懈的努力的。而我们过去工作中的一个重要教训,恰恰是在取得一点成绩之后,就忘记了“继续”。有些地方一年一个“指导思想”,结果落个一事无成。

今年《政府工作报告》如此强调“继续”,反映了政府坚持政策连续性的决心和对当前客观形势的清醒估计。去年工作取得的重大突破,靠的是“继续”贯彻落实中央关于改革和发展的大政方针,以及国家颁布的法律法规;要战胜今后工作中的各种困难,还是要坚持做到一个个的“继续”。这“继续”之中,体现了对“承前启后”的客观规律的认识;体现了我们党这些年来作出的一系列重要决策的正确性和科学性;体现了我们党坚持一切从实际出发,实事求是的作风;体现了当务之急是“严”字当头,强化管理。

大政方针已定,关键在于落实。“继续”二字大有文章,值得我们深刻领会。

问题与练习:

1. 什么叫选题?选题在评论写作中的地位怎样?
2. 为什么说评论的“深入”首先取决于评论作者的“身入”?
3. “三贴近”原则与评论选题的关系如何?

4. 好的评论论题应具备哪些条件?
5. 请阅读下列李天扬撰写的《从胡锦涛代表纠错说起》一文,想一想这篇时评选题的主要特点在哪里? 为什么?

从胡锦涛代表纠错说起

两会召开,世人瞩目。除了那些事关国计民生的大事要事引人关注外,一些小故事也耐人寻味。胡锦涛代表纠错,就是一个。

胡锦涛在参加江苏代表团全团审议时,笑着纠正了会议主持人的一个"口误"——"他说刚才代表的发言已经告一段落了,我说还没有!"胡锦涛话音一落,会场上随即响起笑声和掌声。他接着说:"刚才几位代表的发言很好,听后既了解了不少新情况,也受到了启发。下面,我就作为人大代表,也作一个发言,和大家一起讨论。"

类似的小故事,去年两会上也有。胡锦涛去年3月7日在参加政协民盟、民进界委员联组讨论时,与清华大学汽车工程系主任欧阳明高委员探讨发展新能源汽车的问题,诚恳地说:"如果说了外行话,请大家指正。"

另一个小故事,也是在去年两会上。温家宝总理参加内蒙古代表团审议,农民代表顾双燕发言说:"我讲出来供您参考,不是要求您。"温总理回答说:"你是人民代表,有要求我的权利。"我曾以《"你有要求我的权利"》为题,写过一篇评论。

是的,在两会,总书记也是普通的人大代表;总书记也可能说外行话,可以批评指正;人大代表有权利、有义务代表人民,向总理、部长及各级政府官员提建议、提要求,甚至是质询。这些,都是常识。可惜的是,在两会上,总有些代表委员自觉不自觉地忽视了这些常识。自己发言,动辄就说向领导汇报。记得温总理曾在两会上提醒说:"我不是来听汇报的。"有个别代表,在两会上仍然念念不忘自己身居官位,以致对记者的提问,作出了奇怪的反应——有官员代表质问记者:"你在两会上问这个干什么? 这个问题这么敏感,你问我干什么?"在两会上,仍然保有这样居高临下的气势,真是了得。建议这样的官员代表先看一看前面说的几个小故事,想一想其中所蕴含的并不高深的道理,或许能帮助他们找准自己的定位。

这些年来,总书记、总理以身作则,并数次在两会上给大家普及官员也是普通代表等等政治常识,在去年写的那篇小评论里,我乐观地写道:"在日后的两会上,应该不会让总理一次又一次地重申'我不是来听汇报''你有要求我的权利'这样的常识。"现在,我倒建议媒体多报道一些"胡锦涛代表纠错"这样的小故事。故事虽然小,其推动政治文明进步的作用可不小。

(2010年3月12日《新民晚报》)

第十一章

立　意

本章内容提要：

1. 立意(即立论)的含义。
2. 立意与选题的关系。
3. 立意的主攻目标。
4. 立意的具体运作。

写作新闻评论，选题是第一步，接下来便是立意，亦称立论。这两步相辅相成，有时很难截然分开，但又不是一回事。有时候是有题有意，题意相伴，题到意到。一般说来，自发撰文，总是意在题先。作者在现实生活中捕捉到某种问题、某种倾向，觉得骨鲠在喉，不吐不快，又找到了行文的相关材料，于是，意思有了，题目也有了，这样写起来也比较顺手。但是，也有题在意先的情况。譬如，领导布置写的题目，或者学生的命题作文，对写作者而言，往往有题无意，题到意不到，这就首先要解决"立意"的问题——明确全文的中心思想。这个问题解决了，行文成篇，都不是难事。

所谓立意，是作者对所评述的事物或问题，提出自己的看法，表示自己的见解，换言之，就是确定评论的主要意思，以构成文章的中心思想。

对于"意"，我国唐宋八大家之一的苏轼有过很好的解释，他说："儋州虽然百家之聚，州人之所须，取之市而足，然不可徒得也。必以一物以摄之，然后为己用，所谓一物者，钱是也。作文亦然。天下之事，散在经、子、史中，不可徒使，必得一物以摄之，然后为己用，所谓一物者，意是也。不得钱，不可以取物，不得意，不可以用事，此作文之要也。"可见这个"意"，指的是文章中统摄"事"(即材料)的中心思想。虽然它并不就是具体论点，但却是诸论点的总和并且统率诸论点，可以说是全文的基调，也是评论写作全过程中的一个具有决定意义的中心环节。

写作评论，难在立意，而立意贵在"站得高"，"言人所未言，发人所未发，所谓出人意料之外，合乎情理之中，能够出真知灼见，有独到的思想观点。这对于奠定新闻评论先声夺人、棋高一着的地位具有关键性作用。"力求有新道理、新思想、新见解、新观念。有一位资深评论员对"站得高"作了形象化的解读："'站得高'不是居高临下的训导，不是大而无当的空论，而是一种拨雾见天的透彻，一种准确清醒的判断，一种峰回路转的开悟，一种高屋建瓴的预言。"

第一节　立意的主攻目标

立意贵在"站得高"，核心问题是一个"新"字。事实上，新闻评论之所以有别于其他文体，就在于它立意新颖，以思想观点见长，能够启人心智、发人深省。刻意求新，应该成为每位评论工作者的毕生追求。根据不少成功评论和优秀作者的经验，新闻评论的刻意求新，集中体现在论题要有新思想，论理要有新高度，论述要有新角度。当然，"新"字的前提是必须立意正确、无懈可击。而且，其涵义正如一位评论学者所指出的，既包括宏观的，又包括微观的；既包括理论的，又包括观点的；既包括新闻事实，又包括社会现象；既包括出发点，又包括结论或结果。总之，一切用来为评论服务的材料，评论的一切组成部分，都必须是正确的，是经得起历史检验的。

一、论题要有新思想

写新闻评论的目的，是"立言"，是立论，是驳论，就是要讲出新道理、新思想、新见解、新观念，做到"言近旨远"，这是新闻评论的灵魂。为此，新闻评论应力求针对现实生活和实际工作中人们思想观念上的难点和疑点，进行分析说理，释疑解惑，给人以新的思想启迪和收获。一篇新闻评论，如果没有一点新的道理、新的思想、新的见解、新的观念，说的都是大话、老话、套话、老少皆知的话，是不可能打开受众的心扉，发挥振聋发聩的作用的。新闻评论的新意，并不是评论作者拍脑袋拍出来的，它来自作者对生活的细心观察和缜密思考，来自对有新闻价值的事实入情入理的分析，同时也来自对党中央路线、方针、政策和领导同志讲话的认真学习和深刻领悟。

这里，不妨以《当心新的糖弹》（载于2001年7月25日出版的《半月谈》杂志）一文为例，看看这篇评论是怎样富有新意，做到观点新、见解新的。此文以刚刚公开的厦门赖昌星特大走私案为由头，重温毛泽东同志建国前夕告诫全党警惕糖衣炮弹攻击的话语：

> 历时两年，厦门特大走私案查处中的种种悬念终于解开。涉案金额之巨大，牵连人员之深广，社会危害之严重，令人触目惊心。
>
> 久久萦绕在我心头的，是新中国成立前夕毛泽东同志对全党的谆谆告诫："可能有这样一些共产党人，他们是不曾被拿枪的敌人征服过的，他们在这些敌人面前不愧英雄的称号，但是经不起人们用糖衣裹着的炮弹的攻击，他们在糖弹面前要打败仗。我们必须预防这种情况。"直面厦门大案的真相，重温毛主席的这一段话语，别有一番感触，更添几分警醒。

这样开门见山引出评论的话题，很有吸引力，一下子就调动了读者继续看下去的积极性。接着，评论条分缕析，层层展开，论述了在新的历史条件下糖衣炮弹的新特点：

> 当然，时代背景不一样了，阶级构成、社会矛盾、经济关系都发生了深刻的转换。但是，我们共产党人面临的考验依然严峻。市场经济的发展，利益格局的重组，经济体制的转轨，社会结构的转型，多种经济成分的竞争，多种分配方式的并存，激活了经济发展和社会进步的巨大内力，也使种种腐败现象的滋生、蔓延寻觅了许多新的机会，给一些意志薄弱的共产党员带来了许多新的诱惑。看一看赖昌星的发迹史，从晋江市烧厝村的一个农民，到厦门特大走私案的首犯，从玩"空手道"闯江湖到垄断厦门关区"走私权"，从黑色的原始积累到非法的暴敛财富，从小打小敲的走私团伙，到分工细致、组织严密的庞大犯罪集团，哪一个环节的疏通、哪一个网络的编织不是以金钱作诱饵、以糖弹去攻关？不仅厦门大案，社会上一些

专走旁门左道的暴富人群中，这早已成了“惯例”。

与当年相比，今天的糖弹早已“升级换代”，攻击的手法更是复杂多样。剖析赖昌星走私集团的“门道”，一是有组织、有预谋。不惜花上亿元建造一座7层“红楼”，作为拉拢腐蚀干部的重要窝点。常用“放长线、钓大鱼”手段，“前期投入、感情投资”，使一些腐蚀对象在关键时期和一些重要问题上心甘情愿为其效劳。二是范围广、层次多。上自公安部原副部长李纪周，下至厦门海关东渡办事处船管科普通工作人员，打造了一条完整的走私链条。三是挖空心思，不择手段。赖氏工于心计，揣摩不同对象的性格、爱好和特点，从腐蚀对象思想道德防线的最薄弱之处入手，以票子、房子、车子、美色、赌资为诱饵，有的放矢，投其所好，各种手段无所不用其极。在腐蚀面前，一些腐败分子道德沦丧，毫无廉耻之心，对赖昌星俯首帖耳，唯命是从。

当年的糖衣炮弹，主要是发自别的营垒，今天则更多地出自我们阵营内部，而且有种种时髦的“包装”。精心炮制者明知这是见不得阳光的营生，往往打出的是“改革开放”、“发展经济”的旗号；明知眼前这财富的积累与“诚实劳动”、“合法经营”毫不搭界，于是就转而投身于一些实业投资，或慷慨向一些部门单位、一些社会公益事业捐助些许款项，以“洗钱”、“漂白”；明知自己走的是歪门邪道，就千方百计买取一顶顶“红帽子”，如“劳模”、“先进”、“优秀企业家”、“政协委员”、“人大代表”，等等，编织一道道光环以欺世盗名。像赖昌星之流，东窗事发之前，那是怎样一种形象、怎样一股威风？我们的警惕性恰恰最容易在这里丧失。

还有一点与当年不同的是，我们队伍中的一些意志薄弱者与携带糖衣炮弹的攻击者，不再仅仅是一种被动的关系，所扮演的不再仅仅是一种受害者的角色。更多的时候我们看到的是，一方傍大官，傍大印，一方傍大款，傍大哥，权力与资本相互勾结，相互交易，同流合污，沆瀣一气，结成猫鼠同盟，形成特殊的利益集团。在厦门大案中因渎职枉法受到查处的党员和国家工作人员中，慕利而去主动下水者不乏其人。赖氏走私集团正是结成了一个包括当地党委、政府、公安、金融、海关等各系统要员的利益共同体，才拥有偌大的政治能量，使庄严国门形同虚设。

作为文章主体的这四个自然段，把新的历史条件下糖衣炮弹的新特点剖析得入木三分。这就是：一是形势发生了新变化。“时代背景不一样了，阶级构成、社会矛盾、经济关系都发生了深刻的转换。”二是攻击者变了，“当年的糖衣炮弹，主要是发自别的营垒，今天则更多地出自我们阵营内部，而且有种种时髦的‘包装’”。他们打出“改革开放”、“发展经济”的旗号；捐助公益事业、慷慨投资；买取一顶顶“红帽子”，编织一道道光环以欺世盗名。而“我们的警惕性恰恰最容易在这里丧失”。三是腐蚀人的方式变了……如此形象而深邃的分析，把我们队伍中的一些意志薄弱者与携带糖衣炮弹的攻击者，如何同流合污，结成猫鼠同盟，揭露得淋漓尽致！文章末尾，用党中央铲除腐败的决心坚定不移和重温毛泽东同志当年的教诲作结，掷地有声，给人以深刻的警示：

天网恢恢，疏而不漏。赖昌星经营数年的走私王国，自以为固若金汤，还是被一举摧毁，顷刻土崩瓦解。党中央铲除腐败的决心坚定不移，依法治国的历史进程正加快向前。

当年，毛泽东同志在谈到抵抗糖衣炮弹攻击时特别提醒我们：“务必使同志们继续地保持谦虚、谨慎、不骄、不躁的作风，务必使同志们继续地保持艰苦奋斗的作风。”50多年过去，我们依然不可掉以轻心，麻痹大意。

二、论理要有新高度

新闻评论贵在说理，道理能说透几分，文章就有几分力量。其力量来源于事物自身的逻辑。因此，说理一定要切合客观实际，符合事物的发展规律，分析也要恰如其分。立意必须从局部出发，着眼全局，展示未来，这就要求把握审时度势的原则，力戒主观性，避免脱离实际，无限拔高。

论理要切合实际，就是要以实事求是的科学态度，对事物作出客观、中肯的评价，避免随意性。这就要求论理像“析薪”那样，善于顺着事理本身的联系去剖析它，通过对具体事物的具体分析，所得出的结论才能反映客观事物的本质和规律，符合事物的本来面目，才能向受众提供结论的来由和依据。分析的过程，就是和受众共同经历分析客观事物内在联系，论证论题各方面关系这样一个认识的过程。有了这个过程，受众就有了思想准备，有了分析判断的历程，就会自然而然地从事物本身的逻辑当中，得到和作者相同的、符合实际的结论，从而接受和赞成文章的基本观点。反之，如果缺少这样一个认识事理的过程，就会弄不清问题的性质，会瞎说一气，或者简单作个主观的结论，不能令人信服。由此可见，离开了对具体事物进行具体分析和严密论证，立意就不可能切合实际，使受众心悦诚服。

譬如，《人民日报》于 2007 年 5 月 28 日发表的《越是文明进步，越要崇尚节约——论加快建设节约型社会》这篇重要评论，据参与执笔的经济部同志介绍，立意就经历了一个逐步深入、柳暗花明的过程。最初的立意是“我们再也浪费不起了”，通过大量事实来论述资源紧缺、节约紧迫。社领导看后认为，节约不该是无奈选择和被动应对，而是对文明的体认，对进步的向往，即使将来资源紧张缓解了，生活更加富裕了，也应当以节约为荣。领导建议文章的立意往上“爬坡”，改为：“越是文明进步，越要崇尚节约”。这样一来，登高而呼，其声自远，建设节约型社会的意义显然说得更透。这还不够，分析中大家还将这一话题放在普遍联系和进展过程中去深化，一开始是从中国经济的角度来论述节约的，后来尝试着把它放在全球视野中看，放在中国历史中看，放在国情国策中看，放在文明生活中看，如此，显然更有利于读者全方位认识节约的重要。这实在是以事实为经、以理论为纬，抽丝剥茧，层层推进，对具体事物进行具体分析，从而立意自明的一个范例。

实践告诉我们，新闻评论的新道理、新思想、新见解、新观念，只有从对具体事物、具体问题的评述中来，从对评论对象作透彻、精辟、深刻的分析中来。它不是基本理论的通俗图解，更不是教条式的空洞说教。在论述具体事物、具体问题中闪烁出来的理论色彩，是一种独到的见解，深邃的启迪，发人睿智的真知灼见。所以，新闻评论的理论深度，并不表现在摘抄革命导师多少语录，更不是生搬硬凑多少理论概念、术语，最重要的是在于开动脑筋，研究新事物，解决新问题。我们不是常说要精心写作评论吗？精心，首先要精在分析具体事物、善于发掘深刻思想上。这就要像蜜蜂酿蜜那样，从具体事物中提炼出发光的思想，说出别人想说要说，而说不出、说不深的精辟见解来。新闻评论中如果有这样别出心裁的说理（当然它是科学的），就称得上有理论色彩，就算有了新高度。

三、论述要有新角度

实事求是地说，新闻媒体要做到天天都有评论，版版都有声音（胡乔木称评论是报纸最主要的声音），特别是要做到篇篇都有新道理、新思想、新见解、新观念，并非易事。那么怎么办呢？“在这种情况下，要努力去寻找新的角度，找出新的突破口，另辟蹊径，打开通道，去阐发相同的主题。这样的评论，由于变换了角度，侧重点有所不同，同样能给读者新的启迪。”[①]这就好比一样的答案有不同的解法，一样的疾病有不同的治法，一样的山水有不同的看法，一样的论题有不同的写法，只要我们善于寻找新的角度，新闻评论同样可以常写常新，做到平中见奇、旧中出新。

2001年9月，中国共产党召开了十五届六中全会，通过了关于加强和改进党的作风建设的若干决定。为了全面深入地宣传全会精神，《经济日报》在不到一个月的时间里，连续发表了五篇评论员文章，从不同的角度深刻阐述了会议精神：9月28日发表评论员文章《办好中国的事情关键在党》，以党的作风建设为切入点，着重论述了办好中国的事关键在党这个深刻论断。10月9日的评论员文章《以〈决定〉精神贯彻落实〈决定〉》强调，抓住和解决好《决定》中提出的核心问题和重点问题，关键在于要用《决定》的精神来贯彻落实《决定》。11日发表的《核心是保持同人民群众的血肉联系》一文则从历史唯物主义的高度指出，一个政党的执政地位，是历史和人民赋予的。无论什么时候，我们党都要始终代表最广大人民群众的根本利益。17日的评论员文章《着力于解决突出问题》指出，当前必须集中解决党的思想作风、工作作风、生活作风等方面存在的突出问题，全面贯彻落实《决定》提出的“八个坚持、八个反对”，使党的作风有新的明显进步。24日的评论员文章《把思想作风建设摆在第一位》则强调要解放思想、实事求是，大胆实践、锐意进取。这组评论员文章，由于着眼于新时期党的建设的一系列重大问题

---

① 范荣康：《新闻评论学》，人民日报出版社，1988年2月版，第220页。

和现实生活中人们普遍关心的实际问题，从不同角度选题，通过摆事实、讲道理，展开论述，对帮助广大群众提高认识，加深对六中全会精神的理解，自觉把思想行动统一到六中全会精神上来，发挥了很好的舆论引导作用。又如，2006年胡锦涛同志在中纪委第七次全体会议上发表重要讲话，明确要求各级领导干部在工作中大力倡导八个方面的良好风气。为了避免与兄弟报刊的宣传“撞车”，有家报纸特意对作风建设问题重新“破题”，先后组织了《倡“勤”戒“懒”》、《倡“实”戒“虚”》、《倡“真”戒“假”》、《倡“热”戒“冷”》、《倡“严”戒“松”》、《倡“俭”戒“奢”》、《倡“细”戒“粗”》、《倡“简”戒“繁”》、《倡“快”戒“慢”》、《倡“雅”戒“俗”》共10篇精而短的评论员文章，从10个不同的角度论述了党的良好风气，既相互联系，又各有侧重，在读者中产生了很好的反响。

这里，再列举《人民日报》在短短时间里围绕用人话题连续发表的三篇署名短论，看看作者怎样从不同的角度，各有侧重地去谈人才问题，不仅不使人感到重复，还从不同的层面深化了人们对人才问题的认识。

第一篇题目是《用人和用器》，作者写道：

> 陆行莫如用车，水行莫如用舟。庖丁解牛用尖刀而不用木棒，江边垂钓用鱼钩而不用起重机……各种器具效能不同，我们只能用其所长。
>
> 用器是这样，用人也是这样。颇具慧眼的唐太宗看出了用人与用器之间奥妙。他曾让大臣封德彝推举贤才，而封德彝却久无所举，理由是：不是不留心，而是当今没有奇才。太宗十分生气地说，古人治理国家难道还要到别的朝代去借人吗？应当为自己不能知人而忧虑。他不仅相信当代就有人才，而且明确指出：君子用人如器，各取所长。
>
> 看来，唐太宗还是有点辩证法的，世上没有万能的工具，也没有全能的人才。我们有些同志在为四化选贤举能时，眼睛常常只盯在奇才、全才上，于是往往哀叹人才难找，其实，非无贤才，是不知人也。懂得“用人如器，各取所长”的道理，人才就站在你的面前！

这篇评论强调的是，对人才要有一个正确的认识，不要求全。第二篇题目是《识和胆》，作者变换了一个角度，把重点放到“胆”上来：

1月23日“今日谈”提到识人的问题，其实这“识”字从来离不开一个“胆”字。

刘备三顾茅庐，请诸葛亮出山，算是会“识”人的。然而，初任孔明为军师时，关羽、张飞一肚子不高兴。关、张是刘备的左右臂，又是结义兄弟，该怎么办呢！但刘备不顾这些，严肃地说：“孤之有孔明，犹鱼之有水也，愿诸君勿复言。”关、张这才作罢。如果这位“第一把手”稍有踌躇，说“再研究研究”，那后果就可想而知了。

可见，要做到唯才是举，的确是件不容易的事。识人之后，尤其需要拿出点勇气，冲破各种偏见的阻力，其中包括“关羽、张飞”这样一些亲近者的不悦。

第三篇题目是《“求”和“用”》，角度又不同了。作者强调的是不但要有识有胆，而且要有“求贤”的渴望，在求得人才之后还要大胆使用。文章说：

刘备三顾茅庐，请诸葛亮出山，算是会识人的。他怎么会识得诸葛亮呢？关键在于他“求贤若渴”，时时注意人才，发现人才，当听人说有个“卧龙”时，便立即去“求”。并且放下架子，一次不行，两次，两次不行，三次。当诸葛亮“高卧未起”时，还耐心坐着等待，并不认为是“臭老九”翘尾巴。由于他“求”得谦逊，“求”得诚恳，这“卧龙”才“卧”不住了，成为出山飞龙。看来，“识”、“胆”之前，先要有“求”的渴望。

“求”成之后，只达到目的的一半；关键还在于后一半：善“用”，大胆地“用”。刘备请出诸葛亮，马上授予“军师”职务，给予军政大权，并不是只给一顶桂冠了事。诸葛亮出山后，也犯过一些错误，但是，刘备并不“求全责备”，而是照样信任，这才调动了诸葛亮的积极性，才能“五月渡泸”、“六出祁山”，为统一大业不辞辛劳，最后“鞠躬尽瘁，死而后已”。

我们搞现代化建设，在发现人才和使用人才这个问题上，倒是很可以从刘备身上学到一点东西的。

实践告诉我们：在评论写作中，一个新角度往往能达到出奇制胜的效果，它既可以使一个人所共知的话题说出新意，也可以使一个各家媒体都关注的话题的评论高人一筹。人们在评价一篇评论文章时每每说“令人耳目一新”、“发常人之所未发”、“独辟蹊径”，这正是新角度产生的威力。

第二节　立意的思维方法

前已说过，立意是文章的主要意思即基本观点，它是评论的魂，体现的是作者的立场、观点、看问题的方法、对分寸的把握等等，最终则体现媒体的立场、责任与地位。对论题进行具体、细致的分析和扼要中肯的说理，是评论的立意之本。这就要求我们站在新的角度，有一种登临绝顶的视野，对论题进行深入、全面的剖析：难题在哪儿？“痛点”在哪儿？有什么样的建设性意见？等等。“任仲平”文章的作者在总结选题与立意的经验时就这样指出：话题的背景源自社会现实，理由来自工作生活。话题之确定，首先要问：此时此刻，我们提出这个问题的现实意义是什么？我们讲的道理是不是“搔”到了干部群众的“痒处”。有了这个前提，就有了评论的针对性和指导性，就有话可说，有道理可讲。当然，就整篇文章而言，还要善于“把道理磨碎了讲”，即把中心论点分成几个小的从属论点，一层一层地、一个一个地讲清楚。

评论贵在说理。“理”来源于客观事物的本质，是事物之间内在的必然联系，只有把事物、现象或概念加以“条分缕析”，剖析成若干组成部分，找出各部分的本质属性及彼此之间的联系，这样才能找到所谓的“理”。这就要求我们对所确定的论题进行系统周密的剖析，考虑围绕中心论点从哪些方面进行论述，需要讲哪些方面的道理，如何加以说明。我们说，一篇评论的论题，总是作者对众多小的事实、观点，逐步加以分析，经过综合才形成的。因此要使受众接受这个论题，最好的办法是再现这个过程，先一层一层、一个一个地向受众说明这些小观点，把这些“小道理”讲清楚了，然后顺着事理的逻辑加以综合，得出中心论点。这样，因为让受众和作者共同经历了析事明理的过程，所以论题就易于为受众所接受。

下面，以前面提过的《扬长避短才能多快好省》这篇新华社评论员文章的结构图解，来看一看作者为了说明和证实中心论点，是怎样一层一层、一个一个地阐述有关从属论点和看法的：

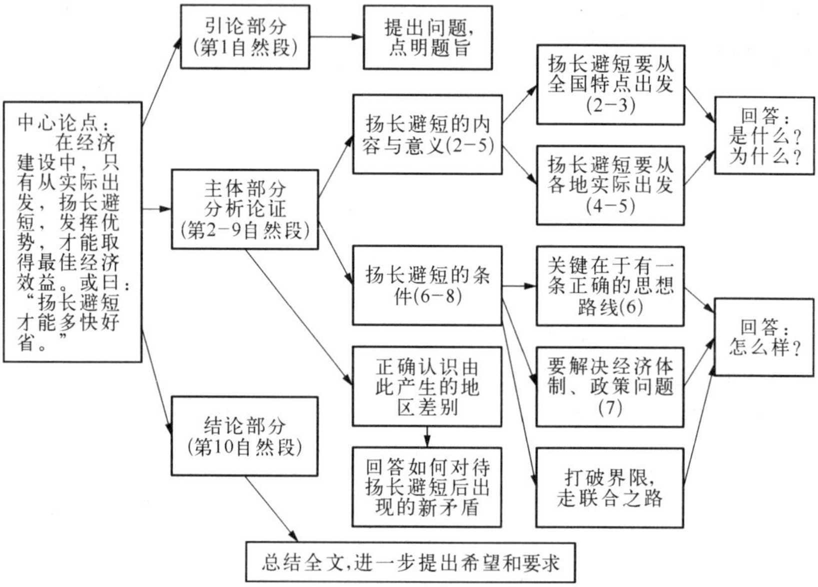

通过这个结构图解，我们可以清楚地看出：为了说明“扬长避短才能多快好省”这个论题，作者在正文分析说理部分，根据事物发展的内在规律，根据人们的认识规律，依照“扬长避短的内容与意义”、“扬长避短的条件”以及“正确认识由此产生的地区差别”这三大层次，分述了六个从属论点，逐个回答了“是什么？为什么？怎么样？”的问题，从而使文章的论点建立在无懈可击的基础之上。由于作者在文章中再现了自己认识事理的过程，向读者提供了结论的理论根据和事实根据，因而具有很强的说服力。试想，如果作者简化这一过程，不是一层一层、一个一个地向读者说明这些从属论点和看法，只是抽象地、简单地强调扬长避短如何促进多快好省，就不会有现在这样的说服力。初学评论写作的人，往往只是在一些大的原则道理上兜圈子，不善于把这些大的原则道理加以具体化，不善于向受众再现自己认识这些道理原则的过程，把复杂的事物简单化了，因而文章的内容显得很单薄、干瘪，其说服力也就可想而知了。究其原因，就在于问题虽然提出了，但是并没有暴露事物的内部联系，没有对事物经过系统的周密的分析过程，因而问题的面貌还不明晰，也就不能很好地解释、分析和回答问题。

经验告诉我们："把道理磨碎了讲"，对大的原则道理做系统、周密的分析、解剖工作，很重要的一个方法，就是纵联系、横剖析的分析方法(简称为纵联横切)。这是因为，任何一个问题，如果从纵的方面把它分为几个阶段，从横的方面把它分成几个部分或几种角度，就容易分析得细致深透。因为所有的社会现象都不是孤立的，一定有前因后果。如果孤立地就事论事，往往有失偏颇，容易一叶障目，以偏概全。而这种"顾后"也是为了"瞻前"，也就是说，基于"顾后"，评论对新闻事件未来的发展，才会有一种更顺应时代发展趋势的科学预判。譬如，针对官员贪腐问题的评论，就可以从多种角度切入，诸如贪腐数字的惊人、当事官员年龄的特殊性、贪腐手法的独特、当地官场的特点、官员的行事作风和性格特点、家庭关系及个人成长经历等。从历史的联系来看，今天的贪腐现状与10年前、30年前有何不同？我国惩治贪腐的制度设计与国外一些国家有什么不同？有了这样的"纵联横切"，评论才可能"再出发"，才可能令人耳目一新。当然，这样讲并不是所有问题都必须从过去讲到现在，从这部分讲到那部分，但一般直接以重大问题为评论对象的文章，最好能联系得宽一些，剖析得细一些。有的评论有一定的分析，但不够充分和透彻，原因之一就是分析的范围过于狭窄，内容过于笼统。

就一个具体论点的确立来说，要做到阐述清楚，还必须运用辩证唯物主义的立场、观点、方法，对事物进行正确的、深入的、全面的分析，力戒主观性、表面性和片面性。

第一，所谓正确的分析，就是以实事求是的科学态度，对事物作出客观、中肯、切合实际的评价，反对任何主观随意性。这样，所下的结论才能反映客观事物的本质和规律。由于作者所持的态度不同，即立场、观点、方法有异，有时对同一事物的看法也会不同。

譬如，一篇议论"朽木不可雕"的评论，有这样一段文字：

> 确有一些人，意志衰退，智慧枯竭，才干丧失，只剩下浑浑噩噩的躯体。这种人是已达到"朽木"不可雕的地步了。

文中所说的这种人，是否就是不可雕的“朽木”了呢？值得研究。一个人“意志衰退，智慧枯竭，才干丧失”，只能说此人不可能有多大作为，很难再为国家作出什么贡献，但所列的现象并非是干坏事的表现。而“朽木不可雕”，一般都是极言一个人坏到不可教育，无可挽救。由此可见，对这种人断言为“已达到‘朽木’不可雕的地步了”的理由显然是不充足的，这就是分析欠科学，说理不确切。

又如，一家报纸在“周末茶座”专栏发表了一篇题为《大赌与小赌》的评论，作者居然不加分析地公开宣扬赌博的好处，认同“十亿人民九亿赌”的说法，宣扬赌博是“‘肉烂了还在锅里’，赢输只是你我之间的国人重新洗牌、资金再分配……”更为可笑的是，文章还煞有介事地建议赌博者“一是资金要少，自己能够承受；二是时间要掌握好，千万不要影响工作、影响休息；三是心态要正，输赢无所谓”。这就不单单是分析欠科学、说理不确切的问题了，而是作者在基本的立场观点上出了偏差，这样的言论对受众只能起误导的作用，是万万要不得的。

第二，所谓深入的分析，无非指要善于透过事物的现象，着力分析它的内部联系，揭示它的思想意义，克服表面性。因为客观事物是错综复杂的，它的表面和内部可以不一致，它的现象和本质可以不一致，它有正面和反面，本身包含着矛盾。所以思考问题不能就事论事，而要把现象作为入门的向导，一入门就抓住它的实质。

《新华日报》曾就社会上某些部门和企业动辄搬出所谓“专家观点”来糊弄公众，致使专家观点可信度锐减的问题，于 2005 年 7 月 3 日发表了题为《警惕“专家观点”成为“利益俘虏”》的署名评论（获第十六届中国新闻奖新闻评论一等奖），尖锐地指出：“专家观点”失去公信力的背后是学术良知与操守的缺席，是利益或利益集团对专家学者的侵蚀。文章抓住这一“习焉不说”的不良现象，以一连串事实为依托展开评析，鞭辟入里，犀利深刻，语言生动，是一篇较早对此现象进行深入批评、彰显党报风范的新闻评论。文章在摆出若干典型事实后，一针见血地写道：

专家观点失却公信力的背后，是部分专家与某些利益没有了距离。少数专家学者与开发商等利益团体构成了一个利益共同体，在这个共同体内，所谓学术研究的公正与科学自然蜕化变质了。诸如此类的“专家观点”，尽管有“专家”在场，但知识分子保有的理性与操守却缺席了，这实际上是学术的失语，发生了腐败的“学术寻租”。这些学者凭借自己耀眼的学术头衔，手中的鉴定权、论证权、签字权去堂而皇之地攫取一笔可观的评审费、润笔费、讲课费。但实际上为利益驱使，玩“学钱交易”，做利益集团的代言人。结果是，受利益主宰的专家意见又主宰了不知就里的善良听众。从股市到房市，站在利益集团前面做代言人、吹鼓手的学者专家并不鲜见；还有，某些经济学家担任上市公司独立董事，一次次说出“屁股决定脑袋”的误人误市的言论。中国工程院院长徐匡迪曾愤言提出封杀“社会活动院士”，剑指的正是这类“利益的俘虏”。

由于分析中肯，入情入理，从而有力戳穿了“专家观点”与“利益集团”之间的微妙关系，揭开了伪装的面纱，触到了问题的要害。这里，不妨再举一例：2007 年夏秋之交，中央电视台在新闻调查栏目批评了一些地方政府讲排场，摆阔气，大肆兴建豪华办公楼的事情，同时也宣传了武汉市委长期在危房办公的先进事迹。新闻播出之后，社会各界对武汉市委带头勤俭节约的举动纷纷表示赞赏，但也有一些媒体发表评论对此提出质疑：既然办公楼已经属于危房，那么，在这样的楼房办公一旦发生安全事故谁来承担责任？在存有安全隐患的环境里办公，是否缺乏以人为本的安全意识？本来是一件众所赞扬的好现象，但上述评论的作者在一片赞扬声中，却发现了安全隐患，揭示了新闻的内涵，引导受众透过现象看本质，认清其中所蕴含的深层次问题，从而使新闻从平面变为立体，具有更加深远的现实意义和历史意义。这就是新闻评论的魅力所在。

第三，所谓全面的分析，就是坚持用发展的观点、联系的观点和一分为二的观点分析问题，对事物的矛盾进行恰如其分的评述，力戒随意性、片面性、绝对化。因为万事万物总是处于运动、发展、变化之中，如果用静止的、孤立的眼光看待事物，就不能认识它的本质和规律。同样，任何事物总是和外界事物有着千丝万缕的联系，在分析一个问题时应注意它和有关问题的联系，在联系中把握问题的本质。至于一分为二的观点，那是因为事物具有多面性，分析问题时，既要看到它的这一面，又要看到它的另一面；既要看到它的正面，也要注意它的反面。

常见的随意性、片面性、绝对化的毛病表现为：一是以点代面，以偏概全，只见树木，不见森林，只看到事物的一个侧面、一个局部，就把它看成是事物的主流、全局。譬如，有一个时期，唐装的兴起，经亚太经合组织(APEC)会议的展示，出现了燎原之势。但究竟有多少人穿唐装？市场需求到底有多大？有一家报纸却公布了颇为惊人的结论——该报记者于大年初一在北京地坛门口站了 10 分钟，点数出入门的 120 位游人中，有 23 人穿唐装，于是进而推断北京有六分之一即 200 万人属于“唐装族”，更进而估算出仅首都一地，便有 4 亿多元的大市场！如果服装厂家轻信这个“推断”，贸然大干快上，不“吃药”才怪呢！二是非此即彼，非鹿为马，论好就是绝对的好，论坏就是绝对的坏，不是把事物看成是对立面的统一，从对立面的互相信赖、互相制约和互相转化中看问题，而是强调这一面就否定那一面，好走极端，搞绝对化。譬如，为了弘扬节俭，就说某地招商引资，不搞杯觞相交，仅以一盒盒饭招待外商，于是外商说啥也不必问了，就冲着这一盒盒饭，断定这是个合作的好伙伴，立马把千万美元投到了那个地方；反过来呢？为了宣传文明，于是说也是某地招商引资，外方考察十分满意，百般盘算之后，决定将千万港币投入，不料县长送客之中，喉咙一痒，一口痰吐在了地下，于是外商毅然决定不再投资。这两例，可以说是片面性、绝对化的突出表现。应该看到，这种毛病在评论写作中并不乏见，有的贯穿在全文中，有的反映在主要论点上，有的体现在个别词句上。评论当然要有侧重点，选取一个角度，讲清一个问题。但如果只注意文章的“侧重”而忘记全面地看问题，往往会失去平衡，造成某种片面性。

应当指出，新闻评论作为新闻的一种特殊表现形式，实际上是新闻媒体价值判断的集中体现。而对论题能否作出正确的、深入的、全面的分析，乃是检验一家新闻媒体和评论作者价值取向与业务功力的试金石。现在不少新闻评论过于专注于是非对错和情绪表达，这当然无可厚非，但往往缺乏广度和深度的思考，缺乏从政治、经济、法律等方面对论题作深刻精当的分析，这就不能有效地为受众打开认知的世界。我们说，在现代社会，新闻评论既要重视是非和道德判断，也要重视法律判断；既要了解和尊重公众情绪，也要注意引导公众深入思考；既要立足现实，同时也要放眼未来。只有这样，新闻评论才具有积极的引导力和长久的生命力。

需要说明的是，正确的分析、深入的分析、全面的分析等方法，都是互相联系的，在具体运用时也往往是结合在一起的，这里是为了叙述的方便才分别说明。要使问题分析透彻、立论深刻，最重要的是应当从实际出发，运用唯物辩证的方法，纵联横切，对具体事物作具体分析 。

问题与练习：

1. 什么叫立意？它在评论写作中的地位如何？
2. 立意与选题的关系怎样？有何区别？
3. 立意贵在求新，其内涵是什么？
4. 实现立意主攻目标的途径在哪里？
5. 为什么"把道理磨碎了讲"才有说服力？
6. 试分析下列《"马儿啊你慢些走"》一文，说说它选题的针对性和立论的思想性。

"马儿啊你慢些走"

今年是马年，人们用"快马加鞭"、"万马奔腾"、"马到成功"来互赠互勉，的确催人奋进。但欣然之余，总感到还缺点什么。

"两会"期间，采访全国政协委员马玉涛，谈起她唱的《"马儿啊你慢些走"》这首歌。让马儿慢些走，是为了把祖国建设一日千里的发展看个够。"人们一谈到您，都会提起您的'马儿'，这首歌长盛不衰的秘密何在？"我问马委员。"这'马儿'，是慢慢磨出来的。"她介绍说，当年战友歌舞团本着不为名利、只为出好作品的精神，给她定做了这首歌，她和全团上下一字一句地抠，刻苦排练了几十个日夜。一九六〇年初，这首歌在北京中山音乐堂一唱走红。

"慢慢磨出来的"，一语道出了艺术创作和学术研究的真谛所在。

时下确有必要把"马儿啊你慢些走"这句歌词，赠予那些在文艺创作上企盼"马到成功"的人。马玉涛唱"马儿"之前，经历过很长时间的磨炼。她早年学过河北梆子、山西梆子，学过曲艺，形成了声腔酣畅、独树一帜的演唱风格。而现在一些不深入生活，没有功底、浮躁潦草的文艺作品，不可能像"马儿"一样走进艺术精品的行列，更不会像"马儿"一样几十年长盛不衰。"台上一分钟，台下十年功"是艺术创作的规律，要想练出真功、创出精品，还得老老实实慢些来。

也可以把"马儿啊你慢些走"，赠予那些在学术研究上"快马加鞭"的人。著书立说搞研究，靠的是细工夫、慢工夫。如今一些人已经把写文章变成了速成"文字处理"。网络的发达，让人只消输入一个关键词，便可坐拥大量资料。对有的人来说，接下来的事情不是潜心研究，而是拷贝、粘贴，东拼西凑，甚至剽窃抄袭。学术界过去崇尚的"宁坐板凳十年冷，不写文章半句空”现在并不过时，论文专著一旦公开，且不论学术价值的高低，至少也要对得起学术良心。

还不妨把“马儿啊你慢些走”赠予教育界那些“拔苗助长”的人。比起学术研究，人才培养更需要一个漫长的过程。“拔苗助长”式的人才培养方法，表现在对学生的培养上，是忽视素质教育，一味追求升学率；表现在对青年教师的培养上，则是采取简单的量化的选拔方式。一些人为了获得高额津贴和课题费，只好采用速成的方法。有的高校为了保住学位点，硬性规定每年应完成的论文和专著的数量，强行指定学术带头人，为学术腐败提供了温床。

欲速则不达。是快还是慢，主观意愿不是不重要，但不能取代客观规律。无论文艺创作、学术研究，还是教书育人，都要尊重客观规律，都要舍得为成功付出心血和代价。强求急取，心浮气躁，是要不得的。

“慢些走”，在今天这个快速发展时代，似乎不合时宜。可面对那些真假难辨、堆积如山的文字垃圾，我们不仅想说“慢些走”，甚至留恋起“爬格子”的岁月。每当读到拼凑粘贴而成的“文字处理”稿，就愈发觉得从前在格纸上慢慢“爬”出来的文章是多么可爱、可贵。

当然“慢些走”不是要脚步缓慢、态度怠慢、精神散漫，而是一步一个脚印，扎扎实实，走稳走好。

（载于2002年3月22日《人民日报》）

第十二章

论　　证

本章内容提要：

1. 论证的意义。
2. 立论与驳论的内涵。
3. 常用的论证方法。
4. 常用的推理形式。
5. 论证技法的运用。

第一节　论证的含义与作用

前面两章，我们讲了新闻评论的选题与立意，也就是确定了一篇评论的主题和中心思想，这是评论写作的第一、第二步。接下来就要进入论证这一步了，论证就是摆事实、讲道理，以证明你的论点是正确的，这是一篇新闻评论能不能写好的又一个关键。道理很简单，你的选题再有针对性，立意再有思想性，如果缺乏严密的论证，或者论点没有展开，或者论据不充分，或者论述前后矛盾，都不足以说服人，这样的评论，你能说是合格的吗？

立意与论证，都服从并服务于评论文章的说理，是一个统一过程中的两个环节。它们都是针对论题，担负着"接着加以分析，然后综合起来，指明问题的性质，给以解决的办法"的任务，即分析问题和解决问题的任务。但两者之间又有区别，立意是根据可靠的事实和充分的理由提出对某个问题的主张、看法，论证则是运用事实、道理证实对某个问题的主张、看法。如果说立意大体确定评论的基调，赋予文章以灵魂的话，那么，论证则是揭示论点与论据之间的逻辑联系，赋予灵魂以骨骼。因此，立意主要靠论证。

新闻评论在析事明理的过程中，总是要通过严密的逻辑结构来论证文章的基本观点，以雄辩的逻辑力量来说服受众的。一篇新闻评论的论证是否严密，或者说它的逻辑性强不强，其含义不外乎这样三点：其一，是能说得使人信服，使受众必然得出并且不得不接受你的结论；其二，指论述有条不紊，层次分明；其三，指思想、议论严格周密，思想的过渡首尾一贯，明白确切。

为达到严密论证增强说服力的目的，首先要讲求文章中思想相互间的有机联系，使通篇文字的先后顺序，部分与部分之间的衔接，每一部分的逻辑推理，都根据客观事物本身的内在规律，按照事物发展的内部联系来组织，从而做到环环相扣，层层深入，形成一个严密的有机的整体。因此，论证的过程实际上就是一个逻辑推理的过程。例如，我们前面提到的《扬长避短才能多快好省》一文的论证就是这样。

初学评论写作的同志，往往不善于对论题进行具体分析和严密论证，没有逻辑推理的过程，因而在实践中常常犯有以下几种通病。

通病之一是：满足于用几句结论性的语言，用抽象的原则道理去代替对具体事物的分析和论证，文章的观点不是建立在有充分根据的基础之上。譬如，在论述要大胆提拔使用年富力强的中青年知识分子的重要性时，每每写道："这是我们政权建设中具有战略意义的一件大事，是实现领导班子革命化、年轻化、知识化、专业化的一项重大措施，是落实党的知识分子政策，进一步调动广大知识分子积极性的一个重要方面，也是对我们各级领导干部特别是老干部的一场严峻考验，这绝不是权宜之计，而是长期的根本方针，是决定我们党和国家前途与命运的百年大计"，有时觉得还不够，再加上一个"千年大计"，甚至"万年大计"。这些道理，都是中央文件和领导同志讲话中反复提到的，当然毋庸置疑，但我们写作新闻评论，主要目的是通过对具体事物的具体分析，通过个别来反映一般，通过矛盾的特殊性来反映矛盾的普遍性，从而向受众提供结论的依据，来宣传和体现党的意图，绝不是照搬照抄党的政策条文。

通病之二是：以演绎法取代分析法，企求用革命导师的论述、知名人士的话或科学原理取代作者对具体事物的分析和论证，不经过或者很少经过向受众说理的过程。这类文章，往往在引述以后，就轻易归结说："由此可见……"；"这就告诉我们……"；"这就清楚不过地表明……"；"问题的实质正在于……"；"因此必须……"等等，使自己的论点无法为受众所理解、所接受。如果是以驳论为主的文章，常常先把论敌的观点一摆，再把革命导师的语录一引，中间没有多少自己的话，就立即得出结论说：论敌是错的，我们是对的。这种缺乏科学分析的简单化的批判，既不能有力地批倒论敌，也不能很好地教育自己。这种情况之所以会产生，正如毛泽东早就批评过的："我们许多同志缺乏分析的头脑，对于复杂事物，不愿作反复深入的分析研究，而爱作绝对肯定或绝对否定的简单结论。"

通病之三是：停留在赘述同类的故事来代替论证，或者是列出种种现象来取代分析，作出的结论不是使人感到缺少根据，就是觉得有些武断。譬如，有篇论述天才与勤奋关系的短论，文章开头否定了"天才"是由天赋决定的看法，提出了"勤奋出天才"的主张，这无疑是对的，但在正文部分却只讲故事，不说道理。具体引文无非是先叙述一通牛顿怎样怎样好学成了发明家，爱因斯坦如何如何学而不厌成了一代名人，进而又描绘了李白孜孜不倦苦练而成了伟大的诗人，等等。名人勤学的故事讲了一个又一个，最后简单地用一句话下了结论："由此可见，天才出于勤奋。"这种只讲故事、不说道理的文章，能有多大的说服力呢？至于罗列现象、不作分析的空论就更不可取了。有篇批评某些干部搞不正之风的评论，正文部分大搞现象罗列，什么他们在家里如何如何贪图享受，在单位如何如何拉帮结派，在社会上怎样怎样投机钻营，等等。在种种现象列出之后，立即下了断言："如此'革命干部'一多，对革命危害莫大矣！"这种文章的症结就在于："神气十足，但是没有货色，不会分析问题，讲不出道理，没有说服力。"因为它们都没有顺着事理本身的联系去进行论证，去揭示事物的内部规律性，向受众提供结论的来由和依据，也就是说，没有经过逻辑推理的过程，当然其说服力就无从产生了。

上述三种通病，其症结就在从概念到概念，没有对具体事物进行具体分析，没有经过严密的论证，也就是说，没有经过逻辑推理的过程。由此可以这样说，新闻评论作为一种议论文体，它的论证过程，就是一个逻辑推理的过程。毛泽东生前曾经批评我们有些同志写文章"不大懂形式逻辑"。上述三种通病无疑与此有很大关系。可见，学习评论写作，应该学点形式逻辑，懂得概念、判断与推理三者之间的关系，了解一些常用的论证方式和逻辑推理形式，注意论证技法的运用，这样在分析说理时就会更加重视进行充分有力的论证，就会避免犯形式逻辑的错误。但是，话又得说回来，形式逻辑毕竟只是一门工具性的科学，对一篇新闻评论来说，它只是一种表现形式而已。一篇新闻评论是否有价值，论证是否有力，前提是取决于它的论题有没有新闻性，论理有没有思想性，论据有没有生命力。

2005年上半年，在全国广泛深入开展的保持共产党员先进性学习教育活动中，笔者通过耳濡目染，发现有些党员干部学风不正，尽管他们在口头上也强调学习要联系实际，但很少联系自己思想，触及本人灵魂，这就难以达到学习教育的目的。笔者很想写篇评论说一说这个问题，但到底从何着手呢？经过认真调查，反复思索，最后确定从“心口不一”、“言行不一”、“对人对己不一”这样三个层面加以剖析，并将学风问题上升到党风的高度来认识。这样，不仅使选题具体集中，有了鲜明的针对性，而且使分析论证持之有故，言之成理，增强了文章的说服力。请看全文：

端正学风作表率

当前，一个保持共产党员先进性的学习教育活动，正在深入展开。这对每位共产党员来说，无疑是一次重新学习，继续充电，进一步解决从思想上入党问题的极好机会。火车跑得快，全靠车头带。为了使广大党员的学习教育活动更有成效，笔者以为，部分党员干部身上存在的学风不正的三种表现，必须在克服之列。换句话说，就是领导干部首先要在端正学风上为全党作出表率。

学风不正有哪三种表现呢？

其一曰“心口不一”，即心里想的与嘴上讲的不一样。按理说，心口如一，表里一致，这是做人的基本准则，更是党的各级干部的优良品格。我们平时经常倡导要讲实话，讲真话，讲心里话，指的就是这个意思，所谓诚信是也。按照马克思主义的认识论，人们在掌握任何事物的过程中，从开始时的困惑、迷惘、不理解，到通过学习、思考，“去伪存真，去粗取精，由此及彼，由表及里”，逐步开辟认识真理的道路，这是再正常不过的事情。保持共产党员先进性的学习教育活动亦莫不如此。可是，有少数干部在学习过程中不大联系自己的思想实际，有模糊观点、不同想法更不敢公开亮出，甚至压根儿就不想通过学习修正自己的错误认识。他们的学习往往为了装潢门面，满足于死记几个新名词新术语，硬背一些抽象的大原则大道理，由于缺乏真情体验，根本无法用自己的语言现身说法。有时实在推不过去，则对不起，只好请别人代劳，自己照念不误。试问：处在这样一种心理状态，他怎么会弄懂弄通保持共产党员先进性的精髓，又怎么会自觉地去率先垂范呢？

其二曰“言行不一”，即言论和行动相脱节。我们有些干部，参加保持共产党员先进性学习教育活动不可谓不认真，有的还很费了一番工夫，因而在作报告和谈体会时，头头是道；在答辩和写文章时，条分缕析，有理有据。这当然是应该充分肯定的。但如果对照他们的行动，可就要大打折扣了。在单位全体党员大会上，可以大谈特谈开展先进性教育的重要意义，强调要同做好当前工作结合起来，但要他说说本单位目前影响发展的最大障碍是什么，薄弱环节在哪里，就瞠目结舌了；如果要他介绍一下往后中长期的发展蓝图，更加无可奉告了。我们共产党人是知行统一论者，不仅要正确认识世界，更要能动地改造世界。“语言上的巨人，行动上的矮子”，是万万不可取的。

其三曰“对人对己不一”，即要求别人做到的自己未必做到。这是毛泽东同志早就批评过的那种干部，他们就像手电筒一样，只用来照别人，从来不照自己。很显然，这与我们党全心全意为人民服务的宗旨，与党历来倡导的“要求群众做到的，首先自己带头做到”的传统，是完全格格不入的。这次保持共产党员先进性教育活动开展以来，有极少数领导干部就错误地认为：“‘三讲’教育主要是针对各级干部的，这次主要是面对普通党员的”，因而采取了一种“事不关己，高高挂起”的态度。至于在现实生活中，类似这种“对人对己不一”的干部，就更不鲜见了。在公开场合，他可以理直气壮地大谈“牢记宗旨，以民为本”，可在背地里，却在人民利益与个人利益的天平上，千方百计加重自己这一头的分量。更有甚者，不惜以牺牲国家和人民的利益，来谋取个人的利益，走上违法犯罪的道路。前不久，最高人民检察院副检察长王振川就披露了这样一个事实:"近五年的时间内,全国检察机关共查办了各类渎职犯罪 34 685 件,涉案 38 544 人……这些犯罪的背后,往往有一些党政领导干部……的渎职失职、徇私舞弊行为,从而放纵了社会上不法分子的违法犯罪活动,使国家和人民利益遭受重大损失。"这难道还不够触目惊心吗?

我们说,学风问题从来不是孤立存在的,它总是与党风紧密联系在一起。虽然目前学风问题只发生在少数干部身上,但对其影响和危害绝不可低估。只有从这样的高度来认识问题,我们才会在端正学风方面作出表率,以实际行动投身学习教育活动,从而确保达到预期的目的,并为党风的进一步好转做出自己的努力。

(载于 2005 年 9 月 28 日《解放日报》)

第二节　立论和驳论

评论文章的论证方式一般分为两大类:立论与驳论。

一、立论

所谓立论,就是从正面直接阐明客观事物的真理,以证明作者提出的看法、主张。譬如,写工作问题的评论,往往沿着这样的思路开展论证:为何提出这个问题;它的现实表现和现实意义;出现这种情况的原因;解决这个问题的有利和不利条件;应当采取的措施和方法;应注意哪些问题,等等。写作理论色彩浓厚的评论,如《实践是检验真理的唯一标准》等文章,则大多沿着另一种思路进行论证:这个问题的重要性;从理论上阐明所论述观点的正确性;从历史事实、现实表现、长远发展上,论证它的意义及正确性;澄清或批驳在这个问题上的错误观点,提出采取什么措施等等。

例证法、引证法、喻证法、比较法都是直接阐明观点的论证方法,即立论的具体方法。论证方法,指的是揭示论点和论据之间的逻辑关系的方法,亦即摆事实、讲道理的方法。新闻评论的论证方法是多种多样的，这里介绍比较常见的几种。

1. 例证法(即事例论证)

这是运用归纳推理进行论证的一种方法，是由个别到一般的方法。它通过列举典型的具体事例，证明自己论点的正确性，在新闻评论中用得比较普遍，具有较强的说服力。

譬如，前面曾经提到的《安徽日报》2000年1月3日发表的得奖评论《警惕加重农民负担新动向》即是。这篇评论的开头直接亮出题旨："农民负担问题并没有风平浪静，有关部门认为，加重农民负担的行为出现了三种新的转移动向。"接着，在正文的三大部分，通过典型事例，逐一说明了："增项加码行为由农业税费向行业税费转移"；"摊派对象由大人向孩子转移"；"'摊派'行为由乡镇向村组转移"。文章最后令人信服地作出结论："加重农民负担影响大局，影响稳定，更影响经济发展"，并提出了减负的措施。这可以说是一篇典型运用例证法的新闻评论。

在运用例证法时应注意：这里的事例只是一种论据与证明，不要求"五W-H"(时间、地点、人物、事情经过、原因与怎么样)等事实要素全部讲述清楚，只需挑主要的事实要素概括明了即行，不必详述具体情节。而重点应放在分析、归纳与说理上面。这种论证方法在具体运用时，可以先列具体事例，然后总括起来，作为论点；也可先写出论点，然后列举事实，证明论点。所列举的事实，必须典型而确凿，与论点有着必然的联系，表述时一定要注意高度概括，留主干，芟枝蔓。

2. 引证法(即事理论证)

这是运用演绎推理形式论证问题的一种方法，其特点是用已被证明的、公认的道理、原则或理论，来论证未被证明的、个别的、具体的论点和道理，也可以说是用大道理来论证小道理。它是由一般到个别的论证方法，我们平时引用理论性论据，来论证某一论点、行为的正确与错误即属这种论证方法。

1986年11月3日《经济日报》发表的评论《重提"人人为我，我为人人"》，即是运用引证法的成功范例。"人人为我，我为人人"曾是20世纪50年代流行的响亮口号，后来被认为不符"大公无私"精神与不讲"阶级路线"而否定了。作者引用了《中共中央关于社会主义精神文明建设指导方针的决议》中所说的："在我们社会里，人人都是服务对象，人人又都为他人服务。”然后展开论述：

> 想一想我们每个人的衣食住行，各类物质和文化生活条件，有多少不是各方面的人给提供的，这还不是“人人为我”吗？想想在这几年的四化建设中，我们个人为社会贡献了多少力量，而从社会发展中却得到了多少现代化的东西。想到这些，谁能不说“生活是美好的”，个人的命运是和大众的命运、祖国的前途联系在一起的，谁能不感到“我为人人”是应该的呢？

评论在分析了“在社会生活中，我们每个人往往既是服务员，又是顾客；既是生产者，又是消费者”的两重关系后，引出结论：“在我们的社会里每个人都应当体会到‘人人为我’的温暖，每个人都要有‘我为人人’的优质奉献。”这样的引证法，顺理成章，给“人人为我，我为人人”以全新的内容，很有说服力。

运用引证法论证问题时需注意：首先，引证的原理必须正确，不要断章取义；第二，不要引证过多，以别人的观点代替自己的论述；第三，要注意具体分析，不可简单推理。

3. 比较法（即比较论证）

有比较才能鉴别。比较，是认识事物和说明事物的好办法。它是把具有相同特征的事物，或同一事物在不同的时间、地点、条件下的不同表现，进行比较，以有力地证实某个论点的正确或错误。因此，这也是论证问题时常用的一种方法。运用这种方法，又有“类比”和“对比”两种情况。

“类比”，就是将不同时间、不同地点的一类事物的某些相同方面进行比较。需要指出的是，在进行这种历史的类比时，要注意具体的历史条件，防止“简单类比”的错误。否则，不仅无助于确立正确的论点，反而会妨害论点。

“对比”，就是将两种性质截然相反或者有差异的事物进行比较。

“对比”又有两种方法：

一种是将同一事物在不同的时间、地点的不同情况进行比较，即现在和过去比，称“纵比”。

另一种是“横比”，将发生在同一时期、同一区域性质截然相反或者有差异的事物进行比较，也就是好的和坏的比，这一事物同另一事物比。通过这样的对比，对错误的或者差的事物予以否定，对正确的或者好的事物予以肯定。

1990 年 11 月 4 日《解放日报》发表的一篇小言论《“公照”小议》就较好地运用了比较法：

> 在有些单位，照相机“嚓嚓”声长年不断。若是个人掏腰包的“私照”，旁人自不必“多嘴”。但可惜大多是名目繁多、毫无意义、慷公家之慨的“公照”。
>
> “公照”，名目上有各种会议照、节日照、慰问联欢照、表扬庆功照、欢迎新人照、欢送留念照等等；形式上有单照、陪照、合照、轮照等等；姿势上有站照、坐照、走照、卧照、唱照、舞照、吃照、喝照等等；质量上则是逢照必“彩”，数量上更是以“卷”而论。
>
> 参“照”者，大多是一些身份“够级”的人，个个姿态那么潇洒自如，神情那么泰然得意。反正都是公家出钱，不照白不照，表情并不怕浪费，时间也充足得很。于是乎，左一张，右一张。有好事者统计，一个单位的主任，在一年内“曝光”378 次，平均每天一次还多。
>
> 为了配合宣传教育或者对一些有纪念意义的活动照上几张相，本无可厚非，但过多过滥就成了浪费。一卷彩卷冲洗出来少说也得四五十元。党中央提出要过几年紧日子，不仅仅只体现在轿车、茅台酒上，也必须抓一抓“公款照相”这类事情。
>
> 走笔至此，笔者想起一则故事，有位画家在黄继光牺牲后，想给他画一张像。可黄继光生前却一张照片也没有留下，于是只好根据黄继光母亲和他战友的记忆，参考他兄弟姐妹的模样画了一张。而有的人酷爱“公费留影”，却何曾留给人们几分思念？

这篇短论将动用公款拍照、一年内“曝光”378 次的某单位主任与生前一张照片也没有留下的黄继光烈士对照，发出感慨：“有的人酷爱‘公费留影’，却何曾留给人们几分思念？”对“公照”不正之风进行了辛辣的讽刺与有力的批评。

4. 喻证法(即比喻论证)

这是用比喻来阐明事理的方法。有的问题道理比较抽象,直接说明不容易把问题讲清楚,这时如果用一个恰当比喻,即用人们容易理解的浅显的事物或道理来说明不容易理解的深奥的事物或道理,那么,“喻巧而理至”,就能生动地把道理讲得深入浅出,给人以鲜明的印象。

1988年10月27日《经济日报》发表的《“刹车”辩》一文,便是一篇用形象生动的比喻和故事来阐述事理的佳作。请看全文:

“刹车”辩

“中央提出决定治理经济环境,整顿经济秩序,决不意味着改革要刹车,而是为了改革扫清前进道路上的障碍……”

最近,在报纸上经常看到的上述说法,针对的是这样一种误解,即认为现在所以提出治理经济环境,整顿经济秩序,是因为改革遇到了困难,不得不“刹车”。

作为对误解的一种校正,这样回答当然没有什么不对;但是,仔细想一想,不免从另一个角度提出问题:即使说是“刹车”,又有什么不可呢?

所谓“刹车”,是调整速度的形象化的说法,它与前进毫不矛盾,车辆在前进的过程中,必须包括加速、减速、后退、刹车等一系列动作,这一切都要视道路的情况而随机应变。有谁见过司机在整个行车过程中从不刹车而一往无前?路面不平,要踩刹车;拐弯抹角,要踩刹车;前面有障碍,当然要踩刹车;出现意外情况,更要紧急刹车。总之,要胜利到达目的地,途中不知要踩多少次刹车。世界上恐怕没有哪个司机可以不问是在平坦宽敞的高速公路上还是在坑洼不平的乡间小道上,都以200公里的时速前进,也绝不会有人因为司机根据道路情况踩了刹车而指责其反对前进的。

比起行车,进行经济建设和经济改革当然要复杂得多,但道理是相通的。我们目前进行的经济体制改革,是前无古人的伟大事业,在这过程中,我们会遇到各种各样难以想象、难以预测的艰难险阻和复杂问题。这就要求改革列车的驾驶者,根据面临的不同情况,灵活机动而又果断地采取措施,或加速、或减速、或后退、或刹车，以保证“列车”安全、顺利地前进。在有的问题上，原来对困难估计得不足，速度快了一些，后来发现不行，决定放慢一点速度踩一下车闸，清理一下前面的障碍，应该说是明智之举。这决不是改革的停滞，而为了使改革更加稳妥地深化。否则，明明已经知道前面有危险，还要开足马力，“越是艰险越向前”，这种“壮举”恐怕为智者所不取的吧！

这样一个浅显的道理，中外有识之士都是能够懂得的。近读段连城新著《对外传播学初探》，看到这样一段颇有趣味的记载：

“美国大使温斯顿·洛德(1985 年在美国的一次聚会上)讲了一个有意思的故事。

“正在北京大学教书的一位美国律师，有一次同他的一位高材生一起看西方刊物。他先让学生看一期新出版的《纽约时报杂志》的封面，上面写着‘中国在前进’。

“美国教师道：‘对吗?’

“中国学生回答：‘对。’

“然后，律师拿出一本封面标题是‘正在刹车——中国降低改革速度’的《新闻周刊》，问道：‘这个怎么样?’

“学生回答说：‘也对。’

“美国律师追问说：‘但是两个标题是互相矛盾的呀！’

“中国学生想了一会儿说：‘那也是对的。’

“洛德先生接着说：‘我同意中国学生的看法，两个标题都是对的。在中国，矛盾时常反映出现实。中国在前进；但是，它前进的速度和道路的崎岖又要求踩刹车。’”

域外人语。可供参考。

纵观全文，几乎看不到作者站出来与谁“辩”，而是通过生动恰当的比喻和故事来表明自己的观点，可谓“此时无声胜有声”，不辩而理明。清代文人陶曾佑曾说：“举凡宙合之事理，有为人群所未悉者，庄言以示之，不如微言以告之；微言以告之，不如婉言以明之；婉言以明之，不如妙比以喻之。”写文章，讲道理，多用比喻，比单纯的说教要生动得多，有效得多。《“刹车”辩》一文便是很好的例证。

应当指出的是，比喻虽然是一种帮助说理的好方法，但由于任何比喻都是有缺陷的，特别是有的比喻同被论证的问题缺乏本质上的联系，所以，不宜作为论证的主要方法。要透彻有力地论证问题，主要还是靠对论题本身进行周密、辩证的分析研究。此外，运用比喻论证还要注意不能失之片面，搞绝对化。

二、驳论

所谓驳论，是以反驳别人（或论敌）的某种错误观点（或反动观点）为主，在反驳错误观点的过程中传播真理。可以说，对现存某些错误观点进行反驳，是产生新观点的重要渠道；同样，对传统俗见进行反驳，则是产生新思想的关键动力。范荣康在《新闻评论学》一书中，对驳论是这么说的："驳论是把论点推向前进的一种很重要的论证方法。有矛盾、有交锋，才有发展。'真理越辩越明'，这是颠扑不破的至理名言。特别是在论战型的新闻评论中，驳论用得很多。毛泽东的一些著名的评论，如《评战犯求和》、《唯心历史观的破产》，就是通过逐一批驳敌对的论点，来发展自己的论点。恰当地运用驳论的方法，可以使评论尖锐泼辣，波澜起伏，富有生气。不懂得运用驳论的方法，文章就难免坐而论道，平铺直叙，读来乏味"[①]。这可说是经验之谈。

驳论除了具有立论的一些论证特点外，它往往从侧面、反面，从历史和现实的经验中，选择论点，驳斥对方，以论证自己观点的正确性。一般说来，立论是目的，驳论是为了证明立论的正确性，是证明自己的立论的一种手段。

新闻评论的驳论，包括揭露、批驳、剖析、辩论等方面，是在政治、思想、理论和学术上驳斥谬论、澄清是非、扶正祛邪的一种重要方法。

驳论的原则要求是：坚持摆事实，讲道理，以理服人；严格区分两类不同性质的矛盾，实事求是区别对待。对于思想领域的问题，坚持采取讨论的方法，说理的方法，批评和自我批评的方法，也就是用教育和疏导的方法去解决。这些原则要求，在《中共中央关于社会主义精神文明建设指导方针的决议》中都是明确规定的。一位评论学者说得好："即使发现对方的评论有错误，自己写反驳文章，也要讲究方式、方法，不可颐指气使，不可盛气凌人，不可把话说绝对了。要留有余地，友好

---

① 范荣康：《新闻评论学》，人民日报出版社，1988年2月版，第237—238页。

探讨，平等交流，哪怕是别人错了，可以写文章予以批评，但一定要尊重对方的人格。这是为人的基本准则，是评论者须臾不可忘却的。”

新闻评论包括论点、论据、论证三大要素。驳论方法，只要驳倒对方的论点、论据、论证的三方面之一，就达到了驳倒对方的目的。

驳论的具体方法有以下几种：

1. 直接驳斥其错误观点

如果对方观点违背公理，我们则可以运用马克思主义的基本原理、社会学常识与公共道德伦理等对它进行驳斥，倘若能引起“群起而攻之”的格局，错误观点也就没有立足之地了。有些错误观点是由于概念模糊、判断错误引起的，我们则可以从澄清概念、辩明是非着手，如若通过区别概念，划清了是非界限，那么对方的错误观点也就不攻自破了。

譬如，有一段时间，不少媒体热衷探讨银行排队的话题。有些媒体的观点认为，造成市民银行排队的原因在银行。事实上，这种观点未免失之偏颇。诚然，排长队取钱，需要耗费不少时间，市民很自然将矛盾的集中点指向银行了。但细而一想，还不是因为股市、基金等资本市场突然间走向红火，老百姓们拼命从银行取钱，银行一时措手不及，排队当在所难免了。如果再往深处一想：当股市走熊，当国债盛行，当银行提息时，银行储户同样排着长队，但反应远没有现在强烈。为什么？还不是因为那个时候，人们知道无论怎样，钱还是存在银行安全。在这个问题上，应弄清楚今天你提钱需排长队，实际上就是为昨天把钱存进银行，寻求资金安全的一种必须支付的机会成本，从某种意义上说是公平的。经过这般分析，对“责任全在银行”的结论就会觉得未免武断。当然，这样说并不意味着银行可以不采取便民措施，不需要改进服务。

再譬如，20 世纪 80 年代初，我国农村改革实行家庭承包责任制(俗称“包产到户”)，当时农村一些人怀疑这是搞单干，是搞资本主义。《辽宁日报》较早地于 1980 年 11 月 6 日发表了评论《单干辩》，指出：

> 把这样的责任制斥为资本主义的单干，实际上把生产资料的占有方式和劳动方式混为一谈，把责任制和所有制混为一谈。概念上混乱，造成判断上错误。

接着分析：

> 单干并不是资本主义的特征，资本主义的特征是在资本家占有生产资料的基础上使用雇佣劳动剥削剩余价值。就劳动方式来说，无论是体力劳动还是脑力劳动，都有集体劳动和单独劳动的不同方式。

这就说清楚了单干不等于资本主义的道理。

2. 直接揭穿对方论据虚假或论据不足

这是驳倒对方论点赖以支撑的论据，论据倒了，论点也随之倒了。在驳斥对方论据时，可以用既有个性特点又有普遍意义的典型事实，驳斥对方的论据不足和虚假，也可以从分析危害性着手批驳其错误的说法。实际上，用实践(客观效果)来检验错误言行，往往批驳的说服力更强。

《解放日报》1990年5月15日发表的短评《勿让老实人吃亏》，在批驳一种流行的说法“会哭的孩子多吃奶”、“老实人被当马骑，会吵会闹抢第一”时，列举了“敢吵敢闹的邪气”导致人心涣散、企业销蚀凝聚力、领导威信丧失、工作被动、生产滑坡等危害性，从而驳倒了谬论，阐明了“勿让老实人吃亏”的重要性。

3. 直接分析对方论证方法不合逻辑，进而否定其论点

1987年春天，各地科技报就铝制品是否会引起铝中毒，进行了一番争论。《科技日报》著文批驳“恐铝症”，指出从一例“铝中毒”得出铝是有毒元素不合乎逻辑推理。因为铝制品16世纪就应用于人类生活，如果铝有毒，人类在四百多年中的中毒事故将屡见不鲜，而目前只发生一起，且尚需论证。因此，从逻辑推理看，铝不可能有毒。有位科技人员为了证实铝有无毒性，每天吃一克氧化铝粉末，连服70天，即共服了70克氧化铝，也未发生中毒或病变。可见，用铝制品烧菜、煮饭等不会发生食物中毒事件。

驳论，除上述三种具体方法外，常用的还有反证法和归谬法。先说反证法。顾名思义，反证法不是从正面直接来论证论题，而是从反面间接地论证论题。这种方法有时表现为：以事实、事理证明同自己论点相对立的论点是错误的，从而证明自己的论点是正确的。有时又表现为：为了证明对方论点是错误的，先证明与其相矛盾的论点是正确的，从而以后者的正确证明前者的错误。

例如，短评《节后说“节奏”》，本意是论述“节后要加快工作节奏”，但不正面立论，却从反面提出论点：“节后倘若仍是慢节奏”，“有人说

‘正月慢’是风俗习惯”等，然后运用事理说明“慢节奏”、“正月慢”是错误的、有害的，从而得出结论：“节后的各项工作要快马加鞭……”，作者的“快节奏”的论点是正确的。

文章是这样论证的：

> 节后倘若仍是慢节奏——散步式的行进，漫无边际的闲聊，无所事事的转悠，慵懒疲软的等待，报到点卯的上班……不仅是个人生命的磨耗，而且是国家集体事业的损失。
>
> 有人说，“正月慢”是风俗习惯。这话不对。当今改革开放年代，时间就是效益。文武之道，一张一弛。如果说过年过节时可以松口气的话，那么节后就要赶快抓紧。一年之计在于春。春天不抓紧，全年可能就要落伍。由此可见，节后的节奏快或慢，实质上反映了一种精神面貌和责任心。节后的各项工作要快马加鞭。没有快节奏，就没有效益，就没有主动权。

又如，毛泽东给新华社写的重要评论《丢掉幻想，准备斗争》中有这么一段：

> 共产党是一个穷党，又是被国民党广泛地无孔不入地宣传为杀人放火，奸淫抢掠，不要历史，不要文化，不要祖国，不孝父母，不敬师长，不讲道理，共产公妻，人海战术，总之是一群青面獠牙，十恶不赦的人。可是，事情是这样地奇怪，就是这样的一群，获得了数万万人民群众的拥护，其中，也获得了大多数知识分子尤其是青年学生们的拥护。

文章没有直接证明共产党并没有杀人放火等等，而是从反面用事实证明这个论点：中国共产党已获得数亿人民群众的拥护，从而证明前一论点的荒谬。

再说归谬法。它与反证法近似，往往以欲擒故纵的方法，先假定对方的论点是对的，然后以其作为前提，引出一个显然是荒谬的结论，从而以此证明对方的论点是错误的。由于结论是一目了然的，对方的立论就不攻自破了。我国古代不少脍炙人口的驳论文，常用此法。

记得 20 世纪 60 年代初，当年苏联领导人赫鲁晓夫大反斯大林，甚至言为心声地说:“斯大林早死10年,那该多好啊!”当时我国的一篇评论用归谬法批驳:“谁都知道斯大林是1953年3月逝世的,早死10年是1943年3月,正是苏联反法西斯战争进入最艰苦的岁月。那时谁最希望斯大林去世呢?希特勒!”把咒骂者放在与希特勒等同的位置上,是一种机智的批驳与讥讽。这种归谬法论证在批驳中经常使用,运用严密的逻辑说理,很有说服力。

又如,在一篇题为《警惕李登辉的“台独”言行》的评论中,针对1994年李登辉妄称国民党是“外来政权”,也采取归谬法,直接批驳。因为李本人是国民党主席,又是“国大”选出的“总统”,若国民党在台是“外来政权”,不合理,则李自己的权力基础不也就因此而不存在了吗?在逻辑上犯了致命错误的李登辉显然不能接受这个结论。以子之矛攻子之盾,其力无穷。

需要注意的是,运用归谬法,根据对方论点所推出的结论,其荒谬性必须是显而易见的,而且是自然推出来的,否则,便不宜采用这种方法。这就要求作者有很高的政治理论水平和洞幽察微的剖析事物的能力,做到匠心独运,居高临下。

上述种种常见的论证方法,在实际运用中,同推理形式一样,常常是根据内容的需要,交替使用的。拿立论与驳论来说,有时,为了深入透彻地阐明一个正面观点,除了加强正面论证外,往往还要批驳与之相悖的错误观点;有时批判了错误观点,同时又需要论述清楚正面的观点或结论。在一篇新闻评论中,往往既有总论点又有分论点,分论点又往往不止一个;而且这些论点与各自的论据之间的逻辑联系也往往不同。所以,在一篇评论中,往往同时运用几种推理形式,运用几种论证方法,从而形成一定的逻辑结构。每一篇评论都有自己的逻辑结构形式,也就出现了种种不同的结构名称,诸如并列、递进、比较、正反等等。重要的是我们不要把论证方法与论证的逻辑结构形式混同起来。

第三节　几种常见的推理形式

逻辑推理,是人们在长时期的社会实践中,对客观事物的内在联系和相互关系所作出的抽象概括的反映。它既是认识方法,又是逻辑论证手段。在新闻评论中常用的逻辑推理形式有四种：直接推理、演绎推理、归纳推理、类比推理。

1. 直接推理

直接推理是由一个直言判断前提推导出另一个直言判断结论的推理。

这种直接推理是"一步到位法"，直截了当地说理，显得明白晓畅。无论在新闻评论中，还是日常说理中，都经常运用它。

譬如：真理是不怕批评的；
　　　所以，怕批评的就不是真理。

又如：共产党干部是人民的"公仆"，
　　　岂有做官当老爷之理！

类似的直接推理简洁明了，富有说服力，在新闻评论中与日常思想工作中很管用。

2. 演绎推理

演绎推理又称三段论推理，是借助一个共同概念把两个直言判断联系起来，从而推导出一个新判断的三段论证推理。

譬如：真理是不怕批评的，
　　　马克思主义是真理，
　　　所以，马克思主义是不怕批评的。

又如：正义的事业是一定胜利的，
　　　社会主义现代化建设事业是正义的事业，
　　　所以，社会主义现代化建设事业一定胜利。

在前一个演绎推理中，借助"真理"这个共同概念，把两个直言判断联系起来，推导出新判断"马克思主义是不怕批评的"；在后一个演绎推理中，借助"正义的事业"这个共同概念，把两个直言判断联系起来，推导出新判断"社会主义现代化建设事业一定胜利"。

在实际的新闻评论中，演绎推理并非表现得如此简单与明晰，而是在评论的段落思想的展开中逐步体现的。譬如获安徽省 1991 年度好新闻一等奖的新闻评论《必须追究"买主"的刑事责任》就是如此：

必须追究"买主"的刑事责任

当前，拐卖妇女的犯罪活动依然十分猖獗，"打拐"工作依然形势严峻。

拐卖妇女的犯罪活动为何屡禁不止？一个重要的原因是不少地方只打击人贩子，不打击“买主”，认为“买主”只违法不犯罪。果真如此吗？否！无数事实证明，在拐卖妇女这一犯罪活动中，“买主”同人贩子一样，都侵犯了妇女的人身权利，绝大多数“买主”都犯了强奸罪(甚至强奸14岁以下幼女)、非法拘禁罪、故意伤害罪、重婚罪、妨害他人婚姻家庭罪，等等。对这些“买主”，不追究他们的刑事责任行吗？

“买主”的罪行未被追究，其主要原因，是有些人把“买主”对被害妇女的摧残、占有，看成是婚姻。这是对婚姻法的曲解和亵渎。我国婚姻法规定，结婚必须具备三个实质条件和一个形式条件。三个实质条件是：一、男女双方必须完全自愿，不允许任何一方对他方加以强迫或任何第三者加以干涉；二、男女双方必须达到法定婚龄，即男不得小于22周岁，女不得小于20周岁；三、符合一夫一妻制，不得重婚。一个形式条件是：男女双方必须亲自到婚姻登记机关办理结婚手续，领取结婚证。试问：“买主”对被害妇女的占有，哪一条符合婚姻法？不符合婚姻法的所谓“婚姻”能称为婚姻吗？把被害妇女关在家里，剥夺其任何人身自由和民主权利，能算婚姻吗？据四川省1989年1至9月的统计，全省被拐卖妇女6 193人，其中未婚女青年占50%，有夫之妇占29%，少女占21%。被拐卖的有夫之妇和少女共占50%，这是什么婚姻？这是买人卖人！连买卖婚姻都不能算！

被害妇女从落入人贩子之手到踏进“买主”的门槛，就跌入了火坑，不但被剥夺了性的自由权、婚姻自由权，而且连人身自由、人格尊严统统被剥夺了，生命权受到严重威胁。劳改犯可以与家人通信，与亲人见面，而被害女却连通信自由也被剥夺了，无法与亲人见面。在“买主”家里，她们蒙受了人间的奇耻大辱，有的被折磨得致残致死，有的被逼得走投无路而含恨自杀，有的被逼得铤而走险，成了杀人犯。她们的落井，又给其家庭亲人带来无尽的痛苦，带来一系列的社会后果。凡此种种，都说明“买主”的罪行是十分严重的。

总之，在拐卖妇女这一犯罪中，人贩子和“买主”，共同完成犯罪过程；在罪恶交易成功之后，人贩子得钱，“买主”得人，他们各得其利。只有被害女流尽了血和泪，成了刀俎上的鱼肉，祭坛上的牺牲。

由于政法机关实际上对“买主”不逮捕、不起诉、不判刑，对“买主”网开一面，所以“买主”就无所顾忌，形成了买方市场。而人贩子只要把被害女弄到手，不愁卖不出去。拐卖妇女的犯罪活动所以屡禁不止，对买方的打击不力，不能不是一个重要原因。正因为如此，公安干警、妇联干部在解救被害妇女时犹如虎口夺羊，常常受到“买主”及其同伙的围攻和殴打，有的干警被抢走了警帽和手枪，有的被打伤，使解救工作收效甚微。村上群众虽对被害女同情，但不愿举报，使得公安干警孤立无援，难以解救。

既然解救被害女是从“买主”的枷锁下救人，那么“解救妇女”必须与“打击买主”同步。否则，谈何“解救”？所以，要想禁绝拐卖妇女的犯罪活动，人们必须转变目前的思维定势，改进“打拐”工作，既要打击人贩子，也要打击“买主”，从“源”和“流”两个方面堵死拐卖妇女的渠道。

这篇新闻评论的段落思想，实际上是由两个演绎推理组成的。第一是批驳有人把“买主”对被害女的占有看作为婚姻的错误：

按照我国婚姻法规定，婚姻必须具备三个实质条件和一个形式条件；

“买主”对被害女的占有不符合婚姻法的任何一条；

因此，这不能称为婚姻。

第二是批驳有人把“买主”对被害女的占有看作是“只违法不犯罪”，因而未予追究与打击的错误：

触犯刑法的罪行必须予以追究与打击；

“买主”与人贩子一样，侵犯了妇女的人身权利，大多犯有强奸罪、非法拘禁罪、故意伤害罪、妨害他人婚姻家庭罪等等；

因此，“买主”的罪行必须予以追究与打击。

这篇新闻评论不仅义正词严，逻辑性强，而且配合形势任务，触及时弊，社会反响很大。20 世纪 80 年代末，在我国一些地方，拐卖妇女的犯罪活动非常猖獗，人贩子和“买主”共同犯下了累累罪行，造成严重后果。可是政法机关却只打击人贩子，不打击“买主”，以致拐卖妇女的犯罪活动屡禁不止。本文作者为了维护被拐卖妇女的合法权益，从1990年5月以来，先后发表了三篇言论，坚持认为“买主”有罪，强烈呼吁政法机关追究“买主”的刑事责任。本文是第三篇，也是最强烈的一篇。这篇评论发表20多天后，第七届全国人大常委会第21次会议通过了《关于严惩拐卖、绑架妇女、儿童的犯罪分子的决定》(简称“打拐决定”)。评论观点与“打拐决定”不谋而合，但评论倡导在先。1991年9月6日，新华社全文发表“打拐决定”，9月7日《法制日报》摘要转发了这篇评论。

这篇评论说服力、论辩力较强，主要与运用演绎推理有关；也与运用强烈对比、有力反诘、确凿数据、生动比喻等有关。

3. 归纳推理

归纳推理是由个别或特殊性知识的前提，推导出一般性知识结论的一种推理。

如：奴隶社会的历史是一部阶级斗争的历史；
封建社会的历史是一部阶级斗争的历史；
资本主义社会的历史是一部阶级斗争的历史；
因此，全部阶级社会的历史是一部阶级斗争的历史。

归纳推理在新闻评论中也经常使用，如上面举到的评论《必须追究“买主”的刑事责任》中，归纳了“买主”都侵犯了妇女的人身权利，绝大多数“买主”犯了强奸罪、非法拘禁罪、故意伤害罪、重婚罪、妨害他人婚姻家庭罪等等触犯刑法的罪行，从而有力地推导出必须追究“买主”的刑事责任的总结论。

又如，《甘肃日报》1991年12月28日发表的新闻评论《加强农业社会化服务体系建设》，在论证农村社会化服务体系建设的必要性与促进农业生产力发展的作用时，也用了归纳推理：

> 为了更加适应生产力发展的要求，家庭联产承包责任制还要不断完善。事实上，实行家庭联产承包制以后，在发展社会化大生产的过程中，确实有许多事情是一家一户办不了或者办不好的。比如小流域治理，兴修水利，修桥铺路，大面积植树造林之类，是一家一户搞不了的；又如繁育推广良种、机耕、排灌、植保和农产品加工、流通等，也是一家一户办不好的。正因为如此，这几年农村许多地方先后出现了为千家万

户分散生产提供各种服务的经济技术组织，有国家办的，有集体办的，也有由农民自己办的。这种统一经营，为农业生产提供产前、产中、产后社会化服务，有效地办到了农民一家一户办不了也办不好的事，满足了农业进一步发展的需要，进一步解放了农业生产力。实践表明，这种统一经营，有利于家庭联产承包责任制的不断完善，应当积极发展。

归纳推理是在大量例证的基础上摆事实、讲道理，有理有据，有很强的说服力。这篇评论抓准农村深化改革中农民群众最关心的问题，运用归纳推理，深入浅出地论述了坚持家庭承包责任制和发展社会化服务体系的关系及其意义，针对性强，说理透彻，论据充分，有很强的说服力。据甘肃日报社编辑部同志介绍，这篇评论进一步使农民吃上了“定心丸”，受到甘肃省广大农村干部和群众的欢迎。

4. 类比推理

类比推理是由两个（或两类）事物的某些属性相同，推导出它们的另一属性也可能相同的一种间接推理。如毛泽东在民主革命阶段，将中国国情与俄国国情作类比，得出中国走俄国社会主义十月革命道路的结论。我国地质学家李四光，将我国松辽平原的地质结构与中亚的地质结构类比，发现相同，中亚西亚地下有石油，推导出松辽平原地下也有石油，从而发现了大庆油田。

类比推理也可用来反驳论敌的谬误。加拿大前外交官切斯特·朗宁在竞选省议员时，政敌攻击他，说他幼时吃过中国奶妈的奶水，有中国血统，企图贬低损害其人格与形象。朗宁立即运用类比推理，反驳说：“你是喝牛奶长大的，身上一定有牛的血统！”竞选现场立即轰动，人们鼓掌、狂笑。可见类比反驳幽默有力！

类比推理离不开联想思维与比喻论证，在新闻评论论证中也经常使用。譬如，《天津日报》于 1991 年 1 月 7 日发表的《投一引二产三》这篇言论，就是将天津经济技术开发区的发展模式与一种“强手”游戏作类比。请看全文：

投一引二产三

投入一元人民币，引进两美元，产出三美元，这一颇具竞争力的经济发展模式，是天津经济技术开发区的创造。

按照惯常的思维轨迹，一元人民币与三美元之间根本不可能有直接的联系，不可能成为投入产出比。然而，在这块昔日的盐滩上，类似的等式或不等式已被实践证明是正确的。

任何创造性思维与模式的产生，都有着不可缺少的土壤和条件，改革开放，就是这一切崭新变化的源头活水。

冥冥中，我常想，改革开放的大思路有一种神奇的、不可逆转的力量。

昨晚，到友人处串门，见几个小学生在玩一种名叫“强手”的游戏，据说是美国大萧条时期，一位名叫查尔斯·达罗的人发明的。游戏既简单又复杂，每个人手中有一笔钱(当然是假的)，用来购买地产，比如伊丽莎白大街、詹姆斯广场、马文公园，然后靠收取租金或滚动开发使自己富有。银行、信贷、公共基金、机会、破产等金融术语从孩子们口中飞出，另有一番新鲜感。

也许，有人认为玩这种游戏会使幼小的心灵染上铜臭，学会投机，其实，这就未免多虑了。假如国人都多一点金融意识，我们贫穷的帽子真可以早一点扔到太平洋里去。

边看边想，投一引二产三与“强手”游戏有着异曲同工之妙。

我们不少人，包括笔者在内，习惯于没有风险的日子，喜欢搞万无一失的投资，乐于做稳操胜券的买卖。即使日子过得平淡发腻，也要强迫自己平下去，腻下去，因为我爷爷、我爸爸、我师傅、我师兄都是这么过的，我何苦非要犯那个“愣”劲?

哀，莫大于作茧自缚。

一分钱掰成两半花，体现了中华民族勤俭节约的传统美德。时下，这种美德正在朝着两个方向演化，一种演化就是像开发区那样，把钱投在紧要处，吸引外资，滚动开发；另一种演化则相反，把国家、企业的资财作为自己的学费，脑瓜发热，一掷千金，哪管它是嫦娥奔月，还是泥牛入海，反正出国开了把洋荤，回国坐上了“超豪华”，也就足矣。

足矣，一只硕大的漏底的匣子。

作为具有久远文明史的古国，我们常为自立于世界民族之林而骄傲。改革开放，为我们提供了展示中华民族新风采的舞台;也使我们深思,我们能够从世界引进什么?同时,能够给予世界什么?我们有地域优势,有良好的投资环境,有一本万利的“土地银行”,于是,美国的摩托罗拉公司来了,日本的雅马哈株式会社来了,泰国的正大集团来了。他们带来了资金、技术,也带来了世界市场。不容忽视,也有另一种引进,当上百条电冰箱生产线在本土落地生根时,世界市场已不欢迎“氟利昂”了!

中国人只会赚中国人的钱,不算真本事。

我们这个礼仪之邦,历来把礼仪看得很重,桌上虽是粗茶淡饭,也要每人面前一杯羹。把此种分羹的办法引入投资开发,往往出现某种畸变:要有一起有,要无一起无。于是,政策分散、项目分散、区域分散,有限的资金撒了芝麻盐,打打牙祭也就不错了。到头来,西瓜抱不上,芝麻也不可能大丰收。

优势,非集中不可;“八五”,天津工业要有硬拳头。

这篇评论用“强手”游戏来类比推理,总结了天津经济开发区发展的模式,为推进天津市的工业改革指引方向。据天津日报社编辑介绍:评论发表后,读者反响强烈,来电话、来信近百个(封)。一些企业干部、厂长经理讲:“评论使我们的工作从盲目走上自觉”,“评论为企业转亏为盈、为我市工业发展指明了出路”。这篇评论因此得到天津市领导、市委宣传部的表扬;也得到新闻界的好评,被评为1991年天津市好新闻一等奖。

综上所述,直接推理、演绎推理、归纳推理、类比推理四种逻辑推理形式,在新闻评论写作中是综合运用与灵活运用的。为保证逻辑推理真实可靠,必须保证两个基本条件:一是推理的前提必须真实,二是推理的形式必须正确。也就是说,要遵循形式逻辑的一些基本规律,如——

(1) 同一律——在同一思维过程中,每一思想必须与其自身保持同一。

(2) 矛盾律——在同一思维过程中,一个思想及其否定不能同时都是真的。

(3) 排中律——在同一思维过程中,两个互相矛盾的思想(判断)不能同时是假的,必有一真一假,没有中间的可能。

（4）充足理由律——在论证过程中，任何一个真实思想（论断）都要有充足理由。

这涉及形式逻辑学问题，这里不再赘述。

问题与练习：

1. 什么叫论证？论证在评论写作中有何作用？
2. 新闻评论的基本论证方式有几大类？彼此有何异同？
3. 为何要学一点形式逻辑？
4. 立论常用的论证方法有哪些？各有什么特点？
5. 驳论的具体方法有哪些？各有什么特点？
6. 常用的逻辑推理形式有几种？各有什么特点？
7. 试分析由舒乙撰写的评论《黄皮肤黑头发》，看看主要采用了哪些论证方法？

黄皮肤黑头发

看街上将黑发染成黄发的人越来越多，心里有一股说不出的感觉，反正一阵阵感到不舒服。

自认不是一个古板的人，唯独对这件事很难认同，非但不能认同，还想劝那些跟随这股时尚潮流漂流的人就此打住。

我觉得，这里面有三层意思需要说明。

第一层，黑头发是东方人的标志，就像黄皮肤一样，是与生俱来的特征，本是一种自豪的本钱，该是值得骄傲的事情。黄头发是西方人的标志。弃黑就黄，对东方人来说，本质上是一种崇洋、崇西方的心理的反映。表面上看，染发是一种个人自由，是一种梳妆打扮的形式，属于不必大惊小怪的细节，而且，对绝大部分染黄发者来说，仅仅是一种赶时髦。多少带有随大流的盲目，并没有多少思考在里面。但是，考虑到时代的大背景，剖开现象的表面，追到事物的深层，一定会发现有一个“比较”在驱动，那就是黑比不上黄好，或者黄似乎比黑高一些。要命就要命在这个判断丧失了对黑发的自豪。而这种自豪一旦动摇，就会对黑发不够珍惜了，从而轻而易举地跟了大流，还以为很美，其实是误入了一个很大的陷阱，助长了一种不健康的心态。误把“现代化”当成了“西方化”，把自己的好东西轻而易举地抛弃了。

第二层，牵扯到一种美学标准，究竟什么是美。真正美的东西必是天然的，天然的必有其合理性。青春美，美在它的健康、自然、不做作、不修饰。任何一种修饰，固有高低之分，但都是人为的，都和自然美有差距。西方人皮肤白，头发颜色浅，这是一种自然搭配；东方人皮肤黄，头发是黑的，也是绝妙的自然搭配。人为地愣搬过去，黄皮肤硬配上黄头发，个个都显得仿佛有了病态，显然违背了自然规律，进入了一种“不美”的境地。年轻时候，我在西方留学，同去的中国女同学每人有一头漂亮的黑发，有的梳两根小辫子，有的梳一根大辫子。她们一出场，每每引来一片赞美声，尤其是在西方女同学中，对又直又亮的黑发简直羡慕得不得了，达到了倾倒的地步，许多人都忍不住用手去摸摸中国姑娘的黑发，满口的称赞，以为是世界上最美的头发。相反，她们认为她们中的栗色的褐发是最丑不过的，会很轻蔑地撇嘴：褐色！而如今，褐色在东方满街跑，真是天大的讽刺。

第三层，要考察一下黑变黄的来源。先来自日本，后来自韩国，这是不争的事实。这和那里的富家子弟盲目崇美心态绝对分不开。可惜的是，这股“日潮”、“韩潮”漂到中国，被不分青红皂白地加以炒作，竟然成了气候。须知，在美国本土，美国学生普遍对染着“黄毛”的韩国富家子弟是嗤之以鼻的，以为他们的染发很丑，很瞧不起他们。这种现象，对黑发染黄的韩国学生来说可以叫作典型的自作自受。由此可知，黑染黄绝不可推而广之，它是被人鄙视的坏事。

振作民族精神绝不是一句空话，要从“头”做起，请珍惜你的黑发吧！

（载于2004年《新读写》杂志）

8. 阅读下列发表在上海某主流报纸上的评论《潇洒上海人》，试剖析一下它在选题、立论、论证、布局和客观效果上有哪些明显的缺陷？

潇洒上海人

出差在外，经常听到“上海人不要太潇洒噢”之类的话语。这次到新疆采访，从乌鲁木齐坐火车到库尔勒。24日早餐后，准备坐汽车向阿克苏进发时，耳边传来上海口音。万里之外遇老乡，顿觉分外亲切。这一家五口，一对老夫妻，一对小夫妻，还有一个10来岁的孩儿，他们包了一辆丰田面包车，从北疆游到南疆，潇洒得来令我的外地同行惊羡不已。

随便聊起，上海老乡有问有答。他们每年全家都要外出旅游一次，从海南三亚的天涯海角到云南边陲，从西安古都到内蒙古草原，都去过了。这次，他们从乌鲁木齐的天池、吐鲁番至北疆的阿勒泰，一直游到南疆的库尔勒，还要向阿克苏、喀什进发。询问之下，得知他们花了3万元，将这次自助游的旅程全部包给旅行社。这3万元包括2张上海至乌鲁木齐的飞机票和3张火车票。因为，两位老人和孩子不愿坐飞机，所以一家五口天上地下同时开赴新疆。到了乌鲁木齐，丰田车包下他们在疆的全部旅程。这3万元除去飞机票、火车票、住宿之外，不包括餐饮、景点门票。简单算来，像他们这次旅游（除购物），估计在4万元左右。用当地人的话来说，上海人潇洒得嘞。

这些年，上海人确实潇洒。买房子、买汽车，境内境外越跑越远。尤其是旅游文化成为上海人的一种精神享受之后，短线游已经远远满足不了他们的需求。于是，他们在鼓鼓钱包的支撑之下，开始了"长途跋涉"，从国内的海南、西藏、新疆，一直跑到东南亚、西欧、非洲大陆。

经济的发展，收入的提高，总会使一部分人先潇洒起来。这种潇洒是对金钱价值取向的递进，在消费层次上向世界接轨。无疑，这是市民文明程度的一种体现。当然，潇洒的是上海人中的一部分，还有一部分人没有潇洒起来。但愿再过5年、10年，有更多的上海人潇洒起来。

不过，潇洒的上海人中也有"不够潇洒"的一面。比如：那种老大自居高人一等的对人不尊重，对贫困地区贫困人的轻视，甚至随地吐痰、乱扔垃圾的不文明行为等。既然潇洒了，就要潇洒得文明，潇洒得礼貌，潇洒得有知识，潇洒得不让人讨厌。唯有提高潇洒的素质，才能潇洒得更潇洒。

第十三章

谋　　篇

本章内容提要：

1. 谋篇布局与结构的关系。
2. 新闻评论结构的基本要求。
3. 新闻评论的标题。
4. 新闻评论的引论（即开头）。
5. 新闻评论的正论（即正文）。
6. 新闻评论的结论（即结尾）。

谋篇，也就是布局，或者说搭架子、列提纲，这是在解决选题、立意和论证之后出现的一步，是将我们的思想成果见诸书面的阶段。在这一步必须考虑：根据事物的内在规律和人们的认识规律，为充分调动逻辑的力量，整篇评论打算分几层来展开，先谈什么，后讲什么，再说什么；哪里该详，哪里该略；每一层意思又将怎样阐明，提出一些什么论点，运用一些什么材料；各层、各段、各点之间如何呼应，才能相互联系成为一个有机的说理体系。这就要求评论文章做到中心突出、材料连贯、过渡自然、首尾圆合，有一股文气贯穿始终，使文章脉络相承，神意相通。在结构形式上则要做到完整、严谨、匀称，收放自如，纵横捭阖，呈现出恣肆汪洋、行云流水般的洒脱。

所谓结构，就是谋篇布局见诸文字的外在形式，指的是文章各个部分之间以及部分与整体之间的关系的安排，它包括开头、结尾、段落层次、过渡、照应等。结构的好差，直接关系到评论文章中心论点能否得到突出，能否为受众所接受。结构安排得好，思路展得开，评论就会层次分明，论证严密，中心突出。结构得不好，思路不畅，评论就会层次紊乱，线索不清，中心论点得不到充分有力的证明。总之，谋篇的优劣，在评论的结构中可以得到具体的验证。

好的评论文章结构，应该具备哪些条件？毛泽东说过："写文章要讲逻辑。就是要注意整篇文章、整篇说话的结构，开头、中间、尾巴要有一种关系，要有一种内部的联系，不要互相冲突。”[①]我国古人讲“起、承、转、合”，实际上就是对诗文结构的要求，也是执笔为文的一般顺序。“起”，就是文章的开头，要胸怀主题，力求出语不凡，吸引读者继续把文章读下去。“承”，就是接承，继承文章的开头，层层递进，步步展开，写出令人信服的新思想、新观念、新境界。“转”，就是转换、转折，从“承”的部分峰回路转，转出一个新视角。“合”是文章的最后部分，要总括全文，高于全文，给人以余音绕梁的效果。当然，这是就一篇较为完整的文章来说的，三五百字的短论就不一定有这样全的结构顺序。古人说，文无定法，评论文章的谋篇布局、篇章结构不可能千篇一律、彼此克隆，一定要推陈出新，与时俱进，跳出简单的三段论的窠臼。但就一般情况而言，提出问题、分析问题、解决问题，这是新闻评论结构的程序。如果再加上作为一篇评论文章“眼睛”的标题，那么，整个文章的谋篇布局，应该由标题、引论（开头）、正论（正文）、结论（结尾）构成。下面逐一介绍每个部分的写作要领。

第一节　“题好一半文”——精心制作标题

中国南北朝时的画家张僧繇画龙，每云：“点睛即飞去”。好的评论标题可使文章的点击率插上飞翔的翅膀。标题是评论的“眼睛”，制作标题就是“点睛”。常言道：“题好一半文。”一篇好的评论，配上一个准确、鲜明、生动的标题，不仅可以使文章更加增色生辉，而且可以深入人心，给读者以经久不忘的印象。好的标题，实际上是评论内容的高度概括，是文章主题的集中体现，是画龙点睛之笔，一眼就把读者钩住，使人们非把评论读下去不可。就像一位资深编辑所说的：“标题既要美兮盼兮，炯炯有神，又要明眸闪闪，让人一见钟情。”譬如，刊登在《人民日报》2003 年 5 月 15 日一版的言论《筑起我们新的长城——论抗击非典的伟大精神》（获第十四届中国新闻奖新闻评论一等奖），就是个好标题。它恰当地运用思想完整、立意鲜明、寓意深

---

① 《毛泽东选集》第五卷，人民出版社，1977 年 4 月横排版，第 217 页。

刻、哲理性强的《国歌》歌词，不加任何修饰，拿来作为主标题，既形象，又生动，使人读后精神为之一振。要制作一个好标题，有时比写一篇评论花的时间还长，费的心思还多，所以不少评论作者对此常有“两句三年得，一吟双泪流”之叹。

然而，尽管标题如此之重要，却并未引起每位评论作者的高度重视。在我们的媒体上，不时会见到缺少创新思维的俗套标题，如《从……说起》、《由……想到的》、《……小议》、《切莫……》、《有感于……》、《……的启示》、《也谈……》、《为……叫好》等等，或是集中到“重要”、“全面”、“进军”、“辉煌”等词语之上。这样没有个性特色的标题看多了，读者怎么会不倒胃口呢？所以，我们每位从事评论写作的同志，不仅要花气力把评论写好，也要下工夫把标题拟好。

那么，什么样的标题才是好标题，怎样制作才能多出好标题呢？这就非三言两语说得清楚了。但有两条是肯定的，那就是：太实、太真、太白，未必是好标题；太虚、太玄、太文，更难说是好标题。好标题最基本最简单的要求，起码是准确、鲜明、生动，或者叫题文相符、贴切，让人叫得响、记得住。

我们说，新闻评论标题有着自身的特点、功能与制作要求，应注意以下几点。

一、新闻评论标题在依据、形式、句式等方面，都与新闻标题有所不同

(1) 新闻标题要求以事实为根据来命题，内容要具体，或者虚实结合；新闻评论的标题就自由一些，它可以用具体的事实作为内容，也可以用抽象化的写法，但是，要以观点、态度为依据。

如：新闻标题：《上海市冬季蔬菜供应充沛》；

新闻评论标题：《从菜篮子看形势》。

(2) 新闻一般有主题，又有辅题(引题和副题)，结构比较复杂；评论的标题比较简单，一般只有一行主题，特别重大的社论，才可加副题。

(3) 新闻标题的语法要求比较严格，例如主题最好是一个完整的句子，而新闻评论的标题没有严格的要求，可以是一个句子，也可以是一个词组，作者可以根据具体情况，灵活运用，不拘一格。

二、评论标题要体现评论中心内容和思想水平

评论标题作为评论的“眼睛”,集中体现着评论的中心内容和思想水平。它或者规定论述的范围,如《扬长避短才能多快好省》(新华社播发的评论员文章)、《中华民族的百年盛事》(《人民日报》为香港回归祖国撰写的社论)等等,使读者从标题上就知道文章论述的是什么问题。它或者体现中心论点,如《就是要彻底否定“文革”》(《人民日报》刊发的评论员文章)、《煞煞“卖企业”这股歪风》(新华社播发的特约评论员文章)、《“革命化”不能虚化》(《党的生活》杂志刊发的特约评论员文章)等等,使读者从标题上就能了解作者的主张、见解。它或者表明作者倾向,如《提倡谈心》(《解放军报》刊发的评论员文章)、《不要讳言困难和危机》(《中国青年报》刊发的评论员文章)等等。标题要引人阅读思考,读者往往根据标题来判断文章是否重要和有趣,甚至据此来决定这篇文章是否有阅读的必要性。

三、新闻评论标题的制作要求

1. 准确贴切

即要恰如其分,经得起推敲。意思表达要完整,语言没有漏洞。新中国成立前夕,新华社播发了一篇社论,题目是《迅速召开各级人民代表大会》。题目中的“人民”二字是毛泽东审阅社论初稿时加上去的。加不加这两个字,意思就大不一样,有“人民”二字既说明了代表的身份,又说明了我党新政权的性质,表述精当,无懈可击。

2. 简明扼要

即要提纲挈领地点出主题,使之醒目、简明、上口、易记。好的标题应言简意赅,达到多一字有余、少一字不足的境地,像古人吟诗作词那样一丝不苟。1942 年 8 月 16 日,延安《解放日报》发表了一篇社论,题目只有两个字《反省》。当时,我们党领导的整风运动正成为一项人人关注的中心任务,进行反省既是一条重要原则,也是有效方法。虽然只有两个字,但一下就把要害点了出来。改革开放以来,我们的报刊上出现了不少标题简明扼要的评论,诸如:《不要蛮干》、《实干兴邦》(以上均为《人民日报》社论)、《稳中求进》(《经济日报》评论员文章)、《提倡谈心》(《解放军报》评论员文章)、《不许诬告》(《福建日报》社论),等等。

3. 鲜明生动

要借助文学手法和修辞手段，使标题有鲜明的色彩和动人的力量。有文采的标题所产生的力量是深刻的、久远的，使人难以忘怀的。有时评论文章的具体内容可能被忘却了，可标题却铭刻在读者的记忆中。如毛泽东在解放前夕评述美国白皮书的评论题目就富有文采：《别了，司徒雷登》、《“友谊”，还是侵略？》等。

对于新闻评论标题的制作，方家论述很多，真可谓仁者见仁，智者见智。譬如，制作新闻评论标题的主要方法，有人就总结了七种：提示论点法，论题作题法，话题为题法，号召鼓舞法，肯定赞扬法，揭露批评法和否定厌恶法。至于如何使标题制作得富有文采，方法就更多了，有人也归纳出七种方法：采用修辞法，诗文标题法，成语作题法，巧用俗语法，运用悬念法以及象征法、幽默法等；也有人归纳出八种方法，什么逆反思维法，巧借谐音法，活用动词法，推陈出新法，宕开一笔法，卖关子法，侧向思维法以及一山二虎法等；还有人提出了评论标题制作的十一种烘托方法：用陈述“铺”题，用号召“响”题，用赞扬“染”题，用典(掌)故“新”题，用对比“衬”题，用提问“导”题，用巧言“引”题，用动词“活”题，用玄语“掘”题，用数字符号“解”题，用恰当的修辞手法“妙”题；如此等等，不一而足。而且，在每一种方法后面，都提供了若干例证。

需要强调的是，不管采取哪一种制作标题的方法，都必须注意两点：一是立意要高。新闻评论作为媒体的旗帜，在某种意义上说就是宣传党和政府的路线、方针、政策和主张的。因此在制作标题时，一定要有政治头脑，首先起点要高，观点要正确，具有全局意识和政策观念，不能就事论事，局限一隅。二是观点要明。新闻评论是反映舆论和引导舆论的重要文体，提倡什么，反对什么，赞扬什么，批评什么，一定要旗帜鲜明；要通过标题阐明立场，表示态度，不能模棱两可，含糊其辞。做到了这两点，我们就把握了标题制作的主动权，其他具体的技法之类，都是在实践中可以逐步掌握的。

第二节 “万事开头难”——悉心写好引论

引论是新闻评论的开头，也就是我们通常讲的绪论，是整篇文章提纲挈领的部分，主要担负着提出问题或表明观点的作用，是全文的统率。引论给读者以鲜明的“第一印象”，直接影响到读者的阅读兴趣，关系到文章的传播效果。

新闻评论究竟应该如何开头，是没有固定格式的，但是根据写作的内容和所论对象，要反复琢磨，譬如用什么方式，用什么语言，表达什么感情，甚至还要考虑到整篇文章的层次结构、节奏快慢等等。

一般来讲，新闻评论的开头有以下六种方法。

一、开宗明义，点明题旨，提出作者的看法和主张

在反腐败斗争中，部分干部存在着一些认识上的误区，阻碍着反腐败斗争的深入开展。1995 年 4 月 22 日《中国纪检监察报》刊发的评论《“特殊论”实质是腐败论》，一开头就表明：

> 在反腐败斗争中，常常可以碰到种种以“特殊”为由替腐败问题进行辩解的现象。因为是领导干部，就理所当然要“豪华”；因为是企业部门，就离不开请客送礼、吃吃喝喝；因为是富裕地区，就得“入乡随俗”，放宽纪律标准；因为是“工作”目的，查处问题就难免高抬贵手，手下留情……按照这个逻辑，诸如身份、单位、地域、环境、时间、条件等等特定因素，便都成了强调“特殊”的依据，殊不知，正是这个“特殊论”，恰恰就是腐败现象得以滋生和蔓延的罪魁之一。

文章一开头就将现实生活中的以“特殊情况”为由，放松或阻碍反腐败斗争进行的言行予以彻底的否定，指出它是“腐败现象得以滋生和蔓延的罪魁之一”，立论鲜明、正确。

二、以新闻事件为缘由，在开头先将新闻事件的经过或特点概括叙述，为下文的分析论证作铺垫

1990 年 8 月 14 日《人民日报》发表的评论《“活烈士”李玉安的情操》，开头就概述了“活烈士”的由来与主要事迹：

李玉安是真正的英雄。他 1946 年参军，次年入党，在战斗中多次立功。特别是在抗美援朝的“松骨峰战斗”中，李玉安所在连 100 多人狙击美军一个团，全连血战 8 小时，打退敌人 5 次凶恶反扑，毙敌 600 多名。李玉安在战斗中表现十分英勇。他炸坦克，救战友，身带烈火扑向敌人，和敌人拼刺刀。当时，人们以为他壮烈牺牲了。

但是他并没有死。复员后，当了 28 年的普通工人，兢兢业业，任劳任怨，无私地为党工作。特别是他有功不露，向地方组织和群众隐藏了将近 40 年的战功和光荣历史。

这样的开头为下文分析、论证共产党人的高尚情操提供了充分的论据，作了有力的铺垫。

三、说明原委，回溯来由，交代写作的动机

一些重要的评论文章，往往从写作背景写起，以阐明文章的重要性与针对性。

譬如，前面提到的《北京日报》评论员文章《从根本上认识社会主义制度的优越性》，开头就交代：“……由于林彪、‘四人帮’搞假社会主义所造成的破坏，也由于我们工作中的失误，有些人对于社会主义制度的优越性看不那么清楚了，产生了种种议论。因此，很有必要从根本上把这个问题来议论一下，这是我们政治思想工作的一项重要任务。”这就点明了写作这篇文章的原委，使读者明了此文为何而发，以增强对这类重要的评论文章的重视和理解。

四、摆出驳论的对象，亮出错误认识，使文章一开始就掀起了论战的高潮

1990 年 1 月 6 日《解放日报》发表的《雷锋果真在“西点”?》这篇言论，首先在文章开头亮出错误认识：“已经不止一次听到过这样的反诘：在美国的西点军校，正在掀起一个‘学雷锋’的热潮。为什么在雷锋的故乡中国，反而没人学雷锋了呢?”作者然后从价值观念与生活方式上分析，对美国“掀起学雷锋热潮”之说进行质疑；对雷锋精神的本质进行

分析，得出“它只能植根于社会主义社会的沃土中”的结论；而雷锋精神一定会在中国发扬光大。

五、用设问句直接点明论题，这些论题往往是国计民生中的重大问题或人民群众普遍关注的问题

获得第三届中国新闻奖新闻评论一等奖的《人民日报》社论《千万不可忽视农业》（刊于 1992 年 12 月 9 日），开头就是这样的：

> 建立社会主义市场经济体制目标的提出，必将大大促进我国的现代化建设，并使我国经济生活产生新的深刻变化。如何认识农业，如何进一步发展农业和农村经济，这是一个关系到改革能否全面、深入地展开，国民经济能否以较高速度持续发展，党的十四大提出的战略目标能否实现的重大问题。

这样运用设问句，一下子就把整篇文章所要论述、分析、解决的问题，提到了最醒目的位置。

六、用引语、经典、比喻、故事开头，使文章显得生动活泼

《新华日报》2001 年 1 月 21 日发表的获奖评论《解放人才》，就是用一个有趣的故事作为文章开头的：

> 在愈演愈烈的人才争夺战中，我省发生了一件趣事：一所民办大学聘上海著名教授前去授课，受聘的教授中，正好有三位学科的权威，分别是施教授、伍教授、陆教授，人称“四五六”教授。为了凑上海教授的时间，该校的时间安排十分灵活，有时周二周三休息，周六周日开课。有人评论，这种引智方式与当年苏南人从上海聘请“星期六工程师”十分相似，对其势头不可小觑。

需要指出的是，用作开头的故事必须高度概括、简明扼要，千万别拖泥带水、篇幅冗长。同时，用引语、经典、比喻开头，一定要有新闻事

实相呼应，否则新闻评论会异化为杂文，减弱以致抹杀了新闻性，发挥不了新闻评论的功效。

引论，是一篇评论的"大门"，引论写得好不好，直接关系到给读者的"第一印象"。引论写作，要简明扼要，"开门见山"，不要落笔太远，即使要说明一下必要的情况或解释一下题目的意义和写作目的，也不可太长，以致分散读者的注意力，减少读者的兴趣；同时，引论部分写作，要尽量新鲜，不落俗套，引人入胜。

第三节 "文似看山不喜平"——苦心经营正论

正论，也叫正文、主体，或称"本论"，是新闻评论展开论证说理的部分。因此，谋篇布局，首要的和大量的，也就是要解决正论部分的问题。正论部分的谋篇，关键在于要体现层次与层次、段落与段落之间的逻辑联系，即各个分论点与中心论点之间存在的内在的必然联系，也就是古人讲的要"起、承、转、合"，结构切忌平淡，要力求波澜起伏、变化有致。为了体现这种联系和要求，正论部分在布局时常常会结合使用以下几种基本的论证结构。

通常有六种段落结构安排。

一、归纳论证结构

围绕所要论述的中心问题，在逐步论说分论点的基础上，归纳出总论点。这种由个别到一般，由具体到概括，是符合人们一般认识客观事物的思维活动规律的。

1990年6月4日《解放日报》为鸦片战争150周年发表社论《历史给我们什么启示?》，分论点是：启示之一："落后会挨打"；启示之二："对外开放是历史发展的要求"；启示之三："只有社会主义才能救中国"；总论点："历史已证明我们有志气、有能力振兴中华，实现民族的起飞"。显得思路顺畅，气势磅礴。

二、证明论证结构

先提出论点，然后运用论据直接证明。这种论证方法，符合人们说理的习惯，是一种基本的常用的论证结构。

前面提到的《安徽日报》2000 年 1 月 3 日发表的评论《警惕增加农民负担新动向》一文，就是证明论证结构的范例。此文先提出“农民负担问题并没有风平浪静”的观点，直接点明题旨，接着在正论部分，提供了三个事实性论据：“一是增项加码行为由农业税费向行业税费转移”；“二是摊派对象由大人向孩子转移”；“三是摊派行为由乡镇向村组转移”。最后，无可辩驳地得出一个必然的结论：加重农民负担影响大局，影响稳定，更影响经济发展，应予以坚决制止。

三、排列(并列)论证结构

先提出总论点，然后排列出几个并列的分论点，从几个方面对总论点加以阐发。这种论证方法，条分缕析，严密周详，便于把道理说清楚。

获得第三届中国新闻奖新闻评论一等奖的《人民日报》社论《千万不可忽视农业》就属于这一种论证结构。文章提出的总论点为：千万不可忽视农业。正文部分排出了四个分论点，即：(1) 农业的基础地位任何时候都不可动摇，这是由我国的基本国情所决定的；(2) 当前，有一些导致放松和忽视农业的认识问题值得重视；(3) 随着社会主义市场经济体制的确立，农民的生产活动将主要面向市场，领导者的责任主要是正确地引导农民按照市场需要组织和发展生产；(4) 进一步重视农业，涉农部门责任尤为重大。通过这四个相互并列又彼此联系的四个分论点，说明和证实了总论点，从而充满信心地作出结论：在党的十四大精神鼓舞和指引下，经过全党全国各族人民的共同努力，我国农业一定会展现出更加夺目的光彩。请看全文：

千万不可忽视农业

建立社会主义市场经济体制目标的提出，必将大大促进我国的现代化建设，并使我国经济生活产生新的深刻变化。

如何认识农业，如何进一步发展农业和农村经济，这是一个关系到改革能否全面、深入地展开，国民经济能否以较高速度持续发展，党的十四大提出的战略目标能否实现的重大问题。

农业的基础地位任何时候都不可动摇，这是由我国的基本国情所决定的。无论在什么经济体制下，保证十一亿人口的丰衣足食，保证工业生产的原材料供应，这是第一位的。建立和完善社会主义市场经济体制，是一个艰巨复杂的改革过程，需要健康良好的经济环境和长期稳定的社会秩序，而坚实的农业基础正是经济良性循环、社会稳定的必要保证和重要前提。建立社会主义市场经济体制，改变的是经济运行机制、经济的联系方式等，而不是改变农业在国民经济中的地位和作用。当今世界，无论哪个发达国家，都重视农业，总是小心谨慎地对待农业；无论工业和现代科学技术如何发达，都注意保护农业，努力促进农业生产的稳定和发展。在我国，如果不重视农业，不加强农业，不仅建立社会主义市场经济体制的目标难以实现，来之不易的经济大好形势也难以巩固和发展。江泽民同志在党的十四大报告中再次强调："农业是国民经济的基础，必须坚持把加强农业放在首位。"我们各级领导无论在什么情况下，都应该保持清醒头脑，千万不可忽视农业。

当前，有一些导致放松和忽视农业的认识问题值得重视。首先，农业连年丰收，市场农副产品丰富，有些同志就以为农业已经过关了；农村家庭联产承包责任制在实践中不断得到巩固和发展，有些同志就看不到农村存在的许多问题及深化改革的必要。其次，当前发展第二、第三产业热吸引了人们的注意力，一些同志出于对发展工业和第三产业的热情，往往有意无意地忽略了农业，甚至挤农业、挖农业。再次，随着各地经济迅速发展，综合实力大大增强，农业产值在国民经济中所占份额明显下降，致使一些同志误以为农业已不是大局问题，因而放到可抓可不抓的位置上。这些认识违背了我国的实际。我国农业基础的脆弱是显而易见的，农业还远远没有过关，农业综合生产力水平有待提高，农村改革有待深化。当前农村还存在大量问题，如农村市场发育、服务体系建设、种植结构调整、乡镇企业发展、科技普及、村镇建设、剩余劳动力出路、农田基本建设以及农药、化肥、良种等生产资料供应和农民经济利益的保障等等问题,都需要在深化改革中逐项加以解决。要实现江泽民同志在十四大报告中提出的“全面振兴农村经济”,任重道远。各级领导要经常研究农业和农村经济,要有足够的力量抓好这方面的工作。

随着社会主义市场经济体制的建立,农民的生产活动将主要面向市场,领导者的责任主要是正确地引导农民按照市场需要组织和发展生产。市场需要是多方面的,变化也很大,若依据不准确的信息调整产品种植结构,就会经常出现“卖难”或“买难”的状况,给农民带来巨大的经济损失,也影响社会的稳定。把握市场运行的规律,这是一项极其复杂的工作,是一篇非常陌生的大文章。这就要求我们在指导思想、思想观念、工作方法等各方面来个变化。要用市场观念和全面发展农村经济的思想指导农业和农村经济发展。当前,主要是认真贯彻好党的十四大精神,继续执行党和政府巩固和发展农业的各项方针政策,制定出切合本地实际、有利市场发育的政策,努力把农民引向市场;搞好农村发展规划;培育和组织好社会化服务体系,切实帮助农民解决各方面的困难;努力办好一家一户办不到或办不好的各项事业;加强农业基础建设;保持粮食、棉花稳定增产;关心和维护农民的经济利益与合法权益,保证农副产品收购资金到位,保护农民的生产积极性;抓好农村精神文明建设和农村基层组织建设,搞好农村社会治安。总之,要研究新情况,适应新形势,努力按照社会主义市场经济的要求,创造性地开展农村工作。

进一步重视农业,涉农部门责任尤为重大。在机构改革中,农业和农村工作只能加强不能削弱,各级地方政府对于农业和农村中必须行使的政府职能不能荒废。一些单位与政府机构脱钩以后,按照价值规律进行生产经营是必要的,但不能忘记和违背为农服务的宗旨,更不能做坑农、害农的事情。广大涉农部门的干部职工是我国农业发展的有功之臣,今后要努力作出新的贡献。

14 年的改革,使我国农业实现了前所未有的跨越,可以相信，在十四大精神鼓舞和指引下，经过全党全国各族人民的共同努力，我国农业一定会展现出更加夺目的光彩。

（载于1992年12月9日《人民日报》）

四、递进论证结构

提出总论点后，要求逐层分析，或由小到大、由表及里、由浅入深、由现象到本质等，把道理阐述得比较完整深刻。

这里，我们试以《经济日报》1996年12月2日发表的评论员文章《稳中求进》为例，看看此文是如何采用递进论证结构，按提出问题（是什么？）——分析问题（为什么？）——解决问题（怎么样？）的逻辑顺序来展开的。

文章第一二自然段作为引论，先提出问题（是什么？）：

刚刚闭幕的中央经济工作会议提出，明年总的宏观经济政策应该保持连续性、稳定性和必要的灵活性，做到稳中求进。

这是一个积极的方针，也是经济工作中必须把握的重要原则。深刻理解、认真贯彻这一原则，是做好明年经济工作的重要保证。

看到这里，读者很自然会问：如何理解"稳中求进"的方针？为什么要提出这个方针？怎么样贯彻这个方针？所以，文章从第三至第七自然段着重分析问题（回答"为什么？"）：

对于"稳"字，我们需要有全面的理解。

首先在于它是要强调保持宏观经济政策的连续性和稳定性。三年来，全国上下认真贯彻执行中央确定的加强和改善宏观调控的决策，不仅有效地解决了一度出现的投资规模过大、消费增长过快、金融秩序混乱、物价涨幅过高等矛盾和问题，而且保持了相当快的增长速度，避免了大起大落。这就是国内外人们说的，比较好地实现了"软着陆"。既然实践证明宏观经济政策是正确的，是符合实际的，保证了我国经济的良好发展势头,那么,这样的政策就要持续地稳定地执行下去。如果因为局部的问题和困难,就改变总的宏观政策,将有可能前功尽弃。

同时要注意巩固和发展我们已经取得的成果。成果得来不易,巩固和发展它更不易。例如投资规模的压缩,物价上涨幅度的控制,农业基础地位的加强等等,这些方面的成果还是比较脆弱的,稍不注意就又会“反弹”回来。这里的危险还包括人们思维上的一种惯性。过去的经验教训告诉我们,形势一好,人们的头脑就容易发热,如果不及时提醒,极容易重新走到“急于求成”、“大干快上”的老路上去。

提出“稳”也是要我们更多地注意协调发展的问题。当前总量平衡的矛盾得到了相当的缓解,但结构性矛盾更加突出了。结构性矛盾可以说贯穿在投资、生产、流通、消费等各个领域。因此必须加大结构调整的力度。调整结构,既是协调发展的基础,又是协调发展的内容。正像一个人一样,如果两条胳膊、两条腿一长一短,他就难以协调地走路和协调地干活的。与此相适应,人们必须树立全面的发展观念,量的增长是发展,结构调整也是发展。任何总量都是建立在一定结构的基础之上的。结构合理,才能保证总量增长应该获得的效益,结构也是效益。

要“稳”,就是要全面处理好各方面的关系。1997 年,是我国历史发展上的重要一年,我国将恢复对香港行使主权,党的十五次代表大会将要召开,这是举世瞩目的两件大事。因此,全面处理好改革、发展、稳定三者关系将是十分重要的。

这五个自然段,通过具体分析,使读者懂得了:稳中求进是强调保持宏观经济政策的连续性,是要人们注意协调发展,它的目的是“进”。接着四个自然段是解决问题(回答怎么样?)——如何稳中求进。这就是文章提出的“四个结合”、“五个重点”——

我们谈“稳”是“稳中求进”的“稳”。“稳中求进”,目的是“进”,是为了更好地“进”。宏观经济政策,在保持适当速度和保持连续性、稳定性的同时,也将有必要的灵活性,其目的是为经济注入新的活力,着力提高经济增长的质量和效益。在未来的一年中,要更好地前进,特别要抓住这次经济工作会议提出的“四个结合”和“五个重点”。

“四个结合”是：一要把总量控制和结构调整更好地结合起来。结构问题，包括产业结构、行业结构、企业结构、产品结构等等方面。一定要切实把工作重点转到调整和优化经济结构上来。二要把宏观调控和微观搞活更好地结合起来。宏观调控和微观搞活的结合部是在更好地发挥市场机制的作用上。三要把深化改革和促进发展结合起来。要针对当前发展的突出矛盾和问题，加大改革力度。四要把经济发展和社会发展更好地结合起来。

“五个重点”是：一要继续加强农业的基础地位，促进农业持续稳定增长。二要加快国有企业改革和发展，大力提高企业经济效益。三要加大结构调整力度，逐步解决“大而全”、“小而全”和盲目重复建设的问题。四要继续保持良好的宏观经济环境，进一步规范和整顿经济秩序。五要适应对外开放的新形势，努力提高对外贸易和利用外资的水平。

这一“四”一“五”，既提出了明年我们继续前进的目标和任务，又明确了继续前进必须依靠的基本方法。每个地区，每个部门，每个行业，以至每个企业，都应该按照这些原则，结合实际，思考问题，转变观念，制定对策。围绕着更好地前进，大家都要想一想：新的消费热点和经济增长点（全国的和本地的）在哪里？怎样培育它和扶植它？怎样开拓市场，特别是农村市场？本地区的经济优势究竟在哪里？产业趋同化的自身表现如何，怎样解决这个问题？自己在结构调整中处于怎样的地位，实施调整的障碍怎样克服？国有企业改革的难点在哪里，怎样突破它？如何全面理解积极合理有效利用外资的方针，新形势下有何新情况，需要什么新对策？农业基础地位的观念是否牢固，措施是否落实？实现两个转变的根本任务是否有深刻的理解和分步实施的规划？如此等等。只有把这些问题想清楚，想深入，把解决问题的办法想具体，想全面，“求进”才会是更有成效的。

最后一个自然段，作为文章的结尾，提出要求和希望——

“九五”开局不错。现在我们要再接再厉，按照中央经济工作会议的精神，及早筹划，全面筹划，在新的一年里，争取我国经济在持续、快速、健康发展的道路上获得新的进展。

这篇评论的结构就是这样，全文以“稳中求进”作为一根红线，按照事物的发展规律和人们的思维规律，由表及里，由浅入深，由此及彼，把各个部分有机地串联在一起，显得纲举目张，层层递进，步步深入，具有很强的逻辑力量。

五、比较论证结构

提出论点后，通过对事物本身各个发展阶段的纵向对比或与另一事物的横向对比，深入阐发道理。有比较才有鉴别，事物的特点或矛盾可以在比较中间阐述清楚。

1982 年《人民日报》获奖社论《回答一个问题——翻两番为什么是能够实现的》，开头提出：党的十二大号召全党全国人民为实现到本世纪末工农业总产值翻两番的宏伟目标，而有些同志担心“冒进”、“高指标”，怕完成不了。为此，社论在正论部分采用比较论证结构层层说理：

一是纵向对比。我国从 1981 年到 2000 年工农业总产值翻两番，意味着平均每年增长 7.2%；而我国从 1953 年第一个五年计划开始，到 1981 年，尽管经受过三年自然灾害与“文革”破坏，但工农业总产值平均每年增长仍然达到 8.1%；即使像 1979 年至 1981 年我国经济的调整时期，放慢发展速度，工农业总产值的年增长仍然达到 6.7%。可见，翻两番的目标不是“冒进”、“高指标”。

二是横向对比。前苏联从 1956 年到 1975 年的 20 年间(指社会产品总产值)翻了两番，每年增长速度为 7.5%；日本从 1957 年到1970 年的 14 年间，实现了经济发展翻两番，每年增长速度为 10.4%。可见，我国从 1981 年起的 20 年间经济平均每年增长 7.2%的速度不是“冒进”、“高指标”。

三是纵向对比。我国 1958 年的“大跃进”，是“左”倾错误的产物，动员了全国人力物力去“大炼钢铁”，也不是认真的经济建设，违背了经济发展规律；1978 年的“新跃进”，不经过任何科学预算，提出搞“十来个大庆”、“钢产量八年翻一番”、“1980 年基本实现农业机械化”等空想的口号，也是当时中央主要领导同志的“左”的指导思想的反映；而同

1958 年、1978 年比较，党的十二大提出翻两番的历史条件完全不同了：经过拨乱反正，全党全国的工作重心从“阶级斗争为纲”转移到经济建设上来，确立了马克思主义的实事求是的思想路线，我国经济走上了适合国情、循序渐进、讲求实效、稳定发展的轨道。最后归结为“质的不同”。

这篇社论反复进行纵横比较，论据充分有力，剖析层层深入，因此论述透彻精辟，说服力很强。

六、正反论证结构

提出论点，先反后正，或先正后反，进行论述。从正反两面说理，形成强烈对比，使是非曲直，昭然若揭。

1995 年 3 月 31 日，《中国新闻》刊发的评论《经济增长速度：快乎？慢乎？》运用正反论证结构就较为成功，加之语言轻松活泼，节奏感、跳跃感较强，将一个严肃的话题娓娓道来，令人读之有味。

文章写道：

经济界对发展速度的争论从未停止过：有人言“快”，指高速度令通货膨胀雪上加霜；有人嫌慢，说基建骑虎难下，企业缺血呼救，经济增长仍需快马加鞭。

究竟中国经济需要多快的速度，经济专家们说法不一，官员们各有主见，很难争出个子丑寅卯。

快在哪里？

笼统地说，中国经济驶在“快车道”上，但细析统计数字，却显见其中的不平衡。

……在中国经济的快速增长中，非国有经济、沿海地区经济是真正的“增长点”。

……经济增长热中仍有冰点，快中尚有慢拍。

慢了行不行？

虽然不像有些人所想象，经济增长如平地骑车，越快越稳，但对现实的中国来说，经济增长慢了不行。中国面临的各种矛盾，只有在经济的快速增长中才能解决。

大量劳动力的就业问题……

财政收支平衡的压力：中国目前仍是“速度效益型”经济，速度低了，效益上不去，财政就困难，各方面日子都不好过。只有保持较高速度，才能保证财政收支平衡。

速度多少合适?

中国经济快速增长有必要，有条件，但并非越快越好。

中国经济增长速度受资源和市场的双重制约……

经济专家认为，整个90年代中国经济都将处于快速增长阶段，经济增长的合理速度应以平均每年递增8%至10%为宜。低于8%，不利于解决就业等各种矛盾，造成社会资源的浪费；高于10%，则容易引发资源的“瓶颈”制约，出现明显的通货膨胀。

该篇评论，观点十分鲜明，美国、法国、泰国和港澳地区的十余家报纸同时刊载，国内一些报纸也纷纷转登，收到了很好的宣传效果。

上述六种论证结构，在社论、本报评论员文章等大中型评论中，往往可以综合使用，以便增强逻辑论证的说服力和感染力。在实际写作中，论证结构可能还不止这一些，这里介绍的主要是常用的几种。不管采用哪一种论证结构，总要注意围绕总论点来安排分论点，时时注意分论点要为总论点服务。各分论点之间，可以是递进关系、因果关系，也可以是并列关系。总之，彼此间要体现一种必然的内在的联系。

第四节 “不要蛇尾要豹尾”——用心撰写结论

结论，即新闻评论的结尾部分，这是全文论证部分的必然结果，也是文章思想内容发展的必然结果。它对文章来说是告一结束，而对于写作目的来说，则是鼓励人们去行动的开始。因此，结尾一定要在总括全文的基础上有所提高和发挥，换句话说，既要总括全文，又要高于全文，应富有启发性和号召性。总之，评论作者在写完正文进入结尾时，不能有松口气的想法，要一鼓作气，倾心推出结尾，争取始也精彩，终也精彩，全篇精彩。

关于结尾，历代文章大家素来提倡要有“豹尾”，挺拔有力。新闻评论是画龙点睛的文章，而“睛”有时恰恰点在尾巴上。结尾不是评论的陪衬和点缀，应像苏东坡所主张的，写文章要像“行云流水”，“行于所当行，止于不可不止，文理自然，姿态横生”。结尾的写法，因文而异，或号召、鼓舞，或提醒、忠告，或欲言又止发人深省，或提纲挈领概括总结。一句话，结尾一定要有实际内容，要有非说不可的话，如果话已说完，没有什么新的意思，为结尾而结尾，那就成了画蛇添足了。

由古至今，有不少出自大手笔的诗文，其中有些篇章的内容人们也许已记不太清楚了，但精彩的结尾，却使人历久难忘。像骆宾王《代李敬业传檄天下文》的结尾：“请看今日之域中，竟是谁家之天下！”范仲淹《岳阳楼记》的结尾：“先天下之忧而忧，后天下之乐而乐”，等等，都成了千古传颂的不朽名句。

毛泽东的政论出手不凡，既反映了他博大精深的思想，又体现了高超的表达艺术。他的评论结尾，不落俗套，别具一格，每每会出现神来之笔。请看他 1949 年 1 月为新华社写的《评战犯求和》一文的结尾：

> 要问：这样的新闻是否在市场上还有销路？是否还值得人们看上一眼？根据我们所得的北平城内的消息是：“元旦物价上午略跌，下午复原。”外国通讯社说：“上海对于蒋介石新年致词的反映是冷淡的。”这就答复了战犯蒋介石的销路问题。我们早就说过，蒋介石已经失去了灵魂，只是一具僵尸，什么人也不相信他了①。

这篇评论主要是驳斥蒋介石的元旦求和声明的，正文部分义正词严，大快人心，这个结尾含蓄隽永，余音绕梁，在涉笔成趣中给读者以思想的启迪。再看他 1949 年 8 月为新华社写的评论《别了，司徒雷登》的结尾：

> 司徒雷登走了，白皮书来了，很好，很好。这两件事都是

---

① 《毛泽东选集》第四卷，人民出版社，1966 年 7 月横排版，第 1323 页。

值得庆祝的①。

这个结尾同样别出心裁，含而不露，以冷静、轻松的语气结束全文，言有尽而意无穷，给人以思索回味的余地。

再看他 1949 年 8 月 28 日、8 月 30 日先后为新华社写的《为什么要讨论白皮书》和《“友谊”，还是侵略？》两篇评论的结尾：

> 大家可以看出，艾奇逊一开口就错了这许多。这是不可避免的，因为他是反动派。至于说，他的白皮书是怎样一个“坦白记录”这一点，我们认为坦白是有的，也是没有的。艾奇逊们主观上认为有利于他们一党一派的东西，他们是有坦白的。反之，则是没有的。装作坦白，是为了作战的目的②。

> 不干涉中国内政，是否也算一条原则呢，艾奇逊没有说，大概不能算吧。美国老爷的逻辑，就是这样。看完艾奇逊信件的全文，就可以证实这一项高明的逻辑③。

这样的结尾，对评论的主题作了进一步的深化，而且在诙谐幽默中把读者的感性认识推向理性阶段，真正发挥了“豹尾”的作用。

新闻评论的结尾可以有各种不同的写法，主要的有以下几种。

一、精辟概括式结尾

这类结尾比较多，运用较普遍，起总括全文高于全文的作用。譬如，1984 年 6 月 11 日新华社播发的评论员文章《“一号文件”要管“二号文件”》的结尾：

> 简言之，中央一号文件要管各种各样的“二号文件”。凡是和中央一号文件精神相违背、相抵触的“二号文件”，有关部

① 《毛泽东选集》第四卷，人民出版社，1966 年 7 月横排版，第 1434 页。
② 同上书，第 1440—1441 页。
③ 同上书，第 1444 页。

门和单位都应该自觉地加以修改，直至全部废除。这是检验这些部门、单位是否在政治上和党中央保持一致的一个重要标志。

这篇评论，以鲜明的态度对我国农村一些地方以“土政策”（即“二号文件”）干扰中央政策落实的倾向，进行了有针对性和有说服力的评析。文章结尾单刀直入，直奔主题，很有鼓动性和号召力。

又如，一篇题为《“革命化”不能虚化》的评论的结尾：

按照司马光的观点，如不能得到“才德全尽”的“圣人”，宁可要“德胜才”的君子；与其要“才胜德”的“小人”，还不如要“才德兼亡”的“愚人”。理由是，“君子”有才可以办好事，“小人”有才更便于干坏事，而“愚人”限于才能，想干坏事也干不了，比起那尽干坏事的“小人”，其危害性要小得多。这些观点虽偏激，其“德才”标准与我们今天的“德才”标准也不是一回事，但所包含的道理对我们却不无启示。今天，我们要理直气壮地坚持干部“革命化”的标准，把培养和选拔大批能跨世纪担当重任的优秀年轻干部这项战略任务落实好。

此文主要是针对干部选拔中忽视“革命化”的倾向，尤其是对“年轻的腐败分子”作了论述和解剖，慧眼独具，一针见血，很有现实指导意义。结尾非常巧妙地运用司马光这位古人的“德才观”，来反衬今天选拔干部中的“重才轻德”现象，让人们在联想中受到启迪，既总括了全文，又深化了主题。

二、高昂激越式结尾

这类结尾需高屋建瓴，或展望前景，或揭示哲理，慷慨陈词，由衷抒怀。譬如，前面提到的《解放日报》评论员文章《改革开放要有新思路》的结尾：

邓小平同志说过：“干革命、搞建设，都要有一批勇于思考、勇于探索、勇于创新的闯将。没有这样一大批闯将，我们就无法摆脱贫穷落后的状况，就无法赶上更谈不到超过国际先进水平。我们希望各级党委和每个党支部，都来鼓励、支持党员和群众勇于思考、勇于探索、勇于创新，都来做促进群众解放思想、开动脑筋的工作。”让我们以此作为座右铭，在社会主义现代化建设的漫长征途上，在振兴上海、开发浦东的伟大事业中，不断解放思想，永远开拓奋进！

这个结尾，通过恰到好处地应用邓小平同志的一段话，使全文敢为天下先的主题得到进一步升华，对动员广大干部群众确立改革开放新思路、开创经济建设新局面，发挥了舆论先导的作用。

又如，《解放军报》2000 年 3 月 6 日发表的《“台独”即意味战争》这篇评论的结尾：

中国有句老话：善有善报，恶有恶报，不是不报，时候未到，时候一到，全部都报。维护祖国统一是最大的“善”，对中国人民来说，分裂祖国是最大的“恶”。“台独”和分裂势力胆敢冒天下之大不韪，在作“恶”的道路上越走越远，必将遭到历史的报应。包括台湾同胞、台湾官兵在内的全中国人民团结起来，反对分裂，制止“台独”，共同争取祖国的和平统一！

从我国民间广为流传的“善恶报应”的古话生发，反诘作恶多端的“台独”和分裂势力绝不会有好报应，字里行间渗透着一种惩恶扬善的道德力量。这种结尾，贴切自然，充满哲理，很有感召力。

三、余音绕梁式结尾

借助文学表现手法和修辞手段，隽永含蓄，耐人回味，给读者以较多想象的空间和思考的余地。前面提到的毛泽东 1949 年为新华社撰写的几篇评论的结尾，多半属于这一种类型。

要写好评论的结尾，一定要注意三条：其一，结尾与标题和开头一样，都是全文有机的组成部分，都是为主题服务的，要照应全文，要首尾呼应；其二，必须用心写作，不落俗套，避免空话、套话，尽可能写得生动一些;其三,因文而异,有些评论言尽意止,就不必硬加个尾巴;有些评论开头提出了问题,结尾应有所交代;有些评论是驳论,结尾就不宜用号召式,应采用贬斥式,等等。

以上,我们将谋篇布局的工作,按照行文的顺序,分步骤一一作了介绍。那么,联系到具体的写作实践,又是怎么样的呢?这就因人而异了。但就大部分作者,特别是对初学评论写作的人来说,在谋篇工作大致就绪之后,一般应先列出提纲,再依提纲写出文章。至于在写作过程中对提纲作出修改甚至推倒重来,都是难免的,也是正常的。当然,也有不用提纲写作的。但不管怎样,一定要做好动笔前的运思工作,因为只有“烂熟于心”,才能“袖手于前”。在这方面,我国著名美学家朱光潜先生的方法可供参考,他在被问及动笔前的运思时说的一番话很有内涵,特摘录如下:

“我个人所采用的是全用腹稿和全不用腹稿两极端的一种折中办法。在定了题目之后,我取一张纸条摆在面前抱着那题目四方八面地想。想时全凭心理学家所谓‘自由联想’,不拘大小,不问次序,想得一点意思,就用三五个字的小标题写在纸条上,如此一直想下去,一直记下去,到当时所能想到的意思都记下来了为止。这种寻思的工作做完了,我于是把杂乱无章的小标题看一眼,仔细加一番衡量,把无关重要的无需说的各点一齐丢开,把应该说的选择出来,再在其中理出一个线索和次第,另取一张纸条,顺这个线索和次第用小标题写成一个纲要。这纲要写好了,文章的轮廓已具。每个小标题成为一段的总纲。于是我依次第逐段写下去。写一段之先,把那一段的话大致想好,写一句之先,也把那一句的话大致想好。这样写下去时,像上面所说的,有时有新意思涌现,我马上就修改。一段还没有写妥时,我决不把它暂时摆下,继续写下去,因此,我往往在半途废去了很多稿纸,但是一篇写完了,我无须再誊清,也无须大修改。这种折中的办法颇有好处,一则纲要先想好,文章就有层次,有条理,有轻重安排,总之,就有形式;二则每段不预先决定,任临时触机,写时可以有感到笔随之乐,文章也不至于过分板滞。许多画家作画,似亦采取这种办法。他们先画一个大轮廓,然后逐渐添枝补叶,显出色调线纹阴阳向背。预定轮廓之中，仍可有气韵生动。”①

问题与练习：

1. 什么叫谋篇？什么叫结构？两者之间的关系如何？
2. 好的评论结构应具备哪些条件？
3. 好的评论标题应该是怎么样的？从近期报刊上找几个比较好的评论标题，说说好在哪里？
4. 写好评论开头应注意哪些问题？有几种常见写法？
5. 好评论的结构应怎样把握？
6. 举例说明六种不同的段落结构。
7. 写好评论结尾应注意哪些问题？
8. 写一篇主要采用归纳论证结构的评论，并按要求制作标题，写好开头与结尾(不超过1 000字)。

---

① 朱光潜：《美学文学论文选集》，湖南人民出版社，1980 年 12 月版，第 265—267 页。

第十四章

文　采

本章内容提要：

1. 新闻评论富有文采的意义。
2. 叙议结合与评论文采的关系。
3. 情理交融与评论文采的关系。
4. 起承转合与评论文采的关系。
5. 言之有文与评论文采的关系。

新闻评论是媒体的旗帜和灵魂，但是有些读者、听众、观众、网民不爱看不爱听的往往是它。原因固然很多，其中主要的除了与评论缺少新思想、新观点以外，恐怕与评论写法生硬呆板、缺乏文采不无关系。因此，要使新闻评论为广大受众所喜闻乐见，必须在改进写作方法，提高引导艺术上下工夫，在增强新闻评论的文采上见实效。“任仲平”的评论文章，为什么能得到领导、同行、读者的厚爱？除了立意高远、气势磅礴，以论述见长以外，还与文字优美洗练、文采独树一帜密切有关。很多文章的段落都非常精彩，不少警句、格言堪称经典，真正做到了思想内容与表达艺术的完美统一。

真理是科学的结晶，阐述真理必须严肃，用语必须质朴、庄重，这是毫无疑问的。但质朴并不排斥优美，庄重也并不拒绝活泼。真正有生命力的理论，其内容应是丰富而有独创性的，其形式也应是生动活泼的。马克思早在 1842 年就指出，丰富多彩的生活应当产生绚烂夺目的文化。事实上，从马克思到毛泽东，他们的许多著作，文笔生动优美，既有高屋建瓴、气势磅礴的雄劲，又有行云流水、议论风生的韵致，称得上情文并茂，风格独具。在这方面，我国历代不少文章大家也说过：“言之无文，行而不远”，“辞达而理举”。为了传播真理使人“敬而爱之”、“信而悦之”，新闻评论也要讲究文采飘逸，通俗形象，从谋篇、立论、设喻、遣词、造句，都要反复斟酌，精心写作。但是，在我们一些新闻评论工作者中,却错误认为评论的严肃性和生动性难以统一,因而他们笔下的言论往往干巴巴,索然无味。究其原因,正如毛泽东所指出的:"我们的许多同志,在写文章的时候,十分爱好党八股,不生动、不形象,使人看了头痛。"

丰富的文采,应是内容与形式的有机结合。任何一篇新闻评论,要富有文采,首先是它的新闻性,即因事抒感、有的放矢,具有不得不说、非说不可的强烈愿望;同时还要有思想性,要一语中的、一语道破,说出人人心中皆有但笔下所无的东西。有了这个前提,就分清了主次。要不然,不首先着力解决内容上的问题,为形式而形式,那样的文采是靠不住的,也是没有什么实际意义的。这里,我们根据不少评论作者的成功经验,着重从形式上来介绍几种增强评论文采的方法。

第一节 叙议结合 议论风生

把抽象的东西同具体的东西结合起来,这是诸多名家大师在谈文章的生动性时都很强调的一点。一位新闻工作的老前辈说:"要增强文章的生动性,就要在抽象的论述中加些不抽象的东西。比如可以穿插一些具体人、具体话、具体事,并且要具体到形象化的程度。"这是因为,文章是客观事物的反映,而任何事物都有两重性,都有具体方面和抽象方面。我们只有既反映它的抽象方面,又反映它的具体方面,这样的反映才是完整的,而完整的东西才能生动,不完整就不生动。拿评论写作来说,具体的东西就是文章中的事实根据,抽象的东西则是具体的东西在作者头脑中经过抽象过程才得到的,因而评论文章不应该满足于只把结果告诉受众,还应该让受众与作者共同经历这个认识事理的过程,在逻辑上提供足够的根据。一位获奖评论作者说得好:"评论无疑是需要概念的,但在概念之下更需要生动的思想细节,要用思想细节来说服受众、感染受众。既要站得高、看得远,又要拿得起、放得下。同时,要把充满新意的思想和发现,用同样充满新意的语言形式来生动表达。"经验告诉我们:在评论写作中尽可能夹叙夹议,是把抽象的东西和具体的东西相结合的好方法,是增强评论说服力和生动性的重要一环。《人民日报》于 1981 年 1 月 6 日在头版显著地位发表的评论员文章

《“铁公鸡——一毛不拔”好》,虽然论述的是要发扬勤俭建国精神这样一个老话题,但由于作者不囿于俗套,不搞空洞说教,而是从当年是鸡年入笔,由我国民间流行的“铁公鸡——一毛不拔”这句歇后语加以生发,全文始终借助“铁公鸡”的形象来加强思维的印象。请看作者在结语中的这一段文字:

> 总之,大手大脚、把关不严的情况必须改变。不少同志以为我们国家大,多花一点钱,好比在大公鸡身上拔一毛,算不得什么。殊不知,你拔,我拔,他也拔,见毛伸手抢着拔,用不了多久,羽毛丰满的大公鸡也会成为秃鸡的。有些同志自己身上掉根头发都感叹不已,拔根汗毛也怕痛,而对国家身上的毛、公家身上的毛却采取了异常“慷慨大方”的态度。当然,在我们经济战线上,坚持原则、遵守制度者大有人在。他们铁面无私,对国家、集体的财物把关很严,不随便开支一分钱,可以说是“一毛不拔”以利天下,特别是建设银行的许多同志为国家把口子,节约不少投资,这种精神值得大家学习。

这种夹叙夹议、运用形象化的手段来阐明事理的点睛之笔,比起那些洋洋大篇的泛泛而论不知要强多少倍,实在值得我们学习。

又如,2001 年 6 月 7 日《解放日报》在头版发表的短论《索菲亚的“厌烦”》,也是一篇熔叙、议于一炉,把抽象的概括同现实中的人与事结合起来的一篇美文。这篇短论把所评述的事物加以描述和渲染,议论风生,娓娓道来,使读者在不知不觉中得到教益。请看全文:

索菲亚的“厌烦”

> 法兰西有个索菲亚高科技园。世界前列,欧洲之最,所以参观洽谈者,近悦远来。而法国人也总是热情接待。然而近年以来,东道主对于中国的参观团,却十分“厌烦”。每有团来,只派一名导游敷衍。既非民族歧视,也非人分九等,什么道理呢?因为那些团队中人,大多外行,没有常识,且心不在焉,一年几十个团队蜂拥而来,呼啸而去,什么下文也没有,“不知为何而来”?

索菲亚的“讨厌”，并非唯一的例子。数年之前，已有报载，巴西的伊泰普水电站，气势雄伟，美景无限，也有中国的“参观团”，与电站不沾边的大批官员，来此一游。结果巴西政府只好宣布：来伊泰普参观的中方代表团，一年不得超过4批，且须“与水电有关”；无关之人，概不接待……

“无关之人”，出国“考察”，老外看不懂，但却是咱们不少地方组团云游的一大特色。无涉科技，可以去索菲亚，不搞水电，可以去伊泰普。“考察”，只是名目，醉翁之意，仅在山水而已，这在国人，已不是什么奥秘，只是洋人尚在雾中。当然科盲、水电盲们，也不是不能出去。“开开眼界”，总比蜗居夜郎要好。然而为数不少的团队，去国万里，又开了什么“眼界”？阿姆斯特丹的红灯区，芭堤雅的人妖秀，夏威夷的脱衣舞，真可谓满目“春”色入眼。至于赴美“考察”，去拉斯维加斯“来一把”更成一些团队的“例行项目”。游龙戏凤的开销，遍采春光的发票，不少拿来公家报销。已经判了无期的巨贪、阜阳市原市长肖作新案的事发，不就是因为“出国考察”的花账么？肖市长出境六天，某公司全程买单，一叠发票，巨达41万元，才终于引起了检方的“震惊”。然而这样的“发票”，又岂止一个肖作新拿来“报销”？

国门打开，“出去”看看，应是常情之事。但如果暗度陈仓，万里逍遥，岂但是中国老百姓侧目，便是洋人，也要另眼相看，这就叫做“有损国格”，把台坍到了天涯海角。索菲亚的“厌烦”，难道不应当发人深省么？

这篇评论寓理于形，叙事出理，通过一连串经高度概括的典型事例，再辅之以轻松调侃的笔触，把一些人以出国公务为名、行游山玩水之实的问题揭示得淋漓尽致，剖析得入木三分，对被批评的人委实是一帖清醒剂。

大家知道，出自毛泽东之手的新闻评论，都擅长以说理征服读者。但其中的奥妙之一，就在于说理时有虚有实，虚实相间，从理论与实践的结合上阐明道理。1942年10月12日，他为延安《解放日报》撰写的重要社论《第二次世界大战的转折点》①，主要是评析当年苏联斯大林格勒保

① 《毛泽东选集》第三卷，人民出版社，1966年7月横排版，第840—844页。

卫战初步取得胜利的伟大意义；并以此预测和展望第二次世界大战的进程和发展趋势。这篇社论，以夹叙夹议、虚实结合的方式进行说理，道理讲得精辟深刻、厚实透彻，富有力量感和预见性，使人读了深感有高屋建瓴之势，有高瞻远瞩之感，给人以鼓舞，给人以力量，给人以信心。

当然，由于题材不同，写作的庄重程度不同，不一定每篇新闻评论都要求像这几篇一样写法，但新闻评论是摆事实、讲道理的一种文体，不同于理论文章和学术论文，就事论理、就实论虚是它的基本技法。

第二节　通情达理　情理交融

有人说："无情未必真评论。"这是中的之言。道理很简单，新闻评论作为一种论是非、说道理的文字体裁，它无非是提倡一种东西，反对一种东西，达到扶正祛邪、兴利除弊的目的。因此作者在论述一个问题、阐明一个观点时，总要受自己或褒、或贬，或喜、或怒，或激励、或批判的情感所统率，所制约。平时，我们经常讲的"合情合理"、"通情达理"、"情理交融"等等，都说明情与理是对立统一的，情为理服务，理借情感人。实践表明，评论文章若能娓娓道出"理"，即能说服人；深深透出"情"，即能打动人。正因为如此，从我国近代著名政论家梁启超开始，都十分强调笔端要常带感情。梁启超的文章，在当时之所以会具有"举国趋之，如饮狂泉"的魅力，恐怕与此不无关系。胡乔木说过："如果作者已形同槁木，心如死灰，那他就不会感到提出问题的必要性，就不能在文章里表现他的感情与激动。当然，这样的文章也就成为槁木，成了死灰。"毛泽东更强调指出："政论应该像政论，但并不排斥抒情。"他本人撰写的许多政论和评论激情喷发，感人至深。

《人民日报》"任仲平"的评论文章，一般都很重视情感的力量，在情理交融中增添文章的质感。2008 年 6 月 2 日撰发的《灾难中挺立伟大的中国》（获第十九届中国新闻奖新闻评论一等奖），文字中渗透着脉脉深情，充满着人文关怀："灾难来临的瞬间，多少人将生的希望让给别人；生与死的边缘，多少人将死的选择留给自己……当年幼的孩子在废墟下吟唱'幸福和快乐是结局'，当痛失亲人的县长从废墟中爬起冲向救灾一线……我们读懂了什么叫人间大爱，什么叫尊严勇气，什么叫凝聚挺立。”文中还用排比句式作了这样一气呵成的表述：“20个昼夜，汶川作证，中国速度赢得赞誉；20个昼夜，汶川作证，中国力量令人惊叹；20个昼夜，汶川作证，中国精神感天动地；20个昼夜，汶川作证，中国的透明度世界瞩目。”这种融情于理的论说，使情感充满了生命的张力。

增强评论感情色彩的途径很多，其中很重要的一条，就是从“情”入“理”，自“理”感“情”，换句话说，就是在“融”字上做文章——融情于理，也就是将感情融化在说理的过程中。根据一些专家学者的总结，融情于理有五个途径：一是融情于辩：把鲜明强烈的感情融进义正词严的论辩中，鲜明地表达作者的爱憎好恶和立场观点，以引起受众的共鸣；二是融情于聊：把满腔真情融进与受众拉家常般的思想交流中，使受众在富有人情味的聊天式讨论中“移情明理”、“通情达理”，不知不觉地接受作者的观点；三是融情于事：通过对典型事件或典型现象的叙述和剖析，渗透进作者强烈的感情，使受众在明白事理的同时，得到感情的陶冶；四是融情于景：通过对典型景象的描述和联想，抒发作者触景生情的喜怒哀乐，创造情景交融的意境，为深刻说理推波助澜；五是融情于物：通过对典型物体的描写和评点，注入作者鲜明的褒贬感情，引发出精辟的警世之言，给受众感性兼理性的启迪。

这里，不妨举一个融情于辩的例子：中央人民广播电台于1992年播放的广播评论《拜金主义要不得》（获第四届中国新闻奖新闻评论一等奖）一文，在列举拜金主义的种种表现后指出：

> 改革开放给我们这个12亿人的大国带来了前所未有的变化，但现在还远非黄金铺地。我们人均还不到400美元……光是在我国的中西部地区，就有2 700万农民仍在为温饱发愁，河北一个失学的孩子，天天在家扎扫帚，想凑够不过四五十元的学费；对比这些，那种千金散尽、挥霍无度的“潇洒”该有多么不协调……“艰苦奋斗”，是一面鲜红的旗帜，在我们奔小康、奔四化的路上，让这面旗帜高高飘扬！

由于作者将自己对拜金主义的憎恶、愤恨之情，凝聚在持之有据、言之有理的评析中，使评论充满了是非感和爱憎情，对听众真正起到了晓之以理、动之以情的作用。

又如，获得第九届中国新闻奖新闻评论一等奖的《河北日报》评论

《迎着老百姓的方向走》(刊于1998年11月1日),同样是一篇笔端饱蘸激情、情理相互交融的一篇佳作,全文如下:

迎着老百姓的方向走

“彭市长,你别往正门走,有一群上访的人正堵在那里。”“那我从哪儿走?”“后门。”“后门要是也堵了呢?”工作人员被武安市市长彭学增问得哑口无言。他来到上访群众中,提高嗓门喊道:“我是彭学增,大家要反映什么问题,请说吧!如果时间短,我就地答复;如果时间长,请大家先回去,留下几个代表到我办公室来。”上访群众听了市长这番话语,憋在心里的气消了一半,围得水泄不通的大门顷刻畅通无阻,尔后大家心平气和地酝酿代表人选。

“刘县长,你们快改道吧,有几个村民要截车。”易县县长刘建军从呼机上读完这条“十万火急”的信息后命令司机加速,把车开到村民要设卡的凌云册乡路口等候群众。过了一会,远远地走来一个村民,问清刘县长是在等他们之后,急忙招呼后面的人,“呼啦”一下,涌来一大帮。大家听说刘县长已在此等候他们多时,深受感动,一再催促县长赶路程,他们的事回乡里找乡长说去。

这是我省农村工作中的两组“特写镜头”,情节不复杂,但发人深思。

为什么看似马上会激化的干群矛盾会瞬间平息?道理并不深奥,领导干部只要迎着老百姓的方向走,矛盾就能降温,对立就会变为对话,即使尖锐化的矛盾也是可以妥善解决的。人民公仆不能怕群众、躲群众,不能“支应”群众。为什么有些地方原本不大的矛盾竟闹得不可收拾?恐怕与那里的领导者不懂得“迎着老百姓的方向走”有很大关系。看来,处理干群矛盾的方法,已不再是一般的工作方法问题,而是关乎大局、关乎党的原则的大问题。群众直接找领导者反映问题,这是很正常的,是群众相信我们、依靠我们的表现;如果有了问题却不找我们,那才是不正常的、危险的。所以,群众来了并不可怕,哪怕是“民告官”,也不可怕。这往往正是给领导者提供了调查研究的好机会，提供了开展群众工作的好机会。工作做好了，干群关系中的摩擦、冲撞，还能成为建立干群鱼水关系的契机。所以，哪里有老百姓我们就到哪里去，哪里老百姓问题多、意见大、困难重，我们尤其要注意到哪里去。现在，有些干部把躲避老百姓视为一种“聪明”或“领导艺术”。群众要求直接见张书记，张书记却把李县长推到前沿；群众要求李县长来答复，李县长却让秘书去和群众捉迷藏。如此拉锯、推诿、踢皮球，不但于事无补，反而会加剧矛盾冲突。老百姓是我们的衣食父母，我们是人民公仆，每一个党的干部，都应该以深厚的感情来对待群众反映的各种实际问题，并努力帮助解决。为了排忧解难，切不可视而不见，听而不闻，心不在焉，敷衍塞责，漠然处之，更不能居高临下，动辄训人，把反映问题的群众视为“刁民”。对待群众的态度，应当成为新时期领导干部是否合格的一块试金石。

迎着老百姓的方向走，绝不是说可以不讲原则，绝不是提倡违法上访、集体上访。相反，我们干部以积极的姿态到群众中去，是为了更好地贯彻落实党的方针政策，引导群众摆正眼前利益与长远利益、局部利益与全局利益的关系，从而使我们成为群众利益的真正代表。近闻涉县县委在旧城改造中，面对群众上访事件，县委书记杨志科没有回避矛盾，而是主动来到告状者中间，晓之以理，组织告状群众代表到外地参观。告状的群众大都是一辈子没有出过太行山的人，他们到市里、省会和京城走了一遭后，观点来了个180度大转弯。他们说，我们涉县这儿哪像个县城，不动大手术，连马车都过不去，怎么能跟上时代的步伐？迎着老百姓的方向走，在这里变成了一堂最切实、最生动的思想政治工作课。

看完这篇评论，不能不被文中字里行间所渗透的一片“情”所打动：无论是彭市长、刘县长在上访群众和截车村民面前所表现的“情”，还是上访群众和截车村民在彭市长、刘县长面前所表达的“情”，都是那样质朴，那样纯真，完全发自内心，完全出于真情。这是党群鱼水情的体现，这是党的好作风的传承。这一切，都是评论作者笔端饱蘸激情、如实反映真情的结果。而且，这篇评论作者敢于触及热点，又不炒作热点，可以说把握平稳,分寸适度。

再如,前面提到的《人民日报》"任仲平"评论《筑起我们新的长城——论抗击非典的伟大精神》,更是把以理服人与以情感人巧妙地融为一体,读来铿锵有力,让人热血沸腾。如文中写道:"'把我们的血肉筑成我们新的长城',这是以民族魂魄谱就的雄壮旋律。越是遇到艰难险阻,这旋律就越发激扬高亢。""一场没有硝烟的特殊战斗,进入攻坚阶段;一座抗击非典的伟大长城,巍然矗立起来。""每一场特殊战斗,都需要一批特殊战士;每一次生死搏斗,都会涌现一批英雄。""心连心,情相拥,爱相通。不论是首都北京,还是偏远乡村,哪里有疫情,哪里困难多,哪里就有四面援助、八方支持。""你的心,我的心,万众一心;你的力,我的力,千钧之力。""从中,我们深切感受着以胡锦涛同志为总书记的党中央心系人民,坚定成熟,驾驭复杂局面,应对严峻挑战的能力和魄力……从中,我们深切感受着中国特色社会主义制度的优越……从中,我们深切感受着中国共产党人崇高的精神境界……从中,我们深切感受着中华民族伟大的凝聚力……从中,我们深切感受着国民素质的迅速提高……从中,我们深切感受着伟大祖国综合国力的大大增强",等等。这些激情四溢、如诗如画的文字,气势恢宏,情理交融,环环相扣,一气呵成,读后让人有酣畅淋漓之感。

第三节　起承转合　变化有致

古人说:"文似看山不喜平。"又说:"山之妙在峰回路转,水之妙在风起波生。"这就好比画家不大喜欢画平原一样,除了田野、村庄,就是地平线上的几只飞鸟,比较单调;而高山、大海则不一样,有高低,有起伏,有层次,有激荡,气象万千,变幻无常,是文人墨客最喜欢涉足的地方。新闻评论,就其内容来说,具有结构波澜起伏的内在条件。因为任何一篇评论,无非是提倡一种东西,反对一种东西,如果没有对立面,没有反面意见,何辩之有?纵观古往今来一些好的论辩性文章,无不在文气(即结构)上表现其各各不一的特色:或清朗,或奔泻,或遒劲,或跌宕,或奇峰突起,或拂草萦波,或如江河之水滔滔滚滚,或如海洋之水波澜壮阔,决不平淡无奇,一览无余。

现在有些评论文章，从头到尾，四平八稳，没有论辩，没有激荡，基本上是平铺直叙的一、二、三、四……这首先反映了逻辑上的贫弱，因为它没有反映出生活中的矛盾；而从其本质来说，则反映了作者思想见解上的贫乏，没有形成自己的独特看法。我们说，评论文章不是文艺作品，主要以理服人，以新颖的理念、独到的见解去感悟人。提倡什么，促进什么，要有独到见解；反对什么，鞭挞什么，也要有独到见解。如果只发议论，毫无独到见解，议论也发不好，只会使人感到是官样文章，不痛不痒。梁启超的政论之所以别具一种魔力，在一段时间里，举国上下，特别是青少年，读他的文章如饮狂泉，就因为他的文字反映了资产阶级在它上升时期救亡图强的胸怀，有一种强烈的理性力量，读了令人热血沸腾，不能不和作者产生思想上的共鸣。

经验告诉我们：只要作者对事理认识深刻了，或是或非，或喜或忧，或爱或恨，独到见解就会油然而生。这样的见解交织在事理之中，洋溢在字里行间，评论文章才会有生气，有波澜，有色彩，才不致使文章平板呆滞，毫无曲折。毛泽东在《论联合政府》一文里，有这样一段话：

> 以中国最广大人民的最大利益为出发点的中国共产党人，相信自己的事业是完全合乎正义的，不惜牺牲自己个人的一切，随时准备拿出自己的生命去殉我们的事业，难道还有什么不适合人民需要的思想、观点、意见、办法，舍不得丢掉的吗？难道我们还欢迎任何政治的灰尘、政治的微生物来玷污我们的清洁的面貌和侵蚀我们的健全的肌体吗？无数革命先烈为了人民的利益牺牲了他们的生命，使我们每个活着的人想起他们就心里难过，难道我们还有什么个人利益不能牺牲，还有什么错误不能抛弃吗①？

说实在的，如果没有无产阶级革命领袖的博大胸怀，没有以中国革命为己任的崇高思想，没有出神入化的独到见解，是发不出这种让人心灵震撼的议论的，也写不出这样雄辩滔滔的文字的。可见，评论文章结构的波澜起伏、变化有致，首先取决于作者有没有新思想、新观念、新见解。如果无病呻吟，或者拾人牙慧，强作文章，不仅内容上不去，形式

---

① 《毛泽东选集》第三卷，人民出版社，1966年7月横排版，第1045—1046页。

（包括结构）也搞不好。

不过，话又得说回来，写作评论，在内容第一的前提下，表现形式也是不能不讲究的。拿文章结构来说，就得讲点起、承、转、合，层次与层次、段落与段落之间应该体现某种逻辑关系。毛泽东说过："写文章要讲逻辑。就是要注意整篇文章、整篇说话的结构，开头、中间、尾巴要有一种关系，要有一种内部的联系，不要互相冲突。"①他的名篇《为人民服务》中有这样一段话："因为我们是为人民服务的，所以，我们如果有缺点，就不怕别人批评指出。不管是什么人，谁向我们指出都行。只要你说得对，我们就改正。你说的办法对人民有好处，我们就照你的办。"②这几句话中，通过"因为……所以"、"如果……就"、"不管……都"、"只要……就"等关联词组进行层层推理，以严密的逻辑精辟地阐述了我们党全心全意为人民服务的宗旨，具有极强的说服力。此外，还要根据内容和语气的需要，恰到好处地使用各种标点符号，使其发挥应有的作用。现在，有些评论不是段落太长，使读者不得要领，感到压抑，就是段落太短，把思路搞得支离破碎，让读者摸不着头脑；还有些评论，从头到尾只使用逗号和句号这两种标点，其他的很少沾边，等等，这些都属于低级错误，应该及早改进。

第四节　言之有文　辞达理举

这里，主要讲讲新闻评论语言与修辞方面的问题，都是增加文采的题中应有之义。

一、语言要准确、简明、富有哲理

新闻评论要做到以理服人，必须概念明确，判断恰当，推理合乎逻辑。而准确的概念、判断和推理，又要借助于准确的语言来表达。如果语言表述不准确，出现漏洞，甚至前后矛盾，就形不成明确的概念，从而

① 《毛泽东选集》第五卷，人民出版社，1977 年 4 月横排版，第 217 页。

② 《毛泽东选集》第三卷，人民出版社，1966 年 7 月横排版，第 954 页。

必然影响恰当的判断，影响正确的推理。因此，准确是评论语言的第一个要求。在评论写作中，每一个问题的提出，每一句话的判断，每一个概念，甚至一个关联词语的运用，都必须力求准确、恰当，有分寸感，决不能含糊其辞、模棱两可。

新闻评论语言往往用抽象的方法，概括出事物的内在属性和规律，运用抽象的概念进行判断与推理，得出科学的结论。新闻评论语言运用抽象思维，有时需排除事物的外在形象，从而达到科学地表述事物内部属性的目的。譬如，1990 年 1 月 8 日《人民日报》发表的评论《四项基本原则是近代中国历史的必然》，其中论述中国共产党领导的必然性是这样表述的：

> 中国共产党在国家政治生活中的领导地位，是历史形成的。如果说，在民主革命过程中，由于历史的原因，资产阶级及其政党曾经充当过一个时期的领导者，那么，搞社会主义，共产党就是唯一的领导者了。因为只有中国共产党，才能提出实现社会主义和共产主义的纲领，制定出相应的路线和方针，并领导人民卓有成效地付诸实践。没有共产党就没有新中国。同样，没有共产党就没有社会主义的现代化。这是历史的结论。

这一段是对中国历史的高度概括与科学抽象，体现了中国历史发展的必然。这种评论语言没有诉诸具体生动的事实和事物的外在形象，而充满了概念、判断、推理的逻辑性。

相比之下，新闻语言是带有新闻特性、适合新闻信息传递的实用语言，它“用事实说话”，即通过传播新近发生的有意义的事实(信息)来表达传播意图。同样是歌颂中国共产党的领导是历史的必然，新闻报道一定要通过典型事实的报道，例如建设成就报道、《县委书记的榜样——焦裕禄》等典型报道来实现。

新闻评论是抽象思维(不排斥适当的形象思维)的表现形式。它在就“事”论“理”时，尽管也需要引述事实，描写形象，但无论是“事”的复述，还是形象的穿插，都是为了从中析“理”。因此，叙述就要力求简练，不是为叙述而叙述，而是为了议论而叙述。如果不注意这一点，应当概括不概括，大量使用记叙、描写的语言，评论文章就将变成记叙文了。

新闻评论运用的是论文语言，容易写得晦涩深奥，而通俗易懂、深入浅出正是读者对评论可读性的要求。通俗，就是从读者的思想水平与接受能力等情况出发，摆事实，讲道理，使读者易于接受。深入浅出，就是要把深刻的思想内容与通俗的分析论述结合起来，使读者也能理解，并理解得深刻。可以说，通俗易懂、深入浅出是写作的态度问题，也是群众观点问题。

首届中国新闻奖参评作品中，有一篇题为《“错批一人，误增三亿”质疑》的评论，明白晓畅，老少咸宜，文风很好。“错批一人，误增三亿”曾以一个口号式的历史观点在一段时间内广泛流传。在这种背景下，此文运用辩证唯物主义和历史唯物主义的观点和方法，具体分析了中国解放以来人口迅猛增加的政治、经济、文化和历史背景，指出中国人口增长史绝非肯定或否定一两个人就能改变面貌。评论从三个方面通俗易懂、深入浅出地进行分析、说理：

(1) 错批马老，已有定论，毋庸置疑。然而把1957年到1979年20余年里增加的三亿人口说成因“错批了马老而误增”则似欠公允。回顾历史，并未因“错批”而影响民众的生育状况，相反“错批”时由于天灾人祸，出生率由1957年的34.03‰，下降到1958年的29.22‰，1959年的24.78‰，1960年的20.85‰，1961年的18.13‰……因此，三亿人非“错批”而“误增”。

(2) “错批”时，我国政府已注意到人口增长过快的问题，提倡节制生育。1956年党中央制定的《全国农业发展纲要(草案)》中提出：“宣传和推广节制生育，提倡有计划的生育子女。”1962年、1963年，国务院、周总理多次号召计划生育，并在中央与地方成立计划生育委员会，开展计划生育群众运动。但是后来发生“文革”干扰，整个国家处于混乱状态。因此，三亿人并非“错批”而“误增”。

(3) 人口增长有个“惯性”常识，即使像现在这样严格实行计划生育，我国人口的“零增长”也要在下个世纪中期才能实现。岂能幻想1957年如不“错批”，而1979年中国人口仍在六亿多的水平上哩！因此，三亿人非“错批”而“误增”。

结论是：

五十年代末批判马老是错误的，而不公正地评价那场错误批判的影响也是不对的。坚持实事求是的态度，还其历史的本来面目，便于我们更深刻地认识我国的基本国情，明了计划生育是亿万人民生育观念的伟大变革，更加坚定信心，清醒而坚决地执行党和政府的计划生育政策，促进我国人口与计划生育事业的深入发展。

二、善用形象化笔法与语言

形象化是语言艺术中的重要因素。评论文章的语言要生动、活泼、吸引人，很重要的就是要求说理形象化，或叫作“寓理于形”，努力把言论写得绘声绘色，幽默犀利。

1. 把抽象的概括同形象化的具体描述结合起来，把所要议论的事物加以描写和渲染，使其栩栩如生

这样做，使评论能够与具体形象的东西相结合，可以给读者以感性认识，引起感受、想象、回忆，从而加深对事理的认识。

1983 年 2 月 3 日《人民日报》发表的短评《“吃富”者，止步！》，就有这样的特色。文章说：

客人隔顿不隔天，
烧茶煮饭不断烟，
茶壶酒壶长流水，
面笑心愁口难言。

这是谷城县一个养兔专业户诉说苦衷的几句打油诗。其实，这何止是他一个人的苦衷。襄阳县一个养鸡专业户一年多接待客人上千次，花去招待费六百余元，粮食五百多斤，还有个“客人”竟愣向他要七百元现金，被拒绝了。枣阳县有名的“万元之家”也遇到这种情况，张家买缝纫机要他“发扬风格”，李家买自行车要他“无私支援”，搞得他难以招架。南漳县“天麻能手”境遇更糟，连长在地里的天麻种也被挖掉了……这就是当前某些地方出现的一股“吃富风”。

真心实意到冒尖的专业户去“取经”是可以的，但是以“取经”为名去揩油就不地道了。至于以各种名目径直要求“无私

支援”，那就无异于敲竹杠。人家靠勤劳致富，你凭什么白拿、白要他的劳动成果？

凡是冒出这股“吃富风”的地方，领导者应该注意纠正。否则，专业户就有被“吃”垮的危险，冒尖的也不敢再冒尖了！

这篇短评一开始就恰到好处地引用了打油诗，并以简洁的笔墨叙述了三县三个专业户的遭遇，抽象概括的“吃富风”就有了具体形象的内容，这就不难引起读者的联想与深思。进而，短评对“吃富者”痛下针砭，同时对当地领导猛敲警钟：“否则，专业户就有被‘吃’垮的危险，冒尖的也不敢再冒尖了！”既指出了“吃富风”进一步蔓延的恶果，提醒领导马上采取措施；又警告“吃富者”止步，这种“揩油”、“敲竹杠”行为该停止了。结尾振聋发聩，收束有力。

所谓用形象“显示”，或曰请形象现身，就是在写作评论时，用寓有一定含义的具体人或具体事去阐明一个思想观点，说明一个道理。在评论特别是短论说理中，笔锋所至，或博引广征，或拟人喻物，请古今中外一个个为读者熟悉的“形象”出来对号入座，去说明一个个道理，使一个个的道理在读者面前不言自明，以加深读者的理解和记忆。语言生动形象，在评论写作中可以收到如此效果：说好，能使读者喜上心头；揭丑，能使读者怒不可遏；讲哀，能使读者悲忧不已；谈乐，能使读者眉飞色舞。譬如，《中国青年报》有篇文章在批评讽刺尸位素餐的官员时，对这些官员的外貌、精神状态作了形象的概括，文章借算命先生之口，这样描绘某些官场中人：“必是红光满面而又前挺后撅（这是经常赴宴之故），眼大而无神（不思考），手肥且白（不动手），嘴唇较薄（废话太多了），臀部较大（坐车、开会而致）……”这样的形象描写让人忍俊不禁，也许文章的标题、内容，读者因日久会淡忘，但这样生动形象的描写会日久天长地留在读者的记忆里。

2. 寓庄重于诙谐，通过比喻和拟人化等修辞方法，用人们容易理解的浅显的事物或道理来说明不容易理解的深奥的事物或道理，可以生动地把道理讲得深入浅出，给人以鲜明的印象

毛泽东在评论写作中非常重视并善于使用比喻。他在《反对党八股》一文中，把那种空话连篇、言之无物的文章比作“懒婆娘的裹脚，又长又臭”；把写文章不看对象比作“对牛弹琴”；把干瘪无味的语言比作“瘪三”；把动辄用“甲乙丙丁”罗列文章内容比作“开中药铺”；用“开动

机器”来形容多动脑筋的必要；用“洗脸”、“扫地”来说明开展批评与自我批评的重要；用“下山摘桃子”比喻蒋介石想独占抗战胜利果实的狂妄野心等等，既形象生动，又鲜明深刻。有些作者写的评论文章中，常常冒出一些诙谐的语言，既生动，又很有表现力。诸如用“见了兔子打枪，见了老虎烧香”来说明批下不批上，姑息养奸；用“头痛用棒敲，眼痛抹辣椒”来说明措施不当，治理无方；用“讲成绩不尽长江滚滚来，讲缺点犹抱琵琶半遮面”来说明报喜不报忧等等，这都比用抽象的一般化的说理词句要生动得多。有时对一些事物，有意“旁征博引”，大加发挥，造成一种幽默感，同样可以增强语言的形象性。

3. 化平凡为神奇，运用通俗化的口语或成语民谚来说理

新闻评论要反映亿万群众的思想和情绪，必须在语言上注意群众化，使深刻的思想在通俗化的口语中表达出来，这就能深入浅出，亦庄亦谐，为读者所喜闻乐见。譬如，说开后门好办事是“十八颗图章抵不过一个老乡”；说胸无大志、追求实惠是“理想理想，有利就想；前途前途，有钱就图”，等等。在“任仲平”的评论文章中，不时会读到这样的警句、妙语：“改革未有穷期，中国还在路上”；“汶川作证：我们这个民族，经得起颠簸！”“不懂得长征，就无法了解中国共产党；不了解中国革命史，就无法懂得我们脚下的土地”；“世界感谢中国，为一届‘有特色’、‘高水平’的奥运会；中国更感谢世界，让中国有这样一个机会，实现百年梦想，并为新的梦想启航”，等等。

当然，评论文章语言的生动，主要着重于说明事理的生动，应以不影响科学性为前提。要防止片面追求生动，发生做作、庸俗甚至油滑的毛病，影响言论的严肃性。

三、讲究修辞，巧用典故和文言古语

中国古人写议论文很讲究修辞。孔子说：“辞达而已矣。”新闻评论也要讲究修辞，使之富有文采。新闻评论常用的修辞手法是比喻，即喻证法。这在新闻评论的论证一节中已详述过。此外，还可以运用设问、反问、排比、回环、借古喻今等修辞手法。

设问、反问，既是承接上下文之间联系，确保文气连贯，充分调动受众阅读积极性的常用技法，也是一种有效的修辞手段，在评论文章中较为常见。

运用排比修辞手法，显得理直气壮，气势磅礴。1992 年 8 月 1 日《解放日报》发表的短评《没空打官司》，是批评某名人损害了小人物的名誉，接到法院传来的起诉书后，竟然以“老子没空”为由拒绝出庭，并把起诉书丢进了废纸篓。评论采用排比修辞手法予以反驳：

> 你下笔千言，语出不逊，坐人妄罪，怎么就有空呢？你当众羞辱，一语杀人，因为是名人名言，所以弄得人家连日子都过不下去，怎么就有空呢？还有那偌大企业，翻手为云，覆手为雨，视合同为儿戏，玩小厂于股掌，怎么就有空呢？你于法庭之外，市场之中，如此弄权玩术，而且兴趣盎然，兴致勃勃，怎么到了人家要一分公道之时，就没有了空闲，没有了兴趣呢？这不是太奇怪了么？

这段反驳将排比与设问两种修辞手法融为一体，显得痛快淋漓，大快人心。

回环手法是运用语序回环往复的巧妙配合，表达两种事物相互制约与依存的密切关系，形成一种智趣。浙江省慈溪市有个公安干部胡干清，曾利用“农转非”的审批权，索要财物，收受贿赂。1989 年 10 月 21 日，《宁波日报》为此发表评论《胡干清何以能胡干？》，开头运用群众顺口溜说：“胡干清，胡干清，想清莫胡干，胡干就不清。”标题与顺口溜都使用了回环手法，带有幽默与谐趣。评论最后运用排比手法说：“使人不想胡干，靠教育；使人不能胡干，靠严惩；使人不敢胡干，就得靠规章制度。”既切合实际，又发人深省。

古人语言中许多有生命力的东西，在评论写作中，若恰如其分地加以引用，并注入一些新思想，可以借古喻今，训导后人，收到古为今用的效果。毛泽东在《愚公移山》这一名篇中，就运用古代寓言中老愚公以“每天挖山不止”的精神，最终感动上帝，移走太行、王屋两座大山的故事，号召全国人民发扬愚公精神，挖掉压在中国人民头上的帝国主义、封建主义两座大山。这一修辞手法，使文章生动活泼，趣味盎然，具有很强的感召力。实践表明，历史典故在评论中，不仅可以增加生动性、趣味性、知识性，还可以借其所讲述的典型事例为言论的说理论证提供典型的、可靠的事实论据。譬如，《中国人事报》曾刊载过一篇《好好先生可以休矣》的评论，该文转述了“好好先生”这段典故的由来，从司马徽这个“好好先生”的鼻祖联想到当今领导干部中的好好先生，批评了某些干部“是非不分，回避矛盾，不讲原则”的行为，从而增强了文章的生动性、可读性。至于文言古语，只要引用得当，也可为评论增色生辉。譬如《别了，司徒雷登》一文，就引用了不少文言和成语，诸如：“不得已而求其次”、“太公钓鱼，愿者上钩”、“拍案而起”、“横眉冷对”、“民不畏死，奈何以死惧之”，等等。此文还借用了“茕茕孑立，形影相吊”的成语。此语原出于李密的《陈情表》，用在这里，把司徒雷登孤立无依、四面楚歌的处境，表现得非常生动贴切。

四、多用有表现力的群众语言

丰富多彩的群众口语是语言的海洋，也是我们学习语言的重要源泉之一。许多精彩的群众口语，略加整理，就是有用的评论语言。用群众语言表达某种思想，往往能收到生动传神、简洁明快的效果，引起读者思想上、感情上的共鸣。譬如用“秤砣虽小压千斤”来阐述“人微未必言轻”的道理，既通俗易懂，又很有表现力。其他诸如“跳一跳，把果子摘下来”、“不要官官相护”、“护短护短，越护越短”、“不打棍子，不戴帽子，不抓辫子”、“横挑鼻子竖挑眼”、“打铁先要自身硬”、“害怕得要死”、“忙得不可开交”、“不识抬举”、“开小差逃跑”、“夹起皮包走路”等等，都很形象生动。善于从群众口语中吸收营养，是使自己的评论多点色彩的一条重要经验。毛泽东非常善于运用群众语言，他在《别了，司徒雷登》一文中，用了许多生动的富有表现力的口语词汇，幽默的文字叫人们读后不禁含笑而起。文章说美国的救济粉“吃下去肚子要痛的”，说伯夷对国家对人民不负责任是“开小差逃跑”，讽刺司徒雷登为“大师老爷”，他在人民解放军横渡长江后“却坐着不动，睁着眼睛看着，希望开设新店，捞一把”，结果“没有什么事做了，只好夹起皮包走路”，等等。由于运用了这些生动传神的口语，等于是在一顶桂冠上镶嵌了许多闪光的珍珠，使文章更加五彩夺目。

问题与练习：

1. 怎么理解“言之无文，行而不远”、“辞达而理举”的古训？
2. 决定评论文采的主要因素是内容还是形式？为什么？

3. 新闻评论中的夹叙夹议与理论文章中的理论联系实际，是否一回事？
4. “无情未必真评论”的说法对不对？为什么？
5. 怎样理解“文似看山不喜平”这句话的含义？怎样才能使新闻评论的结构有变化、有波澜？
6. 新闻评论的语言有何独特要求？
7. 为增加新闻评论的文采，可采用哪些修辞手段？
8. 说说你读了以下由陈家兴撰写的《“凡人”毛岸青》这篇评论的体会，并从文章角度、立意、情感、表达等方面整理成一篇不少于1 000字的短文。

“凡人”毛岸青

毛岸青离世了。至此，人们方才惊觉，对这位伟人的儿子竟有些陌生。陌生到不知他长得什么样子，不知他生前在做什么事情，不知他经历的是怎样的一生。许多人甚至埋怨自己：为什么不去多关注他一些、多留意他一些呢？

如许陌生，却在不经意间映衬出毛岸青朴实低调、默默奉献的一生。他只做不说，勤于干事，不尚张扬，人们又从何了解？他只是偶尔和妻子邵华谈工作上的事，直到晚年，邵华自己去收集，才知他翻译出版的马列经典著作和政治理论书籍有10多部，写过不少重要文章……

在得知毛岸青逝世的消息后，一位熟悉他的老红军这样动情地说：“岸青的一生是革命的一生，为人民服务的一生，奉献的一生。他做了很多别人不知道的事情，埋头工作，是个埋头英雄，真还是个好人！”

这些天，人们在读，在看，在听，以了解毛岸青的一切。遥想他苦难的童年；怀想他化名“杨永寿”，冒着零下30多摄氏度的严寒，到黑龙江克山县参加土改试点；重读他撰写的众多文章、译著；获知晚年的他依然关心国家大事，支持老少边穷地区建设，多次和妻儿重走长征路；想象他怎样地坚持读书、作词、谱曲，虽长期与疾病作斗争，却始终保持顽强的毅力、乐观向上的生活态度。

越了解就越敬佩，越了解就越受教育，越了解就越思念。他的故友故知在撰文拟诗写挽联，不相识的人也自发来到他的灵堂吊唁，更多的人在网上发帖撰文纪念，盛赞他“不愧是毛泽东和杨开慧的儿子”。

有网友这样留言：“三十年前您父亲的离去使我们悲痛不已，三十年后您的离去同样令人悲痛。您的逝世再一次使我们更加深切缅怀伟大领袖毛泽东主席，他的人格魅力和他的光辉思想永放光芒。而他对自己的孩子的教诲同样是多么令人崇敬，您是践行他老人家教诲的典范。您是一个凡人，又是一个多么伟大的儿子。”

“毛岸青的‘凡人’一生,尽管没有其兄长毛岸英在朝鲜战场为朝鲜人民捐躯的壮举,没有一些人在政坛叱咤风云般的豪情,但同样在社会上留下了深深的脚印!”

有人这样撰文沉思:毛岸青一生中受了那么多的痛苦磨难,却没有去写传记。他作为伟人之后,不去风风光光亮相,不去媒体上凑热闹,不去向人们传递什么,只是按照他的父亲毛泽东的家训,默默走完人生历程。也许正因为如此,才显现出一代伟人之后的高风亮节。

许多人在回味毛泽东当年写给岸英岸青的信:“人家恭维你抬举你,这有一样好处,就是鼓励你上进;但有一样坏处,就是易长自满之气,得意忘形,有不知脚踏实地、实事求是的危险。”“你们有你们的前程,或好或坏,决定于你们自己及你们的直接环境。”从这些字里行间,人们读懂了毛岸青。

毛岸青的一生,处处遵从父亲教导,延传家风。在生活上很俭朴,和一般百姓家的生活没有什么两样。在儿子眼里,他是慈父,言传身教,循循善诱。网友感慨:“毛主席的家风,是我们每个中国人学习的榜样!”

“凡人”毛岸青走了,他的妻子邵华这样深情怀念他:“我们一起生活40多年,失去他万分悲痛,平时只感到他的亲切,回过头来方觉他的伟大,他是一个可亲可敬的人,他这一生是伟大而平凡的一生!”

(载于2007年4月2日《人民日报》)

第十五章

大　　忌

本章内容提要：

1. 新闻评论大忌的范围。
2. 造成新闻评论空泛的主要原因及其解决办法。
3. 造成新闻评论俗套的主要原因及其解决办法。
4. 造成新闻评论跑题的主要原因及其解决办法。
5. 造成新闻评论冗长的主要原因及其解决办法。

如前所说，选题的新闻性、立意的思想性、论证的透辟性、文采的生动性，综合构成了新闻评论的优良品格，是其质量和风格的体现。作为评论作者来说，这些就是我们的追求目标和努力方向。那么，与此相反，什么是新闻评论优良品格的大忌呢？从当前评论写作的实际看，从习作的状况看，一般不外乎四点，这就是：议论的空泛，形式的俗套，结构的松散，篇幅的冗长。人们常常把它概括成“四忌”：忌空泛，忌俗套，忌跑题，忌冗长。下面，分别说一说这“四忌”。

第一节　忌　空　泛

所谓空泛，无非是议论的空洞浮泛，这确是评论的致命伤。不少同志在谈到某些无的放矢、不着边际的评论时，常常贬之为“空泛”，这无异于被判为“死刑”。许多读者在被问到喜欢媒体上什么样的评论时，几乎都可以听到这样的回答：“我们喜欢看言之有物、思想深邃的短文，针砭现实、议论风生的评论，而不喜欢看评‘老话题’，说‘空道理’的大评论。”这个回答，对什么是受众喜欢的评论，以及有些评论为什么会空泛的原因，讲得一清二楚，可谓入木三分。

不是吗？新闻评论本来是一种以提出和解决当前最迫切需要解决的问题为其特色的文体，可是就有那么一些评论，根本提不出什么新东西，总是重复老话题，给受众的第一印象往往是似曾相识，读后又所得无几。这些评论的作者不是从实际生活感受出发，没有以新闻报道为依托，没有以新闻事实和当前有新闻价值的重大问题、事件为论题，违背了新闻评论必须有新闻性、有新闻价值这一基本原则，从而使新闻评论脱离了新闻，变成了一般的空论。新闻评论应依托新闻，现在不少评论突出的问题是不重视时效性和新闻性。譬如，谈社会主义制度的优越性，这是一个老话题了，多少年来，不知有多少篇评论写过它。但是，《北京日报》评论员文章《从根本上认识社会主义制度的优越性》，就不落窠臼，独创一格，它紧紧围绕社会主义社会里人们根本利益相同、理想信念相同、道德标准相同和法纪相同（即要求有一个共同的领导）这几个"相同"，从本质上来分析论证社会主义制度的优越性，由于角度很新，从而使老话题说出了新道理，给读者以耳目一新之感。这是很值得我们学习的。

造成新闻评论空泛的另一个重要原因，就在于论的是"空道理"。所谓"空道理"，无非指泛泛而论，无关痛痒，其表现是：评论选题确定后，便洋洋洒洒议论一番，由于习惯于常规思维，这种论述只是在为"常理"作证，颇费笔墨后的结论往往是一个妇孺皆知的道理。或者是人云亦云，没有独到思想和见解，只是重复一般的学理，结果只是为已成定论的思想寻找新的论据。这类评论写作上习惯于搞演绎法，不善于抓住群众最关心的问题，从活生生的现实事物中推出道理来，而是循着演绎推理的路子，一理论，二政策，三实际，写将下去，空空如也。尽管其中不少道理也是对的，但由于不是从新鲜事实出发，不是通过对具体事物的具体分析，用典型而有说服力的事实来进行论证，而是理论脱离实际，从概念到概念，停留在进行机械的推论，其实际效果就可想而知了。在媒体上，我们不时会读到这样的评论：通篇没有一个明确的重点，文章在分析论证的时候，往往在宽大正面上作战，"上下几千年，纵横数万里"，"脚踏西瓜皮，跟着感觉走"。至于这篇评论的现实针对性是什么，主要解决一个什么问题，作者自己也未必说得清楚。由于作者不是就实论虚，因事抒感，不善于"由小见大"，没有抓住其中最精锐的某一点，议论风生，由矛盾的特殊性讲到普遍性，从个别问题讲到理论问题，做到放得开，收得拢，因而写出来的评论，只能四平八稳，面面俱到，这怎么不空泛呢?

第二节　忌俗套

这里主要指的是表现形式上的格式化、文风上的八股化,造成千篇一律,千人一面,看了令人生厌,读了叫人乏味。具体表现在三个方面:

其一,开头结尾雷同。有些同志写评论,不管内容是否需要,开头常常来一段"全面概述":不是大讲成绩如何如何可观,就是肯定形势怎样怎样大好,然后笔锋一转,再摆出一个什么倾向,或提出一个什么问题……似乎不加上这个"帽",就会有"否定主要成绩"、"抹杀大好形势"之嫌似的。至于有些媒体固定评论栏目中的文章,不管篇幅长短,形式上都套用"三段论"的格式,甚而不是从某一件事谈起,就是由某一典故生发,二者非此即彼,要不休登"大雅之堂"。难怪有些读者打趣地说:"看了评论文章的开头,大抵就知道是哪家报纸的了。"结尾也同样有一套"程式":不是为什么什么而奋斗、而努力之类,就是一定要如何如何,必须要怎样怎样。好像不这样"发号施令"一番,文章就不能收尾似的。这种"戴帽"、"穿靴"式的开头和结尾,不仅拉长了篇幅,浪费了读者的时间,而且长此以往,对读者精神上也是一种折磨。

其二,板着面孔说教。在社会主义市场经济条件下,新闻媒体是一种特殊文化产品,在某种意义上说,新闻工作者与受众是一种生产者与消费者的关系,我们必须尊重受众,以平等的态度对待受众,在评论写作中,一定要通过摆事实,讲道理,以理服人,以情感人。可是,有些同志写评论,不是和读者处于完全平等的地位,他们常常自觉不自觉地摆出一副做文章的架势,操着一种教训人的口吻,居高临下,颐指气使,主观武断,以势压人,其实手里并无动人的货色,结果写出来的东西免不了老腔老调,既无内容,又不讲逻辑,有时"帽子"和"棍子"却凶得很。这种评论文章,正如毛泽东早就批评过的:"灵台如花岗之岩,笔下若玄冰之冻",读之怎不令人反感呢?然而,读那些写得好的评论,我们就不是这样一种感觉。譬如,读新华社评论员文章《扬长避短才能多快好省》,仿佛作者就置身面前,像叙家常一样侃侃而谈,情真意切,一片真诚,不仅可以使自己从文章中得到教益,还可以领略到一种美好的精神享受。

其三,大话套话连篇。有些新闻评论,犹如“高山上吹喇叭——调头高”,说的都是不着边际的大话、假话、空话和套话。由于作者长期坐办公室,从书本里、文件上“讨生活”,因而只能空发议论,不能切中时弊,针砭现实。由于未深入实际调查研究,情况不明,不敢面对现实和言人所不敢言及所未言,提出的问题和观点缺乏现实针对性,缺乏新意,结果只好人云亦云,无的放矢,四平八稳,即使到了紧要处,也只是不紧不慢、不痛不痒地挠几下,给人“隔靴搔痒”之感。要解决这个问题,唯一的办法就是转变作风,深入一线,只有对现实生活和实际工作有了深切的了解,撰写的新闻评论才会有的放矢,有感而发。

除此之外,诸如文字生硬呆板、结构沉闷单调等写作上的问题,也属于应该解决之列。一位老评论工作者的这段话可作为我们医治评论文章俗套的灵丹妙药:“理直而气不粗,引导而不平淡,庄重而不呆板,深刻而不深奥,犀利而不尖刻,生动而不油滑,平和而不平庸,朴素而不浅陋。”

第三节 忌 跑 题

在日常生活中,不时会碰到这样的情况:譬如开会讨论学习应用网络技术的问题,有人却大谈如何应对因特网的挑战,使话题中心偏离,这就需要会议主持者提示一下,重新回到正题上来。同样,如果报告会的主题是传统媒体如何应对网络媒体的挑战,而报告人却把主要时间花在全面介绍网络媒体的发展前景上,这就没有紧扣报告会的主题,使听讲的人感到失望。写文章也是一样,也有一个“咬定青山不放松,围绕主题不偏离”的问题。

此话讲讲容易,在写作实践中真正做到不跑题,而且篇篇文章都能如此,并不是一件容易的事。即使对资深评论作者来说,虽然下笔跑题的情况不会常见,但主题不突出或中途走偏却并非绝无仅有。实际上,现在每天见诸媒体的新闻评论,其中不少在发表前都或多或少存在着跑题的问题,只是经过编辑的精心修改,“拨正航向,突出主题”,才得以“起死回生,重见天日”的,而且即便这样,也难保见了报的评论绝对没有跑题的。《人民日报》曾经发表过一篇题为《在“参加革命”的新阶段》的论坛文章，它的中心思想主要在强调老干部离休是开始了一个“参加革命”的新阶段，在这个阶段应不辱使命，积极为以后将离休的同志提供一些新经验。原稿写到这里，突然节外生枝，插入了一个当不当幕后指挥，不当幕后指挥能不能发挥作用的问题：

> 不当幕后指挥，是指不对新班子的工作和决策进行干预，丝毫不意味老干部离休后不再继续发挥作用了。我们党不搞职务“终身制”，但党的干部是“职业革命家”。革命是无止境的……

这段话当然不无道理，但与中心思想扣得不紧，属于“半路杀出个程咬金”。这就是离开了要论证的论点，扯到别处去了。后经编辑修改为：

> 看来，在“参加革命”的新阶段，并不是人人都交了合格的答案。这里的差距，主要是两个方面的：一方面是过于自信，对自己在任期间的一切都认为是正确的；一方面对新班子缺乏信任，总怕他们乱了自己的“规矩”。在这种状态下进入“参加革命”的新阶段，恐怕就难有什么先进的经验了。

这样一改，重新纳入了文章的主轨道，中心思想也得到了新的深化。我们平时说的中心不突出，多数就是论点游离，或者旁生枝蔓的赘论造成的。

造成文章跑题还有另一种情况，这就是就事论事：不讲是非，不挖根源；只说现象，不挖本质；思想没有展开，主题挖掘不深；由个别不能引到一般，触类不能旁通，由此不能及彼，结果只能在事物的表面兜圈子，如同开“无轨电车”。

要根治这一顽症，关键在不断提高自己的思想理论水平，对所论之题要有深入而透彻的理性研究，把握其来龙去脉，掌握其精神实质，这样就能比较自如地驾驭它。当然，从写作技巧来说，构思一篇评论时，主题的确立要具体集中，要有思想聚焦点，确保自始至终围绕“一个问题”，集中笔墨“一论到底”，做到弹无虚发，矢必中的。

第四节 忌 冗 长

这里说的是那种长而空的评论，其篇幅犹如“懒婆娘的裹脚——又长又臭”。造成这种情况的根源何在呢？

思想认识问题，不能不说是一个首要原因。在从事评论写作和编辑的同志中间，有相当一部分人认为搞评论担风险，容易有片面性，容易犯错误，因而在撰写或编改评论时，总是“上下左右、四面出击”：在论述一种主要倾向时，不能不涉及可能被掩盖着的另一种倾向；在评述一件事情的主流方面时，不得不联系非主流方面的问题；在分析事物的正面时，又非说几句事物的反面不可；如此等等，唯恐有所遗漏。在这种思想指导下搞出来的评论，文字又怎能短得了呢？此外，我们有一些同志看不起短文章，瞧不起“小评论”，也是评论写不短的又一个思想障碍。一位从事报纸评论工作已二十余载的老同志，对此说得很坦率：“虽然口头上也讲要‘短，短，短’，可心里总觉得小文章是‘小儿科’，雕虫小技登不了大雅之堂，还是长一点的文章有分量，登在版面上也显眼，有气派。”于是，本来三言两语可以说清的问题，非要摆开架势，一二三四五，滔滔不绝地议论开去，原地兜圈，下笔千言，还没触及主题；有的不惜笔墨去重复新闻中已报道过的新闻事实，面面俱到，尽说些尽人皆知或早已明白的道理，根本无视读者是否有时间、有兴趣去看这些空洞无物的长文。试问：具有这种职业心理的评论作者和编辑同志，在他笔下又怎么会不写出、不编出长篇大论呢？

思想认识问题，固然是评论写不短的一个首要原因，但还有写作业务方面的原因，也就是能力、水平方面的问题，它在具体写作过程中直接制约着评论的长短。例如，题目太泛太大，就常常导致文章的泛泛而论。我们说，题目犹如文章的“眼睛”，一般应当反映全文的论述中心，指明全文的精神所在。有些评论题目，像《论教育》、《群众路线万岁》、《社会主义就是好》等，可以说容量很大，你去论吧，面广无边，简直是海阔天空，捉摸不住。又如，取材“口子”过大，企求在一篇评论里解决好多问题，不善于奇峰突起，集中谈清楚某一个问题，这同样是某些评论篇幅拉长的另一个重要原因。有一位作者就人代会邀请市民代表列席旁听一举，以《说列席旁听》为题写了一篇评论，热情歌颂了人代会所体现的民主精神、改革精神和人民当家做主的精神，同时也着重指出这对改革现行领导制度、转变领导作风，是一个有力的促进。编辑同志看到这篇来稿后，觉得文章前半部分有关歌颂性的内容，虽然道理都是对的，但媒体上已经讲得比较多了，并无多少新意，而后半部分有关促进领导作风转变的内容，却很有特点，很有现实针对性，是这篇文章的精华，于是以此为中心论题，很快编发见报了，文字比原稿减少了一半。这对我们如何重视研究矛盾的共性和特性，善于在一篇评论中抓住有特性的某一点，从具体到原则进行分析论证，写出好而短的文章，是颇有启发意义的。

评论篇幅冗长的原因，当然还不止上面列举的这些，其他如粗制滥造、缺乏锤炼等，都是不可忽视的方面。当然，我们并不反对那些言之有物、气势雄浑的长评论，有时需要评述重大题材或重大问题，篇幅长一点也是必要的。但即使必须写长文章，也要遵守经济的原则，“有话即长，少话则短”。在当前媒体上的评论一般偏长的情况下，更应提倡把评论写得短些，写得精粹些。

问题与练习：

1. 新闻评论如何解决空泛的问题？
2. 新闻评论如何解决俗套的问题？
3. 新闻评论如何解决跑题的问题？
4. 新闻评论如何解决冗长的问题？
5. 将自己原先写作的评论习作与邻座的同学相互交换，找出文章中属于空泛、俗套、跑题、冗长的问题，然后加以修改。

第十六章

修　　改

本章内容提要：

1. 新闻评论修改的意义。
2. 新闻评论修改的主要任务。

修改，是评论写作的最后一道工序，是写作全过程中不可或缺的重要部分。古今中外，凡是文章写得好的人，几乎没有一位不是在修改上用过工夫的。他们当中有不少人，花在文章修改上的时间和精力，有时甚至比写作时间还要多，真是字斟句酌，一丝不苟。有人说："文章是改出来的"，此话不无道理。我国唐宋八大家之一的欧阳修，据传原先文章也写不好，后来看到韩愈写文章的原稿，每每被改得一塌糊涂，这才恍然大悟，从此他就很注意在这方面下工夫。每写一篇文章，他总要修改几遍，以致常常将写成的文章贴在墙上，每天边读边改，直到满意为止。前苏联名作家托尔斯泰死后，人们发现他的许多巨著，都保存有 10 次 20 次的未定稿，有一篇论文改写达 90 多次。毛泽东对自己的作品，同样抱着十分严谨负责的态度。尤其是他写诗词，总要字斟句酌，博采众长，以求凝练和精辟，有不少词句，他是在听取了各方意见后才定下的。因此，他有过许多"一字之师"乃至"半字之师"的传闻。革命领袖和中外名家大师这种"一字未安，绕室三日"、"吟安一个字，捻断数茎须"的执著和"文章不厌百回改"的精神，是值得我们学习的。

第一节　动笔前后的两种修改

毛泽东在《反对党八股》一文中说："许多人写文章，做演说，可以不要预先研究，不要预先准备；文章写好之后，也不多看几遍，像洗脸之后再照照镜子一样，就马马虎虎地发表出去。其结果，往往是‘下笔千言，离题万里’，仿佛像个才子，实则到处害人。这种责任心薄弱的坏习惯，必须改正才好。”①我们通常所说的修改，是在文章写成之后，可这段话却启示我们：其实，在文章动笔之前，在“预先研究”、“预先准备”阶段，对于选题立论的深思熟虑，对于谋篇布局的反复琢磨，对于运用词语的认真推敲，对于写作提纲的再三斟酌，都带有修改的性质，不过是把修改工作做在动笔之前罢了。这种动笔之前的“修改”，在一定意义上可以说比动笔之后的修改更为重要，因为如果这一步工夫没有到家，动起笔来就常常会感到无从写起，即使勉强写下去，往往“下笔千言，离题万里”，结果还是不得要领。正因如此，许多伟人的不朽之作，都是在动笔前就在“修改”上花了大量心血。马克思写《资本论》，从计划到草稿都经过了多年的多次修改。鲁迅先生的文章，总是经过充分的酝酿构思之后才写成的，他的手稿一般都很整洁。

应当指出，我们强调动笔之前的“修改”，决不意味着文章写好之后的修改就不那么重要了。恰恰相反，“像洗脸之后再照照镜子一样”，文章写成之后也必须经过修改，而且，这是比动笔之前的“修改”更为具体、切实的修改，两者是不可或缺的。我国现代作家徐迟生前说过，他的每篇稿子，总要改一遍抄一遍，至少得抄五遍。他的报告文学作品《在湍流的涡漩中》，手稿已看不清楚，在《人民日报》的小样上，他又改了一百一二十处。苏联名著《夏伯阳》的作者富尔曼诺夫，劝人任何时候也不要把文稿交别人去誊抄，而要自己抄，“因为最后一遍抄写，绝不是一件纯技术性的工作，而是最后的润色”。同时他又说：“写一部短篇小说要快，而送出去付印要慢。短篇小说像酒一样，‘收藏’得愈久愈好。只是有一点区别：酒不能动，不能打开，而短篇小说却时时得抚弄，看一看，摸一摸——相信吧，每一回你都会发现缺点的……等到你问心无愧了，那时候再送出去。”

当然，新闻评论不同于学术著作、文艺作品，它以迅速及时见长，有着强烈的时效性，写作不可能是按部就班、从容不迫的，但对文章尽可能地进行推敲和修改，又何尝不需要呢？特别是一些重要评论文章，只要时间允许，从一稿、二稿、三稿，其间必经若干反复，以至推倒重来。

---

① 《毛泽东选集》第三卷，人民出版社，1966年7月横排版，第797页。

譬如,2003 年 5 月 15 日《人民日报》发表的“任仲平”文章《筑起我们新的长城——论抗击非典的伟大精神》,改了 9 稿,结构多次调整,段落再三修改,文字反复斟酌,题目也是到了第 6 稿时才改定的。又如,获得第十七届中国新闻奖新闻评论一等奖的《走好全国一盘棋》,初稿 4 万多字,改了 14 稿。再如,获得第十六届中国新闻奖新闻评论特别奖的评论《长征,迎着民族复兴的曙光》,改了 11 稿。

第二节　新闻评论修改的几个环节

毛泽东不仅是伟大的革命领袖,也是我国当代的新闻高手和语言巨匠,他对新闻文稿的修改,对我们有很强的指导作用和借鉴意义。下面,主要结合他修改新闻评论稿的实例,来看一篇新闻评论的修改应注意把握的几个环节。

一、首先从政治、政策上考虑,确保正确引导舆论,确保服务工作大局

譬如,1946 年 9 月 11 日,毛泽东在审改《解放日报》社论《蒋军必败》时,提出重要的修改意见:“不但澄清对美的幻想,主要应澄清悲观思想,指出必胜前途,这是目前的中心问题。”1946 年 10 月 3 日,毛泽东在修改《解放日报》社论《为实现一月停战协定及政协决议而斗争》时,又提出重要修改原则:“必须说蒋之停战全是假的,他的目的在打到底。他在征兵,在杀人,在借款,在调兵,一切为着打,不要受其欺骗。这样说才恰当。”正是毛泽东高瞻远瞩,明察秋毫,及时把握住了社论立论的重点,从而确保了党报的正确舆论导向,鼓舞了广大军民的士气,为粉碎国民党反动派的内战阴谋作好了充分的思想准备。

又如,1954 年 7 月 22 日,《人民日报》将一篇题为《一定要解放台湾》的社论,送彭德怀司令员审稿,并说隔天见报。彭德怀在样稿上写道:“我改了几次,其中末尾处原稿写着‘全国人民要动员起来,为解放台湾而努力奋斗!’我把‘动员起来’划掉,改用‘一致努力’,又划掉后面

‘努力’两字。这样改一下，是因为按世界各国惯例，只有在国会通过对外宣战议案后，才可在全国下达动员令，或者国家遭受重大灾祸进入紧急状态时下令局部动员。一般情况下，和平时期不能轻易号召动员起来。当前中国的中心工作是进行经济建设，至于解放台湾，主要是政治上、外交上广造舆论，使全国人民在和平环境下不可懈怠。台湾海峡的斗争是长期的，全军的中心工作是训练。”

由此，我们可以得到这样的启示：判断一篇新闻评论的价值也好，具体修改一篇新闻评论也好，首先要看全文的思想观点和基本倾向是否正确，是否深刻有力，是否有针对性。具体一点说，就是符合不符合党的现行路线、方针、政策，符合不符合当前客观实际，符合不符合广大人民群众的根本利益，是不是服从和服务于当前全党全国工作的大局。一句话，在舆论导向上，一定要同党中央保持高度一致。

二、检查核对引证材料是否有科学根据，文章中心内容是否突出，结论是否无懈可击

1948年9月14日，毛泽东在审改一篇新闻稿时，明确批示：“凡新闻，标题必须有内容。原题没有内容，不能引人注目。”1955年毛泽东曾修改了120多篇全国农业合作化的典型材料，这里所涉及的内容我们且不去说它，但强调突出每篇材料的闪光点，并通过画龙点睛的题目予以体现，却是可取的。如将《天津市东郊区詹庄子乡民生民强农业生产合作社如何发动妇女参加田间生产》这个长达33个字的标题，改为八字题：《妇女走上劳动战线》，片言居要，深刻揭示了主题。又如将《大泉山怎样由荒凉的土山变成了绿树成荫、花果满山?》，改为《看！大泉山变了样》。一个“看”字，顿生跃动之势。

由此也可以启示我们：修改新闻评论，要尽量删除那种足以淹没作者自己思想的“繁征博引”，力求简明扼要，重点突出，恰到好处。为了确保引述材料的真实可靠，应当尽可能利用第一手材料；对第二手材料，特别需要反复的研究和对证；对文章中的时间、地点、人名、地名、名称、数目字等，都应该认真地核对，遇有疑问，要及时核查清楚。引用领袖人物和经典作家的话，或中央重要指示、决议的时候，尤其要谨慎从事，要根据正式的文件或著作，并且注明引文的出处。

三、注意全文结构的完整性、逻辑性，力求使引论、正论和结论成为凤头、猪肚、豹尾

对新闻评论的开头，毛泽东曾有这样一段论述："均应开门见山，首先提出要点，即于开端处，先用极简要文句说明全文的目的和结论，现在新闻学上称为导语，亦即中国古人所谓'立片言以居要，乃一篇之警策'，唤起阅者注意，使阅者脑子里得到一个总概念，不得不继续看下去。"他在修改新闻评论《衡阳失守后国民党将如何》时，几乎把原稿开头全部删掉，只抓住了最活跃的因子，并迅速过渡到文章主体。又如，他在修改主体部分时，感到意犹未尽，又挥笔加了一段："可是国民党的先生们啊，这些大好河山并不是你们的，它是中国人民生于斯、长于斯、聚族于斯的可爱的家乡。你们国民党人把人们手足紧紧捆住，敌人来了，不让自己人民来保卫，而你们却总是'虚晃一枪，回马便走'。"这一段，笔锋雄健，语言辛辣，把国民党政府不要民众和消极抗战的嘴脸揭露得淋漓尽致。毛泽东对文章的结尾同样十分讲究，他本人撰写的新闻评论，篇篇结尾可谓豹尾。或深化主题加深印象；或总结全文，揭示主旨；或启示未来，鼓舞斗志；或余味无穷，发人深省。

由此同样启示我们：在修改新闻评论时，要检查论点是否鲜明、突出，论据是否充分、可靠，注意的重点应当是：条理层次清楚不清楚，段落划分得妥当不妥当，详略之间有没有不妥帖、不匀称的地方，前后的交代照应周到不周到，各个层次之间、段落之间是否贯穿得起来，文章的开头是否单刀直入，结尾是否铿锵有力，首尾是否相互照应，有没有疏漏，等等。并且注意推敲某些段、节和意思重要的文句，把可有可无的字、句、段删去，毫不可惜。

四、进行文字上的修饰

毛泽东在这方面更堪称为我们的大师，经他修饰变得更为漂亮的文章多得数不胜数。在这个环节，修改的基本要求是：第一，文字通顺，标点规范，没有错别字；第二，句子含义确切，不能含混不清，产生歧义，不易理解；第三，要求句子简洁，文字精练，力戒陈词滥调，杜绝大话、空话、套话、绝话、假话、废话；第四，文体优美，要有自己的独

特风格。

下面，附上一篇经中央负责同志审定的评论稿改样。在编排上，为了易于辨别原稿和改样，以符号□表明被删改的字句，以符号~~~表明增添的字句，以符号(　)表明被增删的原因，供大家参考。

坚决打击犯罪分子

《人民日报》评论员

北京车站发生的爆炸案件，在人民群众的积极配合下，已被公安机关迅速侦破。这样一起重大案件，公安机关只用了几天时间就侦破了，这是[出人意料]值得赞扬的。(注：原文是想称赞公安机关的工作效率高，但是“出人意料”的说法，容易使人产生这样的误解：我们的公安机关缺乏迅速侦破重大案件的能力，宣传效果适得其反。改为“值得赞扬”，就避免了这个弊病。)它有力地证明：我们的忠于职守、智勇兼备的人民公安机关，是维护社会治安和保护人民利益的必不可少的和具有强大威力的人民民主专政的工具。

公安机关战斗在维护社会治安的第一线，担负着打击犯罪分子维护社会治安的光荣任务。圆满完成党和人民交给的这一光荣任务，及时侦查破获各类案件，特别是那些重大案件，是人民公安机关的一项十分重要的工作。有些犯罪分子常常错误地认为：自己不供认犯罪事实，公安机关就难以侦破。这种侥幸的心理往往只不过是犯罪分子的自我安慰而已。大家都知道，粉碎“四人帮”以来，公安队伍经过整顿，公安工作的优良传统和作风得到了不断的恢复和发扬，公安干警的业务水平和战斗力迅速提高。北京车站的爆炸案件迅速侦破就是突出的一例。这一爆炸的案情复杂，然而，公安机关依靠人民群众，严肃紧张、广泛深入地开展工作，侦查到大量的确凿的证据，及时查明了当场被炸死的王志刚就是作案的罪犯。这就说明，在人心思治的今天，犯罪分子的任何破坏活动，都是人民群众所绝对不能容许的。进行破坏和捣乱的任何犯罪分子，[都决不会有好下场的]不可能逃脱法律的制裁。

（注："决不会有好下场的"这种说法，带有"文革"中红卫兵语言的味道，并且容易被理解为都要处以极刑。改了以后就比较得体。）同时，这起爆炸事件还告诉我们，在全国人民齐心协力建设四化的大好形势下，对于极少数反革命分子、严重破坏分子、严重犯罪分子、严重犯罪集团的破坏活动决不能麻痹大意、放松警惕。目前，要继续对各种严重犯罪分子和蓄谋犯罪分子坚决打击，以确保安定团结的政治局面。

据有关部门的调查，走上犯罪道路的人中，确有少数是由于他自己的某些愿望和要求一时得不到满足，便产生不满情绪，甚至铤而走险，走上与社会与人民为敌的犯罪道路。应该看到：我们国家大，人口多，底子薄，特别是林彪、"四人帮"十年的破坏，给国家造成很多困难。目前，有些问题已经得到解决或正在解决之中。然而，由于种种原因，有些问题并不是很快就能解决的。这就需要大家体谅国家的困难，需要继续发扬艰苦创业的精神，正确处理个人利益与国家利益的关系。我们坚定地相信，在社会主义建设不断发展的过程中，这些困难一定能够不断被克服，人民群众的物质和文化生活，一定会逐步得到改善。改善人民生活，为大多数人谋利益，是我们党和我们社会主义国家的坚定不移的根本宗旨。我们也要求各级党、团组织和领导干部，针对群众生活中的问题，一方面在可能范围内努力解决，一方面对于暂时还不能解决或不能完全解决的问题，要做深入细致的解释说服工作和思想政治工作。思想工作做得及时、认真，与关心和改善群众生活密切结合，就可以防止一些矛盾的激化，就可以防止一些人走入歧途。（注：以上这些改动，都使道理说得更全面，更充分，从而增强了说服力和指导性。）但是对那些严重破坏社会主义建设事业和严重破坏社会秩序的罪犯犯罪分子，凡是教育无效的时候，就应该坚决采取法律措施，必须依法惩办，决不能手软。（注：这样修改，在各类犯罪分子的前面，加上"严重"二字，就使"必须依法惩办，决不能手软"的范围有所限制，比较策略。）对于少数极端个人主义者，要向他们讲明这样一个道理：个人主义的恶性发展，必然以致（注："必然"二字说得绝了，把

“必然”改为“以致”，避免了这个缺陷。）走上与社会与人民群众为敌的犯罪道路，其结果也只能是被亿万人民所痛恨和唾弃。

（载于1980年11月13日《人民日报》）

问题与练习：

1. 怎样理解“文章不厌百回改”的精神？
2. 毛泽东精心修改文稿给我们哪些启示？
3. 修改新闻评论有哪几个主要环节？
4. 选选看。请阅读比较下列四篇新闻评论稿，看看哪一篇是见报稿？哪一篇是第一稿？从而认真领悟修改润色对提高评论文章质量的必要性和重要性。

（**提示**：第一稿，只讲到了树立良好医患关系的三个层面的问题，内容较为单薄，语言相对生硬，句与句之间的连接不够紧密；第二稿，在内容上增加了“树立正确的舆论氛围”部分，使言论的总体框架和内涵渐趋丰满，但缺乏字斟句酌的功夫；第三稿，在前两稿各个段落的表述中只谈了为什么这样做的问题，而没有指出这样做的作用和意义，这一稿加入了这方面的内容，使通篇的逻辑结构更为合理；见报稿，第4自然段辩证指出了弱势和强势的对立统一关系，使文章更有力度和厚度，而且语言更精炼，表述更顺畅。）

树立良好的医患关系氛围

医患双方因医疗事故产生的各种矛盾，是新时期人民内部矛盾的一种特定的表现形态。《医疗事故处理条例》的新近出台，为正确解决医疗事故引发的医患纠纷提供了法律保障与依据。

那么，如何树立良好的医患关系氛围呢？首先，医患双方应树立和谐的情感氛围。医患双方进行的不是单纯的商品交易，从头至尾都进行着生理与心理的双重交流。从医生角度来讲，治病并不是单纯地与病人的生理机能打交道，现代医学已经证明，人类80%的疾病都与精神心理因素有关。因此，医生的爱心对于治病救人来讲无疑是意义非凡。而对病人来讲，爱心同样重要。它更多地体现在积极主动与医生配合治疗，而不是无端猜忌乃至对立。实际上，良好的情感氛围有助于增进医患双方的理解与信任，有助于医疗治理的正常进行，有助于妥善处理与化解各类医疗纠纷。

其次，要树立合理的信任氛围。我们在强调情感的同时，也应引入诚信体系来引导双方构筑融洽的医患氛围。实际上，目前国际上通行的医疗事故发生率大致保持在千分之六，也就是说百分之百的医疗手术成功率是绝对不可能的。而对病人来说，谁也不愿意成为这千分之六。毫无疑问，在这样一种情况下，病人与医生之间的相互信任就显得尤为重要。许多因治疗引发的纠纷乃至暴力冲突，归根结底都是缺乏理性的信任基础所导致的必然结果。因此，树立合理的信任氛围将有助于医患双方科学、理性、全面地看待医疗过程及其结果，最大限度地避免医疗纠纷的非理性冲突。

再次，要树立正确的舆论氛围。媒体在树立良好医患关系过程中起着至关重要的作用。如果我们的媒体片面夸大医疗科学技术的“无所不能”，从而使病人受到严重误导，客观上就会强化医疗纠纷的张力。需要进一步指出的是，在舆论的价值导向上，媒体的责任也十分重大。在医患双方的关系上，病人始终处于弱势地位，因而媒体需要对病人一方给予更多的舆论关注。同时，媒体需要全面、综合、平衡地看待问题，不能意气为先，感情用事。总之，媒体应尽量创造一个宽松有余、疏导得力的舆论氛围，这样才有可能为医患关系的确立奠定一个较好的客观软环境。

最后，要树立有力的法制氛围。医患双方良好关系的建立还需要有力的法制环境作依托。没有法律的严格惩戒，类似病人家属殴打甚至杀害医生的恶性事件不会绝迹，类似病人家属怒砸医院、掀翻救护车之类的“壮举”也不会罢休，更有甚者像雇佣黑势力威胁医院、敲诈医生的行为也不会消失。当然从医生的角度来讲，的的确确是由于职业态度、责任意识和行为作风引起的医疗事故，法律同样会予以深究并严惩。新《条例》对医疗事故的界定更精细，一个目的就是既保护医患双方的权益，又对任何违法、违规行为决不姑息迁就。有了这样一个行之有效的法制基础，对于树立良好的医患关系氛围无疑大有裨益。

总之，良好的医患关系氛围的确立是当代社会的重要任务。我们必须建立一套以诚信为基础，以情感为纽带，以舆论为导向，以法制为保障的有效机制，群策群力，扎扎实实为塑造和谐宽松、井然有序的医患关系氛围而共同努力。

树立良好的医患关系氛围

医患双方因医疗事故产生的各种矛盾，是新时期人民内部矛盾的一种特定的表现形态。《医疗事故处理条例》的新近出台，为正确解决医疗事故引发的医患纠纷提供了法律保障与依据。良好的医患关系氛围的确立是一项长期而艰巨的任务，它关系到如何缓解社会矛盾，减少社会纠纷，维系社会稳定的大计。

那么，如何树立良好的医患关系氛围呢？首先，医患双方应树立和谐的情感氛围。事实上，医患关系与简单的商品交换关系有本质的不同。医患双方进行的不是单纯的商品交易，从头至尾都进行着生理与心理的双重交流。从医生角度来讲，治病并不是单纯地与病人的生理机能打交道，现代医学已经证明，人类80%的疾病都与精神心理因素有关。因此，医生的爱心对于治病救人来讲无疑是意义非凡。而对病人来讲，爱心同样重要。它更多地体现在积极主动与医生配合治疗，而不是无端猜忌乃至对立。实际上，良好的情感氛围有助于增进医患双方的理解与信任，有助于医疗治理的正常进行，有助于妥善处理与化解各类医疗纠纷。

其次，要树立合理的信任氛围。我们在强调情感的同时，也应引入诚信体系来引导双方构筑融洽的医患氛围。医生对病人需要信任，病人也要信任医生。现在情况则有点相反，医患双方往往对立乃至敌视。医生不信任病人，总怕对方咬自己一口，病人不相信医生，总觉得对方糊弄自己。实际上，目前国际上通行的医疗事故发生率大致保持在千分之六，也就是说百分之百的医疗手术成功率是绝对不可能的。而对病人来说，谁也不愿意成为这千分之六。毫无疑问，在这样一种情况下，病人与医生之间的相互信任就显得尤为重要。许多因治疗引发的纠纷乃至暴力冲突，归根结底都是缺乏理性的信任基础所导致的必然结果。因此，树立合理的信任氛围将有助于医患双方科学、理性、全面地看待医疗过程及其结果，最大限度地避免医疗纠纷的非理性冲突。

再次，要树立正确的舆论氛围。媒体在树立良好医患关系过程中起着至关重要的作用。如果我们的媒体片面夸大医疗科学技术的“无所不能”，从而使病人受到严重误导，客观上就会强化医疗纠纷的张力。需要进一步指出的是，在舆论的价值导向上，媒体的责任也十分重大。在部分媒体的视野中，在医患双方的关系上，似乎病人始终处于弱势地位，因而对病人一方给予了更多的舆论关注。但个体的病人与病例一旦介入媒体，实际上就转变为一种强势，而个体的医院又成了弱势的一方。在强弱相互转化的过程中，媒体需要全面、综合、平衡地看待问题，不能意气为先，感情用事。总之，媒体应尽量创造一个宽松有余、疏导得力的舆论氛围，这样才有可能为医患关系的确立奠定一个较好的客观软环境。

最后，要树立有力的法制氛围。医患双方良好关系的建立还需要有力的法制环境作依托。没有法律的严格惩戒，类似病人家属殴打甚至杀害医生的恶性事件不会绝迹，类似病人家属怒砸医院、掀翻救护车之类的“壮举”也不会罢休，更有甚者像雇佣黑势力威胁医院、敲诈医生的行为也不会消失。当然从医生的角度来讲，的的确确是由于职业态度、责任意识和行为作风引起的医疗事故，法律同样会予以深究并严惩。新《条例》对医疗事故的界定更精细，对医生的规范更具体，对事故处理的法律适用更具操作性。一个目的就是既保护医患双方的权益，又对任何违法、违规行为决不姑息迁就。有了这样一个行之有效的法制基础，对于树立良好的医患关系氛围无疑大有裨益。

总之，良好的医患关系氛围的确立是当代社会的重要任务。我们必须建立一套以诚信为基础，以情感为纽带，以舆论为导向，以法制为保障的有效机制，群策群力，扎扎实实为塑造和谐宽松、井然有序的医患关系氛围而共同努力。

树立良好的医患关系氛围

医患双方因医疗事故产生的各种矛盾，是新时期人民内部矛盾的一种特定的表现形态。《医疗事故处理条例》的新近出台，为正确解决医疗事故引发的医患纠纷提供了法律保障与依据。

那么，如何树立良好的医患关系氛围呢？首先，医患双方应树立和谐的情感氛围。医患双方进行的不是单纯的商品交易，从头至尾都进行着生理与心理的双重交流。从医生角度来讲，治病并不是单纯地与病人的生理机能打交道，现代医学已经证明，人类80%的疾病都与精神心理因素有关。因此，医生的爱心对于治病救人来讲无疑是意义非凡。而对病人来讲，爱心同样重要。它更多地体现在积极主动与医生配合治疗，而不是无端猜忌乃至对立。因此，良好的医患关系需要和谐的情感氛围。

其次，要树立合理的信任氛围。我们在强调情感的同时，也应引入诚信体系来引导双方构筑融洽的医患氛围。实际上，目前国际上通行的医疗事故发生率大致保持在千分之六，也就是说百分之百的医疗手术成功率是绝对不可能的。而对病人来说，谁也不愿意成为这千分之六。毫无疑问，在这样一种情况下，病人与医生之间的相互信任就显得尤为重要。许多因治疗引发的纠纷乃至暴力冲突，归根结底都是缺乏理性的信任基础所导致的必然结果。因此，在医患关系中必须树立合理的信任氛围。

第三，要树立有力的法制氛围。医患双方良好关系的建立还需要有力的法制环境作依托。没有法律的严格惩戒，类似病人家属殴打甚至杀害医生的恶性事件不会绝迹，类似病人家属怒砸医院、掀翻救护车之类的“壮举”也不会罢休，更有甚者像雇佣黑势力威胁医院、敲诈医生的行为也不会消失。新《条例》对医疗事故的界定更精细，一个目的就是既保护医患双方的权益，又对任何违法、违规行为决不姑息迁就。有了这样一个行之有效的法制基础，对于树立良好的医患关系氛围无疑大有裨益。

总之，良好的医患关系氛围的确立是当代社会的重要任务。我们必须建立一套以诚信为基础，以情感为纽带，以法制为保障的有效机制，群策群力，扎扎实实为塑造和谐宽松、井然有序的医患关系氛围而共同努力。

树立良好的医患关系氛围

医患双方因医疗事故产生的各种矛盾，是新时期人民内部矛盾的一种特定的表现形态。《医疗事故处理条例》的新近出台，为正确解决医疗事故引发的医患纠纷提供了法律保障与依据。

那么，如何树立良好的医患关系氛围呢？首先，医患双方应树立和谐的情感氛围。医患双方进行的不是单纯的商品交易，从头至尾都进行着生理与心理的双重交流。从医生角度来讲，治病并不是单纯地与病人的生理机能打交道，现代医学已经证明，人类80%的疾病都与精神心理因素有关。因此，医生的爱心对于治病救人来讲无疑是意义非凡。而对病人来讲，爱心同样重要。它更多地体现在积极主动与医生配合治疗，而不是无端猜忌乃至对立。因此，良好的医患关系需要和谐的情感氛围。

其次，要树立合理的信任氛围。我们在强调情感的同时，也应引入诚信体系来引导双方构筑融洽的医患氛围。实际上，目前国际上通行的医疗事故发生率大致保持在千分之六，也就是说百分之百的医疗手术成功率是绝对不可能的。而对病人来说，谁也不愿意成为这千分之六。毫无疑问，在这样一种情况下，病人与医生之间的相互信任就显得尤为重要。许多因治疗引发的纠纷乃至暴力冲突，归根结底都是缺乏理性的信任基础所导致的必然结果。因此，在医患关系中必须树立合理的信任氛围。

再次，要树立正确的舆论氛围。媒体在树立良好医患关系过程中起着至关重要的作用。如果我们的媒体片面夸大医疗科学技术的“无所不能”，从而使病人受到严重误导，客观上就会强化医疗纠纷的张力。需要进一步指出的是，在舆论的价值导向上，媒体的责任也十分重大。在医患双方的关系上，病人始终处于弱势地位，因而媒体需要对病人一方给予更多的舆论关注。同时，媒体需要全面、综合、平衡地看待问题，不能意气为先，感情用事。

最后，要树立有力的法制氛围。医患双方良好关系的建立还需要有力的法制环境作依托。没有法律的严格惩戒，类似病人家属殴打甚至杀害医生的恶性事件不会绝迹，类似病人家属怒砸医院、掀翻救护车之类的“壮举”也不会罢休，更有甚者像雇佣黑势力威胁医院、敲诈医生的行为也不会消失。新《条例》对医疗事故的界定更精细，一个目的就是既保护医患双方的权益，又对任何违法、违规行为决不姑息迁就。有了这样一个行之有效的法制基础，对于树立良好的医患关系氛围无疑大有裨益。

总之，良好的医患关系氛围的确立是当代社会的重要任务。我们必须建立一套以诚信为基础，以情感为纽带，以舆论为导向，以法制为保障的有效机制，群策群力，扎扎实实为塑造和谐宽松、井然有序的医患关系氛围而共同努力。

下编

常见评论形式与写作要领

第十七章

新闻评论的分类

本章内容提要：

1. 新闻评论分类的意义及其大体分法。
2. 代表媒体编辑部意见的主要评论形式。
3. 作者个人署名的主要评论形式。

从不同的目的和标准出发，可以将新闻评论分成不同的种类，如同新闻可以区分成简讯、消息、谈话记、新闻公报和新闻特写等等，通讯可以区分成人物通讯、事件通讯、工作通讯、风貌通讯等等一样，新闻评论按其主要性能、评述内容、表达方式和作者身份等不同，也可以划分为各种类型。

第一节　新闻评论形式的类别

对于新闻评论的分类，大陆和台湾学者以及中外学者都各执一说，因而类别不尽相同。

在西方国家，一般把新闻评论分为社论、专论、释论（大事分析、时事述评、评述）、短评（分散于各专业版）和杂志评论；有的按内容涉及的领域，分为政治评论、军事评论、外交评论、文教评论等等。在美国，有一种代表性的分法，即把新闻评论分为狭义和广义的两种。狭义的，主要指社论、短评、专栏评论；广义的，则把政治漫画、民意调查和读者投书都涵盖进去。这种分法显然不大可取，因为狭义的评论概念含混，而且很不完整；广义的评论，在我们这里，根本就不属于新闻评论。

在台湾，有两种代表性的分类：一是林大椿在《新闻评论学》一书中提出的三种分法，即：按评论记者身份而分，有撰写社论的主笔，有撰写专论的专栏作家，有撰写释论的编辑人或专家，有撰写各类短评的批评家;按大众传播媒体而分,可分为印刷媒体与电化媒体,而印刷媒体又可以分为社论、专论、释论及短评等四种,电化媒体又可分为广播评论与电视评论;按新闻评论性质而分,则有军事新闻评论、国际新闻评论、政治新闻评论、社会新闻评论、文教新闻评论、经济新闻评论。另一位是王民,他在《新闻评论写作》一书中,按任务将新闻评论分为八种类型:解说型、辩论型、启发型、研判型(研究判断)、劝导型、褒贬型、纪念型、建议型。很显然,这种种分法,按不同的领域也好,按不同的类型也好,都很难说是科学的,而且对于研究评论写作没有多少实际意义。

在我们大陆,也有几种代表性的分类。

一是王振业,他根据内容与形式统一的原则,按内容的性质,将新闻评论分为五种,即提示性评论、立论性评论、驳论性评论、阐述性评论和解释性评论。并且认为,立论性和驳论性评论是基本的,其他都是属于派生形式,如立论性评论可以派生出提示性、解释性和阐述性评论,而驳论性评论只能派生出提示性评论与解释性评论。报纸新闻评论主要有:社论(编辑部文章)、本报评论员(评论、特约评论员)、短评、编者按、编后;广播新闻评论主要有:本台评论、本台评论员、本台短评、编后话、记者述评、署名短论等。他还认为,对于新闻评论的形式影响最大的是内容的性质,而不同性质的内容必然要求评论采取不同的说理态度和方法,必然带来结构、语言等一系列变化[①]。

二是于宁、李德民,他们提出了三种基本的分类法,即根据评论的内容分类;根据评论的形式与规格分类;根据评论与新闻的关系分类。按第一种分类法,新闻评论可分为政治评论、经济评论、法制评论、教育(科技、文化)评论、体育评论、军队工作与国防建设评论、外事工作评论、国际评论、社会问题评论。按第二种分类法,新闻评论大体可分为五大类:社论、本报评论员文章、短评、编者按和编后、专栏评论。按第三种分类法,新闻评论可以分为"协奏式评论"(即与一条或几条新闻密切配合并与之同时见报的评论)、"独奏式评论"(即与当日报纸上发表的新闻没有直接关系的评论,它独立地阐明一个观点、宣传一项主张或批评一个观点、抨击一种丑恶的现象)、"自拉自唱式评论"(即在评论中包含了新闻,或者说是包含了新闻的评论)[②]。

---

① 王振业:《新闻评论写作》,北京广播学院出版社,1986年3月版,第119页。

② 于宁、李德民:《怎样写新闻评论》,中国新闻出版社,1988年3月版,第20—28页。

三是范荣康，他把新闻评论分成五大类：一是社论。属于这个类型，或者说由社论演变出来的，还有专论、代论、来论、编辑部文章等。二是本报评论员文章。属于这个类型的还有本报特约评论员文章，观察家文章、述评等。三是短评。其中又分不署名的短评和署名短评两种。四是编后和编者按。也有叫编者的话、编余漫笔的，名称不一，性质相近。五是专栏评论①。

应该说，我们国内学者对新闻评论的几种分类，还是比较切合实际的，有参考价值的。综合各家之长，笔者以为可以把新闻评论分成三大类。

一、按其主要性能来分

1. 带有全面部署性的

通过对全局性的问题进行发言，及时传达党中央和各级政府的指示精神，阐述党和政府在某一时期或某一阶段的方针、政策，分析形势，部署任务，指出方向和道路，交代解决问题的指导思想和措施，对各行各业具有普遍的指导意义。譬如，《人民日报》发表的节庆社论，以及为党和政府召开的一些特别重要的会议撰写的社论，一般都属于这一类。

2. 带有说理启发性的

对党和政府在各个不同时期、不同阶段的重大部署和重要工作，对具有普遍意义的新的典型和倾向性问题，主要从理论上和思想上来启发读者觉悟，提高人们的认识，文章有一定的理论色彩。《光明日报》1978 年 5 月 11 日发表的开创全国思想解放运动之先河的特约评论员文章《实践是检验真理的唯一标准》，《人民日报》在党的十二届二中全会后发表的社论《四根擎天柱——论坚持四项基本原则的重大意义》，《解放日报》1991 年 3 月 2 日发表的皇甫平文章《改革开放要有新思路》等，统属于这种类型。其他以思想评论、漫谈、杂感等形式出现的个人署名文章亦然。

3. 带有业务指导性的

这类评论专业性较强，往往针对某条战线某一方面的具体工作进

---

① 范荣康：《新闻评论学》，人民日报出版社，1988 年 2 月版，第 187 页。

行指导，使从事某一领域具体工作的干部、群众有所遵循，有所鼓舞。如《人民日报》社论《要像重视节能一样重视节水》，颇具匠心地将节水问题这样一个专业性、业务性很强的内容，写得既有可读性，又有实用性，很有特色。媒体编辑部就工业、农业、商业、文教、卫生等方面某一具体工作进行指导的评论均属这一类。

4. 带有政治鼓动性的

一般指为配合重要纪念日、重要庆典、重大活动和外交礼节性而撰写的言论。这类评论虽然带有某种应景和应酬的性质，但是也可以进行一些重要问题的解释和说明，有些纪念日或礼节性的言论，很能说明我们在国内及国际某些问题上的态度及立场。1980 年《人民日报》的国庆社论以短评的形式出现，给人一种全新的感觉，它不仅赞扬了国庆纪念活动的改革，并且表达了“四化需要改革，人民盼望改革”，“需要在政治、经济等方面进行许多大改大革，也需要在作风上、在社会风气方面进行很多改革”的愿望。文章的精华均集中地体现在它的标题上《于细微处见精神》，受到了海内外读者的一致好评。至于《人民日报》为香港回归祖国而撰写的社论《中华民族的百年盛事》，以及为建国 60 周年撰写的《改变历史的“北京时间”》（载 2009 年 9 月 27 日），就更是这方面的鼎力之作。

这四种性能的分类都是相对而言的，并不是绝对的，相互之间有着不可分割的联系，只不过各有侧重罢了。

二、按其评述内容来分

新闻评论可以分为政治评论、法制评论、思想评论、经济评论、文教评论（含教育、科技、体育、卫生等）、文艺评论、军事评论、外事工作评论、国际评论以及社会问题评论等等。很显然，这是就主要评述对象来划分的，当然也是相比较而言的。

三、按其作者身份来分

按作者身份和发表规格的不同，新闻评论可以区分成各式各样的品种。其中，经常采用的主要由编采人员撰写的、代表编辑部集体意见的评论有：社论（包括本报编辑部文章）、社评、本报评论员文章（包括特约评论员文章)、短评、编后、编者按以及述评等;主要由编采人员、专家学者、业余通讯员和各行各业受众撰写的署名评论有:专论、思想评论、新闻时评、小言论(包括微型评论、博客和微博网友的言论)以及富有新闻性和文艺色彩的随感、杂文、文艺评论(包括书评、影评、剧评和对音乐、舞蹈、美术等的评论)。以上指的是狭义的评论。

如果从广义上来说,也可以将工作研究、采访札记、访问随笔、市场漫步以及夹叙夹议、以议为主的记者来信、读者来信、问题讨论、热点追踪等,列入评论文章的范畴。甚至有的将党和政府的公告、宣言、声明,党和国家领导人的讲话、函电等,也归入评论范畴内。

需要指出的是,尽管新闻评论可以分成几大类,但很难说它们之间有什么不可逾越的界限,不同的分类不一定相互排斥,有些是可以并存的。譬如同一篇评论,由于从不同的角度去看,常常冠之以不同的名称。

这里,还需要说明的是什么叫"政论",以及政论与新闻评论的关系问题。"政论"是个历史概念,在中国近代报刊史上,王韬主办的《循环日报》开创了文人论政的先例,从那时起,"政治性的论文"均被称作"政论"。它和政治密切相关,总是从一定阶级、政党和集团的利益出发,明确回答现实生活中的政治问题和其他社会问题,表明这样或那样的态度、见解和观点。

政论又可作狭义和广义两种理解。狭义政论,专指论述政治性问题的论说文。只要是直接评述现实的政治问题的论说文,不管其名称如何,如称"政治评论"、"社论"、"专论",甚至称"声明"、"宣言"、"电报",都属于狭义政论体裁概念。据粗略统计,《毛泽东选集》中共收220余篇文章,绝大多数是针对我国各个革命阶段的政治问题而作,但这些文章的形式竟多达三四十种。可见狭义政论的形式是相当繁多的。

广义政论包括的样式更多。凡是从政治角度论述社会生活中各种问题的论说文都可称之为广义政论。所谓政治角度,即从一定阶级的政治立场和观点、路线、策略、任务来观察、研究和论述。由此可见,我们一般所指的各种形式的新闻评论,不管是专门论述政治问题也好,以其他各种社会现象和社会问题作为评述对象也好,一般都可以归为政论的范围。但在目前,"政论"往往专指一部分政治性的评论,政论未必都是新闻评论。《人民日报》所发表的"任仲平"文章,无疑都是具有鲜明政论色彩的新闻评论。

第二节　代表编辑部的主要评论形式

一般来讲，媒体新闻评论从稿件来源来看，主要是这样两大部分：一是主要由新闻媒体编采人员撰写的新闻评论，它代表编辑部集体意见（尤其是社论、编辑部文章等大型、重型评论），这类评论相对具有更大的指导意义，不同于作者以个人身份撰写发表的署名评论。所以，在选题和立论上，一般都十分审慎、庄重，力求一字一句都能反映媒体的立场，进而代表党和政府在一个时期内的政策和方针，尤其是党报的社论，还代表同级党委的意见。此外，在媒体上大量出现的是由作者个人撰写的署名评论，经过编审刊播在媒体上，尽管也体现了编辑部的立场，但相对说来，其郑重程度、立论观点、文章措词要求比较宽松，是体现党的群众办报（台、网）路线，发扬言论民主的较好形式，拥有广大的受众和具有无限的生命力。

为了便于了解和掌握各种评论的写作要求，按我国当前传播实际，这里将主要由媒体编采人员撰写的、代表编辑部集体意见的几种常用评论形式，列表简介如下：

规格	名称	选题与写作要求	作用及注意事项
大型重型的评论	社论	代表媒体编辑部和同级党委就国内外当前政治、经济、思想、文化领域中的重大事件或重要问题的某一个方面，进行分析评论，及时表明某级党委的立场和态度，阐释党的路线、方针和政策，注重政策性、思想性、指导性，文风庄重、严谨、朴实、鲜明。	社论是媒体的旗帜与灵魂，它体现媒体的方向。党的各级领导经常通过自己的机关报对群众进行宣传教育，引导舆论，指导实践。它是一种最重要的评论形式，被人们称为“党报的元帅”。 发表社论，一般要经同级党委或有关部门审定。由于规格高，影响大，要坚持少而精。
	编辑部文章	专就当前国内外政治、思想等领域的重要问题或重大事件发表的言论，具有一定的理论性、政策性和权威性。	代表媒体编辑部和同级党委对某一重大问题的立场和观点，其内容含量比一般社论更大，规格高于社论，更庄重、更具权威性，因而影响更大。这种形式要慎用。 一般应经同级党委或主管部门审定。

续　表

规格	名称	选题与写作要求	作用及注意事项
中型的评论	社评、评论员文章	论述内容的广泛性和重要性，介于社论和短评之间。它大多根据党的方针政策，就当前政治生活和实际工作中的某一个方面，进行比较集中、比较深入的分析。在选题和写作上，较之社论更为自由和灵活。其篇幅一般比社论短。	发表的郑重程度仅次于社论。同样反映编辑部的观点和倾向，仍有较高的权威性。往往和有关新闻报道同时发表，起着总结典型、指导全局的作用。
小型的评论	短评	为配合贯彻落实党的方针政策，或就当前社会的某些倾向、问题和现象，代表编辑部发表的评论。在写作上较之中型评论论题更单一，分析更扼要，篇幅更简短。	一般配合新闻报道发表，针对性、思想性、时间性都较强，抓住一点，推动一般，起到画龙点睛、突出重点的作用。
	编者按	编者对所发表的报道、文章进行提示、评论或作补充说明的文字。按语的写作，要求旗帜鲜明，一针见血，逻辑严密，文字精练。亦可称之为编者的话、编辑点评等。	编者按正式表明编辑部的态度，多采用于较为郑重的场合和必要之处。其作用在于引起受众注意，加强传播效果。 编者按一般放文前，也可放文中。
	编后	简要说明编辑部对有关新闻报道或文章的基本态度，用于一些已作过多次宣传的主题，从新的角度或用新的材料、新的论证方法，给予简单的必要的新说明。	一般配合新闻报道、文章发表，起深化主题、突出重点的作用。可拟标题，也可不拟。

除图表中所列举的种种评论形式外，较有权威性的言论还有记者述评，亦称述评新闻、新闻述评，简称述评，后面将有专门章节论述。

第三节　由作者个人署名发表的主要评论形式

由作者个人署名的评论，我们通常称之为专栏评论，名目繁多，如《人民日报》的《人民论坛》、《人民时评》，新华社的《新华时评》等，在社会上影响很大。凡是最新发生的新闻事件，老百姓普遍关心的话题，实际工作中出现的热点、难点、重点，都可以作为专栏评论的选题范围。

下面介绍几种主要形式。

一、专论

新闻媒体编辑部约请某一方面专家或权威人士，就他们有深入研究或熟悉的某个专门问题发表意见的文章，是既有现实性又有理论性的一种评论形式，一般都发表在显要位置。但由于它是个人署名的，权威性和郑重程度较编辑部文章为小。这一类的评论，在解放以前的报纸上较为常见，其中以《大公报》最为重视，专门开辟《星期论文》的栏目，每周一篇。延安《解放日报》、《新中华报》以及重庆《新华日报》也刊有这样的专栏，但不定期。在解放以后相当长的一段时间里，专论消失了，近年来又出现了复苏的趋势。对此，范荣康分析道："专论的复苏，有它的合理性和必然性。一方面，由于社论朝短的趋势发展，千字左右的文章很难充分展开，更难提供大量的材料作为论据，每周组织一篇论述比较展开的专论可以补这方面的不足。另一方面，在新时期，在科学技术飞速发展的新时代，有很多新的问题需要研究，有很多新的领域需要开拓，有很多新的信息需要传播。这些问题、这些领域、这些信息具有一定的专门性……把这类专论摆到一版社论位置上来，具有强烈的时代感。"[①]这类专论，近几年在媒体上日渐增多，其中以《文汇报》的"文汇时评"和《解放日报》"观点"版上的文章最有代表性。

二、新闻时评

近年来在媒体上蓬勃兴起、深受公众欢迎的一个公共话语载体，像《人民日报》的《人民时评》、新华社的《新华时评》、《中国青年报》的《冰点时评》即是。时评往往就社会关注度高的新闻事件，尤其是关系国计

① 范荣康：《新闻评论学》，人民日报出版社，1988年2月版，第191页。

民生的热点事件，以及公众共同关心的热门话题，作及时、准确、深刻的评论。一事一议，就事论理，注重议题的新闻性、观点的鲜明性、作者的广泛性。它强调在新闻事件发生过程中发言，积极抢占舆论制高点，从而发挥引导舆论的作用。“应时而作”、“评在当口”是时评广受好评的根本原因。时评要求持论尖锐，文风清新，语言简洁，明白晓畅。

三、思想评论

这是运用较为普遍、群众性较为广泛的一种评论形式，报纸上开辟的很多评论栏目，诸如《论坛》、《漫谈》、《群言堂》、《谈心录》、《知心话》以及某些杂感、随感录等等，都可以隶属于它，其中以《人民日报》的《人民论坛》最有代表性。它的主要特点，是从群众角度提出问题和分析问题，开展群众性的自我教育，使媒体能比较多地反映群众的声音。它的题材涉及的面很广，政治、经济、文化、社会生活，无所不谈，大多以思想认识问题作为主要评论对象，以帮助人们澄清是非、提高认识为目的，论述问题时注重就实论虚，夹叙夹议，摆事实，讲道理，字里行间渗透着一种同志式、朋友式的谈家常的热忱，晓之以理，动之以情。近年来，《人民日报》和许多其他报纸在“思想评论”专栏发表的许多评论，既针砭现实、尖锐泼辣，又和风细雨、热情中肯，很受广大受众的青睐。

四、微型评论（亦称之“小言论”或“袖珍评论”）

主要指论题单一，分析扼要，篇幅简短，运用灵活，一般占有固定版面位置的一种小型评论形式。如《人民日报》的“今日谈”、《新民晚报》的“微评”等等。它们都以短见长，以精取胜，短而有味，有的放矢，言之有物，有“今日感”、“时代感”、“新鲜感”，往往在某一点上拨动受众的心弦，使人有所获益。这种评论形式，从立论到写作，既不同于一般评论，又不同于杂文，可谓风格迥异，多彩多姿。

五、网络评论（含博客、微博中网友言论）

步入新世纪以来，特别是近几年来，以网络为代表的新兴媒体，不仅深刻改变着人们的生活，而且对传统媒体产生有力的冲击。继前些年以快速反应、鲜明犀利、公开透明、双向互动为其主要特色的网络评论，对传统新闻评论构成挑战之后，近两年微博言论的勃兴，尤其是它的迅捷、“草根”、贴近和大众化，更使传统评论面临严峻的考验。对此，后面将另有专述。

第四节　各种评论形式的创新与运用

内容决定形式，形式服务内容。一定的思想内容离不开一定的表现形式，需要两者的有机统一。当然这个表现形式不是固定不变的，它可以与时俱进，不断创新。这就是古代文章大家所强调的："大体须有，定体则无。"

在本章前三节，我们从评论的主要性能、论述方式、篇幅长短、发表规格以及作者身份的角度，对常见的几种评论形式，从不署名到署名的，一一作了介绍，目的主要有三：其一，让大家了解和掌握不同评论形式的特点，了解它们之间的不同之处，主要为了在新闻实践中，可以视需要得心应手地运用最恰当的评论形式，以便扬其所长，显其所能，发挥最大的传播效应；其二，对各种主要评论形式有了一个较为完整的认识，就可以在编排过程中，注意各种评论形式的配合使用，相得益彰，形成合力，更好地发挥评论的优势和特长；其三，这样做还有助于避免评论形式单调的缺陷，从而使版面、节目、荧屏、网页，既有报道，又有言论；既有红花，又有绿叶，产生百花齐放、琳琅满目的效果。

应该看到，近些年来，从中央媒体到地方媒体，从报纸、广播、电视到网络，在充分运用各种新闻评论形式，形成评论传播新格局方面做了大量工作，有不少新理念、新创造、新经验。《人民日报》的历届领导一贯高度重视新闻评论工作，相比较而言，在全国各大媒体中，该报发表的评论总量最高，采用的评论形式最多，遍布的版面也最广。从“任仲平”文章、社论、评论员文章、短评、按语、编后到“今日谈”、“人民论坛”、“人民时评”专栏，到“国纪平”、“何振华”署名文章等等，使《人民日报》的评论园地花团锦簇、异彩纷呈，给人美不胜收之感。

上海主要新闻媒体在保留传统和品牌评论栏目的基础上，在创新评论形式方面也迈出了可喜的一步：《解放日报》积极探索党报评论工作的新格局、新途径，头版新辟的“申言”评论专栏，及时、准确地传播市委主要领导的思想观点与重要讲话精神。2003年创办的“观点”版，与一、二版不同，在“新”、“巧”、“活”、“正”四字上狠下工夫。《文汇报》“文汇时评”每个工作日刊出，紧扣时事热点，凸显理性色彩，引领社会舆论，定位特色鲜明。《新民晚报》以“关注民生、注重时效”为评论定位，在坚持办好“来信来论”评论专版和“今日论语”、“新民随笔”等特色评论栏目的同时，新近头版开设的“微评”专栏，每篇400字左右，对当天新闻及时评点，针砭时弊，激浊扬清。上海广播电视台注意发挥声像并茂、生动形象的独特优势，除办好原有各档新闻评论专题节目外，不断推出新的评论形式。电视各档主要新闻节目针对各类重要新闻，由编播部统一撰发评论或“编后语”。“东方夜新闻”在全国率先推出电视新闻评论员，强调对新闻事件的深度解读。广播新闻中心“市民与社会”每天邀请嘉宾和听众就新近发生的新闻事件，通过电话和手机短信、微博展开讨论。“990汇听天下”则汇集电视、报刊、网络的最新热点评论，以“广而告之”。此外，《东方早报》、东方网、新民网都十分重视新闻评论，辟有多种评论版面、专栏、节目。

至于对各种评论形式的编排，许多新闻媒体不落俗套，敢于创新。不少媒体加大了评论力度，扩充了评论容量，专设评论版，每天固定出一两个甚至更多的版面。有的版面围绕一个热门话题，众说纷纭，各抒己见；有的将不同题材、不同形式的评论集纳在一起。更多的媒体则在众多版面开设评论专栏，“化整为零”、“分散出击”，向“版版有评论，版版有声音”的方向努力。还有的媒体创造性地将评论与有关图表、数据配套推出；有的将评论中的重要观点用大号字或黑体字，以示郑重，增强阅读效果。在广播、电视节目和网络媒体里，新闻评论除常规使用外，还每每以论坛、访谈、对话、专题讨论等形式出现，拉近了与受众的距离，受到普遍好评。

然而，也有一些地方和媒体，不大重视各种评论形式的综合运用，有的甚而对评论的各种形式和处理规范，不甚了了，不知就里，经常犯低级错误，闹出不应有的笑话来。譬如，有的报纸运用评论形式较为单一，只知道发表社论、本报评论员文章，对同样代表编辑部意见的短评、按语、编后和述评，压根儿就不知道怎么使用。至于实践中不规范的问题就更屡见不鲜了。有些报纸发表“社评”文章，其选题、表达方式同一般的署名评论几乎没有什么两样。有的媒体发表评论时已经挂了“短评”、“本报编辑部”的头花，却要署上作者的名字，如此等等。这一切，都应该通过学习和实践，逐步加以解决。

问题与练习：

1. 根据其主要性能，新闻评论可分为几大类？
2. 如果以内容为依据，新闻评论主要有哪些品种？
3. 代表媒体编辑部集体意见的评论形式，主要有哪几种？
4. 以个人名义署名发表的评论形式，主要有哪几种？
5. 步入新世纪以来，我国新闻评论的形式有何创新和发展？
6. 了解和掌握各种评论形式的特点，有何实践意义？
7. 通过阅读下列三篇表达同一主题的评论，比较一下各有什么特色，认真想一想评论写作中“看菜吃饭，量体裁衣”的道理。

评论写作的背景：1985年5月，一位中央主要领导同志，批评许多领导机关把有限的时间消耗在不起作用或很少起作用的事情上。为了体现领导意图，推动实际工作，在短短一周里，《解放军报》、新华社、《人民日报》相继刊登和播发了评论员文章。

领导干部更应懂得珍惜时间

·《解放军报》评论员·

邓小平同志最近强调，各个地方和部门，特别是主要负责同志，应当“少说空话，多干实事”。要多干实事，就不能在许多无益或益处甚少的事情上面浪费宝贵的光阴。

有哪些不实之事浪费了一些领导干部的大好时间呢？

有些同志整天泡在不解决多少问题的“文山会海”中，坐而论道，没完没了。

有些同志，对自己应当果断处理的事情，不愿负责，你推过来，我挡过去，没完没了地扯皮。

有些同志陷入琐碎的人事纠葛之中，穷于应付车轮大战式的个别谈话，以致搞得精疲力竭。

还有不少单位的领导同志，终日奔波于机场、车站、码头，周旋于宾馆、宴会之间，送往迎来，交际应酬。

应该说，这些同志还是挺辛苦的。但是对于解决那些应当着重解决的实际矛盾，也就是说“实事”，却作用甚小，或者全无意义。显然，这种状况是应当大力予以改变的。

时间是财富，效率是生命。做经济工作是这样，做其他工作也是这样。在有限的时间里，办成的实事越多，也就意味着我们的工作效率越高。随着部队体制改革、精简整编的进行，各种实际问题纷至沓来，每个领导干部更需要珍惜时间，把精力用在刀刃上，切实解决本单位存在的几个主要问题，推动实际工作的发展。

造成一些领导同志浪费大好时光，所干实事甚少的原因可能是复杂多样的。实事求是地说，有些也并非本人的意愿。在这里值得提出的是，一个领导干部对本单位的工作应当有紧迫感、责任心以及求实的作风。我们不能眼看着一大堆实际矛盾摆在那里，妨碍部队建设与群众生活，还不着急不上火，高谈阔论，相互推诿。也不能“礼多人不怪”，生怕得罪上级、冷落了左邻右舍，却不怕影响工作、得罪群众。更要克服喜欢花花哨哨、热热闹闹，做表面文章的歪风。像兴师动众、送往迎来这类事，在我们革命队伍的内部，实在是可以免去的。大家都不这么做，也就无刺可挑，彼此都卸去负担，何乐而不为？当然，我们还要说，为了让领导同志有更多时间抓大事、抓实事，被领导的干部和群众也有责任，就是要体谅领导同志的难处，尽量少去为个人并非了不起的大事、急事，一而再、再而三地去麻烦他们，侵占他们的工作时间。有事要谈，能一次了结的，不必两次；一个人就行了的，不要挨排都谈到；能找部门负责同志谈的，就不必非找一、二把手不可。这样，就可以使领导同志静下心来，有更充裕的时间想想全局性的大事，切实解决点带普遍性的实际问题，有多好呢？

（载于1985年5月24日《解放军报》）

必须精简会议

·新华社评论员·

人们都尖锐地批评“文山会海”的官僚主义现象。许多领导机关也一再下决心要填“会海”。但一年一年过去了，会议依然到处泛滥，成为四化事业前进的一个障碍。

我们并不一概地反对开会。必要的、非开不可的会议，还是应当开。即使是这样的会议也要端正会风：有充分准备，议题明确，节约费用，在最短的时间解决好所要解决的问题。

现在的问题是一些不必要开的会议太多，许多机关企业领导人的精力都消耗到会议上去了。这可以从一些典型的例子看出来。

北京市的一个公司，有党委书记和经理七人，今年三月上旬除了一名副总经理生病在家外，有五名领导干部在外开会，而留在公司里主持工作的唯一领导干部，又收到参加支农会、绿化会以及计划生育会等会议的通知。

如果我们把每年因开会而付出的经费摆一摆，那也是触目惊心的。据不完全统计，一九八三年全国的会议开支达三亿三千万元左右。一九八四年，全国的会议开支又上升到四亿三千万元。这四亿多元可以建设一座年产二百多万吨的大型煤矿矿井，可以建设一座装机总容量为六千万千瓦的火力发电厂，相当于一百二十多万农民一九八四年一年的收入。会议过多带来的另一个后果，使本来已经紧张的交通更加紧张。一九八三年底，铁道部曾对列车旅客组成及旅行目的进行过调查。在被调查的一千一百多万人中，有三百八十多万人是开会出差的，占旅客总数的百分之三十四点五。国家经委综合运输研究所的同志分析，全国性会议增加是造成客流量急剧上升的重要原因。如果一年取消三分之一的会议，单铁路运输年客流量就可以减少近二亿人次。

邓小平同志最近在全国教育工作会议上讲话时指出，要少讲空话，多干实事。从"文山会海"中解放出来，我们是否可以把它当作一件实事来办呢？

（新华社 1985 年 5 月 29 日播发）

《人民日报》5 月 30 日刊登了两条消息。一条标题是：南京军区改大会为小会改长会为短会（主题）向会海要时间，搞好部队改革建设（副题）；另一条标题是：新长征突击手王金学"突"不出会海（主题）五个月只干了二十七天活，今年计划件件没着落（副题）。同时，《人民日报》为这两篇报道配发了评论员文章。

大好时光忙些啥？

·《人民日报》评论员·

年年月月日日时时，时间老人对每个人的赠予十分公平。时时日日月月年年，每个人对时间老人的回赠却大不相同。大好时光忙些啥？谁都应该好好想一想，做领导工作的同志更应该多想一想。

干四化，创小康，各条战线的领导同志都很忙。可是忙法不一样。万千同志忙于抓关键，办实事，成效显著，国家受益，群众得利。有的同志却是另一种"忙"：忙于开各种不解决问题的会议，忙于搞不疼不痒的文件，忙于参加各种"内事活动"，忙于部署应付检查、参观的表面文章……这些形形色色的"忙"，耗了精力，费了时间，于国于民有何好处呢？各项工作都要讲效益，很有必要探讨一下这类"忙"的社会效益。

"时间就是金钱，效率就是生命"。懂得这个道理的人越来越多了。

领导干部理应懂得更深切些。作为一个单位、一个部门、一个地区的领导者，个人的时间不只属于他个人。他们是有效地利用时间，还是无谓地耗费时间，都会影响成千成万人。这是对领导作风是否适应新形势的一场考验，也可从中看出领导干部的精神状态是否符合党的要求。

一个青年农民突击手由于陷入层层召开的会议，五个月只干了二十七天活。即使这是很个别的例子，它也说明，并非必需的会议，会吞噬人们多少宝贵光阴。

南京军区的一个先进代表会议，原订一千人开四天，后来改为一百六十多人参加，只用了一个半小时，开得很好。这又说明，领导作风一改，能为多少人增加多少干实事的时间啊！

我们正在进行的经济体制改革和其他各项改革，前无古人，复杂、艰巨，非全神贯注、精心实施不可。在改革中，各种实际问题、政策问题、思想问题纷至沓来，迫切需要正确解决。这就要求我们的领导者加强责任感，改进工作作风，跳出"文山会海"，深入实际，认真研究，慎重决策。忙，不忙在这种地方，而去忙那些繁文缛节、繁琐事务，就有可能目光近视，束缚手脚，贻误改革的大计。

古人说："不知致治之要，则心愈劳而事愈乖。"改革工作方法，提高工作效率，越来越显得迫切。让我们翻翻自己的记事簿——忙了些什么？成效怎么样？再查查今后的日程表——准备忙些什么？其中哪些事需要增加时间、多花气力？哪些事应当减少时间、甚至免掉。

（载于 1985 年 5 月 30 日《人民日报》）

提示：以上三篇评论员文章写得都不错，各有千秋。可见，新闻评论要表达同一主题，路子宽得很，关键并不在于采取哪种形式，而在于能否恰当地驾驭材料，所谓"运用之妙，存乎一心"，说的就是这个道理。

第十八章

社论与编辑部文章

本章内容提要：

1. 社论的性质与任务。
2. 社论的地位与作用。
3. 社论写作的基本要求。
4. 编辑部文章的含义。

第一节　社论的性质与功能

一、社论的性质与任务

什么是社论？不同类型的国家对报刊社论都很重视，都有一定的见解。美国作者史本沙尔在《社论写作》一书中认为："社论是一种事实与意见的精确、合理与有系统的表白，为了娱乐，并影响公众，也为了要解释新闻，使一般读者能够了解其重要性。"在1955年出版的《苏联大百科全书》第32卷中也有关于社论的表述："社论是定期出版物(报纸、杂志)中的最重要的论文。社论是编辑部的论文；它反映编辑部对某个问题的观点。社论是指导性的论文；它指出方向，表示报纸的方针。在党和苏维埃报刊的实践中，社论作为宣传共产党的政策、开展批评与自我批评、提高革命警惕性和动员群众主动创造精神的工具之一，具有重要的意义。"

曾任重庆《新华日报》社论委员、代总编辑和社长的张友渔曾就社论谈过看法："社论者，代表报社之意见，对于时事，有所解释、批评及主张，以期指导读者之评论也。"邓拓的表述则为："它是最重要的评论，它所涉及的问题都是广大群众最关心的最迫切的现实问题。由马克思列宁主义武装起来的我们党的机关报，只有通过社论这一战斗的文字体裁，才能够最便利地指导广大群众，用正确的立场、观点和方法去对待和处理当前的每一个重大问题；向广大群众及时地明确地提出一项主张、一个行动方针、一个斗争任务，并要求为其实现而奋斗。”

1996年3月新华出版社出版的《中国新闻实用大辞典》对社论的解释是：“代表报社、杂志社或通讯社编辑部就某一重大问题发表的言论。政党机关报的社论代表主办该机关报的党的领导机关的意见。”①

各种关于社论的表述归纳起来，包含三个要点：代表媒体编辑部；对当前时事和重大问题有所解释、评判及主张；目的是指导广大受众。

据此，我们对社论的性质可以作这样的表述：

社论是代表报社、刊物或通讯社编辑部（政党机关报代表同级党委）就当前国内外重大事件、事变或问题表明立场的指导性言论。社论是报纸的旗帜和灵魂，是新闻评论中最重要的体裁，它以科学的世界观和方法论为指导，针对当前社会生活中的重大问题，围绕党的工作重心，及时阐明党的路线、方针、政策，提出解决问题的指导思想和措施，指出今后的任务和奋斗的方向，从而统一干部群众的思想和行动，推动各项工作的开展。

社论不同于学术论文，它代表党委发表讲话，带有指导性，所以在文章中不容许进行无休止的讨论和辩论；社论也不同于一般的评论文章，它代表编辑部集体的意见，带有权威性，不能离开党的基本原则，任意发挥个人的意见。因此，社论被人们称为最具指导作用的评论。

党报社论作为一种思想武器，不同于一般的文件和指令，它主要不在具体规定人们必须做什么和不应该做什么，而是着重从思想认识上阐明问题，把社会生活现象提到政策、理论高度加以分析阐述，告诉人们应该怎样认识和以什么态度对待这些问题，把人们的认识水平提到党的政策高度，从而统一思想、统一行动。正因如此，一位新闻学者对《人民日报》的评论和社论作了这样的评价：“《人民日报》作为中共中央机关报，其言论无疑具有重要的解读价值，而社论，更是政策以及中央精神的风向标，成为世界各国关注中国政局的媒体的重点解读对象。”一般来说，社论的任务往往体现在以下几个方面。

① 冯健总主编：《中国新闻实用大辞典》，新华出版社，1996年3月版，第102页。

1. 直接地、理论联系实际地阐述当前形势和党的方针、政策，及时传达党的指示精神，部署工作，提出任务

在阐述时十分注意和当前工作以及政策贯彻中所碰到的具体问题联系起来，而不是一般的说明解释。

2000年春天，江泽民同志在广东视察工作时发表了“三个代表”的重要讲话，为全面加强新时期党的建设指明了方向。为统一全党对“三个代表”重要思想的认识，提高贯彻落实的自觉性，同年5月20日，《人民日报》在一版头条位置发表了题为《全面加强党的建设的伟大纲领》的社论(获第十一届中国新闻奖新闻评论一等奖)。文章从时代的高度、历史的高度、理论的高度，充分论述了“三个代表”重要思想的深刻内涵和巨大意义，并联系当前工作实际和思想实际，提出并回答了如何将“三个代表”重要思想落到实处的问题，具有极大的现实针对性和普遍指导意义。这篇社论对帮助广大干部群众提高认识，贯彻落实“三个代表”重要思想，发挥了积极的舆论引导作用。

2. 对国内外重大政治事件和社会生活中具有代表性与方向性的事物加以评述，表明编辑部对此的认识和态度，帮助受众认清这类事物和现象的实质，有时并阐明对我们当前工作的意义和影响

《体育报》获奖社论《我们的时代需要“最佳”精神》，称得上是这方面的代表作。社论从全国有数十万人参加评选十佳运动员这件事生发，满腔热情地指出：成百成千万人关注评选“十佳”，主要是看中了运动员在本职岗位上所表现的最佳精神。这就是：

> 那种立志在国际比赛场上升国旗，奏国歌，为社会主义祖国争光的最佳精神；
>
> 那种在人生的阶梯上不虚度年华，勇往直前，步步登高，追求理想，积极进取的最佳精神；
>
> 那种勤奋学习，刻苦训练，锤炼思想，掌握技术，不怕苦，不怕累，不信鬼，不信邪，为崇高事业艰苦奋斗，勇于献身的最佳精神；
>
> 那种要奋进，要追赶，要超过，一刻都不甘落后，时时都力争上游，革命英雄主义的最佳精神；
>
> 那种互相协作，默契配合，团结一心，协同作战，集体主义的最佳精神；

……

这些最佳精神表现的是中华民族的英雄气概，是社会主义的精神文明。

这篇社论的成功之处就在于：由运动员的成绩看到运动员的精神，由运动员的精神想到整个社会需要发扬的精神，并将五个方面的内容聚焦为高度凝练的一点："最佳"精神。这不仅增加了社论的理论色彩，而且使运动员创造的精神财富社会化了，成了激发人们在各自岗位上力争上游的强大动力。

3. 以重大节日和纪念日为依托，就全局问题发表议论，分析形势，提出任务，或为重要外事活动发表礼节性评论

譬如，1995 年"八一"建军节，《解放军报》发表的《忠实履行我军神圣使命》这篇社论，突破了纪念文章的习惯写法，它针对当时国内外普遍关注的李登辉访美期间，鼓吹分裂，破坏祖国统一这一严重事件，充分表明我国的严正立场和广大指战员维护国家主权与领土完整的坚强决心。社论体现了党中央对解决台湾问题的一贯主张，政治性和时效性特别强，港台报刊和一些外国通讯社对之作了大量评述。

又如，2011 年 7 月 1 日，是中国共产党诞生 90 周年的日子，《人民日报》以《永远为人民奋斗》为题发表纪念性社论，成为当时主流舆论的定海神针。同一天，胡锦涛总书记发表重要讲话，次日开始，该报还以本报评论员的形式，连续发表《推进伟大事业的纲领性文献》、《牢记历史使命无愧人民选择》等评论，引导全社会学习贯彻胡锦涛"七一"重要讲话精神。

二、社论的地位与作用

新闻文体，犹如十八般武艺，样样都有，而社论则是各种武艺中的"重型武器"，是新闻媒体的主要言论形式，也是一种最重要的言论形式。它代表一家报纸发言，及时地给党和政府、给整个社会提供信息和意见，体现媒体所代表的方向，体现媒体的基本政治倾向和立场。判断一家媒体的立场和观点，主要看它在重大问题上发表社论所表明的观点。新闻媒体的阶级性和党派性，也往往是通过社论得到最直接、最鲜明的反映。

邓拓曾说："一个报纸有没有社论，是不是经常有社论，广大读者对

社论阅读的情况怎样，这些都是重要的政治问题。我们有理由认为：社论是表明报纸的政治面目的旗帜，报纸必须有了社论才具有完全的政治价值。”所以，加强社论工作无疑是增强媒体指导性的重要一环。

重视社论工作，自觉运用社论来分析形势，指明方向，提出任务，交代政策，这在我们党的报刊史上是有着优良传统的。我们党和国家的不少领导人都亲自为报纸撰写过社论。中共中央历次关于加强报纸工作的指示和决定中，都强调了社论工作的重要性。1958 年 1 月，毛泽东还就精心写作社论的问题，特地给广西自治区党委负责人写了一封信，明确指出：“你们自己、宣传部长、秘书长、报社总编辑，要共同研究。第一书记挂帅，动手修改一些最重要的社论，是必要的。”①

我国党报发表社论最多的是《人民日报》，2008 年共发表 29 篇，2009 年共发表 19 篇。其他党报每年也发表数量不等的社论。在读者的心目中，社论似乎主要不是为了论述新闻之外的思想观点，而是为了表明新闻事件的特殊重要性。可以说，社论的权威性，是通过它引导舆论、指导实践，具有较强的政策性所体现出来的，有的党报社论实际上已成为党的重要文献。所以，对社论的质量要求很高。

第二节　社论写作的基本要求

关于社论写作，历来有“社论四要素”的说法。原来，这是指我国第一代新闻学者徐宝璜所论证的报纸社论写作应注意的四个事项。这些论证出自他所写的我国第一部新闻学著作《新闻学》(1919 年)第九章“新闻纸之社论”。他针对当时中国报纸社论的弊端指出以下社论写作要素：第一，以新闻为材料。“社论须以当日或昨日本报所登之新闻为材料而讨论之，此理甚明。……故详言之，社论第一须以事实为材料，第二须以多数阅者所注意之事实为材料，第三须以最近之事实为材料。由此可见，彼于社论中因发牢骚而无端谩骂他人者，或以四书五经上之句子为题而发挥讲道德谈仁义之空论者，或以类似‘西学原出中国考’、‘中国宜亟图富强论’之题，而做极浮泛油滑之策论者，均属不当，因其非以事实

① 《毛泽东新闻工作文选》，新华出版社，1983 年 12 月版，第 202 页。

为材料也。”第二，有透辟之批评。“社论须有透辟之批评，否则纵使所认之事实为现时众所注意者，亦无甚价值。故编辑既不可畏首畏尾，以模棱两可之言来敷衍，亦不可以胡诌几句不关痛痒之话来搪塞。”第三，用简明之文字。“社论之文字，又须简单明了。否则纵使以新闻为材料，且有透辟之批评，亦难发生巨大之影响。因求其影响之大，须先求其普及。然苟文字艰深，难于速读，则阅者自少。君长篇大纸，则每日仅以少许工夫看报之阅者，将多因无暇而置之不看也。”第四，抱正大之宗旨。“主持笔政者，应有洁白之胸怀，爱国之热心，公平之性情，听良心之驱使，作诚恳之文章，为众请命，或示人以途，总以国利民福为归。”“宗旨既其正大，编辑应持研究之态度，欢迎反对者之言论，于通信栏中代为发表。”

斗转星移，时代已发生了翻天覆地的变化，但 80 多年前徐宝璜先生关于社论“四要素”的论述，在今天仍有一定的启发意义。这里，根据当今的实际情况，提出社论写作的三点基本要求。

一、选择恰当的论题，提炼在政治上明确和尖锐的主题思想

这是写好社论的第一步。在选择论题的时候，首先一条原则是，要特别注意从实际出发，针对现实生活中的迫切问题和主要矛盾发言，提出关键性的问题，加以分析阐述。选题的另一条原则是：从更多的读者关心的问题出发。应该选择主题鲜明的题目，也就是这些题目能够超越社论借以立足的一些具体业务工作的范围，从中提出一些能吸引读者，为更多读者所接受，在生活中会产生影响的选题。

为了使社论的选题体现日常生活和工作中的迫切性、关键性和广大读者所关心的问题，就十分需要撰写者善于体会党的方针政策中的新的精神，同时要经常调查、分析社会现状，精心体察形势的变化和发展，认真研究现实中涌现的新事物、新问题，把握人民群众的思想脉搏，从中找出恰当的选题，这是加强社论指导性的首要环节。

对党的机关报而言，社论直接表达党的观点和意图，传达党和政府的声音，所以要十分注意把握文章的政治性和思想性，同时注意它的政策性，这样才不至于使明确、尖锐的主题思想失之偏颇，从而确保立论的权威性。总之，在吃透上头精神，传达领导意图的同时，应着眼于吃透下头情况，一切从实际出发，保持选题的贴近性，这是扩大社论影响的重要一环。

二、针对提出的问题进行分析论证，把道理说得既深刻又透彻，让读者心悦诚服

社论应按照马克思主义的立场、观点和方法，对具体事物和具体问题作具体生动的阐明，让受众从中得出这样的结论：问题应该这样去认识，工作应该照着这样的方向去做。要做到以理服人，又必须平等待人。如果不是平等待人，而是居高临下，盛气凌人，就会使人产生逆反心理，对社论敬而远之。平等待人不仅是态度问题，实际上也是立场问题。如果读者感到你同他们真正是平等的，对他们是理解的，是为他们着想的，就会缩短同你的心理距离，增加认同感，愿意倾听并考虑你的意见。这就告诉我们：社论对舆论的引导作用，并非靠简单的"应该如此"、"必须如何"之类的武断词语就能奏效的，必须经过具体分析和严密论证的过程，即充分说理的过程，和读者共同经历认识事理的过程，使结论"建立在由准确的无可争辩的事实构成的根据上边，这种根据是靠得住的"。

为了把道理说得深刻、透彻，在分析论证时要注意把握好以下几点。

1. 要善于进行抽象、概括，着力抓住问题的症结和关键所在

这包括两个方面：一是掌握、分析各有关方面的情况，认真钻进去，搞清楚大小问题相互之间的联系，分清主次，然后再跳出来，抓住主要矛盾和问题的核心，环绕这个核心，把问题理出一个头绪来，集中笔墨，一层一层地说透它。二是研究群众对这个问题的思想认识状况，找出群众对这个问题有哪些模糊和不正确的看法，分析为什么会产生这样一些看法，然后在阐述正面观点的时候，澄清这些模糊和不正确的看法，从而确立自己的论点，这样可以增强文章的针对性和说服力，有助于把道理说透。

2. 对于抽象的道理，要善于在阐述中进行具体剖析

不要把抽象了的概念原封不动地照搬给读者，不要停留在概念上绕圈子。要进行具体的分析：一方面要善于把大道理化成小道理，把小道理说透了，大道理也就清楚了。这样比较符合受众的理解水平。另一方面，抽象的道理往往包含在具体的事物之中，要尽量把抽象的道理具体化，譬如，通过典型材料的分析解剖来说理。

3. 论证时材料和观点要统一，结论和论据要结合

一篇社论中的基本论点要鲜明、突出，应该像一面旗帜一样统率全文。要让读者接受你的观点，还要用论据——材料去阐明它。材料说明观点，观点统率材料，要善于运用夹叙夹议的手法，使两者浑然成为一体。

三、要树立正确的文风，力求把社论写得短而精粹、质朴感人

在社论写作中，有三种偏向必须切实加以改进，一是社论选题较单一、新闻由头缺乏；二是文字拖沓，篇幅冗长；三是言之无文，缺少文采。为此，社论写作要特别注意以下几点。

其一，要拓宽选题领域，扩大选题视野，不仅就重大的政策、重大的事件适时表态，阐述党和国家的原则立场，也要就意识形态的新动向、经济发展的新趋势、社会管理的新问题，及时地设置议题引发社会关注，影响社会走向，科学引导舆论。

其二，作者笔下要带感情，不能以无关痛痒的冷漠态度去撰写社论。拥护什么，赞成什么，批评什么，反对什么，都要旗帜鲜明，这样，社论才不仅能从道理上说服读者，还能从感情上打动读者。

其三，说理时要平易近人，要恰当地估计读者的水平，考虑到读者的接受程度，在把主要论点说清楚的前提下，给读者留下一些思考的余地。

其四，风格应力戒拘谨，尽量写得生动一些。有人认为社论是指导性的论文，应该严肃，不必追求生动。其实，严肃和生动不是对立的，社论可以而且应该写得生动活泼，引人入胜，让读者愿意看，喜欢看。评论文章生动的关键是，说理要说到痛处痒处，要说得具体、尖锐。

第三节　努力撰写短而精的社论

根据题材和内容的需要，社论当然需要一定的篇幅，一般 2 000 字左右并不为过。但在目前普遍反映社论较长的情况下，努力把社论写得短一点精一点，还是很有必要的。目前，在社论写作中，除了要着力

解决选题的贴近性、论理的科学性以及表达的生动性以外，还有两种偏向必须切实加以改进：一是文字拖沓，结构松散；二是言之泛泛，缺少文采。下面，我们通过对两篇社论的简评，来探求一下社论如何写得短而精的问题。

一、社论怎样才能写得短？

先看《人民日报》1982年元旦发表的社论《一年更比一年好　定叫今年胜去年》：

> 声声爆竹送别了一九八一年的最后一天，嘹亮的钟声迎来了新的一年，全国各族人民喜气洋洋地庆祝元旦，展望新的一年，一个比去年更好的前景出现在我们眼前。
>
> 我们的日子一年比一年好，去年就比前年好：全党的工作取得了新的进展；各个地区，各个民族，各行各业，各条战线，都作出了新的贡献；国民经济继续好转，政治局面更加安定；在祖国辽阔的土地上，从中原到边疆，从工厂到农村，到处是生机勃勃的景象。唐朝诗人杜甫写过两句诗："天时人事日相催，冬至阳生春又来。"我们今天确实处在一个由乱到治，由穷到富的大变化、大发展的历史潮流中，我们完全有信心，有把握，在新的一年里，在建设社会主义物质文明和精神文明的斗争中，取得比去年更大的进展。
>
> 这种信心和把握，根据何在呢？
>
> 全党的思想统一了，这是一。十一届六中全会，标志着我们党在指导思想上完成了拨乱反正的历史任务，全党、全军和全国各族人民，在学习《决议》的过程中，在实践的教育中，对重大的历史是非和现行政策的认识，达到了前所未有的一致。这种思想上的一致，是我们的力量之所在，是中国政治安定的基础，是我们各项事业胜利发展的保证。在我们党的历史上，七大所达到的团结一致，导致了民主主义革命在全国的胜利；建国初期对一系列方针政策的一致，导致了由新民主主义革命向社会主义革命的顺利发展；毫无疑问，现在这种在新的基础上的一致，必将引导我们达到新的胜利。

找到了适合我国国情的发展经济的新路子，这是二。三十多年来，我们在经济建设上急于求成，走过不少弯路，现终于理出了十条方针，速度比较实在，经济效益比较好，这一套积极而又稳妥的方针，使我国国民经济开始走上了健康发展的道路。方针定了，路子对了，我国经济发展的潜力就能充分发挥出来，这是毫无疑问的。

人民群众的积极性起来了，这是三。我们的一切工作都是为了人民，也都依靠于人民。人民群众的积极性，这是最可宝贵的。三中全会以来党的路线、方针、政策，已经给人民带来了实惠，特别是农村实行各种不同形式的生产责任制，八亿农民的生活有了明显的改善。可以说，党的政策从来没有像现在这样深入人心，像现在这样把亿万人的社会主义积极性调动起来，这是不可战胜的力量。

当然，我们的工作还有缺点，我们的面前还有困难，但是，有了上述三个最基本的条件，我们坚信，没有什么缺点是不能克服的，没有什么困难是不能战胜的。在新的一年里，我们一定能赢得比去年更大的胜利。

全党和全国人民要把握这个新的形势，振奋精神，努力工作。“人是要有一点精神的”，中国人民是有志气的，中国工人阶级是有高度主人翁责任感的，中国共产党人是全心全意为人民服务的，让我们发扬这些光荣的传统，用之于踏踏实实的工作，向着新的胜利前进！

这篇元旦社论，全文只有1 200字，是前所罕见的。它何以写得这样短呢？

第一，论题单一、集中，紧扣当前思想焦点。要是在过去，这样的元旦社论，不仅要有对过去一年的回顾与总结，有对新的一年的展望与部署，而且还要从形势谈到任务，从成绩讲到经验，从政策说到措施，不写它两三千字才怪哩！可是这篇社论一改过去面面俱到、洋洋大篇的写法，没有一般地进行泛论，作者根据干部、群众在辞旧迎新之际的思想实际，紧紧抓住对新的一年里取得更大进展有没有信心和把握这个思想焦点，作了有根有据、入情入理的分析，字字句句都说到了读者的心坎里。由于论题单一、集中，主攻方向明确，立论紧扣思想焦点，因而主线分明，重点突出，文字虽短，但对症下药，击中要害，起了激发群众斗志，鼓起更大信心的作用，避免了枝蔓横生，泛泛而论。

第二，分析单刀直入，坚持虚实并举。作者围绕说明中心论点，即解决人们信心和把握问题，恰到好处地撷取了大量历史的特别是现实的材料，从全党的思想统一、找到了发展经济的新路子、人民群众的积极性得到充分调动这三个层面，逐一进行了精当而中肯的剖析。在具体论证过程中，作者对一点就明的道理，对众所周知的事实，决不过多地发挥，繁琐地引述，而始终借助于画龙点睛、简洁明快的笔法，把论点建立在有充分根据的基础之上。

第三，打破惯用程式，不“穿靴戴帽”。这篇社论，一改过去元旦社论开头的常见写法，不是从形势概述入笔，更没有来一段新年的客套贺语，而是开门见山，直截了当，笔锋一下子就落在文章的主题上。结尾也没有“发号施令”，来一通为什么什么而奋斗、而努力之类。作者始终处于和读者完全平等的地位，循循善诱，侃侃而谈，顺着文章的思路，戛然而止，自然作结。

二、社论怎样才能写得精？

言简意明的短社论，是否也可以写得精粹而有文采呢？《中国农民报》1980 年 4 月 20 日发表的社论《假如都像徐永山》，为我们作出了肯定的回答。

这篇社论文字不长，连题目加上标点符号，总共才 640 余字，可谓短小而精粹，辞达而理举，称得上是一篇文理并茂的评论佳作。请看全文：

假如都像徐永山

看了《徐永山和他的拖拉机》这篇报道，使人十分高兴。

油是最宝贵的能源。现在，全国的动力机械已经有了一亿八千万马力，其中一亿三千万是用油的。农业生产一年要用八百多万吨柴油，是消耗柴油最多的一个部门。

按规定，耕一亩地用的油，不能超过零点八公斤。不少机车超过了一公斤，而徐永山只用零点六五公斤。

按规定，耕一亩地，机车的修理费不能超过一角五分钱，而徐永山只要一分一厘。

按规定，耕一亩地，作业成本不能超过八角钱，有的地方超过了一元，而徐永山只要四角三分五。

按规定，拖拉机工作量达到五万亩就得大修，大修一次得花三四千元，而徐永山的拖拉机工作量已达十一万七千亩，还不用大修，机车保持了良好的技术状态。

所有这些，没有高度的社会主义觉悟和技术水平，是根本办不到的。

高消耗不可能有高速度。搞四化必须精打细算，努力降低消耗，增加收入，这是搞四化最实际的行动。

榜样的力量是无穷的。我们该不该学习徐永山？大家都认真想一想：

假如都像徐永山，一台拖拉机一年节省柴油一吨半，单是六十万台大中型拖拉机，一年就可以节省九十万吨柴油。

假如都像徐永山，一台拖拉机一年节省修理费一千五百元，全国就是九亿多元。

假如都像徐永山，一台拖拉机一年少开支费用二千八百元，全国就可以为农民节省二十多亿元。

假如都像徐永山，十年如一日，精心保养操作，全国二百多万台拖拉机，就可以一台顶一台、甚至顶两台用。

假如我们不能把高消耗压下来，不讲经济核算，不讲经济效果，那四化就没有希望。假如都像徐永山，实现四个现代化就大有希望，时间也可以大大提前。

这篇社论，文字虽短，但何以写得这样具有鲜明的特色和动人的力量呢？这除了作者对所评论的对象有深刻的认识，有独到的见解外，在行文表达上，则有这样几个特点：

其一，作者笔端饱蘸激情。读罢《假如都像徐永山》这篇社论，为什么我们对徐永山这位节油模范的崇敬之情，会禁不住油然而生呢？这首先在于作者被徐永山的先进思想和模范事迹深深打动了，并且把自己的这种感情倾注于笔端，熔铸在字里行间。你看，文章从标题到对比的四个排比句，以及号召向徐永山学习，多次提出“假如都像徐永山”，无不渗透着作者的真挚感情。试想,如果作者自己“不动声色”,毫无感情,能够写得这样雄辩滔滔,有声有色吗?现在有些评论之所以有理无文,读来使人索然无味,很重要的一个原因,就是作者缺少这种感情。既然作者对所评论的事物无动于衷,那他就不会感到有提出问题的迫切性,就不能在文章里表现他的感情和激动。这样的文章当然不会有说服力,更谈不上有生动性了。

其二,善于熔叙、议于一炉。把叙述与议论结合起来,夹叙夹议,这是使评论文章具体生动的一个重要手段。这是因为:人的认识来自实践,任何论点总是从丰富的生活实践中抽象、提炼出来的。因此,结合生活实践阐发论点,就会讲得具体生动,读之感到亲切有味。《假如都像徐永山》在这方面就做得较为成功。全文以典型而有说服力的事实作为依据,以概括而又准确的道理加以点拨,寓理于事,评说得丝丝入扣。事理犹如珠联璧合,浑然一体。文章在称颂徐永山高度的社会主义觉悟和技术水平时,没有不着边际地高谈阔论,而是通过最能够说明观点的事实材料,诸如徐永山耕一亩地所用的油、所需的机车修理费、所用的作业成本以及延缓大修时间等等来加以体现,从而使观点能够牢固地确立。又如,文章在论述该不该学习徐永山这一问题时,同样没有抽象地大谈学习的必要性,更没有发号施令一番,而是通过五个“假如都像徐永山”必然会出现的五大好处,来揭示作者的观点。由于作者把叙述与议论巧妙地结合了起来,把抽象的概念具体化,把深奥的道理浅显化,因而能够引导读者自己得出深感信服的结论。

其三,修辞手段运用得法。《假如都像徐永山》的写作讲究章法,善于修辞,注意词义的感情色彩和风格特点,全文十分贴切地运用了假设、对比、排比等多种修辞手段。文章的标题就别出心裁,运用假设勾起悬念,使你目掠之后不能不读全文。就文章本身来说,无论是前半部分四个排比句的运用,还是后半部分五个假设句的出现,不仅有助于内容的表达,而且使文章增色生辉,克服了平铺直叙的缺陷,显得紧凑、生动,有吸引力,读的时候让人感到欲罢不能。除此之外,作者在叙述、议论、抒情的关键地方,还善于用简明凝练的语言下断语、作判断,成为带有哲理性的警句或格言,给人以鲜明、生动而又深刻的印象。

《假如都像徐永山》在布局谋篇上也颇具匠心,结构不是平平淡淡,一览无余,而是既一脉相承,又有起伏、舒急,这里就不详细去说它了。

这里,我们再介绍一篇连标点在内只有 163 个字的社论。1982 年

2 月 7 日，《福建日报》发表了两条处理走私案件的新闻，同时配发社论《有些案件为什么长期处理不下去?》，全文为：

有些案件为什么长期处理不下去?

今天本报又公布了两个重要的案件。坏人受到揭露处理，这很好。

有些问题群众看得很清楚，干部也有很多议论，问题的性质已经非常明白，但就是处理不下去，而且长期处理不下去，为什么?

一是因为自己屁股有屎；

二是派性作怪；

三是软弱无能。

还有什么? 也许还有其他原因，但主要是这三条。

你这个单位的问题长期处理不下去，是什么原因，算哪一条，不妨想一想。

要把评论写短，可从这篇短而精的社论中得启示：主要可从两方面努力，一是大题小做，这是选题时的问题；二是长话短说，可以通过精简论据、精简论证来努力。

关于"社评"文章，近年来被不少新闻媒体采用，如《工人日报》始于 2000 年 11 月，《人民日报》主办的《环球时报》也沿用多年。其分量比社论稍轻，但同样代表媒体编辑部的立场和观点。它往往针对当前较为重大的新闻事件或社会现象发言，议题有一定的普遍意义和典型意义，为大多数读者所关心，有一定的全局眼光，能从孤立的新闻事件中发现蕴藏的某种普遍社会动向和意义。

关于编辑部文章，这是由社论发展来的，是比社论更有分量的、更具影响力的一种评论形式。与社论相比较，党报的编辑部文章容量更大，规格更高，是专门就国内外政治、思想方面的重要问题或重大事件发表的政策性言论。在我国，它常常是同级党政机关对国内外重大问题所作的理论上和政策上的论述，目的在于帮助读者提高认识，统一思想，增长理论知识。撰写编辑部文章，要求有较高的马克思主义修养和理论思维能力，在所论述的内容上具有权威性。自 1993 年以来，《人民日报》发表的一系列“任仲平”的文章，就是名副其实的编辑部文章。新闻学者王传宝对其作了这样精妙的概括：“代表编辑部发言但又不同于社论，以理论文章的篇幅和架构从宏观角度阐释政策、论证问题但又不同于理论文章，原因在于其选题的新闻依据、读者对象、采用议论方式等更多是一种新闻取向与评论表达，而非政策取向与学术表达，此外政论追求而非时评追求，也使其与同样代表媒体编辑部的社论、特别是直接配发新闻报道的评论员文章相区别。”

问题与练习：

1. 什么叫社论？它的主要任务是什么？
2. 社论的地位与作用怎样？
3. 社论写作的基本要求有哪些？
4. 社论如何才能写得短而精？
5. 社论和编辑部文章有何异同点？
6. 你心目中的《人民日报》社论应该是什么样子？（请联系读报实际，写一份不少于800字的书面建议，汇总后统一寄人民日报社参考）

第十九章

社评、本报评论员与特约评论员文章

本章内容提要：

1. 社评、本报评论员文章的含义。
2. 社评、本报评论员文章的应用范围。
3. 社评、本报评论员文章的写作要领。
4. 本报特约评论员文章的特点与应用。

第一节　社评、本报评论员文章的特点及其应用

社评、本报评论员文章是介于社论和短评之间的一种评论形式，是中型的评论文章。这类文章一般在 1 000 字左右，通常不去全面地论述某一重大问题或重大决策，那是社论的任务，而是就某一问题或选择一个重要的侧面发表意见，作更深一层的分析。在我国目前的报刊上，社论的数量逐步减少，而社评及评论员文章却逐步增加，受到人们的普遍重视。随着政治民主的进步，以及互联网时代社会各阶层诉求途径和话语渠道不断拓宽，传统评论模式中的某些“话语霸权”日益被打破，强调尊重各方声音，强调个性化表达，形成媒体特色与个人风格，社评、本报评论员文章应该而且可以在这方面先行一步。

社评、本报评论员文章有署名和不署名两种形式。编辑部决定采用社评或评论员文章的形式发表，往往是由论述问题的重要和发表的郑重程度决定的。社评发表的郑重程度仅次于社论，直接代表编辑部集体的意见，反映编辑部的观点和倾向，一般不署名。以本报评论员署名的评论，形式上虽不直接代表编辑部集体的意见，只表明它是编辑部

一个评论员写的文章，但在通常情况下，都是得到编辑部同意的。曾有人建议，本报评论员应署上作者的名字，以示对其劳动成果的尊重。也确有几家媒体作过尝试，但未能坚持下来。主要原因是角色比较模糊：署名评论员文章是提出个人主张呢，还是代表官方立场，这很难界定。至少，以个人名义阐释政策、指导工作有些不妥。评论员文章既有一定的"官方色彩"，又可以有个人的风格。它的选题面更广一些，一般不从正面全面论述某个重大问题，而是选择一个侧面单刀直入，对所要论述的问题进行比较集中、比较深入的分析。它不必像社论、社评那样持重、严肃，可以写得自由、活泼一点。

社评和本报评论员文章通常可分为纪念节日类、指导工作类、思想引导类和配写报道类四种，最常见的是配合主题相关的新闻报道同时发表，根据党的路线、方针、政策的原则精神，提炼和概括现实生活的丰富内涵，高屋建瓴地揭示其底蕴，起着总结推广典型、指导一般的作用。

就评论的内容和作用而言，一般在下面几种情况下，往往采用社评、本报评论员文章的评论形式。

一、针对现实生活和实际工作中的某一方面问题，作方针性政策性的指导和评价

譬如，安全生产问题，这是人命关天的大事，也是党和政府十分关心的问题。国家为此制定了明确的安全生产法规。然而，2000 年上半年，安全生产的事故却屡屡发生：继 3 月份江西萍乡爆竹厂发生严重爆炸事故后，时隔仅 3 个月，江门又发生类似事故。为何这类事件屡禁不止？《工人日报》于 2000 年 7 月 3 日发表题为《人命关天的大事》的评论，尖锐地指出："关键还是一些企业要钱不要命。"评论从党的宗旨和社会主义制度的高度，强调了安全生产的极端重要性："政之所兴，在顺民心。安全生产，民心所向。"并强调："倘若……不能维护职工的劳动安全，那必将受到法律的制裁！"

又譬如，根据当前改革发展的新情况、新问题，提出解决矛盾和问题的办法与要求，2006 年《人民日报》围绕宏观调控问题、"三农"问题、扩大就业和再就业问题、建设节约型社会问题、环境保护问题等发表大量评论。这些评论依据党的方针政策，直接就经济社会发展的问题提

出指导性意见。

二、在党和政府的各项方针、政策的贯彻过程中，及时地揭示出一个时期中心工作的具体方向或侧重点

譬如，前面提到的《安徽日报》的获奖评论《警惕加重农民负担新动向》，就是一例。又如，《经济日报》针对改革开放10多年后的新情况下，农村经济发展应选择怎样的模式这一热门话题，于1995年11月22日发表了题为《劳动密集的优势还不能丢》的评论，旗帜鲜明地指出：

“本世纪末农村剩余劳动力将超过2亿，就业的压力将成为威胁农村社会稳定的根本问题，乡镇企业要继续为吸纳剩余劳动力作贡献。”“劳动力资源丰富是我国最大的优势，在相当长一个时期内，尤其是在中西部，我们仍要提倡以劳动替代资本的发展战略。劳动密集型发展模式不能过早抛弃。”这篇评论所提出的观点，对我国中西部地区制定经济发展战略有一定的参考意义。

又譬如，2006年12月中旬，《人民日报》连续发表评论员文章，从六个方面阐述即将到来的2007年经济工作的指导思想、总体要求和主要任务。其中的关键词是：“又好又快发展”、“促进总量平衡”等。

三、及时地灵活地针对某种社会思潮和一个时期的思想倾向，生动切实地宣传党的路线、方针、政策

1999年春夏之交，在极少数“法轮功”顽固分子的挑动下，我国北京发生了“法轮功”练习者围困中南海的事件。这围绕崇尚科学还是坚持迷信所进行的斗争，实际上是一场严重的政治斗争。为及时传达中央的指示精神，6月21日《人民日报》发表题为《崇尚科学　破除迷信》的评论，深刻揭示了“法轮功”的反动实质和社会危害，揭开了深入批判“法轮功”及其策划者的斗争序幕。这篇评论对宣传科学世界观，廓清模糊认识，动员广大群众投身深入揭批“法轮功”的斗争，起了重要的思想动员作用。

四、联系媒体上发表的正反典型进行评论，兴利除弊，扶正祛邪

这方面的评论，媒体上最为常见。譬如，1995 年深圳特区开展了向“新时代活雷锋——陈观玉”学习的活动，《深圳特区报》刊发了《陈观玉与特区社会环境刍议》的评论。文章从陈观玉这个典型人物入手，着眼于大的时代背景，深入探讨先进人物与社会环境的关系，使先进人物陈观玉的形象更加可亲、可近，对学习活动的深入开展产生了积极的影响。

需要说明的是，由于社评、本报评论员文章在选题和论述范围上的独特要求，在实际评论工作中，经常把重大问题分成几个方面、多种角度来一篇一篇地加以论述。通常采用“连论”的方式（即标明“一论”、“二论”、“三论”……；或“一评”、“二评”、“三评” ……；或“一谈”、“二谈”、“三谈”……），以示各篇评论之间的内在联系。譬如，2010 年上海世博会举行期间，8 月 9 日至 9 月 21 日，《人民日报》以《来自上海世博会的思考》为题，发表了 9 篇系列评论，从不同侧面深入弘扬世博精神、放大世博效应，尤其是让青少年从中学习公民意识、责任意识、创意火花和开放胸襟，受到广泛的好评，被国内外媒体大量转载。有的虽不表明“论”、“评”、“谈”之类，但实际上仍是从各个方面、各个角度来分论这个问题。有时因论述的问题特别重大，容量不小，社论也会采取这种“连论”的方式。这类系列评论，往往具有持续时间长、包容量大、强势效应突出等优势，是评论文章中的“集束武器”。但在写作中也要注意掌握这样几点：第一，要精心策划。对以什么为主题，出什么样的思想观点，采用哪一类风格，运用哪些基本材料以及推出频率等，都必须心中有数；第二，要紧密配合。各篇之间既有分工，又有联系，要从不同层次、不同侧面、不同角度展开论述，各有侧重，层层推进，合而一体，做到形散而神不散；第三，要言之有物。不能贪大求全，为系列而系列，一定要有的放矢，力求每篇评论都能有一点深刻的思想、独到的见解和精辟的观点，给人以新的启迪。第四，有“评”有“论”，主要是说，以理服人。但有时也可以将说理与抒情相结合，使情理交融、理情并茂。

还需要说明的是，这几年在评论园地里还出现了一种新形式——

“对话体评论”，如《大众日报》的《职业道德对话评论》，以及《文汇报》《文汇时评》中的一些评论。顾名思义，“对话体评论”是将对话主体（本报评论员）与对话客体之间，对某一问题或某种现象的评论，稍加整理即予发表的一种体裁。这种评论形式，让读者和评论员共同“写作”，真实自然，说服力强，而且娓娓道来，文风洒脱，很具吸引力，受到广泛关注和普遍好评。运用这种体裁，对客体的选择很重要，只有“平起平坐”，才能互为促进，相得益彰；如果不是“门当户对”，那效果就可想而知了。但尽管这样，“对话体评论”毕竟喜大于忧，我们应通过不懈努力，扬其长，避其短，争取不断有所改进。

第二节　本报特约评论员文章的特性

本报特约评论员文章，是从本报评论员文章发展起来的，是评论员文章的一种特殊形式。它冠以“特约”两字，用以加重文章作者的身份。这类评论对象大多是事关全局的举足轻重的重大问题，专题性更突出，理论性更强烈，政论性更鲜明。有时作者是党政机关或理论学术机构的权威人士，所以使用起来要比评论员文章郑重，它在媒体上的地位有时比社论还高，有的甚至可与编辑部文章相提并论。它虽然不是报社人员而是约请有关人士撰写的，但丝毫不意味着编辑部可以不为此而承担责任。恰恰相反，在特定的条件下或特定的问题面前，编辑部往往通过这一途径来强化自己的态度和观点。换言之，凡特约评论员文章所阐明的态度、立场、观点，总是为编辑部引为自己的态度、立场和观点的，一般不署名，必要时也署名。

这一评论形式，是改革开放以来新闻评论园地里的新品种、新创造。它始于党的十一届三中全会前后，1978 年 5 月，针对当时社会上仍然盛行的个人崇拜和“两个凡是”的错误观点，《光明日报》率先发表了特约评论员文章《实践是检验真理的唯一标准》，全面而深刻地论述了实践是检验真理的唯一标准这一马克思主义的基本原则，在政治领域和思想领域首开解放思想、拨乱反正的先河。这篇文章对我国思想解放运动的贡献是众所周知的。这种评论形式，在三中全会后的平反冤假错案、解放老干部，以及在各条战线的拨乱反正中，曾经非常活跃，发挥了积极作用。

本报特约评论员文章与一般评论员文章的区别在于：它不像评论员文章那样选择一个侧面，论其一点，而是多侧面地、系统地就一些重大思想、理论和政策方面的问题展开论述，比较讲究论证的系统性和严密性，有比较强的思想性和理论性。篇幅一般较长，多在三四千字以上，被称为"超重型评论员文章"。

譬如，新华社1998年5月播发的《煞煞"卖企业"这股风》就是一篇特约评论员文章。这篇文章的背景是：20世纪末的中国，改革开放在向经济体制的深层结构推进中，出现了不少新矛盾、新问题，而国有企业效率不高，就是其中最突出的问题。要解决这一问题，就必须盘活企业的固定资产和流动资产，就得先将一部分中小企业进行产权交易，以盘活国有企业资产，减少企业负债额、降低企业负债率。问题是，口子一开，一些地方就刮起了一股"卖企业风"，不加分析地把国有小企业一卖了之，造成了国有资产严重流失。这篇特约评论员文章，实际上是一篇为时代课题求解的研究性言论。文章一开头，就如实列举了现实中的问题；第二、第三段实事求是地分析了问题形成的原因，即"不能全面理解党的十五大精神"、"思想方法上的绝对化和工作方法上的简单化"；最后两段有针对性地提出了煞这股歪风的对策："国有小企业改制采取何种形式，要充分听取和尊重大多数职工的意见，积极稳妥地进行"，"我们反对国有小企业改制过程中的'卖企业'之风，并不是说，所有的国有小企业都不能出售"。全文一气呵成，层层递进，有事实，有道理，有原因，有结果，有政策，有对策，虽只有2 500字左右，容量却不小，称得上是一篇理论联系实际的优秀评论。

又如，《农民日报》发表的特约评论员文章《农村发展和"两个飞跃"》，也称得上是一篇有较强思想性和理论性的佳作。文章不仅首次在全国披露了邓小平同志1992年7月关于"两个飞跃"问题的又一次重要讲话精神，还根据江泽民总书记的有关最新讲话精神，全面阐述了邓小平"两个飞跃"思想的丰富内涵和政策操作过程中需要掌握的原则。

文章指出：

邓小平同志1992年7月审阅十四大报告稿时，又一次强调说：农村现在还是联产承包责任制。我以前提出过，在一

> 定条件下农村走集体化、集约化的道路，还是必要的。但一定要适度，不要勉强，不要“一窝蜂”。如果条件成熟，农民自愿，不要阻碍。北京郊区搞了适度规模经营，我看就是集体化、集约化。从长远来说，科技越发展，管理能力越提高，又是一个飞跃。过去我讲过，农业要有两个飞跃，一个是废除人民公社，搞承包责任制，再一个是将来走到新的集体化。社会主义要以公有制为主体，农村的集体所有制，也是公有制的范畴。农村经济最终还是要实现集体化、集约化。农民现在希望搞联产承包责任制，不想动，但不等于将来永远不能动。科学种田发展了，超过了村的界限，甚至超过区的界限，到那时你不搞集体化、集约化就适应不了了。如果老是仅仅靠双手劳动，仅仅是一家一户地耕作，将来也不向集体化发展，农业现代化就不可能实现。就是一百年、二百年，还是要走集体化、集约化这条路。现在还是坚持家庭联产承包责任制，切不可以“一窝蜂”，如果农民不提集体化的事，也不要急。总之要条件成熟，农民自愿了再搞。

文章在阐述了邓小平同志的最新讲话精神后，明确提出了“坚持党的基本路线一百年不动摇，就包括在农村问题上，一定要正确地全面地按照邓小平同志指引的这个路子去走”这一命题，继而又概括出从认识上和实践上明确和把握“两个飞跃”思想的四条要点：

> 一是现在和今后相当长的时期里，从全国大多数地区来说，要稳定家庭联产承包为主的责任制，并不断加以完善，农民群众对这种生产责任制愿意搞多少年就搞多少年，不要由上面去命令加以改变；
>
> 二是从长远趋势来说，农村生产力发展了，社会化分工和科学种田的水平提高了，农民群众要逐步走上新的集体化、集约化道路上去，这是农村发展的大方向，这个也要明确，不能忘记了；
>
> 三是现在有些地方如果条件确实成熟了，农民群众又自觉自愿，要求搞适度规模经营，拥护向集体化、集约化方向发展，不要去阻拦，而应积极予以支持、鼓励，并加强指导；

> 四是向集体化、集约化方向发展的具体形式，可以而且应该多种多样，应坚持从各地实际出发，依靠群众在实践中去探索和创造。

这四条要点，从政治上看，有利于统一全党的认识，同以江泽民同志为核心的党中央保持一致；从理论上看，四条要点层次分明，内容充实，相互贯通，辩证统一，有深度，有新意，对于全面深入学习贯彻邓小平同志关于“两个飞跃”的思想，指导当前农村改革与发展，具有很强的针对性和指导性。

问题与练习：

1. 社评与本报评论员文章有何共同点与不同点？
2. 在什么情况下可以采用社评或本报评论员文章的形式？
3. 撰写系列评论和“对话体评论”应注意哪些问题？
4. 为什么说本报特约评论员文章是“超重型评论员文章”？
5. 以当地党报上最新发表的一篇人物通讯为依托，配写一篇本报评论员文章（不少于1 000字）。

第二十章

短评、编者按与“配”评论

本章内容提要：

1. 短评的特点及其应用范围。
2. 短评写作的基本要求。
3. 编者按的功能与类型。
4. “配”评论的好处与要领。
5. 走“进”新闻写评论的意义。

第一节　短　　评

一、短评的特点及其渊源

短评，顾名思义，这是一种短小精悍、运用灵活的评论形式，篇幅一般在600字左右，最长不超过1 000字，在报纸上较为常见。它或根据党的方针政策，就现实生活和实际工作的某一个方面，代表编辑部发言；或抓住新闻报道中最新鲜，最有特色，或者编辑认为最值得突出的亮点，加以强调和发挥。它内容单一，论题集中，分析扼要，往往以新闻报道或社会现象为依托，以新闻事实为立论根据，开门见山，一事一议，“言近而旨远，词约而意深”。

与社论、社评、本报评论员文章相比，短评的题目、评述范围，都比较集中，论述道理比较单纯，运用比较自由。因此属于评论中的“轻骑兵”、“轻武器”。

短评有署名和不署名两种。署名的代表个人，不挂短评的牌子，一般讨论一些思想性、倾向性的问题，比较受读者欢迎。不署名的短评，代表编辑部集体意见，大多就某一件事、一个会议、一条经验教训或某方面工作的某个侧面，阐发一个观点，有较强的针对性、思想性和时间性。不署名的短评多数是配合新闻报道，进一步深化新闻主题。

前面在谈到我国民主主义报刊言论的演变时曾经提到，真正意义上的短评，出现在戊戌维新前康有为、梁启超等筹办的《中外纪闻》（原名《万国公报》）上。梁启超在写下许多洋洋万言的长篇论文的同时，也不时撰写短小精悍的评论文字，还在《新民丛报》上辟出"国闻短评"一栏，"择中国外国近事之切要者，略加绪论，谈言微中"。继而，由他帮助拟定体例的《时报》，便成为中国第一家设有短评专栏的日报。该报"特置批评一门，凡每日出现之事实，以简短隽永之笔，评论之"，恢复了报刊评论曾有的虎虎生气。《时报》刊出短评，旨在"使读者虽无暇篇读新闻，已可略知梗概，而读者阅读时也确实可以一目了然，不消费功夫去点句分段，不消费功夫去寻思考索"。这种短评，往往一针见血，先点出结论，再略述缘故，只要三言两语，不必过多论证。表述上或激愤，或轻松，或热情，或冷隽，或嘲讽，或幽默，更加自由活泼。辛亥革命前后，许多革命的进步的报刊都专门辟有短评栏目。这就是我国报刊短评的发端。

二、短评的应用范围

根据短评的上述特征，通常在以下几种情况下，适宜采用短评这种形式。

1. 为典型报道配发短评

短评经常从新闻中找主题，配合新闻发表，进一步阐明新闻的意义，交代必要的背景，作出适当的估价，或者在大量的事实中，取一个方面，从新的角度予以发挥，从而深化报道思想。

1991年8月25日，《人民日报》发表了题为《"只求像个共产党员"——记优秀共产党员吴成仿的事迹》的人物通讯，比较全面地反映了优秀共产党员吴成仿带头挖穷根，不为名利、不求钱财、豁出命来干也要在荒沙滩上建果园，廉洁奉公、严于律己、一心造福家乡人民的先进事迹，感人肺腑。与此同时，版面上配发了短评《赞"像个共产党员"》，全文如下：

赞"像个共产党员"

吴成仿，一个身患重病、随时都可能被死神招去的普通党员，置生死于度外，短短几年间，以顽强拼搏的劲头，为村里建造了千亩果园，帮助一大批农民脱贫致富。他别无他求，最大心愿就是，“只求像个共产党员的样子”。这种精神令人赞叹。

在日常生活中，共产党员是不带任何标志的。共产党员的样子，就在一个个党员的身上体现着。战争年代，打仗冲在前的，是共产党员；行军背东西多的，是共产党员。建设时期，吃苦在前、享受在后，处处起先锋模范作用，仍是共产党员的一大特征。

其实，共产党员要像党员的样子，这应该是最起码的要求。既然要做共产党员，就要无私奉献，准备吃亏，必要时还要牺牲自己的一切。那些只想从执政党的地位中捞好处，斤斤计较个人得失的人，是没有资格做共产党员的。

我们党的形象是靠一个个党员来塑造和维护的。我们希望涌现出千百万像吴成仿这样的党员，用自己的行动为党增光添彩，作出共产党员的样子，使人民群众认准共产党是为人民服务的，从而拥护和热爱共产党。这是我们党的凝聚力、战斗力之所在。

这篇短评，始终紧紧抓住“共产党员的一大特征”——“吃苦在前、享受在后，处处起先锋模范作用”予以评论，用优秀共产党员吴成仿的话来说，就是“只求像个共产党员的样子”。短评突出阐明的一个道理是：我们党的形象是靠每个党员来塑造的，共产党是为人民服务的，这是我们党的凝聚力、战斗力之所在。从而阐明并深化了报道思想，给读者以理性思考。

值得一提的是，这类为典型报道配发的短评，不仅编辑可写、记者可写，通讯员在采写典型报道时也可配写。

2. 另外三种情况下配发短评

媒体需要就某个问题发表言论，但是，按这个问题的重要性与显著性而言，不必要用社论的形式；或者，社论已就某个问题作了总的阐述，但还觉得应该就某个侧面、某一点，再进行一些探讨；或者问题有了新的发展，需要根据新的情况结合实际再进一步发挥，都比较适宜采用短评这种形式。譬如，多年来许多城市郊区耕地面积锐减，而人口猛增，这是个较为严重的问题。1991 年 10 月 2 日《温州日报》为此发表短评《土地与人口》，文章指出：

> 报载，我市现有人口 659 万，比 1949 年增加了 380 多万人，年均增加 7.87 万人，而耕地已减到 276 万亩，人均耕地面积仅有 0.416 亩，且年均减少一万余亩。照此发展势头推算，38 年之后，我们温州人祖祖辈辈赖以生存的土地将消失殆尽。
>
> 土地告急！人口告急！朝野仁人，社会各界，当在告急中猛醒！
>
> 然而，有人总以为，提出土地、人口问题是杞人忧天，其“理由”有：一曰开山围海大有可为。可我市可开可围的涂地总共才 20 万多亩，倘为人口剧增、土地锐减所鲸吞，不消三年便化为子虚乌有。二曰科技发展，调剂有法。此言差矣。日本堪称当今世界科技强国，但仍为三分之二的粮食靠进口而苦恼。即使若干年后我们的科技发展能点石成金，也不能使砖块变为面包的神话成为现实，更何况人类的星球大搬家还远着呢！三曰以富济困，靠进口。这依赖哲学更不足取。有人作过统计，二百年后世界贸易粮为二亿吨，全部给中国，也只能解决问题的一半，那么剩下的一半呢？
>
> 最后，党和国家领导人指出，爱护珍惜土地是关系到社会主义建设全局的大事，是造福子孙万代的大事，是我国的一项基本国策。方向已指明，航路已开通，但历来的事情是立法容易，执法难。要想事业的成功，还得万众协力同心干。假如全市人民严重关注土地的临界状态，像爱护眼球一样珍惜每一寸土地，那么，我们才不会愧对祖先和儿孙！

这篇短评，首先摆出触目惊心的事实：“……照此发展势头推算，38 年之后，我们温州人祖祖辈辈赖以生存的土地将消失殆尽。”接着批评了“可以开山围海造田”、“用科技增产粮食”、“可以进口粮食”等种种推诿的理由。最后告诫全市人民：关注土地的临界状态，像爱护眼球一样珍惜每一寸土地，不要愧对祖先和儿孙！这样的短评在评论较为严重的问题时，显得重要而又深刻。

3. 某种新的思想、新的观点，需要及时在公众中传播，也常常采用短评的形式

1992年6月9日上海《文汇报》发表的短评《大胆也是财富》，就是旨在强调更新观念的重要性。文章开门见山地指出：

> 人们常说，时间就是金钱，质量就是生命。其实大胆也是财富。
>
> 想想看，我国大胆实行家庭联产承包责任制，得到的是经济大发展；大胆打开国门、设立经济特区，换来的是开放城市经济大腾飞。
>
> “撑死胆大的，饿死胆小的。”老百姓早有定论。
>
> 但是，由于受几千年封建思想的影响，再加上“文革”中阶级斗争扩大化留下的后遗症，现在许多人干事业仍然前怕狼、后怕虎，不求开拓、只求无过。当前，大胆地闯、大胆地试，放开胆量干事业，已成为中国人的共同呼声。那么，胆子怎样才能大起来呢？

文章认为：一要不断解放思想；二要努力丰富知识；三要有大公无私的精神，大胆是要担风险的；四要勇于改正错误。从而为如何才能大胆起来，作了最好的诠释。最后，短评还明确指出：“我们讲大胆，是指干正义的事业。如果有人胆大妄为、违法乱纪，那么，总有一天会被大胆的‘黑脸老包’绳之以法的。”这样，文章将为什么说大胆也是财富，怎样才能大胆，什么样的大胆是不足取的，分析得一目了然。

4. 对某种时弊、倾向性问题或群众中的疑虑问题，需要及时针砭与解答

2002年新年不久，美国总统布什在国情咨文中出人意料地把伊朗、伊拉克和朝鲜称为“邪恶轴心”。霎时间，世界舆论为之哗然。怎么看待这一论调？2月3日，新华社播发了记者包尔文为此撰写的短评：《“邪恶轴心”为子虚》，有力地批驳了美国炮制“邪恶轴心”论的错误和别有居心。

短评开门见山，首先亮出此论的出笼情况，并表明作者态度：

> 布什在近日发表的国情咨文中出人意料地把伊朗、伊拉

克和朝鲜称为“邪恶轴心”。风乍起，吹皱一池春水。此语一出，引起上述三国强烈反感自不待言，其他国家也倍感突兀，纷纷揣摩个中含义。当前，世界上果真存在一个“邪恶轴心”吗？答案当是否定的。

接着，短评用历史事实为依据，令人信服地剖析了“邪恶轴心”论错在何处，指出其荒谬之处：

提起“轴心”，不禁让人想起20世纪三四十年代第二次世界大战期间法西斯德国、意大利和日本结成的军事联盟。这个军事联盟力量强大，扩张成性，血腥残忍，搅得全世界翻了天。失道寡助，其命运，土崩瓦解，全盘失败；其名声，狼藉历史，遗臭万年。显然，“轴心”这个“称号”在国际关系中是每个国家避之唯恐不及的。伊朗、伊拉克和朝鲜自然要洗掉别人泼在自己头上的脏水。

要成“轴心”，必须结盟，但是伊朗、伊拉克和朝鲜之间毫无联盟可言，特别是两伊之间迄今尚有龃龉。论实力，三国也与三四十年代的德国、意大利和日本不可同日而语。相反，它们都是发展中国家，由于受到西方制裁，经济发展滞后，大规模提升军力无从谈起。

在第四自然段，短评笔锋一转，一针见血地揭穿了美国抛出“邪恶轴心”论的政治图谋，收到使其“图穷匕首见”的效果：

那么，现在世界上唯一的超级大国硬要说它们是新的“邪恶轴心”，又为何故？按照布什总统的说法，这三个国家都“支持恐怖主义”和试图“发展大规模杀伤性武器”。但是，迄今为止，没有确凿证据表明其中任何一国政府参与了去年发生在美国的“9·11”恐怖袭击事件，而且伊朗在事件发生后就明确表示支持反恐战争。至于是否发展了大规模杀伤性武器，三国都已否认，但美国不相信。然而，即使它们有了此类武器，谁又敢冒灭顶之灾而将它们直接或假借恐怖分子之手间接使用于美国这个世界头号核大国呢？其实，这三国有一点却是共同的，即它们与美国的价值观和政策都不对路，与美国的关系都不和睦。故此，不少人怀疑，美国把伊朗、伊拉克和朝鲜装到“邪恶轴心”的套子里，是为了在反恐的大旗下对这些宿敌进行可能的打击作好舆论铺垫。

末尾一段，短评用最新事例，无可辩驳地说明了荒唐的“邪恶轴心”论的可悲结局。读到这里，人们不能不被这篇短评那针锋相对、所向披靡的威力所折服：

当前，“邪恶轴心”论在国际社会应者寥寥，因为包括中国在内的许多国家已经明确表态，反对任意扩大反恐战争。俄罗斯外长伊万诺夫日前说，“机械地把反恐怖主义的行动范围扩大到包括伊拉克在内的任何一个国家，俄罗斯都是无法接受的”。此外，俄罗斯方面一再强调，美国对伊朗、伊拉克和朝鲜的指控应在联合国的框架内解决，反对未经安理会授权而对这三国采取敌对行动。事实上，就连美国的盟国英国以及其他西方国家也已表态，反恐军事行动应有节制，否则就会有失控之险。看来，“邪恶轴心”论的市场还是有限的。

三、短评写作的基本要求

短评写作有一定难度，要在千字以内写得简洁精粹，明白晓畅，给人启迪，令人耳目一新，实在不易。

1. 立论要具体，选题要集中

短评以新闻报道的某一客观事实或社会上存在的某一典型事实为立论的依据，一事一议，开门见山，有的放矢。如上所述，《赞“像个共产党员”》一文主要抓住共产党员“吃苦在前、享受在后，处处起先锋模范作用”这“一大特征”生发，《“邪恶轴心”为子虚》则以荒谬的“邪恶轴心”论为活靶子，从而做到了论题集中，目标明确，有的放矢，弹无虚发。

2. 问题要抓准，角度要新颖

短评要做到短小精悍，贵在抓准关键问题与问题的症结，强调角度要巧，立论要新，切忌面面俱到、泛泛而谈。譬如，1992 年 7 月 17 日

《解放日报》发表的短评《假若周家良不是“人大代表”》一文：

长春市刑警非法拘禁蚌埠市人大代表周家良事件，业已激起公愤。各家报刊的谴责，均集中于侵犯人大代表权利之上。这当然不错。他既任“议员”，就有特殊的法律保护。比如你要动他一根毫毛，就得人大常委会点头，等等，法有明例，天下如此。

但也有人问，如若周家良不是“议员”，一介生意人而已，那么能不能给他上铐子呢？我看真正的问题，恰出于这里。周某人为什么被“收审”，因为他任经理的安徽某公司与人发生经济纠纷。而长春市的刑警，又为什么南下千里去抓周某人呢？因为与周纠纷的对手，正是长春市的企业，于是长春刑警便带了铐子去拿人。所以依我所见，这起拘禁案之“非法”，并不只在于阴错阳差，不料竟捕了一位人大代表，而更在于动用大盖帽介入经济纠纷，演出文戏武唱的结果来。

现在不少大盖帽，公安政法，都晓得要为经济中心服务，这无疑是对的。但什么叫服务呢？他不懂。在他那里，“紧扣中心”，便是对经济往来横加干预；“保驾护航”，则是做地方保护主义的“盾牌”。他也要“服务”，要“转向”，但脑筋是旧的，没有换，所以仍然跑不出权力介入的怪圈。这次长春刑警所为，当然是其甚者，而例如出动干警“清理三角债”，拿出检察官来了断合同官司等等，虽未发展到拘禁人大代表，但其实质，并无什么差别的。

所以讨论非法拘禁周家良案，我看与其把文章做在保护人大代表之上，还不如研究一下此案所蕴含的更为普遍的意义，也即如何防止权力对于商品经济横加干预更好。

这篇短评抓住了问题的要害：长春市刑警非法拘禁蚌埠市人大代表周家良事件，其“非法”并不只在错捕人大代表问题，而更在于动用“大盖帽”非法介入经济纠纷、演出文戏武唱的问题。短评旗帜鲜明地指出：一些公检法单位，打着为经济建设“保驾护航”的旗号，实际却搞地方保护主义，以致出现干警出面“清理三角债”、检察官来了断合同官司等怪事，其实质就是“权力对于商品经济横加干预”。而如何防止这一类问题的发生，却是值得领导机关与全社会研究与关注的。

这篇短评提出问题的角度也比较巧，“假若周家良不是人大代表”——用了与常人所不同的逆向思维与发散思维，从而给人以新意。通常情况下，短评写作角度多用正面的，有时也可用侧面、反面、正反结合等多种角度。

3．善于就实论虚，叙事出理

就实论虚、叙事出理是短评的长处。短评是针对现实生活和实际工作中的某件事、某个问题的某个侧面发议论的，易于具体、深入、亲切。短评写作应注意借助典型事例，边叙边议说清道理；同时要善于借题发挥，宣传新思想新见解，尽可能有点理论色彩。

第二节　编　者　按

一、编者按的含义与作用

编者按语是对媒体所发表的新闻报道、文章进行简要的提示、评议、阐述或作补充说明的文字，正式表明编辑部的态度，一般采用于较为郑重场合和必要之处。

编者按的显著特点是“立片言以居要”，目的在画龙点睛，把新闻报道或文章中最精彩的、结论性的意见点出来，以引起受众注意，提高传播效果，常常被人们称为阅读报刊的“导游”。在我国，按语这种评论形式可溯源到古时的“史赞”。汉朝司马迁的《史记》在“本纪”、“列传”、“世家”后的“太史公曰”，是当今按语的起源。在近代，《申报》可以说是最早出现按语的报纸。一般地说，凡是政治性强的报刊，重视评论，就必然较多地运用按语这一文字样式。

编者按就其性质和内容的不同，大致可分为政论性按语和说明性按语两类。

1．政论性按语

一般包括以下四种情况：

(1) 提纲挈领、简明扼要地把新闻报道和文章的中心思想点出来，进一步揭示事物的内涵和意义，帮助受众理解报道和文章发表的意图，提高阅读效果。

《人民日报》曾在一封读者来信《公款私存有待一查》前加了这样一则编者按：

> 公款私存问题，报纸虽然屡有揭露，看来仍未引起人们应有的重视。公款有何必要用私人名义存入银行？对此人们很难想象会有什么正当理由。但是，公款私存却是贪污挪用的一种便当方式，公款私存者的真正用心大约就在这里。读者于坚呼吁对现金管理工作作一次清查，是完全必要的。

这则编者按直截了当指出："公款私存却是贪污挪用的一种便当方式"，真是一针见血，发人深省。因此，加强现金管理工作，堵塞漏洞的重要性、迫切性也就不言自明了。

(2) 联系新闻报道或文章，及时传达党和政府有关的最新指示精神，交代或重申有关问题的政策界限，有不少编者按语，原来就是党委负责同志的批示。有的最新精神，需要尽快传达出去，但写成大型、中型评论一时又比较困难，就常常采用编者按语的形式先打个招呼。这就要求编撰者善于把新的思想、观点和见解，融会贯通，变成自己的看法，结合新闻内容，用按语这种形式发表出去。

(3) 满腔热情地肯定和赞扬社会生活中先进的经验和做法，严肃地批评错误的思想倾向和行为，也需要编者按及时抓住新闻报道中的典型，代表编辑部讲话。

《人民日报》曾为一篇题为《一套国产大型设备流浪两年半耗资250万　与此同时一些使用单位却不惜花大量外汇进口同类设备》的批评性报道，撰写编者按说：

> 引进国外的先进技术和设备是有前提条件的，我们需要引进的是那些靠自己还一时无法掌握和制造的技术设备，或者是自己虽然能搞，但研制成本大大高于国外水准的技术设备。现在的问题是，有些同志忽视国产化的实力，对"自力更生"冷漠了，盲目崇拜"舶来品"。我国自行研制的千万吨露天矿成套设备在两年半接连被数家企业拒之门外，就是一个典型。希望有关部门特别是领导干部，能够从这篇报道中汲取

经验教训，再也不要让国产设备“流浪”遭冷眼了。

(4) 借题发挥，在新闻报道的基础上，将文章中所包含的思想再提高一步，使读者得到更多的理性的认识，强化报道的说服力。

1983 年 5 月，《人民日报》在发表新华社记者采写的二九六号客机机组人员和旅客同劫机暴徒进行斗争事迹的通讯《他们热爱祖国》时，加的编者按如下：

中国民航二九六班机英雄的机组人员和全体旅客，在飞机被暴徒劫持过程中，表现了高度的爱国主义和硬骨头精神，为祖国立了功，为人民争了气。他们同暴徒斗争，英勇机智，果敢沉着。他们在南朝鲜停留期间，立场坚定，心向祖国。他们的感人事迹和崇高的爱国主义精神，再次说明我们的社会主义祖国有伟大的凝聚力，我们的社会主义制度有强大的生命力，我们党教育、培养出来的干部、职工和人民群众能够经得起严峻的考验。全党和全国人民要学习他们的优秀品质和高尚精神，为建设社会主义物质文明和社会主义精神文明作出新的贡献。

2. 说明性按语

旨在帮助读者理解新闻报道，补充说明一些情况，交代一些背景，如作者的身份、刊载的目的等等，以引起读者的兴趣和重视。

譬如，新华社在以《生活的旋律》为题播发张海迪日记摘抄时，加了这样一段按语：

征得张海迪同志的同意，本社摘发她的日记的一小部分，目的是帮助大家，特别是青少年，进一步认识张海迪同志乐观向上的生活态度，刻苦自励的顽强毅力，为人民服务的献身精神。

张海迪的日记是一面镜子。青年朋友们可以对照一下，想一想：从张海迪身上学习什么？应当有什么样的理想、什么样的幸福观？应当怎样正确地对待生活、工作和学习？这将是很有益处的。

又如，新华社1996年7月14日在发表由《人民日报》记者、新华社记者与通讯员联合采写的通讯《忠诚党的事业的好干部——丁德福》时，在文前加了说明性按语：

阿里军分区政委丁德福，1970年主动申请赴阿里戍守边防，一干就是25年。在这里工作这么长时间的汉族干部，只有他一人。他的足迹遍及阿里高原1 000多公里的边防线，凡是急难险重任务他都带头上；凡是重大工程，都洒下了他辛劳的血汗。他走遍了阿里的山山水水，每一个村庄、每一个牧场，都有他熟悉的藏族同胞，都留下了他为改变藏族老乡生活条件而奋斗的足迹。

二、编者按的主要表现形式

编者按在新闻报道中的位置不同，又分为三种表现形式：文前按语，文中按语和编后。有时也以编辑点评、编者的话、编辑热议、编后话的名义出现。

1. 文前按语

也称题下按语，是最常用的形式。它居于文章或报道之前，常以楷体或比正文大一号的字体排版。在三种按语形式中，地位最为重要，编排位置最突出、显著。写作要求言简意赅，常使用论断性语言，不必重复叙述新闻中的事实，也无需组织论证，只要直接、鲜明地提出论断即可。文前按语不要拟标题，也不宜署名。近一时期，《人民日报》经常以《编辑点评》的形式发表看法，实际上是文前按语的一种创新。

2. 文中按语

与新闻报道或文章相互配合、相互渗透的一种画龙点睛式的简短的编者评论。它的特点在于直接插入文中，标上括号，附在新闻报道或文章某句话、某段文字的后面，有感即发，有疑即注，有错即批，直截了当，灵活醒目，直接表明编辑部的立场、观点和态度。它和文前按语、编后等编者按语具有共同的功能，即通过对新闻报道或其他文章的说明评介，提示建议，褒贬批注，从而达到解释政策、沟通信息、画龙点睛、明辨是非的目的。文中按语，由于评议的形式更贴近于新闻报道，在字里行间随时进行褒贬评点，可以随时指正新闻稿件中涉及违反政策的言行和词句；有助于增强新闻报道的思想性和鲜明性；也可以借此与受众谈心，缩短新闻媒介与受众间的传播心理距离，随时给受众以引导。

3. 编后

又称编后小议、编者附记、编辑后记、编余等，是对新闻报道或文章的一点联想和发挥。它用于简要说明编辑部对有关新闻报道或文章的基本态度，多因事抒感，借题发挥，特别适用于一些已作过多次宣传的主题，从新的角度或用新的材料、新的论证方法，给以简单的必要的说明。编后多用抒情、联想和议论性文字，依附在新闻稿件后面，目的是深化新闻报道的主题和报道思想，给人以深思的余地。譬如，2006 年 7 月 25 日，《人民日报》在发表《姚明，超越 2 米 26 的成功》这篇通讯时所配发的《姚明的高度》一文，即为编者就通讯中记述的姚明身体力行、严格打造个人品牌的事迹所配发的编后，短小精悍，寓意深长。请看全文：

姚明的高度

早些时候，上海有一种说法，叫作“姚明的高度，刘翔的速度，常昊的深度”。细品此语，感觉新鲜中寓有深意。

什么是姚明的高度？其 2 米 26 的身高，是人们首先想到的。可身高再高，终有其极。姚明的高度，更体现在“姚品牌”的高度上。

出色、谦虚、幽默、真诚、健康，这些词汇人们并不陌生。但当这些词汇统一到一个人身上时，这个人也就获得了品牌效应。姚明正是以这样的姿态游走于中西文化之间，在个人与团队、公益与商业、有形与无形间，游刃有余地完成一次又一次精彩的亮相。而出色、谦虚、幽默、真诚、健康的个人品格，也逐渐成为“姚品牌”的核心。

将个人品格与打造品牌自然而然融为一体，这不是姚明及其“姚之队”的独创，但姚明及其“姚之队”无疑已经深谙此中奥妙。不然，姚明何以迅速在陌生的 NBA 站稳脚跟，姚明的名气何以持续攀升，“姚品牌”何以深入人心？把握高度，珍视高度，锤炼高度，姚明及其“姚之队”所做的“高度”大文章高潮迭起，美不胜收。

其实，无论姚明，还是“姚之队”，都非常清楚一个事实：没有中华文化这个深厚的根基，没有中西文化的交流，姚明的高度，“姚品牌”的高度，便无从谈起。所以，在雅典奥运会上成为中国代表团的旗手，会被姚明视作莫大的光荣；所以，尽一切可能为国家效力，始终是姚明心头最重的一块砝码。这是姚明的赤诚，更是姚明的智慧。

编后的写作要求论题单一，分析扼要，不宜重复新闻中的事实，只要点出思想即可，可拟标题，也可不拟；可以署名，也可不署。编后的形式比较灵活，不拘一格，可以用散文笔调，甚至可以用诗歌和对话的形式。编后除了给新闻报道配写外，还可为新闻图片、图表配写，颇受读者欢迎。

据范荣康在他的《新闻评论学》一书中介绍：“中国报刊最早的编后，是上海《申报》搞起来的。它在 1878 年 3 月 30 日曾载文说明：‘本馆胪列新闻，登之日报，不过据事直书，不敢饰无为有，亦不敢颠倒是非，间于篇末窃附己意，亦不失就事论事之议，以期准于情当乎理而已’。这是最早的对编后的说明。”①

第三节 “配”评论的好处与要点

“配”评论，是指为配合某一特定的新闻报道而撰写的言论。无论是社论、本报评论员文章，还是短评以及编者按、编后，它们都常常依托新闻报道发表，当然，新闻事实是否值得配评论决定于它是不是有值得评论的价值，不是凡有新闻价值的事实都需要进行评论。倘若这条新闻报道触及了社会生活中迫切需要解决的矛盾，包含有启示性、解惑性的思想和观点在内，那么就值得配写评论。“配”评论，主要面对新闻事实发表意见，很少对作者和作品的本身评价或赏析。“配”评论和写编者按、编后略有区别。后者主要是对新闻报道进行

① 范荣康：《新闻评论学》，人民日报出版社，1988 年 2 月版，第 200 页。

导读和提示，不展开论述，因而通常篇幅较短。概括地说，依托新闻报道配评论的好处有：

（1）有助于受众获得对新闻报道的立体化的认识。新闻报道一般是平面地向受众展示事物的现象。新闻评论通过对新闻报道进行由表及里、由此及彼的分析，可以进一步揭示新闻事件的要点、实质，进一步阐明党的方针政策，从而使受众对新闻事件有一个全面的、深刻的、清晰的认识。这样，新闻报道的影响和指导意义也随之大大增强了。

（2）有助于编者主动及时地对某一事件或问题发表意见，表明看法，可以使版面中心突出，形式多样，既有大方向，又新鲜活泼，增加新闻报道的可读性。

（3）有助于新闻评论本身的写作。首先由于新闻评论依托报道所提供的材料来提出论题，引出由头，或者通过评价重大的典型报道，分析典型事件的意义，或者以典型报道中的事件为由，集中抓取新闻事件中的某一点，加以引申发挥，立论就具体、自然、及时，针对性就特别强，与实际生活的联系也更为紧密。其次，由于论述有具体的依托，主要通过对新闻事件的具体分析展开，论述有特定的范围，可以使理论与实际更紧密地结合，比较容易写得具体、深刻。再者，由于开门见山，就事论理，还可以省掉许多论述的笔墨，使评论写得短而精。

从具体实践来看，“配”评论一定要注意以下两点：

第一，既依托报道，又深化报道。配评论，一定要根据具体的报道来立论，从报道中引出题旨，分析说理也要以报道中的事实作为根据或例证，这是必须遵循的前提。但是，从报道中引出题旨，并不意味着囿于报道，不得越报道内容的雷池一步，恰恰相反，它要求对报道的主题有所发挥，有所深化。换言之，“配”，必须自始至终都围绕着新闻事实，揭示事实的本质，分析事实的是非，发掘事实的思想内涵，展示事实的认识价值，达到就事论理的目的。两者的关系应该是，报道是由头，是基础，评论是对报道的引申、提高和升华。这里要提出一个标准，就是“魂”要附“体”。

第二，既要讲条件，又要看需要。如前所述，依托新闻报道配言论是有前提的，即要有合适的报道可以依托，有典型的报道可以引出题旨，并不是所有的报道都可以配的。有的新闻事实实际上已经相当清晰相当充分地展示了其自身的意义，再说已属蛇足；有的新闻事实缺乏思想的含量,没有评论的意义。总之,关键要根据内容来决定,不能追求版面的多样而将言论作为一种装饰,用多用滥了,反而适得其反。

第四节 走“进”新闻写评论

近些年来,一些媒体在实施精品化战略的过程中,评论员一改惯常被动为新闻“配”评论的做法,而是和记者一道深入采访一线,走“进”新闻写评论,把新闻评论从“配角”提升为“拳头”,努力将它打造成独家新闻。特别对那些主题报道属于相对复杂的采编活动,为实现传播价值的最大化,必须采用各种报道形式,评论不仅不能缺席,更应该打通与报道的关节,走“进”新闻写评论,变“静态”评论为“动态”评论,尽量取得第一手资料,而不是坐在办公室里“悟稿”。在这方面,《嘉兴日报》作了可贵的探索,取得了初步成果。事实表明,这样做既发挥了采、写、编、评协同作战的整体优势,又提高了评论的针对性和影响力,与“据报载”一类的评论是不能同日而语的,其好处在:一是新闻报道与新闻评论同时见报,时效性很强;二是报道与评论两者之间优势相互补充、观点互相支持,相得益彰。有时评论是就报道中的某一个事实发表观点,实际上起到了提升的作用;三是评论员在撰写评论的过程中,根据观点的需要,还会就某一个事实做进一步的补充、延伸采访,获得更加深刻的人生体验。

为了主动应对新兴媒体对传统媒体的冲击,也需要评论与新闻贴得更紧。凡重大主题报道,信息量一般都十分丰富,但在提供新闻信息上,与网络等新兴媒体相比,报纸在速度和数量上无疑都处于劣势。也就是说,“事实信息”报纸很难做到独家,但作为党报,评论则有传统优势。在强调“观点信息”竞争的时下,评论员走“进”新闻写评论,既可以写得更快,也能使评论员获得更丰富、更确切、更深刻的“观点信息”,与新闻贴得更紧,从而在竞争中发挥“人无我有”的优势。

根据一些评论员走“进”新闻写评论的经验,在具体实践中要注意把握好走“进”的方式方法,简单说来不外乎两条:一是首先要“走得进”,要积极主动介入,参与主题的策划和确定,要敢于和善于发出自己的“声音”。二是还要“走得出”，不能以感性认识代替理性认识，要力戒陷入个人情感，失去理性思辨，乃至影响评论的力量和公正性；三是在采访中要顺瓜摸到藤，不能停留在关注感性的、细节的东西，更应专注于理性的、本质性的东西，要从宏观层面认识和把握新闻事实，从而发掘出闪光的珍珠。

应当指出的是，评论员走“进”新闻写评论固然十分必要，但这只是问题的一方面，而另一方面，对作为主要采写新闻报道的记者而言，原本就“在新闻中”，也应该努力学会理性思考，这样一则有助于提炼新闻的主题，把握报道的思想性和准确性，二则也可以自己直接配评论，力求成为多面手。

问题与练习：

1. 短评的含义是什么？
2. 在哪些情况下可以配发短评？
3. 撰写短评应注意哪些问题？
4. 什么叫编者按？
5. 政论性按语和说明性按语有何区别？
6. 按语有哪几种表现形式？写作要求有何不同？
7. 依托新闻报道配发评论有什么好处？
8. “配”评论应注意把握哪些原则？
9. 走“进”新闻写评论有何优势？应注意哪些问题？
10. 尝试依托一篇具体报道（可以自选），撰写文前、文中按语和编后各一则。

第二十一章

新闻述评

本章内容提要：

1. 新闻述评的渊源与发展。
2. 新闻述评的特点及其长处。
3. 新闻述评的常见类型。
4. 新闻述评写作的基本要求。

新闻述评，又称记者述评或述评新闻，简称述评，顾名思义，是一种以事实为基础的评论，以评论为核心的新闻。它主要由媒体记者采写，一般都是抓住当前形势和工作发展中某一重要的或转折的时刻，或针对某个具有普遍意义的亟待解决的问题，借助具有新闻价值的事实，用有述有评、评述结合的方式，从理论和实践的结合上及时分析形势，揭示事物本质，指明前进方向，给读者以启迪和引导，现实性和指导性都很强。虽然它要引述事实，报道事实，带有某种新闻的色彩，但分析事实，评价事实，阐明观点，却是它的最终目的，也就是说它带有更多的评论色彩，因此人们通常把它归入评论的范畴。当然，有的述评，采写者依托新闻事实，以报道事实为主，同时予以简明扼要的评论、归纳、综合，使事实更为清晰，本质更为明朗，更容易为读者理解。这种以述为主、以评为辅的述评新闻，也有人将之归入新闻范畴的。

第一节　新闻述评的特点与长处

新闻述评，是记者在深入调查和认真研究社会生活的基础上，根据形势任务的需要，从党的路线、方针、政策的高度来观察和分析一些问题，然后借助于某些典型事实来发表自己的见解（虽然并不代表编辑部,但也不同于个人署名文章,它代表记者群,有一定的权威性)。新闻述评的目的,不仅仅是为了帮助受众加深理解事实本身的意义,而且要使读者知道更重要的东西。这就决定了它在写作上的显著特点:夹叙夹议、边述边评,往往在叙述新闻事实的同时,由作者直接发表一些必要的议论,鲜明地表示作者的观点,借以揭示新闻的本质,帮助读者理解新闻本身的意义。实践表明,作为新闻事实和论点有机糅合的载体,作为深度报道的一种形式,新闻述评在点评社情、引导舆论、集中民意、统一认识中发挥着越来越重要的作用。

由于新闻述评有述,即以一定的事实报道为基础,使它不同于媒体上一般的社论、评论;由于新闻述评有评,使它又不同于一般的消息、通讯。新闻述评的述,在于以事实为基础,使评有充分的依据;新闻述评的评,在于把事实提到党的路线、方针、政策的高度进行分析综合,使事实的本质被揭示得更充分、更深刻。当然,新闻述评要求评、述结合,并不意味着述和评两者等量齐观。实际情况是,新闻述评依据它所评述的问题的需要,有的以评为主,通常抓住某一新闻事件或事件中的某一侧面,加以议论、引申、发挥(或提倡、或反对、或预测),媒体上有关国际问题方面的述评,大多属于这一种;有的以述为主,基本上是综合新闻材料,适当加以分析评论,或只在关键处画龙点睛地评上一两句;有的从行文布局上看来像以述为主,而实质仍重在评。但是,不论以评为主或以述为主,新闻述评总是被用来针对现实生活和实际工作中的某一重要问题发表意见。因此,毫无疑问,新闻述评的重点在评,并非从文字比重上要求评的成分要多一点。评议多,固然可以观点鲜明,说理畅达;叙述多,也未尝不可以达到同样目的。只要选用材料得当,有时述的本身就是一种很好的评论。

譬如,2004 年 5 月 10 日《解放日报》头版头条位置发表的《高层国际会议频频在沪召开》一文,乍一看,似乎是一条动态新闻。因为一开头就写到在上海开了些什么会,共开了多少个会等等。但记者绝不仅仅是为了报道这些“动态”而已,接下去笔锋一转,文章进入了一层又一层的深入剖析,记者首先指出:“在上海举办国际高层会议今年是历史上最多的一年,而且具有层次高、规模大、影响广的特点”;继而一段写“上海成为世界会议业关注的热点并非偶然”;在作了一番分析以后,再接下去一段则写“国际会议频频叩响上海之门,既是对上海地位的肯定,也为申城经济和城市发展带来了难得的机遇”;最后一段直截了当地指出存在的问题："有关方面也不讳言面临的巨大挑战。"这样的行文，从叙述走向议论，从动态展示走向理性思考，从而揭示了新闻的内涵，既有助于主管部门改进工作，也满足了高层次读者的阅读需求。这种笔法，顺应了当今新闻报道从感性向理性发展，更好地满足读者需求发展变化的必然趋势。

新闻述评兼评、述所长，又熔评、述于一炉，使它具有以下几方面的长处。

（1）从理论和实践的结合上分析问题，更有针对性。新闻述评，由于有一定的事实作基础，并对此进行中肯的评论，因而事实和道理可以相得益彰。通过评论的事实，意义被揭示得更深刻，显得更鲜明、更有力；同样，以事实作基础进行的评论，道理被阐明得更精当，显得更中肯、更实在。

（2）从点和面的结合上说明问题，更有普遍性。新闻述评的报道面是广阔的，它可以不受时间和空间的限制。就一般情况而言，新闻述评不拘泥于一人一事，总是面向全局，既有点上的典型材料，又有面上的概括材料；既有现实的情况作为基础，又有历史的资料作为背景；既有作者的直接议论，又可以引用众多人物的体会、感受。即使是评论一个地区、一个单位的典型经验，也总是立足于全局，着眼于使点上的经验在面上推广。

（3）用有述有评、评述结合的方法论证问题，更有灵活性。新闻述评不像其他报道形式要受许多限制，它可以夹叙夹议，纵联横切；可以旁征博引，借题发挥。运笔比较自由，形式不拘一格。

第二节　新闻述评的渊源与类别

早在"五四"时代，我们党报就开始注意运用新闻述评这一形式，回溯起来已有几十年的历史了。《每周评论》的"国内大事述评"、"国外大事述评"，就是采用新闻述评的形式。抗日战争和解放战争时期，也有对某一个战区或某一重大战役形势的述评，延安的《解放日报》就经常发表这样的新闻述评，譬如《×月解放区动态述评》等。这些新闻述评，运用夹叙夹议的手法，阐述战局的变化与发展，揭示胜利在望的前景，在打击敌人、鼓舞人民方面发挥了很好的作用。毛泽东亲自为新华社撰写过不少新闻述评，其中如1948年11月14日写的《中国军事形势的重大变化》等篇章，用马克思主义观点精辟分析当时形势，及时说明战局的发展，综述敌我力量的消长，展望斗争的前景等等，曾给予解放区广大军民和全国进步力量以巨大的鼓舞，至今还深深地留在人们的记忆里。

全国解放后，在举世闻名的抗美援朝战争中，新华社播发的大量新闻述评，都起过重要的作用。但是，50年代中期以后，由于受"新闻只是客观地记叙事实，不作评论"观点的影响，把纯新闻报道与新闻述评相混淆，新闻述评工作曾一度受到削弱。"文革"以后，在我们党的工作重心实现伟大转变以后，在拨乱反正中，新闻述评适应形势的需要，出现了新的生机，内容和形式都发生了较大变化。不少新闻述评直接取材于社会现实生活中的重大主题，写法也更加灵活多样，在宣传党的方针、政策中，发挥了积极作用。目前，我国社会正处于伟大的变革时期，在转型过程中有许多新事物、新课题需要给以理性的指导，需要新闻述评提出新鲜的、深刻的、独特的见解，帮助广大群众加深对事实的社会意义的理解，因而新闻述评是大有发展前景的一种评论形式。

新闻述评的内容涉及现实生活的各个方面，十分广泛，按新闻述评的主要对象来区分，主要有以下几种。

1. 形势述评

所谓形势，主要指政治形势、经济形势、军事形势和国际形势等，其范围大至世界形势，小至世界上某一局部或某一地区的特定形势。这一类述评，常常是记者抓住现实生活和实际工作中取得显著进展的某一阶段，抓住倾向性问题，及时地分析形势，展望未来，指明方向，通过总结经验，揭示规律，有利于正确引导舆论。形势述评的写作，要求大量使用背景和新闻材料，知识性强，有较多的分析。

2. 事件述评

对国内外重要事件或有广泛影响的新闻事实，如国际上某个地区某个国家发生的重大事件，如政权的更迭、人事的变动、战局的发生与发展等，进行分析和解释，揭示事态的性质、意义和趋向，帮助读者辨明真相，澄清是非，以获得正确的认识。这一类述评，虽然有时个人署名，但往往有一定的权威性。譬如，新华社记者就一系列国际事件发表的有影响的述评，国际舆论往往把这看作是代表我们国家和政府的观点和态度的。在特定情况下，对国内某一重要事态的发生与发展，记者也是可以进行评述，以表明自己的见解和主张的。

3. 工作述评

抓住实际工作中提出的人们普遍关心的紧迫问题，依托一定的典型或有说服力的事实，提到党的路线和政策的高度来进行阐释，指出问题的症结所在，揭示事物的发展前途，对实际工作者有很强的指导意义。这类新闻述评，由于评述的面很广，涉及各条战线，指导着各行各业，因而运用最为普遍，在报纸上比较常见。

4. 思想述评

针对现实生活中处于萌芽状态的具有普遍意义的思想倾向，通过典型材料，提出问题和分析问题，帮助读者澄清糊涂观念，提高思想认识。这一类新闻述评，比较接近于思想评论，都是针对一定的思想倾向发言，但又不能等同于思想评论。它往往以典型材料为主，从事实出发立论，使所议之事、所论之物都具有时间、地点的条件，因而更给人以现实感。

第三节 新闻述评写作的基本要求

新闻述评由于和所谓“纯新闻”不同，和评论也不一样，因而从选题、立意，到下笔写作，都有它自身的规律性。概括地说，主要有以下几点。

1. 写好由头，巧用背景

新闻述评在一般情况下，应以“述”为由，以“述”为主，以评“点睛”。因此，开头总是交代依托，即一个地区、一个方面的某种形势，再用类似的典型事例作“衬”，引申发挥，阐明主题；或从某件具体的事情谈起，然后引出启示，逐步阐明观点，当然，也有从直接提出某个问题入笔的。

新闻和新闻述评最大的不同，就在于新闻只是报道事实的真相，而述评则力图揭示真相后隐藏着的更为深刻的本质。而要揭示本质，个别的新闻事例不一定能成为充分的证据，这时背景材料的运用就显得非常重要。背景材料的合理运用，不但能使个别的孤立事件具有一种普遍的性质，而且对更加有力地论证文章的论点有着十分重要的作用。

这里，不妨对新华社 1997 年 1 月 6 日播发的新闻述评《从德国路有冻死骨说起》一文加以点评。

述评第一段，简要叙述了德国街头无家可归者接连冻死的情景，并直接表明作者的态度：

> 新年前后，严寒与冰雪笼罩德国大地，用德国报刊的一个比喻来说，寒流使“整个德国变成一个冰库”。除夕前夜，记者抱着喜悦的心情，感叹波恩全城“银装素裹，格外迷人”。万万没有想到，两天之后，德国报纸电视传出了严寒造成多人冻死的新闻。冻死的人数量最早报道的是 3 人，后来增加到 15 人、20 人、33 人、40 人，6 日晚间新闻的数字达到了 46 人，死者大部分是属于社会底层的“无家可归者”。

接着，述评在第二、三、四自然段，恰到好处地运用了一系列背景材料，从不同角度说明：① 路有冻死骨绝非偶然现象，而是长期存在的；② 冻死者“上无片瓦，下无立锥之地”，一遇严寒冻死街头是必然的；③ 政府和教会对冻死者是冷漠和无同情心的：

> 在世人心目中，德国是个富国。人们通常看到的是遍地跑的小轿车、漂亮的小洋房、灯红酒绿的社交场合。这确实不假，它们体现了德国社会的富裕面。但是，这并不完全。恶劣天气造成众多人间悲剧的事实，撕开了德国社会的另一面：在如此富裕和发达的国度里，竟然会有如此众多的人成为冻死骨。它清楚地昭示：富国中也有贫困，而且“富者越来越富，贫者越来越贫”的现象令人触目惊心，社会不公问题有增无减。
>
> 严寒造成的悲剧震撼了德国社会。几天来，无家可归者的命运骤然成为公众关注的焦点。但是，德国目前到底有多少无家可归者？众说纷纭。据德国一家慈善机构估计，整个德国无家可归者目前大约接近 100 万，而某些官方机构却认为在 15 万到 20 万之间。孰对孰错，外人难以定夺。统计上这样大的差异，从另一角度说明，德国在如何解决这一社会问题上尚无对策和章法。

何谓“无家可归者”？德国专家们意见不一。按德国概念的字面解释，就是“没有屋顶的人”，也就是说没有固定住处的人。这些人常常没有固定职业或者长期失业，收入无保障，生活不安定。他们有的以行乞为生，有的以打临时工赚钱糊口，他们随身的背包里携带着全部家当：衣服、睡袋、日用生活品。他们到处流浪，不知何处是家。火车站、公园、教堂、地铁站是他们最佳的过夜场所。德国著名的科隆大教堂前，是无家可归者常常聚集的地方，他们办起了一处“诉苦墙”，在大大小小的纸片上书写着他们的苦难和愿望。“科隆有4 000个无家可归者，无力找到住处，而有关部门却不愿给他们丝毫同情与帮助”，这是其中一位无家可归者发出的呼声。同一位无家可归者呼求“教会应该学会爱贫困的人，帮助社会上的弱者”。

这一系列背景材料的巧妙运用，无可辩驳地证明了这样的结论：1997年元旦前后德国无家可归者冻死街头的现象绝非偶然。这样通过用典型事实说话，信笔写来，比仅据个别事例妄发议论的做法，说服力不知要强多少！

文章末尾，用德国伟大诗人海涅的长诗诗名映衬作结，让人拍案叫绝，再好不过地深化了述评的主题：

德国一代伟大诗人海因利希·海涅曾经写过一部长诗《德国——一个冬天的童话》，诗人憧憬能在人间建造一座美好的家园。如果诗人今天还活着，面对德国今冬的悲剧，恐怕他会感慨万千，重写一个冬天的新童话吧。

这篇新闻述评的作者杨华升，还善于运用对比手法，如第一自然段用“银装素裹，格外迷人”同“多人冻死”作对比，第二自然段用富国与贫穷作对比，最后一段用海涅诗与现实作对比，从而激起读者的强烈爱憎，对贫富不均的德国社会现实作了有力的嘲讽和鞭挞！可见，背景材料的运用，对新闻述评的写作是多么重要。当然，新闻述评作为深度报道的一种重要形式，它所用的背景材料也可能是从别处引用来的，但最好是从亲自采访中得来的第一手材料，这样会更有说服力。

2. 夹叙夹议,虚实结合

这是由新闻述评的基本特点决定的。它要求写作时一定要做到观点与材料、叙述与议论的有机结合,熔叙、议于一炉,事、理为一体。

常用的表现手法有:

(1) 就事论理,就实论虚。这是夹叙夹议的基本表现手法,几乎每篇新闻述评都用到它。主要由作者针对具体的事实展开议论,或借题发挥,向读者揭示事物的本质和意义,指明前进的方向。

(2) 总括论点,以虚带实。这也是新闻述评写作中的一个常用方法。通常是作者在吃透两头的基础上,直接提出一个扼要的议题,然后引出事实的叙述,但更多的是作者在正文部分,如在形势述评中综合出几个特点,然后用点面结合的材料进行评述。经过这样以虚带实,可以使文章事理有机结合,过渡顺畅自然。

(3) 逻辑论证,丝丝入扣。新闻述评在结构上既类似于其他新闻体裁,也大体相近于一般政论性文体,兼有新闻报道事实逻辑和政论文体论理逻辑的长处。一般的规律有三种:一是按事物发展的客观规律,按人们思维的正常程序,由此及彼,由表及里,步步深入,层层递进;二是围绕一个中心议题,从与之密切关联的几个侧面逐一加以论述,为表现同一主题服务,这类新闻述评较为常见;三是按照事物的内在联系,充分调动事实逻辑的力量。这类新闻述评以叙述事实为基础,在事实叙述的过程中,自然而然地、一层深一层地体现观点。

第四节 经济评论与其他评论

以记者为主撰写的新闻评论,还有经济评论、军事评论、国际评论等等,这里只作些简单介绍,就不去展开了。

1. 经济评论

关于经济生活和经济工作方面的评论或议论。经济评论所涉及的范围很广,因为经济生活指整个国家和社会的经济活动;经济工作,也包含很多门类,诸如基本建设、工农业生产、财政金融、内外贸易、交通运输、旅游、服务业等等。经济评论主要是随着经济工作的发展,把握其脉搏,针对经济工作中客观存在的矛盾提出问题。通过发表评论,及时、正确地宣传先进典型与路线、方针、政策,促使客观存在的实际问题得以尽快解决,推进整个国民经济的健康发展①。

当前,我国已进入全面建设小康社会阶段,在前进过程中,必然会出现各种社会问题和经济问题互相交织,各种矛盾冲突频现的情况,这无疑为经济评论的兴旺发达提供了肥沃的土壤。时效性强、贴近百姓;切入点小、以小见大;尖锐泼辣、直抒胸臆;讲究艺术、辩证说理等,乃是写好经济评论的要领。

2. 文艺评论

是指对文艺创作、文艺现象进行观察与评价,对文艺倾向、文艺思潮进行评判与引导的带有文艺色彩的言论。其根本任务是贯彻党和政府的文艺方针、政策,引导阅读与欣赏、创作与生产,为最大限度地满足人民大众多层次文化需求服务。一句话,开展积极健康的文艺评论,是文艺事业繁荣发展的内在需要,也是党领导文艺工作的重要方式。正因如此,党和政府一再呼吁重视和加强文艺评论工作。

但是,近些年文艺评论的日趋衰落和边缘化,对作品笼统说好话的比较多,认真分析作品得失的实在少,文艺评论正在减退其应有效用,似乎已成为不争的事实。归结起来,原因大致有四:一是文艺评论不像文艺作品读来令人轻松愉快,其阅读对象有限;二是社会上普遍存在的浮躁心态,正日益蚕食着人们的理论思维兴趣;三是与媒体生存相关的经济压力的增大,导致刊发文艺评论的阵地急剧减少;四是评论自身不关心创作现状和大众需求,脱离实际的自说自话,渐次失去了受众对文艺评论的关注热情。

要改变这一状况,必须进一步提高认识,在思想上引起高度重视,积极追踪文艺创作实际,关注文艺热点,精心组织专家学者对相关文艺作品、文艺现象和文艺思潮展开专题评论,吸取集体智慧,对各种错综复杂的文艺现象发出属于自己的声音,力求每一篇文艺评论都应该是一种独立的文艺创作,每一篇文艺评论都应该具有可观赏性。唯有这样,文艺评论才能一如既往地发挥作用,重新受到业界和公众的欢迎。

3. 军事评论

是对战争中的战局、战场、战役、战斗和非战时期的防务战略、战备、军事演习等军事形势或军事行动进行的评论和分析,其形式包括社

---

① 刘建明主编:《宣传舆论学大辞典》,经济日报出版社,1993年3月版。

论、述评、观察家文章、军事发言人谈话、新闻分析等多种体裁。战时的军事评论与战报、战地通讯、战斗情景和战场人物特写等新闻报道一起，相互配合，互为补充，构成战争报道的整体。在第一次世界大战中，军事评论开始广泛应用。第二次世界大战时，这种文体得到充分发展，出现了苏联的爱伦堡、美国的李普曼等一大批著名的评论家和优秀的军事评论。这些评论及时论述战局的变化、战争双方力量的消长、战争前景的展望等，成为人们观察军事形势、了解战争、释疑解惑的重要渠道之一，起到了引导舆论的作用。

在中国革命战争年代，特别是抗日战争和解放战争期间，军事评论在军事报道中占有突出地位，在鼓舞斗志、歌颂英雄、教育人民、打击敌人方面起到了重要作用。毛泽东在日理万机、戎马倥偬之中，亲自撰写过一大批纵论战场形势、评论重大战役的军事评论，是中国杰出的军事评论家。他为新华社写的《中国军事形势的重大变化》、《北平问题和平解决的基本原因》等，成为脍炙人口的名篇。

在今天，军事评论同样是军事新闻报道的重要组成部分，在军事新闻宣传中起着举足轻重的作用。而且，改进和创新军事题材的新闻评论，是改进和创新军事报道的一项重要内容。面目可亲，选题准确，角度新颖，说理透辟，见解独到，是优秀军事评论作品的重要条件。

4. 国际评论

指新闻媒介评论国际事务的政论性文章，包括社论、评论员文章、短评、述评、署名评论等。中国新闻媒介的国际评论，其职能是向国内外的读者或听众，分析国际上新近发生的事件和动态以及国际局势的发展和演变，解释中国共产党和政府处理国际关系的方针和政策，宣传中国对各种国际问题的观点和原则立场。

国际评论的写作一定要有国际化视野、全球化眼光。要敢于讲真话，讲实话，讲符合客观规律的话。为此，首先要了解和掌握国际形势，谙熟国际关系的一些原则与操作，熟悉报道的领域和对象，做到知己知彼。知彼，同时还应该包括不仅要会说自己的话，而且要会说“世界语”。要在调查研究的基础上，了解情况，熟悉情况，掌握大量的材料，以准确的事实为依据，进行实事求是、恰如其分的分析。论据要充分，逻辑要严密，要经得起推敲，无懈可击。对于一些具体的国际事件或国际问题，必须纵览全局，放在世界局势的大背景之下来剖析判断，而不能就事论事，以防失之片面和肤浅。国际评论需要笔锋尖锐，但不可断章取义、强词夺理；文风要生动活泼、精彩可读，但切忌油腔滑调、轻浮庸俗。此外，国际评论一般时效性较强，这就要求作者必须具有敏锐的观察力，这样，写作时才能得心应手、挥洒自如①。

问题与练习：

1. 什么叫新闻述评？它与新闻报道有何区别？
2. 新闻述评有哪些长处？
3. 从新闻述评的主要对象不同可分为哪几种类型？
4. 新闻述评写作的基本要求是什么？
5. 阅读下列新闻述评《拿什么支撑口子镇——“黄山头现象”的启示》，试从全文立意、背景穿插、结构框架和表达方式等方面说说你的看法。

拿什么支撑口子镇

——“黄山头现象”的启示

安乡和公安，各有一个叫黄山头的镇。一条街道上，两个同名的镇政府机关，湘鄂边界，独此一处。

多年来，特殊的地理位置，加上交通便利，黄山头一直是湖南安乡和湖北公安、石首三县16个乡镇的物流中心。作为两省桥头堡，两个黄山头镇暗中较劲，争当边界龙头、排头兵。

建镇早于安乡黄山头的公安黄山头，在这个边界物流中心曾长期扮演重心的角色。街道等硬件建设是“门面”，一直不愿失去领先地位的公安黄山头，再次迎来发展机遇。

1998年，湖北省将公安黄山头列为重点口子镇，省里每年都有一笔城镇建设资金下拨，并有相关省直部门对口帮扶。扩大市场规模，翻修街道，公安黄山头硬件建设有了很大改观，原来只有400多米的镇中心街道，几年工夫拓展到2 500米，并全部硬化。原来城镇面积只有0.22平方公里，人口不过2 000人，现在发展到1平方公里，常住人口过了万人。

街道另一头的安乡黄山头镇，眼看着公安黄山头镇一天天发展，也不甘示弱。他们虽只是常德市帮扶的一个口子镇，但发展的意识强烈。建镇之初，一次性解决镇郊两个村800人的商品粮户口，引农进城，又招商

① 冯健总主编：《中国新闻实用大辞典》，新华出版社，1996年3月版。

引资近亿元,加快城镇建设。

公安黄山头只有一条街道,安乡黄山头除延长对接街道外,还在自己一侧拓展出十字形新街;公安黄山头扩建市场,安乡黄山头迎头追赶,引资 2 100 万元,建成规模更大的商贸城。

竞争白热化,争的就是在黄山头的 600 多个经商户。

8 年前,公安黄山头最繁荣时,经商户大多在这一边经营。随着安乡黄山头硬件设施的完工,经商户逐年南移,已从公安那边迁来 200 多家。

硬件设施基本处于同一档次之后,两省各自的优惠政策纷纷出台,目的只有一个,留住经商户。

税有规定只能照收,管理费则可以减免。安乡黄山头,一个门面月租金在 150 元左右,可公安这边税收加各种规费高达 300 元。这一比,经商户就朝南转移。

两个黄山头,镇情基本相似,都以农业为主。公安黄山头镇去年财政收入 600 余万元,其中农业税收 320 万元,镇上商贸占了 280 多万元。今年按国家统一规定,农业税要减去 140 万元,镇上的日子怎么过,可想而知。安乡黄山头的财政收入结构,也大致相同。

长期减免有关收费,本应集中的财力受到削弱。如不减免,经商户又投奔对方。特殊的竞争,使得双方都进入两难境地。

再者,随着近年交通条件的改善,黄山头人流、物流加速,也削弱了这个区域物流中心的地位。两个镇的负责人都清醒地认识到,商贸难以再强镇。

据统计,整个黄山头一年的商贸发生额,过去约在 1 亿元左右。最近两年,原有的消费群体已开始走出黄山头,到附近县城或更远一点的中等城市常德、荆州等地购物。经商户中那些生意做大了的,又觉得黄山头难以施展拳脚,每年都有 40 多人转向常德等中等城市。

可以说,黄山头商贸蛋糕就那么大,不管谁占有多少,都难以承担强镇重任,没有相关产业支撑,商贸产业的萎缩已成必然之势。

口子镇要发展,但发展的路并非只有商贸一条。相关人士考察两个黄山头的现状后提出新的思路:走出仅靠商贸竞争的老格局,积极寻找其他产业,壮大镇级财源,走可持续发展之路。

两个镇政府又不约而同地想到了黄山头,争着利用其发展旅游。

黄山头,洞庭湖平原方圆 100 多公里范围内唯一的山头,海拔 500 多米,山脊和山顶向下的自然流水沟,将共有的一座山,分属安乡和公安。

黄山头在大平原上拔地而起,异常醒目。1990 年修公路时,在黄山头发现颇有考古价值的古墓群。经考证,这里还有原始社会村落遗址。每年 10 月至 12 月,山上都会飞来数千只白鹭,点缀绿林,蔚为壮观。山下，还有新中国于1952年建成的荆江分洪区南部节制闸——南闸，巍然屹立，气势不凡。

1996年，黄山头被国家林业部批准为国家级森林公园，安乡、公安共享。2001年，湖北省将黄山头定为省级风景名胜保护区。现在，慕名来黄山头旅游观光的游人每年有4万多人次。

眼下，两个镇政府都分别对黄山头旅游资源开发作出了规划。安乡已在山上投入500多万元修路建景点，公安相同的投入也达300多万元。然而，这里至今没有一条上山的公路，仅靠由安乡黄山头引资修建的简易缆车道上山，游人深感不便。拟议中的登山路达12公里，投资需400多万元，需要双方共同承担。

两个黄山头如何开发黄山头，在今天理应不是难事。有人提议，两镇出资组建黄山头旅游开发公司，按市场化操作。好多跨国公司都能运作，黄山头在自己的地盘上，来一个跨县跨省尝试未尝不可。

5月29日，我们来到这里采访，高兴地听到，两个黄山头镇经多次协调，决定关掉各自在黄山头的采石场，以保护黄山头这块宝贵的资源。

客观地讲，湘鄂两省各级政府关注两个黄山头，支持这里搭起人流、物流的平台，都作出了努力。但随着市场经济体制的不断完善，两个黄山头仅仅有城建和引商是不够的，黄山头要持续稳定发展，还得靠强有力的产业支撑。可以设想，若黄山头旅游产业发展壮大起来，游客多了，除了旅游收入外，商贸及相关的三产业定会更具活力。

“黄山头现象”，给人有益的启示。看来，两省扶持边界口子镇，仅仅给项目、资金是不够的，帮口子镇找到一个可持续发展的产业更重要。

（原载于2004年6月3日《湖北日报》）

第二十二章

专栏评论

本章内容提要：

1. 专栏评论的产生及其发展。
2. 专栏评论的显著特点。
3. 新闻时评的勃兴及其写作特色。
4. 思想评论的写作特色。
5. 微型评论的写作特色。

第一节 专栏评论的兴起及其特点

党的十一届三中全会以后，随着解放思想、实事求是的思想路线逐步深入人心，随着经济建设的蓬勃发展和新闻改革的稳步推进，20世纪70年代末，在我国新闻传播业的百花园里，催生出一朵鲜艳的奇葩——专栏评论。如果说，我们前面所介绍的社论、评论员文章、短评、按语等评论形式基本上是专业新闻工作者耕耘的园地，那么，专栏评论除了新闻从业人员可以撰写以外，还为广大业余通讯员和公众提供了广阔的天地。

媒体上的这一新生事物，最令人注目的当属《人民日报》的“今日谈”。1980年1月2日，在《人民日报》一版的右下角出现了一个新的专栏“今日谈”，刊载了王朴(当时《人民日报》评论部几位同志的集体笔名)写的三篇短文《“锄头柄”与“栋梁材”》、《岂可削足适履》、《集腋可以成裘》。这三篇短文，以其来自生活的选题、侃侃而谈的说理和清新活泼的文风，立即受到读者的广泛赞誉，在新闻界内部也引起了热烈反响。这里，不妨将打头篇的《“锄头柄”与“栋梁材”》抄录如下：

“锄头柄”与“楝梁林”

杉树叶尖带刺，鸟儿是不往上落巢的。一次我却意外地发现一只筑在杉树上的鸟巢。原来这是一位县委书记放上去的。当时他看到幼杉林太密，长不起来，就建议当地社员砍掉一些。社员们舍不得，因为“多一根锄头柄也好呀”！县委书记没有强求，让他们先间伐几株试一试。为了对比，就在用来试验的一株树上放了鸟巢，作为标志。待到我们去看时，带鸟巢的那一小片杉树已“鹤立鸡群”，社员们心服口服，感慨地说：“当初要了锄头柄，结果丢了栋梁材。”

要农民砍掉“锄头柄”以保全“栋梁材”，他们一时舍不得。要把已经上马的项目调下来，甚至关停少数企业，我们有些同志也舍不得，结果造成损失。现在调整国民经济，正是为了避免这类失算的事，以赢得最显著的经济效果。下是为了更好地上，局部下是为了全局上，我们应该懂得这个道理，会算这笔大账。

这篇短文连标点在内才 321 个字，可它的客观效果不差于洋洋万言的大文章。你看：作者以自己亲见的一个生动事例为由头，娓娓道来，不经意间阐明了国民经济调整中的一个大道理，真是小中见大，窥斑见豹，既有知识性，又有针对性、趣味性。

这种一举数得、广受欢迎的短文和栏目，仿佛评论园地里绽开的一束报春的小花，顷刻间迎来了百花盛开的喜人局面：首先是《人民日报》二、三、四版相继办起了专栏评论，接着，其他中央级报纸和各省、市、自治区及很多地、市级报纸，包括一些电台、电视台，也先后办起了大大小小的专栏评论。这里，较有影响的有创办于 1978 年 1 月的《哈尔滨日报》的“大家谈”，创办于 1978 年 7 月的《解放日报》的“解放论坛”，以及后来陆续问世的《人民日报》的“人民论坛”，《解放军报》的“集思广益”，《中国青年报》的“求实篇”、“青年观察家”，《河北日报》的“杨柳青”等。以三五百字小言论见长的专栏评论，较有影响的除“今日谈”外，则有《辽宁日报》的“每事议”、《北京日报》的“文明小议”、《四川日报》的“巴蜀小议”、《羊城晚报》的“街谈巷议”、《解放日报》的“新世说”、《文汇报》的“虚实谈”、《新民晚报》的“今日论语”，等等，几乎没有一家报纸不辟这种专栏的。可以说，这是最受欢迎的评论形式，因为让群众走上论坛，直抒胸臆，反映了我们政治上的清明，同时也体现了群众办报的路线。

这种专栏评论的涵义，正像一位报界同仁所说的："在大众媒体（包括报纸杂志、广播、电视）上设有固定栏目名称，定期刊发，由作者个人署名（或由某人提纲主笔），融新闻时评、杂文、散文和随笔于一体文章的统称。"它最显著的特点是取材广泛，大凡社会生活中的一切，大至国家大事，小至油盐酱醋衣食住行，都可以议论。而且，选题角度较小，篇幅短小精悍，密切联系日常生活实际，面向普通人发言，由普通人发言，具有广泛的公众性。尤其是《人民日报》的"今日谈"，它有鲜明的"今日感"，即时代感，贴近实际，贴近群众，反映现实生活，表达群众心声；它敢于抨击时弊，敢于揭露以权谋私、官僚主义等不正之风，较好地发挥了舆论监督作用；它文风朴实，语言清新，形式活泼。专栏评论，都是个人署名的评论，更便于显露作者个人的风格特色。

专栏评论，在国外大多是由个人撰写的，在欧美国家的很多报刊上都设有个人的专栏评论，产生了不少知名的专栏作家，最负盛名的美国专栏作家李普曼，曾先后在《纽约先驱论坛报》和《新闻专刊》开设"今日与明日"专栏，长达30多年，产生过广泛影响。我国也有个人耕耘的专栏评论，如林放在《新民晚报》上开设的"未晚谈"、微音在《羊城晚报》上开设的"街谈巷议"等。一个时期以来，在我国的一些报刊上，还出现了以作者的手写体签名的评论，有的直接开出了"签名评论"专栏。这样做，无非有两个基本动因：一是为了培养名编辑、名记者、名评论员，给采编人员提供锻炼的平台；二是拉近评论与读者的距离，提高评论的亲和力。这类评论除了必须坚持正确导向，还应该显示出个性，表现出作者提出问题、分析问题和解决问题的特有方式与能力，以及特有的写作风格。因此，开设这种评论专栏要审慎，切忌过多过滥。

近些年来，由于专栏评论遇到了天时、地利、人和的发展条件，在内容和形式上不断创新，越来越受到人们的欢迎。在历届中国媒体名专栏评选中，评论类专栏总是名列前茅。1995年评出的十大名专栏，有7个属评论类的。随着我国报刊专栏评论的繁荣，一支年轻的专栏作者队伍正在成长。专栏评论是前景看好的评论形式，它一定会孕育、培养出我们自己的评论家。

专栏评论从容量和篇幅来看，大体可分为三类：一类是以《人民日报》的“人民论坛”为代表的，每篇一二千字，有一定的容量和分量，而且以思想评论居多；另一类是以新华社的“新闻时评”为代表的，每篇千字上下，主要以专业眼光及时捕捉重要新闻事件，积极引导各种社会热点话题，针对性和指导性都很强；还有一类是以《人民日报》的“今日谈”为代表的，每篇三五百字，以小见大，平易近人，以群众性作者为多。下面我们按新闻时评、思想评论和微型评论，分三个章节来加以介绍。

第二节 新闻时评

一、“时评热”的兴起及其背景

如前所说，在当今信息时代的媒体竞争，在很大意义上不仅是新闻题材的竞争，更是新闻解读的竞争。一个引人注目的现象是，跨入新世纪以来，新闻评论尤其是作为快速评论的“新闻时评”，在经历了以往相当时间的沉寂以后，重又焕发生机，风起云涌。翻开报纸、打开电视、收听广播、点开网页，时评四面开花，目不暇接，时有所闻。许多媒体开辟了“今日时评”、“新闻热评”、“新闻时评”、“时评”一类的评论专栏或专版，每周一次或每周五次甚而每天一次固定刊发，兴起了一股“时评热”。其中，尤以《人民日报》的“人民时评”影响最大。2005 年 4 月，该专栏在第五版视点新闻版推出以来，逐步成为“人民日报”引导社会热点、承担历史使命与责任的一个平台，是该报在新闻宣传内容、形式、方法上的一种自主创新，是清新评论文风、壮大评论品种、盘活评论人力资源的实践舞台，是“改革先锋版”(第五版视点新闻)争创新优势的实际举措，也是加强报网互动，实现报网双赢的重要途径。除“人民时评”外，在全国影响较大的还有新华社的“新华时评”、《中国青年报》的“冰点时评”以及《文汇报》的“文汇时评”等。

当下方兴未艾的“时评热”的出现，有着深刻的社会和文化背景。概括起来，主要体现在三个方面：一是新闻本初意义上的回归。大家知道，新闻媒体主要有两大功能，即提供信息和“影响社会与公众”。然而相当一段时间以来，一些新闻从业人员对“传递”信息十分重视，对“影响社会和公众”则认识不足，也就是说对新闻报道很为看重，而对新闻的分析与评论较为忽视。但随着读者文化层次的不断提高及生活节奏的加快，受众需求的信息不仅是“量”的诉求，更重要的是“质”的诉求，特别是随着厚报时代的来临，读者的阅读方式也由传统的“有序式阅读”向“跳跃式阅读”发展。二是满足公众话语权的必然产物。作为一个掌握了一定知识具有思考和批判精神的现代公民，只要你关注着国脉民瘼、国计民生，操守着良知与公正，你就可以自由地发表意见，实现自己的话语权。因此，在正确引导社会舆论的同时，让广大受众也介入“品头论足”的社会生活，给公众提供自由表达的话语平台，是我们当代媒体人的共同责任。三是应对网络媒体挑战的一种现实反映。实践表明，传统媒体应对网络媒体挑战的主要之策，就是以“内容为王”，即在内容生产上下工夫，特别是在向受众提供对新闻的深入分析与权威评论上下工夫。新闻时评，正是因为有了上述赖以生存的自由空间，才得以空前的繁荣和发展，才催生了一个与社会生活同步发展的“时评复兴时代”。需要说明的是，新闻时评绝不自今日始，在中国近代报业史上，曾出现过两次“时报热”：1896 年 8 月 9 日上海创刊的《时务报》，于 1899 年首倡时评，掀起了中国第一次“时评热”；20 世纪 40 年代，以《大公报》“星期社评”为代表催生了第二次“时评热”。这次始于 1998 年勃兴的“时评”，有人称之为我国第三次“时评热”。

二、新闻时评的含义及其基本特征

新闻时评，又称时事评论，简称时评。顾名思义，它是传播者借助大众传播工具或载体，对刚刚发生或发现的新闻事实、现象、问题，在第一时间表达自己意愿的一种有理性、有思想、有知识的论说形式。时评的“时”，不仅是新闻时效的“时”，更应是“时事”的“时”、“时代”的“时”。当下时评的最大魅力就在于，说当今社会之热点，抓民众关心之焦点，破群众生活之难点，解民忧、释民惑、达民意，从而影响和引导受众，使人们对社会现象作出是与非的理性分析和正确评价，更好地认识社会，适应社会，服务社会。

与传统新闻评论相比，新闻时评有以下几个明显的特征：

1. 应时而评，新闻性强

时效是时评的题中应有之义。有人甚至称目前的时评为“新闻的新闻”、“新闻背后的新闻”，这是很有道理的。它主要表现在两个方面：

一是时评以新闻为最重要、最基本的要素，如果离开了那些有较大价值的个别的、具体的新闻事实，如果不在第一时间发言，这样的新闻时评就失去了自身存在的必要性和合法性；二是论点的原创性和分析、论证过程的创新性，都比传统的新闻评论更具优势。

2. 缘事而发，寓理于事

缘事而发，就是要求以新闻事实为由头，因事抒感，有感而发；寓理于事，就是要摆事实，讲道理，通过对新闻事实的选择性、补充性叙述和点评来说理，而不是天马行空，长篇大论。当前不少的时评与我们过去的"新闻分析"颇有一些相似之处。作为"新闻的伴侣"的时评，无不是事、理、情三位一体高度融合的产物，据事说理，析事明理，因而"论"的成分要少一些，分析的成分则要多一些。在行文时，作者更多的是按照新闻事件本身的必然逻辑和内在联系去进行分析，更深刻、更专业、更理性地揭示新闻的本质，进而帮助受众认识新闻的价值，揭示新闻的内涵。同时，在这个过程之中，也完成了时评的另一项重要任务，就是通过分析，帮助受众逐渐形成乃至建立起一个科学的、理性的看待新闻事件、认识新闻事件的思想方法。譬如，《文汇报》于 2011 年 3 月 8 日发表的新闻时评《善待善用善管》，就很好地完成了这项任务。此文针对"如何把互联网的事情办好"这一管理难题，就事论理，条分缕析，提出"善待、善用、善管"三策，强调各级党和政府要"用好网络信息，改进政府工作，回应群众关切"，很有指导性、服务性和可操作性，有力发挥了正确舆论的引导作用。正因如此，有人把时评概括为四个境界：一是把众所周知的道理讲清楚；二是讲出别人想不出或讲不深的道理；三是权威；四是有情怀。

3. 内容贴近，题材广泛

新闻时评的内容，正如一位新闻行家所指出的：应该是人民群众普遍关注的、感兴趣的、希望进一步了解的东西。无论是政策解读、法规阐释、经济展望，还是社情反映、民意表达、市井传声，都应是群众关心的热门话题和热点事件。侧重点应该放在基层，多评述发生在百姓身边的人和事，围绕公众的生产生活做文章，立言为民，当好人民喉舌，多为人民鼓与呼。新闻时评的选题应该是多方面的，全方位的，上至天文，下至地理，古今中外，包罗万象。生活是五彩缤纷的，时评也应该是五颜六色的；公众的需求是千变万化的，时评也应该是千姿百态的。新华社的"新华时评"在 2004 年和 2005 年所涉及的 120 多种问题中，涉及社会领域的论题比重最大，超过了总数的三分之一，其中从百姓日常生活引申出的话题最为集中，从而体现了“新华时评”与广大民众的关系。

4. 大众视角，“公民写作”

时评作者心里要装着公众，思考问题要从百姓视角出发，反映的意愿要从根本上代表公众的意志。这样写出来的时评，才能从纷繁芜杂的新闻事实中提炼出与公众利益和价值最接近的新闻点，并通过分析、判断、综合，为公众解读信息，起到激浊扬清、扶正祛邪的舆论导向作用。与传统的评论相比，时评文体活泼、不拘形式，便于自由地言之成理地表达意见，这就使作者队伍范围由专家、记者扩大到了公众，其潜在的作者可以说是海量的。正如一位学者指出的：“时评应该比职业文字——记者写的消息、秘书写的报告普通一些。在一个开放的时代里，它是公民表达自己见解的实用性文体，就像写信是一种实用文体一样。它所满足于人的无非是表达；它所要求于人的，无非是表达的效率。”这就是说，我们人人都可以写时评，人人都有权利借助媒体表达自己的意愿、主张和意见。一句话，时评不应该也不可能只是少数职业写手的事。当然，对于专家学者写的分析透辟、充满思辨色彩的时评，对于社会观察家见微知著、洞若观火的建言，同样应持积极欢迎的态度。

三、值得注意解决的几个问题

1. 时评作者要全面提高自身素养

主要是两个方面：一是学以立德。即通过学习，努力掌握科学的世界观和方法论，坚定理想信念，坚定正确的政治方向，做到清醒、坚定、全面，在多样之中有判断，多变之中有定力。二是学以增智。即努力掌握经济、科技、法律、管理、文学、艺术等方面的基本知识，使自己成为博学多才、视野开阔的多面手。这样，才能使自己具有强烈的时代敏感和洞察能力，才能不断提高业务功力，从而使自己的时评不仅保持正确导向，而且具有思辨色彩和理性光辉。

2. 坚持因时因地因问题而宜

写时评，要防止急功近利，一味炒作，刻意追求所谓“第一时间”。如果对社会“热点”不加选择，心浮气躁，一拥而上，推波助澜，其结果只能是缺乏真知灼见，经不起推敲的应景之作增多。事实上，“时评”固然要突出时效性，但时效性应服从于政治性，最重要的还是要在讲究及时性的同时，注重讲究“时宜性”，因时因地因问题而宜。要在把握导向，保证真实、准确的前提下，讲求时效。对时弊，当然要揭露，要批评，要旗帜鲜明，但同时应注重时评对现实社会所具有的建设性和可操作性，要在评论的同时拿出解决问题的办法。一句话，“既要得力，又要得当，还要得法；不刮风、不炒作，把好关、把好度”，这样才能做到“帮忙而不添乱”。这对主流媒体来说显得尤为重要。

3. 不断激发新闻时评的生机与活力

必须看到，在时评火热和繁荣的背后，也出现了一些新问题，诸如：一些报纸的时评版“悄然消失”；有的虽还存在，但拉长了周期，缩小了版面；有的时评名家转而写起了杂文；不少受众在品尝了时评的“新鲜”和“生猛”之后，对老生常谈的“正确废话”丧失了原有的激情。此外，诸如时评作者的趋同、题材写法的趋同、版式处理的趋同和娱乐化倾向的趋同，也不同程度地存在。要解决时评滑坡和趋冷迹象，只有从根本上不断提高对时评的认识，应该懂得：时评紧跟重要新闻事件、热点问题、热门话题，褒扬正义、鞭挞丑恶、建言社会，实际上就是作者对社会开出的一帖“处方”，就是为落实科学发展观、构建和谐社会作出的一点贡献。此外，还应认识到：个性是时评的魅力所在，独特的风格不啻是时评作者综合素质的重要体现。文学需要百花齐放，百家争鸣，同样，时评也有自己的鲜明个性和独特风格，要力戒人云亦云，紧随人后，拾人牙慧，力求使自己的文章言简意赅，做到每一句话不仅让读者一看就明白，而且要一针见血，“有剔骨见髓之功效”，这样的时评才有说服力和导向性。概括地说，时评的改进贵在创新，应在提高时评的质量上下工夫，在丰富时评表现形式、增强时评可接受性上做文章，非此别无他途。

第三节 思想评论

思想评论，是媒体上常见的一种署名评论形式，也有称“××论坛”、“思想杂谈”、“思想纵横”、“每周评论”的。它往往就某一社会现象、社会倾向、社会思潮等进行评析，注重思想引导、释疑解惑，旨在明辨是非、提高认识。由于它具有鲜明的针对性、严密的逻辑性、浓厚的论理性，加上论点、论据、论证比较完整，有比较浓厚的理论色彩，因而更接近于政论，也可算是一种政论性文章。

思想评论，不管内容和风格怎样，其目的不是为了讨论某一项工作，也不单是提出政策要求，而是侧重提高认识，澄清思想。这种评论，更注重采用随意的漫谈形式，把作者的观察、体验等个人化的感受写入文章，把社会表层信息下的思想文化内涵挖掘出来，字里行间充溢着一种平等交流的气氛。因此，优秀的思想评论常被誉为开启人们思想"锈锁"的"金钥匙"、"不见面的指导员"。

思想评论在舆论宣传中独树一帜，因为实际生活中的有些思想问题，用社论、评论员文章论述显得过分郑重，而用短评、杂文论述又嫌分量不够，这时采用思想评论并作醒目标题，往往能起独特的作用。思想评论在新闻评论中占有比较重要的地位，如《人民日报》的"人民论坛"、《解放日报》的"解放论坛"、《湖南日报》的"每周一评"等栏目中就有相当部分的评论文章属于思想评论范畴。优秀的思想评论，旗帜鲜明，切中时弊，说理透辟，文风朴实，为读者所喜闻乐见。思想评论在写作上应注意以下几个方面。

一、选题切实　主旨高远

思想评论，主要评论对象是思想认识问题，旨在帮助读者提高思想认识和政治觉悟，因此选题要特别注意切合群众的思想实际，善于从群众角度提出问题和分析问题；在分析问题时又要注意借助群众的意志、愿望和呼声，说出群众的心里话；在群众思想认识有所提高的基础上进一步阐明道理，这样才能拨动群众心弦，取得良好的宣传效果。

譬如，《人民日报》1991 年 8 月 25 日发表的《关于洪灾的思考》一文，就是选题切实、主旨高远的思想评论。它从 1991 年夏天特大洪灾地区人民的肺腑之言与切身感受生发："社会主义是靠山，大灾之年心不慌"；对比了这次百年未有的洪灾与 1931 年洪灾的不同景象：1931 年"洪水暴涨，顿成泽国，亩田淹没，米价飞涨，商市萧条，哀鸿遍野，死亡 370 余万人……"；而 1991 年洪灾中"灾民们撤退有处，吃穿有着，病患有医，受灾最重的江苏省兴化市竟无一人淹死，饿死……"；接着分析

“缘何如此”：因为灾民们有良好的家底——得益于改革开放；有坚强的“主心骨”——党和政府；有强大的后盾——全国各方支援，“九九归一，都仰仗了社会主义制度的优越性”。文中还巧妙地点缀道：一些平时有诸多牢骚，爱“骂娘”的人也在大灾之年看到了社会主义制度的无比优越，澄清了模糊认识。这篇思想评论拨动了群众心弦，宣传社会主义制度的优越性切实生动，全无空洞说教的弊病。

又如，2001 年 7 月 16 日，《人民日报》在申奥成功之后抢发的《祖国的骄傲　人民的光荣》一文，同样是一篇情理交融、格调高雅的思想评论。文章第一段，作者用散文诗一般的语言，激情满怀地描述了申奥成功的不眠之夜：

> 申奥成功之夜，置身长安街，我们才真正体验了什么是如潮的人流，什么是欢乐的海洋，什么是沸腾的城市。也就在这个时候，我们也产生了许多不会：不会以恰当的语言形容此刻的心情，不会完美地描绘首都人民欢乐的场面，不会尽情抒发对更加美好的明天的向往……
>
> 申奥成功，这是伟大祖国的骄傲，是首都人民的光荣，是海内外中华儿女的光荣！
>
> 为了这一夜，多少人奋斗了一生，贡献了毕生！
>
> 为了这一夜，华夏儿女经历了多少艰难，多少奋斗，付出了多少汗水，多少青春！

但是，作者并没有满足于沉浸在这狂欢的人流中，而是面对此情此景作了深沉的理性思考，把感性认识推向一个又一个极致：从申奥成功意味着世界对中国的信任、对中国强盛的认同，到靠的是祖国和人民的力量，再到这是一座历史的丰碑，也是一个新的起点：

> 国际奥委会交给北京的是二〇〇八年奥运会的举办权。但对中国来说，真正意义远超出一次国际体育盛会的举办。它是世界对中国的信任，对北京“绿色奥运、科技奥运、人文奥运”理念的肯定，是世界对中国的信任，对中国经济发展、民族团结、社会稳定、人民安居乐业、综合国力增强的认同。有一家外国报纸发表文章说，“中国在仅仅二十年中在各方面取得

的如此的进步简直可以说是惊人的。历史上几乎没有哪个国家像中国这样在如此短的时间,在这样广阔的领域取得如此的成就。这一现实应该赢得全世界的承认。"北京申奥成功,这是国际社会的认可和评价、信任和赞扬。

这一切,靠的是祖国和人民的力量。没有人民在党领导下取得的伟大成就,没有人民在改革开放中的奋发进取,就没有我们今天所拥有的一切,自然也没有申奥的基础,没有这几天的举国欢庆。有了伟大的人民的奉献和支持,北京奥申委和中国政府就能向世界庄重承诺:要把二〇〇八年奥运会办成奥运史上最出色的一届奥运会。

身边,一对互相搀扶着的老人,挥动着手里的国旗,动情地说:"真比过节还热闹,还激动。"这是事实,这是应该的,也是必然的。只要是"节",年年都有,一年一度。可是申办成功的这一夜,中华民族盼了多少年。这是中华民族历史上的第一次。将来,我们国家的城市也许还会申办第二次、第三次奥运会。国际奥委会也会第二次、第三次给我们机会。我们依然会像这一次这样认认真真、竭力尽心,但似乎不会有今天这样的激动,这样的高兴,这样的开心。因为这是一座历史的丰碑,也是一个新的起点。

文章最后,作者自然而然地将读者的感情升华到一个新的高度、新的境界,这就是"从亿万人心中迸发出来的爱我中华、强我中华的激情":

就从这座丰碑上,就在这个起点上,就在那如潮的歌声、欢呼声中,我们看到了感到了从亿万人心中迸发出来的爱我中华、强我中华的激情:这是五千年文明的积淀,这是先辈光荣和辉煌的凝聚,这是我们党八十年的奋斗和引导的结晶,这是中华民族生生不息、焕发青春和生机的源泉,是我们阔步向着富强民主文明的现代化目标奋进的动力。

这篇思想评论的作者就是这样,同广大读者从一个起点出发,但始终没有忘记借助广大读者群众的意志、愿望和心声,步步深入,层层推进，实现感情的升华，达到主旨高远的目标。

二、有的放矢　鞭辟入里

思想评论着眼于做人的思想引导工作，既要坚持有的放矢、对症下药，又要注意就实论虚、鞭辟入里，增强评论的说服力和感召力。这样才能收到事半功倍的效果。

《解放日报》2011 年 2 月 11 日发表的《"撤奖"的反思》一文，就是一篇旗帜鲜明、立论正确、反思深刻，富有积极现实意义的思想评论。文章坚决拥护国家科技部撤消西安交大原教授李连生因科技成果造假骗取的国家级奖项，进而提出应摘除三鹿集团所谓的创新项目骗取的国家科技进步二等奖。难能可贵的是，评论就此层层剖析，深中肯綮，由"撤奖"层面"反思"到评奖的体系与制度的层面，明确指出我国科技奖励体系存在的问题：一是有些评奖人员是不懂装懂的"专家"，主持评奖的是官员自己，面对专业问题似是而非；二是评奖规则不合理，项目要申报国家奖，必先申报地方奖，从而助长了地方保护主义；三是浮夸，为了获奖，进行虚假包装；四是夸大效果。文章直陈国家科技奖评奖中的种种弊端，旨在正本清源，促进学术进步、科技发展，揭示了蕴含的思想内涵，从而体现了尖锐性与战斗性。

我们说，针对性是评论之魂，思想评论只有找准思想对立面，才能有的放矢，注重理性的开掘，着眼认识的深化，从而一把钥匙开一把锁。《人民日报》2002 年 4 月 2 日发表的一篇题为《认清权力性质　恪尽公仆责任》的思想评论，针对的就是少数党员干部在"权力之源"上的三种错误认识："上级是权力的源泉"、"自己是权力的土壤"、"机遇是权力的太阳"，然后逐一作了入情入理、循循善诱的剖析，孰是孰非，泾渭分明，使存在糊涂观念的同志在权力观、地位观与利益观上划清了界限，明确了方向，提高了"立党为公，执政为民"的自觉性。当然，思想评论强调要有针对性和论理性，并非为了图痛快、出难题。我们的方针是治病救人，在开展批评的时候，一定要把好分寸，与人为善，以弄清思想、团结同志为目的。

三、风格多样　文笔流畅

思想评论，作为论是非、说短长，以解决思想问题为主旨的政论文体，一定要旗帜鲜明、文风朴实。譬如，《湖南日报》1992 年 1 月 8 日发表的思想评论《民以食为天》，尖锐地批评了不重视农业的错误思想与作风，语言犀利而行文流畅：评论首先从《汉书·郦食其传》中出典“民以食为天”生发，谈到今人的“手中有粮，心中不慌”，可谓博古通今；然后回顾了解放以来，我党如何下大力气解决中国人民的吃饭问题，是“天下第一功”；继而，评论一针见血地指出：“如果日子好过时就忘记农业，日子不好过时才想起农业，这种思想上的‘打摆子’，必然导致农业发展上的波动与折腾。这方面的教训我们也有，应当引以为戒”；评论最后辛辣地反讥：“现在有一种怪现象，一些地方讲起农业投入来，叫苦不迭，可怜巴巴的样子，但买高级轿车、建楼堂馆所、搞大吃大喝，却又大把大把地花钱，反差之大，令人咋舌。如果……把那些钱拿来投入农业基础建设，则农业幸甚矣。”如此语重心长，让人刻骨铭心，永志难忘。

思想评论，应提倡内容与形式的多样化。在内容上，大到党和国家长治久安的根本大计，小到同志间的长短是非，凡是与精神文明建设有关的话题，都是思想评论的议论对象。这样，才能扩大社会覆盖面，拓宽思想政治工作的渠道。至于形式，更可以新鲜活泼一些，拿语言表达来说，或高屋建瓴、慷慨激昂；或朴实平易、娓娓动人；或尖锐泼辣、文采斐然……只要能确切表达主题，思想评论都是欢迎的。

第四节　微型评论

这种新闻性的署名小言论，是 20 世纪 70 年代末、80 年代初各报蓬勃兴起的一朵奇葩，是新闻改革中从评论体裁中衍生出来的一种新文体，一般都发表在要闻版的小言论专栏上（广播、电视新闻节目中也辟有类似专栏）。它犹如一枝评论新花，以别具一格的姿容，引起了广大读者和新闻界的关注。这种评论，往往以新闻为由，因事抒感，就实论虚，言之有物，短而有味，一般三五百字，在报纸版面上不过是“豆腐块”、“火柴盒”，微型评论故此得名，也有读者称之为袖珍评论的。

俗话说：“有戏不在人多。”会演戏的，哪怕只有一人，也会满台生辉，彩声不绝。品戏与品文，道理相同。微型评论，仅以其短无法赢得读者。那么，它究竟靠什么才受到读者如此广泛欢迎的呢？《人民日报》评论部的同志总结了七条原因——数量多，论题广，时效快，形式活，内容新，尖锐泼辣，群众性强。而最根本的原因又是最后一条。据《人民日报》统计，在“今日谈”创刊后的头 15 年里，该专栏共发表小言论 2 600 多篇，其中 80%以上是来自基层的声音。

下面，结合实例，介绍一些微型评论的写作要求。

一、短而新鲜

短是微型评论的主要特点，但仅仅靠短抓不住读者，吸引读者，首先要新。新，一是要有新闻由头，或新的材料，新的角度；二是要有新的观点，新的见解，新的思路。当然，落实到一篇具体的小言论上，不大可能“六新皆全”，但多具备一点“新”总是好的。

拿《人民日报》推出的“今日谈”打头篇《“锄头柄”与“栋梁材”》来说，作者从亲见的一个生动事例谈起，由头就很有趣味，很有生活气息，然后通过县委书记做试验获得成功的事实，让农民们很自然地懂得了“锄头柄”与“栋梁材”的辩证关系，最后再引申到国民经济调整中局部服从全局的大道理，可以说是角度新，思路新，见解也新，称得上是一篇“六新皆全”的好言论。

又如，《文汇报》1991 年 9 月 20 日头版发表的《刘庄“虚实”探微》一文，也可以称得上是一篇材料新颖、角度巧妙、观点不同凡响的小言论。请看全文：

刘庄“虚实”探微

素闻河南刘庄为全国农业战线的旗帜，有“中州之星”之美誉。盛夏之时，笔者与学生共赴刘庄从事社会实践，得见刘庄“虚实”，感受颇深，在此仅录两笔：

临行之初，窃以为刘庄之富(公共积累达八千万元)，定有高楼大厦。待到实地，且不说宾馆大楼难见，便是招待所、小餐馆亦难求。师生众人兴致勃勃走访调查之余，只得在小商店买饼干糕点充饥，往五六里外的乡招待所求宿。这为刘庄

"虚"景之一。

走进刘庄,见农民新居栉比,街容整洁如洗,树木两旁林立,却是行人无几。师生登庭入室造访,唯有老妪顽童恭迎。疑是诸葛亮再演空城之计。这属刘庄"虚"景之二。

细心品来,刘庄之表象是"虚",内涵则为"实"。其一,以刘庄之名,引来四方求经者,八面朝圣人,若有楼馆方便,定是车水马龙,应接不暇。既耗财力,亦费人力。而无这等设施,默令来访者得艰苦创业之经后不要久留,更令那些假"考察"之名到此一游者无藏身之所。其二,刘庄人吃住不愁,本可尽情享乐。但是家无闲人,劳力尽在车间田头。唯"实干"才得富有。

刘庄"虚实",不值得玩味吗?

二、短而实在

微型评论,在求新的前提下,还得求实,要实际、实话、实在、实用。现在有些评论文章之所以不吸引人,一个大毛病就在长而空。长而空不好,短而空更不行,总共才几百字,再泛滥空话,怎么了得?

办法也是有的,那就是选题来自现实生活,触及的应是当今社会普遍存在的带有倾向性的问题;同时,尽可能用实际生活中的典型事例进行论证,或从身边见闻说起,或联系时事政策,或起兴于历史事件,或有感于民意社情,道理就从这里生发,或为劝勉,或为解惑,或为释疑,或为棒喝。一句话,限于篇幅,陈言务去。

这里,不妨先看一篇 2000 年 3 月 1 日《北京日报》发表的小言论《为了 2008 年……》:

为了 2008 年……

国际奥委会已经决定,2008 年奥运会的举办城市将于 2001 年确定。咱北京作为 10 个争办城市之一,广大市民闻此消息都十分关注,也都祝愿自己的城市争办成功。

但想起来,祝愿归祝愿,能不能如愿,因素毕竟很多。其中有一条是与我们每个市民都不无关系的。那就是作为争办城市,它的软硬件的创造。

承办奥运会所需要的场馆等设施会有专门机构、单位设计、施工,且时间还远,自然不要我们百姓操多少心,但北京的天空能不能更蓝、大地能不能更绿、河流能不能更清、街道能不能更洁,这类事可是与我们每个人都息息相关的。比如,您是位锅炉工师傅,就要积极推广采用清洁能源;您是位司机师傅,就要严格执行尾气排放标准;您是负责绿化的,就要在"绿"字上大做文章,让首都的绿处更多、绿带更长;您是负责清洁的就要发扬时传祥的精神,宁可一人脏,也要换来万人净。即便工作岗位与环保不搭界的,也该随时注意环保,处处讲究环保;每日家里倒垃圾,是否装了袋、入了桶;走在路上,有没有随地吐痰、扔物,有没有践踏依依小草;看到他人"不拘小节",是否进行规劝。这些,不都是我、你、他,人人都有责任,都该尽力的吗?要使首都的文明程度再提升一个档次,成为全国的"首善之区",就要让市民文明公约条条落实,而这个公约,不是约束哪一部分人的,是人人都要信守的。

总之,为了申办奥运得以成功,为了让首都更加靓丽,为了 2008 年,从现在起,我们全市人民总动员,全市人民齐努力!

这篇小言论发表在北京申办奥运成功之前,旨在为北京继续申办鼓与呼。文章重在说实话鼓实劲,功于激励启迪,目的在将申办举措与京城每一个人的实际行动联系起来,促使人们从现在做起,从自身做起。短文在正面说理时,始终针对某些认为"申办是上面的事,作为市民无能为力"的片面认识,立足实际生活进行提示引导,提出"申办必先治污,治污人人有责"的主张,由此将动员鼓劲切切实实落到实处,避开了某些惯唱高调、说大话、鼓虚劲的不切实际的鼓噪。由于短文采取拉家常的方式,紧密联系市民的日常行为,实话实说,循循善诱地将申办人人有责、治污人人尽力的思想和论点引向深入,从而将申办奥运的动员跟每个人的言行举止真正挂起钩来。实践表明,用群众身边的人和事来进行引导,最有亲切感;用具有生活哲理的事例来分析论证,最有说服力。因此,微型评论的说理不在旁征博引,更不在反复论证,而在寓理于事，叙事出理，单刀直入，点到即止。

2006 年 3 月 19 日《人民日报》发表的《变变生活方式，行吗？》更是一篇来自生活、短而实在的佳作。请看全文：

变变生活方式，行吗？

"吃请"和"请吃"，使得高档饭店酒楼常常爆满。

来客中相当一部分是"公款公吃"者。不论是"吃请"还是"请吃"者，放下筷子，回到住处，恨不得一口吐出。大家都对这种"吃"深恶痛绝——费身、费神、费时。但又有一肚子苦水：不"请吃"，害怕办不了事，对上对下都不好交代；不"吃请"，怕人说架子大，怕基层和下属有意见。

现代社会是一个社交频繁的社会，国内国外，无一例外。在社交活动中，人们可以交流信息、沟通意见、表达谢意等，因而社交有意义，社交中有成果，这是现实。所以，社交是不应制止和不会被制止的。

问题的关键不在社交，而在社交的方式。我们应该倡导一种新型的社交方式：一杯清茶，几盘干果行不行？非要用餐，机关食堂的工作餐行不行？即便非得喝酒，实行一下有位同志倡导的"一杯起点，尊重自愿，不敬不劝"行不行？

三、短而尖锐

就题材而言，就反映的社会生活面而言，微型评论要用广角镜，要接触每一个角落。然而，对每篇评论主题思想的确定来说，倒是正相反，要求高度集中，缩小光圈，选好聚光点。这一点，不是任何微不足道的一点，应是折光的反射，光谱的交汇，选择好这一点加以议论，可以收到由小见大、以一当十的效果。好的微型评论，总是善于把大道理化小，一篇文章只讲一得、一见、一识，具体实在，微言大义。难怪读者称赞这种言近旨远的小文章有如"瑶林仙境"，洞口仅一眼大，但进洞后却豁然开朗，别有天地。这就要求在执笔为文的时候，从材料到观点，从角度到标题，都要别出心裁，"标新立异"，使小文章也闪发出光彩来。

读了《人民日报・华东版》1999年12月24日发表的《为上海的领悟喝彩》一文，就有如入“瑶林仙境”的感觉，让你在忍俊不禁中引起深沉的思索：

为上海的领悟喝彩

俗话说，车到山前必有路，而今却是“车临城下没有路，因为不是本地车”。湖北抵制桑塔纳，看似无理，却也不无苦衷；上海则透出信息，地方壁垒即将悄然拆除……

看到上海表示新世纪将对所有无论本地车、外地车一视同仁的消息，颇让人舒了一口气：上海毕竟是上海，上海人的悟性与灵活性再一次让人刮目相看。

上海大众汽车对上海经济的重要性、对上海GDP指数的贡献，显然不言而喻，把“大众”搂在怀里百般呵护，实在是顺理成章之事。然而，或许是湖北的发难，或许是水到渠成的时刻到了，上海终于大彻大悟。不让别家车进我家门，我家车迈不过去的门槛将更多，于是，上海人准备大大方方地对外地车亮出绿灯。

上海的胸襟和领先一步的勇气，这些年是很让人刮目相看的：医疗保险、养老保险，是上海人先吃了“螃蟹”；国企改革、纺织业砸锭、分流与安置下岗工人，是上海人知难先上；住房制度的改革，公积金制度与按揭购房的率先尝试，更让外地人艳羡不已，这使得一直被人诟病的上海住房问题，在短短几年迎刃而解；更有蓝印户口制度的提出，不但在一定程度上盘活了上海的房地产业，也使曾在与广东的人才竞争中处于下风的上海，重新有了海纳百川的气度，拥有成就和资金的外地人，也可以拥有上海的市民待遇了，这部分地抹平了上海人与外地人的历史鸿沟。

然而，在我们张望上海的无限风光之时，也不无令人遗憾之处：在上海买车，本地车和外地车的待遇迥异；在上海看电视，没有在外地那种随意在几十个卫星频道中搜索的愉悦；在上海传媒浏览新闻，热闹的总是家门口的那点事儿，没有在北京或是广东传媒那种以天下为己任的大气……

不过，上海人正在不动声色地改变着这一切，从拆除购置汽车的地方壁垒做起。

忍不住想为上海的领悟喝彩：一个渴望融入全球经济、走向国际化大都市的上海，是不可能继续画地为牢的。

这篇小言论从选题、立意到谋篇布局，包括语言表达都相当出色，尤其是它的立意十分耐人寻味。你看，在全文七个自然段中，可以说有六个自然段是为上海唱赞歌的，或者说为上海人说好话的，可就在第五个自然段，在出现“然而……”的这一段话，带给上海人的震撼绝不是平静的。难怪在市委的一次全会上，当一位市委负责同志解读这篇小言论，并说了自己的感触时，引起了与会者的热烈反响。而且，会后不久，有关买车待遇和兄弟省市卫星电视在上海“落地”的问题，都相继得到了解决。这篇小言论，通过对人们习以为常、见怪不怪现象的“敲边鼓”，着实让“渴望融入全球经济、走向国际化大都市的上海”从中得到了某种领悟。

这篇小言论，就其实际效果而言，要胜过洋洋万言不着边际的大文章，更不是一般无的放矢的小言论所能比拟的。它的成功之处就在于：不是就现象论现象，人云亦云，泛泛而谈；而是循现象究原因，实话实说，一语中的，使人能受到启发，举一反三，获得规律性的认识。这就是小言论的尖锐，也是小言论的深刻。

四、短而有文

微型评论同样要有文采。有了新的材料和观点，还要用心构思，讲究修辞，锤炼语言。上面提到的几篇小言论，都是文情并茂的美文。拿《为了 2008 年……》这篇小评论来说，在叙事议理时采用了散文的笔触，连续进行对比表述，有效地增强了说理表述的情感效果。全文前后用了四次排比，随着排比的不断递进，使文气起伏跌宕、扣人心弦。

常言说，羼过水的酒不好喝，平淡枯燥的文章不耐读。微型评论应该上无帽，下无靴，是“赤膊文章”，没有“凤头”、“猪肚”、“豹尾”，但必须字斟句酌，从标题到结尾都要十分讲究。有不少微型评论的标题新颖、独特，抓得住读者，如《“卖油娘子水梳头”新解》、《“吃富”者，止步!》、《小仙姑不必脸红》、《台上他讲　台下讲他》、《怪哉！昼伏夜出》等等。如果《从……谈起》、《有感于……》、《从……到……》这类标题多了，读者肯定会倒胃口。讲究文采，绝非卖弄做作。追求华丽的辞藻未必就有文采。含蓄深沉，风趣幽默，清新明快，尖锐泼辣……凡有特色的微型评论，都是引人入胜的好作品。

问题与练习：

1. 专栏评论是在怎样的时代背景下兴盛起来的？
2. 专栏评论的显著特点是什么？
3. “时评热”是在什么样的社会文化背景下催生的？
4. 何为新闻时评？其主要特征是什么？
5. 时评作者在进一步提高自身素养方面应注意哪些问题？
6. 思想评论在思想政治教育中有何独特作用？
7. 思想评论的写作应注意哪些要求？
8. 微型评论的特点是什么？写作上应注意把握哪几点？
9. 按微型评论的文体特点，写一篇500字左右的小言论，题目自拟。
10. 试分析下列《生命的尊严高于一切》这篇新闻时评具备哪些特征？

生命的尊严高于一切

一名孕妇难产，其丈夫竟然拒绝在剖腹产手术单上签字。北京朝阳医院在抢救了3个小时后，宣布孕妇死亡。日前，孕妇的母亲准备起诉其女婿。由此，引发了一场沸沸扬扬的争论。

悲剧发生后，人们都在追问：究竟是谁让两条生命陨落？从法律上看，医院“不签字不手术”的做法没有过错。当医生明确告知了可能发生的风险后，患者家属依然拒绝签字，医生只能尊重患者的选择权。但是，从伦理上看，医生尽管遵守了制度，但却眼睁睁看着生命凋亡，其做法显得冷酷无情。

在现实中，法理和伦理发生冲突并不罕见，即合法的不合理，合理的不合法。今年4月，内蒙古包头市某村就发生过类似的悲剧：一名产妇在手术台上急需输血，可医院却没有血库，家属提出自己献血应急，但医院却以“私自采血违反制度”为由，拒绝了家属的请求，产妇最终死于大出血。

其实，任何制度都是不完美的。但是，在制度与生命之间，我们必须坚守一条底线：生命尊严高于一切。我们应当将制度的价值指向以生命为本的理念上,而不是用在规避风险上。任何法律制度的执行,都不能以漠视乃至牺牲生命为代价。否则,就背离了法律制度的初衷。

在手术签字方面,各国的制度不尽相同。在美国,遇到紧急救治时,病人的手术决定权掌握在医生手里。3个以上主治医生会诊,就可决定患者是否需要手术。医生会诊后,只需把病人的病情和急救措施告知家属即可。如果在紧急情况下,因家属不同意手术,最终导致患者失去生命,医院将负连带责任。即使病人的家属不起诉医院,美国联邦政府也会对医院提起公诉,追究医院责任。

在我国,"手术签字"是法律规定的。但是,在一些特殊情况下,执行者是否可以赋予制度更人性化的内涵?例如,当患者无法作出理性选择时,医生可以代为作出最优选择,而不应让制度束缚住手脚。因为制度是冷的,而血是热的,人的尊严不能匍匐在制度的脚下。只有让人的尊严挺立,制度才更有生命的温度。

尊重生命,是医生的第一道德。因为医学不是一门纯技术,而是人类情感的延伸。技术与人文是医学的两翼,没有技术,医学没有躯干;没有人文,医学没有灵魂。无论在什么情况下,医生见死不救,都是有悖医学人文精神的。

当然,医学也是一门探索科学,而探索则意味着风险。在生死边缘,如何让医生作出最利于患者的选择,而不是最利于法庭举证的选择,这不仅取决于医生自己,还取决于社会大环境。如果医患互信,医生往往不惜代价,铤而走险;如果医患互疑,医生则过度防卫,不愿冒险。

(载于2007年11月27日《人民日报》)

第二十三章

广播新闻评论

本章内容提要：

1. 广播新闻评论的特性。
2. 广播新闻评论写作的基本要求。
3. 广播新闻评述性节目的诞生。

第一节　广播新闻评论的主要特点

近年来，随着广播业的快速发展，广播新闻评论也迎来了新的春天，从记者现场口头评论到连线嘉宾的访谈评论，从纯文字评论到带音响评论，呈现出一派兴旺景象。当然，相对于报纸、电视、网络，广播新闻评论的发展仍然比较滞后，有的对新闻节目配发评论认识不足，不少广播采编人员仍在按照报纸手法写作评论，内容上缺少分量，形式上比较老套，一句话，广播新闻评论的整体质量亟待提高。

本章广播新闻评论同下一章电视新闻评论一样，是广播电视新闻媒介对当前具有普遍意义的新闻事件和重大问题发议论、讲道理，有着鲜明针对性和引导性的一种政论文体。与报纸评论是“报纸的旗帜”、“报纸的灵魂”一样，广播新闻评论、电视新闻评论应是电台、电视台的“旗帜”与“灵魂”。所有新闻媒介中的新闻评论都有它们的共性：有的放矢，具有强烈的新闻性；观点鲜明，具有高度的思想性；面向基层，具有广泛的公众性。广播新闻评论与电视新闻评论又有各自的个性：广播新闻评论是“有声评论”、“口语化评论”；电视新闻评论是“形象化评论”。因此，有必要分别作专门论述。

广播新闻评论与报纸新闻评论共性较多，有些报纸评论在广播中播出，也就成了广播评论。然而，广播新闻评论毕竟是口播的，是说话，不是文章;是听的,不是看的;是稍纵即逝的,不是白纸黑字,可以反复看的。由于两者在传播方式上的不同,因而在选题、论证、结构和语言上就有所不同。广播新闻评论靠声音传播,因而带有广播传播的优势与弱点,在传播快、感染力强和公众性广等方面占优势,而在稍纵即逝、不留痕迹方面又有其弱点。因而对广播新闻评论的写作有特殊的要求。

第二节 广播新闻评论的写作要求

1. 选题面向公众,突出“热点”问题

广播新闻评论更强调面向公众,因为广播听众不受地域、年龄、职业、文化程度和所处环境的限制,有的广播听众还喜欢“随身听”,所以广播新闻评论的选题更要贴近社会实际,把重点放在公众共同关心和有密切关系的事物上,放在具有普遍指导意义的社会道德风尚、思想认识和作风问题上,要注意突出“热点”、“难点”、“疑点”、“焦点”问题,诸如:

针对人们普遍关注而又议论最多的问题,给予正确的回答和指引;

针对公众中流行的错误观点和认识,及时加以澄清;

针对社会上某种容易忽视的倾向,提醒人们加以注意;

针对某种新人新事新风尚出现以后尚未被人们所认识,需要加以倡导;

还可以针对当前工作中的薄弱环节,提示有关部门努力加以克服。

譬如,苏州广播电视总台 2009 年 8 月 6 日播送的《国企频繁制造“地王” 为转型升级埋下“地雷”》(获第二十届中国新闻奖新闻评论一等奖),就是一篇针对性强、观点鲜明、广播特点突出的广播评论。文章针对土地拍卖现场两家国企层层加码、频造“地王”的事实,深刻揭示了这样做只能造成房价居高不下、阻碍居民消费、加剧房地产泡沫和丧失核心竞争力的恶果。由于评论触及了房地产市场的要害问题,维护了广大群众的利益,播出后引起了热烈的社会反响。

再如,2004 年 12 月 28 日浙江人民广播电台播送的广播评论《治理好污水也是政绩》(获第十五届中国新闻奖新闻评论一等奖),同样是选准了群众所普遍关注的题材，即治理好污水算不算政绩这个敏感问题，作了立意深远、有理有据、以点带面、层层推进的分析，融"落实科学发展观"和"树立正确政绩观"于一体，以强烈的震撼力打动了听众。请看全文：

治理好污水也是政绩

现在请听浙江台记者李方存、钱葳、沈杭珍采写的述评：治理好污水也是政绩。

在日前的一次会议上，平阳县委书记戴祝水向浙江省省长吕祖善汇报工作时，介绍了该县一年来治理水头镇制革污染的情况。当说到全县经济发展时，列出的一系列数据让人听了大跌眼镜：今年1—9月，平阳县实现GDP 70.4亿元，比去年同期仅增长2.8%；财政总收入5.36亿元，比去年同期下降2.2%，经济增长居全省末位。面对这样的政绩，戴祝水显示了他的勇气：

(出录音)"我们宁可当一届没有政绩的领导，也要把这个污水治理好！"(录音止)

省长吕祖善当即接上话题说：治理好污水就是最大的政绩！

2003年底之前，平阳县水头镇有1 200多家皮革制造企业，每年生产1亿多张成品猪皮，成为"中国皮革之都"，皮革业的年产值达到40多亿元，税收超过2亿元，在全县的工业产值和税收中都占1/3以上。皮革业的迅速发展在繁荣当地经济的同时，也把平阳县的母亲河——鳌江变成污黑一片，沿江老百姓怨声载道。2003年水头镇制革污染被国家环保总局列为重点查处的全国十大环境违法案件，也被浙江省定为九大严重污染环境的整治对象。说到这个问题时，省长吕祖善严肃指出：

(出录音)"浙江变成什么呢？守得一湖污水，相当地方是垃圾堆满的地方，酸雨全省覆盖。我们这样的增长，浙江绝对不会是山川秀美的地方。发展硬道理必须要发展，我们现在到了必须下大决心研究如何发展的问题，也就是说怎么转变

增长方式。”(录音止)

前不久,一份由经济专家撰写的报告《浙江GDP增长过程中的代价分析》第一次全方位展示了浙江GDP高速增长所带来的负面效应。报告指出,环境污染、耕地锐减、能源紧缺已经成为浙江面临的“成长的烦恼”。据专家测算,浙江省每生产1亿元GDP需排放28.8万吨废水,今年浙江省GDP将达到1万亿,也就是说要产生28.8亿吨废水,水资源环境的承载力已接近饱和状态。如不改变现状,若干年后,“江南水乡”的浙江,老百姓无水可喝将不再是危言耸听。浙江省委书记习近平在近日召开的一次重要会议上指出:“发展是硬道理,乱发展没道理。进一步的发展不能再以GDP论英雄,而应该以科学发展观为指导,不断转变增长方式,促进经济社会协调和谐发展。”

确实,一段时间以来,一些地方领导在“发展”问题上产生了很大的误区,把“发展是硬道理”片面地理解为“GDP增长率是硬道理”。于是,盲目上项目、办企业、引投资,大搞形象工程,甚至通过各种手段挤占群众利益,给地方发展造成了长期的包袱和隐患。浙江省政府咨询委员会副主任、经济专家朱家良谈到这个问题时认为:

(出录音)“我们过去的发展观,有些地方把它变成了增长观,就是GDP增长得快,就是发展得快。实际上,发展和增长它是两个概念,发展包括数量、质量、素质、结构,一个完整的概念。就是你增长得快,如果对环境的破坏、资源的消耗都作出了牺牲,这样换来的经济增长,是没有多少好处的。”(录音止)

由此可见,在发展观上出现盲区,就会在政绩观上陷入误区;在政绩观上出现偏差,发展观就会与科学产生偏离。树立科学的发展观,必然要求树立正确的政绩观。平阳县新一届县委、县政府领导在严峻的事实面前终于改变了GDP决定一切的片面政绩观,痛下决心彻底治理水头镇的制革污染,1 000多家制革企业被关停并转。于是,全县GDP迅速下降,财政收入出现负增长,规划好的县政府大院迁建工程只得放弃,城市基础设施建设也由于没有资金处于停滞状态。也就是说，看得见的政绩没有了。但是，县委书记戴祝水态度明确：

（出录音）“这是一个艰难的过程，需要相当长一段时间，五年可能还出不了成果，产值还增不上去。我们这一任就是打基础的，出不了政绩的。对污水治理我现在是非常痛苦的，但痛苦是现在治理的过程，但是我为下一任能够打好基础。”（录音止）

其实，治理好污水也是政绩。如果经济增长了，而老百姓生活在一片污水和废气之中，身心健康受到损害，生态环境的承载力超过了极限，甚至引发诸多社会矛盾，这样树立的政绩必然引起群众的反感，反而损害了党和政府的形象。作为地方领导，应该有政绩，也必须有政绩。但要把实现人民群众的利益作为追求政绩的根本目的，把实现经济社会的可持续发展作为创造政绩的重要内容，处理好人与自然、当代与后代、本届政府任期目标与增强可持续发展能力的关系，就像经济专家朱家良所说的：

（出录音）“我们要从一个单纯追求数量粗放的扩张观念转到全面协调可持续的新的发展观上面去。这样一个发展就是经济的发展、社会的发展、生态环境的保护、人和自然的和谐协调，这样一种发展应该是真正符合以人为本的要求。”（录音止）

这篇广播新闻评论不仅立意新颖，主题深刻，而且音响丰富，论据充足，说服力强，是一篇有见地、有深度，具有现实针对性和可听性的力作。评论播出后在社会上引起了较大反响，平阳县领导不仅认真收听广播，还专门调阅稿件，进行学习对照，深感原先之所以会在发展观上出现盲区，主要是在政绩观上陷入了误区，从而坚定了“保护好生态环境，维护好群众利益，保持经济社会可持续发展的能力就是政绩”这一理念。从写作角度来说，此文除了论点、论据、论证三个要素十分完备且紧密关联外，更重要的是融“理、事、情”于一体，善于用道理说服人，用事实启发人，用感情打动人，从而产生了动人心魄的力量。

2. 立论具体集中，善于就实论虚

广播评论除了少量本台评论员文章、广播述评、谈话类评论外，大量的是广播短评。广播短评是内容单一、短小精悍、运用灵活的一种评论形式，通常为一事一议，阐明一个道理或一个主要观点，篇幅在500字左右，最长不超过千字。

广播短评，一般以新闻报道的某一客观事实或社会上存在的某一典型事实为立论的依据，因此确立的论点比较明确与具体，选择的论题范围与内容也相对集中。在分析与论证时，要旗帜鲜明，理直气壮，但是说理要充分考虑到实际情况的复杂性，考虑到听众的接受程度，不唱高调，不讲官话、大话、套话，要设身处地和入情入理，这样才具有说服力。

1992年5月下旬，在世界汤姆斯杯男子羽毛球比赛中，中国队意外地输给了马来西亚队，未进入决赛圈。有的新闻媒介指责与批评马来西亚的教练、原中国运动员杨阳，说他在关键时刻将绝招教给了马来西亚运动员，有些话还非常难听。此事使人联想到同类的另一件事：1990年10月的第11届北京亚运会上，日本竹内先生指导的中国姑娘赵友凤，在女子马拉松比赛中，从日本姑娘荒木久美子手中夺得了一枚马拉松长跑的金牌。中国的新闻媒介一致赞扬竹内先生为增进日中人民友谊作出了贡献，并未有什么责难与批评。同此道理，我们为什么不可以称赞杨阳等中国籍教练为增进中马人民的友谊作出了贡献呢？至此，广播评论的立论依据就出来了。1992年6月6日，上海人民广播电台“今日论坛”节目播出了广播评论《体育比赛还得弘扬奥林匹克精神》，集中批评了一种“赢得输不得”、“把体育比赛目的仅看作夺金牌”的狭隘体育观，从而弘扬了体育比赛中的精神文明。

广播评论还要善于就实论虚、叙事出理。广播评论如能针对实际工作与社会生活中的一个具体事情展开议论，易于具体、深入、亲切，也易为听众所接受。1993年2月26日，上海人民广播电台“今日论坛”播出了一篇广播短评《“上帝”需要“保护神”》，这是针对消费者的权益屡遭侵犯的典型事例而发的议论，主要内容如下：

> 都说消费者是“上帝”，但“上帝”的处境也实在可怜：刚买的摩托车还未骑到家，就车轴断裂人摔伤；新买的热水袋第一次使用，就袋口断裂烫伤人；定购的“名牌”家具，是七零八落的冒牌货；老教授冲饮“乐口福”，吃出了数不清的细铁丝……在国际消费者权益保障日来临之前，看见这些触目惊心的事实，实在令人难以相信。

被号称为“上帝”的消费者，为什么会落得如此可怜？问题出在某些厂商根本没把消费者放在心上，视法律作儿戏。他们嘴上喊“上帝”，只不过是哄骗消费者从口袋里掏钱的一种手段，一旦伪劣商品出手，钞票到手，就死活不管了。

因此，“上帝”也需要“保护神”，这就是各地的消费者协会、消费报社，以及有关保护消费者权益的法律与条例。可喜的是，吃尽伪劣商品之苦的消费者正变得聪明起来，已经懂得运用舆论与法律两种武器来捍卫自己的合法权益。我们相信，在国际消费者权益保障日来临之际，受伪劣商品损害的消费者必将摆脱可怜的境遇，而变得扬眉吐气，心情舒畅！

3. 采取对话形式制作录音述评

广播新闻评论通过充分发挥广播带音响的优势，采用记者甲、乙对话形式的述评与议论，并穿插典型的采访录音，使两者融为一体，就可组成对话形式的录音述评。

辽宁人民广播电台于1991年制作的录音述评《补上市场意识这一课》(获第二届中国新闻奖新闻评论一等奖)，就以它深刻的议题、典型的论据、对话的形式、精彩的采访录音而受到广大听众的一致好评。该述评全文如下：

补上市场意识这一课

甲：这些天，我们一起在即将开业的沈阳商业城采访。沈阳商业城是沈阳市新建的一家大商场，光是营业面积就有6万多平方米，还有许多现代化的服务设施，够得上全国一流。

乙：在这家还没开业的商场，我们在几楼层走了一遍，发现一个奇怪的现象，引起我们的注意。那就是外地厂家的推销人员和产品特别多，而我们辽宁的厂家主动来推销产品的却少得可怜。

甲：商业城负责同志说，这几个月到这里推销产品的外地厂家哪天都不下二三百人，就连香港、意大利的一些大公司也都来联系业务。商业纺织商场关经理告诉我们(出录音)——

“每天接待顾客都不少，基本上都是外地的，送来货比较早的还是上海，我们是今年五月份到这的，来了之后接待的第一批客户就是上海和山东的。烟台的丝绸印染厂过去我们根本没有关系，我们到青岛开发区开会，厂长早上四点钟亲自到码头接我，我很感动。为什么厂长这么主动，主要是在当前这种竞争意识下所采取的手段。像我们沈阳市内，有的厂家可以，有的厂家就不行，得我们主动找他，往这跑的不算太多。”

乙：提到这个现象时，针织商场经理刘铁讲得更明确(出录音)——

“外地来找我的一天不下二三十家，而且往家里去。我现在不回家，就在商业城住，这些人挖门子盗洞子到你家去，你半夜十点回家，他半夜十点当、当敲门。”

甲：你看看人家劲头多足，下了多大工夫。我们常说，要有市场观念，沈阳商业城不就是最好的市场吗？人家大老远的还要往里挤，我们近在咫尺却不往里进。

乙：再这样下去，不用说把辽宁的产品打出去，我看就连家门口这块地盘都得叫人家占领了。

甲：在商业城的家电柜台前，我们转了一圈，看到彩电、冰箱都摆了几大排，细一瞧，咱们省内的产品就有两种，一个是“百花”电视，一个是“沈努西”冰箱。

乙：是啊，我也纳闷，咱们省有不少知名产品，像“金凤”电视、“菊花”电视、“辽河”冰箱怎么都没有呢？

甲:我们请商业城家电商场业务经理赵立平谈了对这个问题的看法，他为了照顾老乡的面子，只谈了几句比较客气的话(出录音)——

“他们不来的原因，我考虑第一可能对商业城不太了解，第二可能不敢来竞争，比划、比划，就失去了机会。”

乙：我们辽宁是有名的工业大省，过去是有货不愁销，在家一步不动，就有人来求我们。

甲：可现在市场形势变了，我们省不少厂家产品严重积压，经济效益下滑，这时候还放不下架子，还不主动出击，抢占市场，还幻想着时来运转，或者等着政府来支持，等着商业部门来收购，等到最后，只能是自己走进“死胡同”。

乙：即使是畅销的产品，如果满足现状，看不到市场在瞬息万变，不再去扩大市场，畅销也可能会变成滞销。

甲：确实是这样。在商业城采访的时候，我们碰到了兰州第三毛纺厂的党委书记滕春发。兰州第三毛纺厂的产品在国内市场上一直是抢手货，可是他们一听说沈阳建起个商业城，马上就派人带着货赶来了。滕春发对我们说(出录音)——

“我们想沈阳是个大城市，是个交通枢纽，商业城地势好，所以我们选中了这个地方，要把部优、省优、国优产品拿出来，要名牌的，现在已经上了柜台。”

乙：人家这种有远见的战略眼光，真是值得我们学习。有人说，我们辽宁人有金牌意识，有晋级意识，唯独缺少的就是市场意识。

甲：当然，夺金牌、努力争取企业晋级这都不错，但是晋级也好，金牌也好，最根本的目的，还是为了企业的效益。企业要效益，就要去找市场，没有市场产品卖不出去，哪来的效益。

乙：对这个问题，省长岳岐峰是这么分析的(出录音)——

“大中型企业缺少活力，一个致命的弱点是商品经济意识不强，市场观念淡漠，面对激烈的市场竞争或者感到茫然不知所措，无从下手，或者根本感觉不到市场在变化，需求在发展，仍然沉醉于几年前甚至十年前的全国‘第一’，行业‘之最’，对产品积压、亏损吃老本没有多大的紧迫感。”

甲：省长的话，击中了我们企业的要害，但愿我们的企业不要把市场观念、竞争意识停留在口头上，要在行动上下点真工夫。

乙：是应该这样。

这篇广播录音述评的题目就恰到好处，点明了主题思想，立论鲜明醒目。录音述评开头就摆出了论述的对象——一个奇怪现象：“那就是外地厂家的推销人员和产品特别多，而我们辽宁的厂家主动来推销产品的却少得可怜。”以此为由头，甲乙两位记者开始了对话与议论。录音述评如层层剥笋，紧紧围绕着市场意识这一主题，逐步深入剖析。述评中五次出录音，前四次录音将商业城纺织商场经理、针织商场经理、家电商场业务经理的讲话，与兰州第三毛纺厂党委书记的讲话形成鲜明的对比，使论据十分有力；最后用省长的录音讲话作结，更显示补上市场意识这一课的重要性与迫切性。通篇结构严密紧凑，顺理成章，一气呵成。

据辽宁人民广播电台介绍："这篇录音述评，是两位记者七次深入商业城，用'跳出来看问题'，用集思广益'碰撞法'找角度，在采访到的大量素材中，沙里淘金，数次修改而成的，是辛勤耕耘的果实，是大家智慧的结晶。"

4. 形式要多种多样，新鲜活泼

广播新闻评论，可就某一问题单写评论，也可配合消息、通讯、听众来信写评论；可在节目前后作简短评述，也可就专门问题请有关单位答记者问或发表谈话等；可采用本台评论、记者述评，也可采用编辑的话、评论员文章等等，做到不拘一格，充分发挥广播的长处。文字与播音要亲切自然。要着眼于广大听众，面对广大听众讲话，同听众站在平等地位，循循善诱，侃侃而谈。要在增强感染力上下工夫，给听众以"如见其人，如闻其声"的感觉。要少用"应该"、"必须"、"一定"等指令性字眼，诉之以理、动之以情。

第三节　广播新闻评论节目的发展

随着现代信息社会的快速发展，随着广大听众对广播传播的需求越来越高，广播评论不断得到开拓、创新。中央人民广播电台从1979年开始播出自己撰写的评论，随后在2004年从第一套节目改变而来的《中国之声》，大幅增加了新闻评论节目的数量。在评论专栏"新闻纵横"的基础上，又先后推出了"新闻观潮"、"中国调查"、"今日论坛"、"观点"等一系列新闻评论节目，构建了比较完整的新闻评论格局。

从上世纪90年代中期以来，以中央人民广播电台的"新闻纵横"专栏为代表，各省、市电台都陆续推出了一批新闻评论性专栏，也称热点、焦点节目。这些节目，努力探索广播媒体的最佳表现形式，在唱响主旋律、打好主动仗方面逐步形成了自己的风格。拿"新闻纵横"专栏来说，自创办之日起，就把旗帜鲜明、文风泼辣作为追求目标，题材不分门类，对象不分尊卑，一律用党的方针政策、国家法律法规和人民群众公认的是非标准来衡量。开办以来，由于专栏视真实、公正为第一生命，基本上做到了对是非褒贬分明，对报道准确无误。而且，专栏在强化广播特点、发扬广播特色上也不断开拓创新，主要举措是突出音响、突出实效、突出深度、突出结构变化等四大优势，特别对广播潜能进行了最大限度地开掘。正因如此，许多听众把“新闻纵横”视为知己，每月都有上万封报告线索、反映问题或表扬有关部门、人物的来信寄到编辑部。其他如上海人民广播电台的“市民与社会”这档谈话类节目，也是独树一帜，不断创新，在上海有口皆碑。

问题与练习：

1. 广播新闻评论与报纸新闻评论有何异同点？
2. 写作广播新闻评论要注意哪些问题？
3. 广播谈话类节目的发展前景如何？
4. 联系学校实际，尝试给校广播电台写一篇 500 字左右的广播评论。

第二十四章

电视新闻评论

本章内容提要：

1. 电视新闻评论的个性特点。
2. 电视专题评论节目的制作。
3. 电视评论性节目的喜与忧。

第一节　电视新闻评论的兴起与特点

电视新闻评论，是运用电视传播手段制作的新闻评论，是电视传播媒介对当前重大新闻事件或重要社会问题发表意见、作出分析判断或述评的一种电视报道形式。它在触及时事、反映诉求、表达主张、弘扬正气等方面具有明显的优势，特别是在媒介舆论监督功能的发挥上更是一枝独秀，受到公众的关注和赞誉。

电视新闻评论通常分为两大类：一类是为电视新闻配发的编前、编后话以及节目主持人、记者的即兴点评，主要以口播形式出现；另一类是电视专题评论，也称电视评论片，将活动图像(同期声)、背景资料、字幕与夹叙夹议的评论报道词有机组合在一起，成为“形象化的政论”。

我国电视新闻评论的起步较晚，以中央电视台为例，在20世纪80年代初期与中期，只在《新闻联播》节目中设简短的编前、编后，配发少量短评(小言论)；直至1987年后，才开辟“观众论坛”、“观察与思考”等栏目。随着新闻改革的深入，电视新闻评论也逐步发展并愈来愈受到观众的欢迎。1993年年底中央电视台成立评论部，为电视评论的更大发展提供了组织保证。中央电视台在推出“东方时空・焦点时刻”以后，从1994年4月1日起，又出台一档综合评论性专栏节目“焦点访谈”，整个栏目采用演播室主持和现场采访相结合的结构方式，使报道有着落、评论有依据，述与评相互支持，相得益彰，是典型的评论与深度的结合，是中国观众最欢迎的一档电视栏目。从此电视新闻评论的视野更广、节奏更快、内容更丰富、形式也更多样化，出现了系列评论、连续评论、追踪评论等样式。在中央电视台的带动下，全国各地的电视台纷纷尝试改版，增加深度报道和评论的分量。如上海电视台相继推出的“新闻透视”、“新闻坊”等评论节目各具特色，长盛不衰，很受观众欢迎。

评论和新闻是新闻传播的双翼，两者不可偏废。电视新闻评论与电视新闻报道也是同样的孪生兄弟，它们构成电视新闻媒介的两大传播手段。

电视新闻评论除了具有新闻性、思想性、群众性、科学性等共性外，还有自己的独特优势，主要有：

1. 多种传播符号凸显优势

电视新闻评论可以运用多种传播符号：报道词声音、同期声、字幕、照片、图表、图像等，因而可充分显示“形象化评论”的特色，将形象思维与逻辑思维紧密结合在一起，评论手段更丰富多彩。

2. 直观性带来受众面广

电视直观性强，信息代码少，受众可不受年龄和文化程度的限制。由于画面本身会“说话”，电视评论记者有时无需再做文字上的描述，保留现场声即可，这样能让观众产生身临其境之感。应该说，电视比报纸更具有“眼球吸引力”，画面活了，会说话，能吸引观众继续看下去，因而电视新闻评论的受众面较广。

3. 亲近性带来更强的说服力

电视图像有可视性，形象感人；电视评论节目主持人采用“面对面交谈”形式，产生“自己人效应”，可充分吸引观众；同时电视评论可引入多种评论者的同期声（包括现场采访中的议论评述），使论据更为真实可信，更具有强大的说服力。

第二节 制作电视新闻评论的“三个结合”

从电视专题评论（俗称电视评论片）的崛起与发展的趋势看，从报道规律看，电视专题评论的制作应注意以下要领。

首先,从内容层面来说,总结成功电视新闻评论的经验,不外乎这样几点:其一,讲究时效,把握时机:能否适时地发表评论,将极大地影响电视台舆论引导功能的发挥。及时评论,就是尽可能缩短评论与所反映的新闻事实之间的时间差,以最快速度反映客观事物的发展变化。当然,也要注意把握时机,重视因时因事制宜,做到适时、适宜、适度。其二,紧扣现实,服务大局:一篇好的电视新闻评论,选题必须触及当前广阔的社会生活,把握时代脉搏,围绕热点、焦点和难点,选择针对性强、意义重大、主题深远的论题,要注意理性思考,抓住隐藏在新闻事件背后的本质,揭示问题背后的更深层次的矛盾,这样才能把问题说深说透,从而有利于问题的解决,更好地为党和政府的工作大局服务。其三,有述有评,叙议结合:要重视和强调节目的评论性,防止"只述不评"和"述多评少",切实避免叙述新闻事实较为充分、评论往往显得苍白的现象。电视新闻评论中的评论部分主要靠解说词来完成,它不仅可以归纳被采访人的观点,而且能够提升到理论的高度,引导观众进入深层次的思考。一句话,解说词要有深度、力度,要画龙点睛、言简意赅。

从形式层面或曰技术层面来说,制作电视新闻评论要做到以下"三个结合"。

1. 形象思维与抽象思维相结合

电视是声画并重的艺术,声音和画面是电视最基本的两大要素。应注意调动一切手段,发挥电视现场感强、声画并茂的优势,注意选择那些具有很强画面感的报道对象。实践表明,电视专题评论一定要善于将图像的形象化叙述和解说词、同期声的抽象化议论相结合,在视听的交融中完成信息的传递。总之,语言和画面的有机结合,默契互证,会使新闻评论更加具有感染力、说服力。

电视专题评论作为评论,离不开概念、判断、推理等抽象化思维。然而传播规律表明,绝对抽象化、概念化的内容在受众中易产生"盲区"。因此,从形象化的事物着手,运用形象化的论据来说明抽象的道理或原则,才能消除传播中的"盲区"。譬如,获 1993 年度中国电视新闻作品奖一等奖的《愿圣火长燃不灭——东亚运留给我们的思考》(上海电视台制作),在论述到上海市民的文明礼貌素质有待提高时,图像展示"有的观众在看台上边看比赛边嗑瓜子","有的观众在比赛尚未结束时匆匆提前退场"等,这些图像信息十分有力地证明了记者评述的道理。

电视声像兼备的优势，还使电视评论的论据变得更加丰富多彩：可以是活动图像或照片定格的屏幕形象论据，比之报纸评论的论据更加真实形象与具体可信；可以是采访新闻人物与知情人物的讲述，作为证人的论据具有更强的说服力；还可以是节目主持人或记者的现场介绍与叙述，同样起着论据的作用。

一句话，电视专题评论一定要注重语言和画面的配合，防止声画“两张皮”的毛病，以收到声画相得益彰的效果。

2. 多种传播符号表达与理性思辨相结合

电视传播符号有语言符号与非语言符号两大体系、多种类别，电视专题评论应充分发挥其整体作用。譬如，图像、记者出镜头评论、被采访者叙述评说、播音员声音、现场音响、字幕、照片、图表等等，由理性思辨串联起来，就能增强电视专题评论的立体感与纵深感，产生全方位、多视角透视的效应。

譬如，由广东电视台制作的评论节目《刑场上枪声留下的警示》(获第二届中国新闻奖新闻评论一等奖)，在运用多种传播符号与电视传播手段表述，并加强理性思辨这两者结合方面取得了较好效果。该电视专题评论的片头是以处死六个重大经济案罪犯为背景，紧接着主持人评说：“像这样大规模集中的严惩经济罪犯，在我省是不多见的。而且在这些罪犯中，职务之高、犯罪金额之巨，也是前所未闻的。”接着作者没有一般性地揭露犯罪事实与评说，而是深入挖掘经济犯罪分子犯罪的原因：有观众的反映，领导者的看法，罪犯原单位职工对罪犯的揭发评论，罪犯的自白，再加上节目主持人的评说等。节目主持人最后的归纳最富有思辨色彩：“观众朋友，今天我们以这六个罪犯作为例子，向观众们作了一些剖析，他们的蜕变再次说明，在新的历史时期，在改革开放和发展商品经济的环境中，共产党员和国家公职人员确实面临着执政的考验，面临着改革开放和发展商品经济、反对‘和平演变’的严峻考验。我们省作为改革开放综合试验区，地处对外开放前沿，党员干部和职工面临的‘三个考验’尤为严峻。刑场的枪声响过了，但是防止‘和平演变’的警钟长鸣。”最后的归纳确如警钟长鸣，使电视评论提高到一个新的思想高度。

目前有些电视评论质量较差，除了选题不典型、叙述多评议少等因素外，还有一些是因循旧模式：以一篇评论文字稿为主，由播音员播报，再配上信息量很小的画面。如何充分发挥电视评论的优势，走自己的路，仍然是电视评论改革的方向。

3. 电视评论员主评与受众参与评说相结合

电视专题评论通常由评论员直接出镜头评述，评论员既是节目主持人，又是记者，在电视评论中起着核心作用。这就要求主持人既要懂得整体策划，又要会现场采访，还要会即席评说，并富有理性思考。而电视评论的论证主体，既可以是评论员，也可以是有关权威人士、专家与普通群众，这就是受众参与问题。

受众参与论证，主要由节目主持人或记者通过现场采访来实现。如电视评论《刑场上枪声留下的警示》，通过采访深圳群众、英德县公安干警、工厂党总支书记、中信深圳行员工、廉江县委书记、民航广州管理局监察处处长等，甚至还采访了死刑犯。像死刑犯、原英德县公安局局长张文列的同期声："我也曾经想去自首，但县里党政领导接到对我的举报后就通风报信给我，要保我，要我算了，不要泄漏出去。"这一坦白供词，触目惊心，既是死犯越陷越深的一个原因，也是对包庇者的无情控诉，给人留下深沉的思考。

评论是一种意见性信息，电视新闻评论所揭示的意见性信息既是形象生动的，又是深刻严肃的。或者说，电视新闻评论的题材与主题往往是严肃的、庄重的，而在表现形式上却可以是生动活泼的。

在这方面，2005 年 5 月 30 日北京电视台播出的电视评论《70 亿维修基金的困惑》（获第十六届中国新闻奖新闻评论一等奖），可以说是一篇在形象思维与抽象思维、多种传播符合表达与理性思辨、电视评论员主评与受众参与论证这三个关系的结合上做得比较好的一篇力作。请看电视评论全文：

70 亿维修基金的困惑

【主持人】

您好！欢迎收看今天的节目。

对人们来说，"养老金"早已经是个挺普及的概念了，可您知道房子也有"养老金"吗？其实，咱们现在住的这个商品房都有这么一笔"养老金"，名字就叫做"住宅公共维修基金"，它是按照购房款 2%的比例，在购房时必须缴纳的一笔费用。因为是用于房子大修的费用，所以，形象的说法，叫它住宅“养老金”。

要是买过房，这张单据您肯定有，它就是北京市住宅公共维修基金的专用收据，然而，单据虽然在您手里，可您知道这笔钱在谁那儿、怎样使用吗？据媒体调查，90％的被访业主并不知情。大兴区金华园小区的业主就对此表示了他们的疑问。

【旁白】记者刚到位于大兴区西红门镇的金华园小区，住在甲6号楼4单元502室的李女士就急切地诉说起他们小区的房屋质量问题。

【采访】金华园小区　业主　李雪玲

你看这个缝这么看，好像错位着呢，上面进去了，底下往外撇着呢。楼顶防水没处理好，下雨往下渗水，你看灰皮整个就掉了。

【旁白】李女士是2001年1月入住的，仅仅三个月后，家里的墙面就开始出现断裂，她说，到现在，家里每面墙都开裂过。虽然开发商也一直在修补裂缝，但住在这样的房子里，李女士和她的家人都非常担忧。

【采访】金华园小区　业主　李雪玲

每天提心吊胆的，你说给我们生活带来多大的麻烦，你说我们大半辈子的心血，都投入到这来了，我们现在特别为难。

【旁白】像李女士这样遭遇家里墙面裂缝、楼顶渗水的在金华园小区有100多户。而对于小区公共建筑部分，业主们反映问题也不少。

【采访】小区居民

像这个房墙外面都裂了，住了没多长时间就裂了，他们也不知道拿什么腻子呀给糊上的，去年就开始修，现在差不多每栋楼都有修补的痕迹。

【旁白】面对小区楼房出现的种种质量问题，和开发商隔三差五的修修补补，2002年，金华园小区的业主们开始注意起维修基金的问题。

【采访】金华园小区原物业管理委员会主任　芦京长

当时购房的时候是强制交（维修基金）的，咱们都知道你不交不行，但是不是交给小区办，当时是由我们小区指派的金华园物业管理有限公司代收的。

【旁白】芦京长告诉记者，金华园小区分为甲、乙、丙、丁四期，整个小区共有业主1 040户左右，业主大规模入住是在2001年到2002年间。小区物业一直是开发商委托的金华园物业管理有限责任公司进行管理。

【采访】金华园小区原物业管理委员会　副主任　庸静姝

我们到北京市小区办去查，2003年4月份北京市小区办给了我们一份传真，当时它是这样写的：据目前电脑查询，金华园小区是292户1 837 700元，这个数和我们小区的入住率差距很大。

【记者】您为什么确认这个数字不对呢？

【庸静姝】因为我们要是组建管委会的时候，国家有一个文件，就是入住率达到50%才能组建，那么我们已经组建了管委会，小区办已经批了我们公章、批复，所以我们就认为是将近500户的概念。

【旁白】随着追查的深入，业主们又发现新的问题。这位赵女士是在2001年6月底办理的入住手续，直到一年之后的2002年6月24日，才拿到由大兴区小区办开出的维修基金专用收据，当年的10月18号正式拿到房产证。也就是说，她所缴纳的5 000多元维修基金，在长达一年的时间里去了哪里她毫不知情。2004年11月，庸静姝他们最后一次到北京市小区办查询的结果显示，金华园小区共有879户业主的维修基金入账，和他们认为的1 040户仍然有差距，就此问题，他们向大兴区检察院进行了举报。

【采访】金华园小区原物业管理委员会　副主任　庸静姝

我们认为这个钱确实存在着被挪用，或者被滞留在哪儿了，希望区里能查清楚。

【旁白】带着业主们的疑问，记者来到金华园小区开发商北京军建利斯达房地产开发有限公司，试图采访开发商和前期物业公司，却没能见到相关负责人。倒是这里工作人员的警惕性颇有些耐人寻味。

【同期】小区保安对讲机声音：

让他们上去了吗？没有啊，给办公室打电话，办公室让他们上，再让他们上，不让上，别让上去。

办公室没人，我跟你说了没有啊。

【主持人】

您看，记者总是遇到这样的情况，本来也许可以摆在桌面上谈的问题，偏要回避，反而让人生出更多的疑问。

就金华园这个事例而言，虽然业主至今仍觉得有很多不清不楚的地方，但一直就没有人给他们一个明确的答案。不过，他们追求答案的过程，至少让人们明白了自己对于这笔维修基金的所有权、知情权和支配权，而且现在已经有人对这个问题的普遍性进行调研了。

【旁白】中国人民大学公共管理学院教授陈幽泓，曾经对金华园小区进行过长达两年的调研，她发现，金华园小区的问题带有普遍性。

【采访】中国人民大学公共管理学院教授　陈幽泓

通过金华园小区的个案，我们发现，就是说公共维修基金数量上欠缺的情况是普遍存在的。

【记者】对于全市来讲吗？

【陈幽泓】对于全市甚至全国来说，公共维修基金从实践的两个方面来说，在收缴和管理等等各个方面都存在漏洞，现在主要的问题是不透明，这笔钱存在哪？它应该如何使用？这方面相关的法律法规都不够健全。

【旁白】刘子华，北京市政协委员、主任律师，他从法律专业角度，对住宅维修基金管理中的问题也给予了长时间关注。在今年北京市政协十届三次会议上，他提交了一份《关于北京市政府房管部门应加大对商品住宅维修基金监管力度》的提案，这份提案，也得到了50名政协委员共同附议。

【采访】北京市政协委员、主任律师　刘子华

我们现在政府核验这块时，是等它产权办理过户手续的时候，采取核验他是否交了公共维修基金。那么这段时间就会很长，那么很长的时间里面来讲就有可能被挪用，无偿地占用了应该属于业主的这部分资金，有可能由于发展商经营不

善，或者物业公司更迭的问题上，难以将这部分返还回来，造成一个关于这方面的资金的纠纷，这是一个很大的风险。

【旁白】根据北京市建委公布的数字，从 2000 年 2 月到 2004 年底，全市共归集商品住宅维修资金 43.35 亿元，2001 年 4 月到 2004 年底共归集房改房维修基金 27.99 亿元，两项合计达 71 亿多元。这笔基金存在银行专用户头，以活期利率计息。

【采访】北京市政协委员　王华民

维修基金从业主缴纳到使用，一般有三年的时间第一次使用，目前是按照活期利息来计算的，那么这个应该是不合理的，最好是按照三年期利率，按照这样调整后，至少增加利息比现在要高出一倍到两倍。

【旁白】同时从市建委传来消息，这 71 亿元的维修基金，至今没动用过一笔。那么，是否因为没有小区需要维修，所以至今使用率仍是零呢？位于郎家园的盛世嘉园小区，1999 年交付业主，如今五六年时间过去了，昔日鲜亮的外立面历经风雨侵蚀已显得有些沧桑，而电梯间等一些公共部位漏水、墙皮脱落也急需维修。

【采访】盛世嘉园业主委员会　副主任　沈飞

我们是在 2003 年底 2004 年初，根据房屋的情况进行了一些调查、评估以后，也是很多业主进行了反映：房屋以及内外墙的损坏已经严重了；第二，我们的一些设施到了必须整改的地步，否则可能出现一些安全隐患，因此我们当时就进行了申报。

【旁白】时至今日，盛世嘉园小区希望使用维修基金的申请仍未得到批复，市小区办的答复是：按照国务院 2003 年物业管理条例规定，动用这笔资金的前提必须是成立了业主委员会，经过全体业主大会 2/3 以上业主同意，同时，北京市还没有关于使用维修基金的技术标准、费用额度等实施细则，从而无法批复。采访中记者了解到，目前，北京市 2 911 个居住小区中，成立业主委员会的仅有 241 个，还不到 10%。

【采访】北京市政协委员　李晓林

2003 年，国务院有一个文件，就是要动用这笔基金必须要征得 2/3 以上业主的同意，才能支取。因为咱们北京有的社区非常大，上千人的社区，开几千人的大会，我觉得这种会很难开成，很难能达到 2/3 业主同意，这样的话实际操作的可能性很低。

【主持人】

从建设部、财政部相关文件的规定，到国务院 2003 年发布物业管理条例，都给予了广大业主在小区事务中的决策权和监督权。在现代的公民社会中，任何尊重个人乃至整体权利的意图都应该说是好的，但这种尊重如果不能确保人们拥有的权利得到行使，这又无异于望梅止渴、画饼充饥。

譬如我们上面说到的那项出台了将近六年的政策，至今仍然没有任何具体的实施细则，就很难让人体会到政策的优越性。目前，这件事已经引起了政协委员们的关注。

【旁白】今年，北京市政协将 20 件提案上网征求市民意见，而关于公共维修基金的提案，因为其较高的关注度，成为今年市政协 6 件主席重点督办的提案之一。5 月 17 日，市政协副主席黄承祥与部分委员一起，来到市建委对提案进行第一次督办。会上，委员们就维修基金的管理使用以及尽快出台条例等问题，提出了建议。

【会场同期】政协委员　刘猗菲

今年我的提案就是说，要公众参与，因为这笔钱明确了是一笔私有财产，所以我觉得这个部分，必须得有业主参与条例的制定，否则就弄成不可操作性了。

【会场同期】政协委员　李惠玲

我觉得在利息管理也好，是账务管理也好，我们应该通过委员的视察来一个彻底的清查，这也是对民众的负责任，到底各个分管公司的账以前是不是能对得上，拿银行对账单一看就知道，这钱到底哪去了。

【会场同期】政协委员　王安耕

当务之急是先把这个信息放到网上，先公开了。媒体可以监督、所有人可以监督、政府可以监督、各方面都可以监督，先做这一点。

【旁白】会上，市建委相关领导表示，近期将就业主反映的开发商代收中存在的问题加强管理查处。

【会场同期】北京市建设委员会副主任 苗乐如

依照规定我们将严肃查处业主投诉的开发企业，严格查处有关的违纪行为、违规行为，通过专项维修基金管理系统的建立，能够实现直接从互联网上查询到自己的维修基金的专户资金情况。

【旁白】另外，关于维修基金使用管理实施细则也将于近期发布。

【主持人】

据了解，为了实施国务院物业管理条例，《北京市物业管理办法》已经列入今年市政府的立法计划，其中将细化专项维修基金的使用与管理，并且提供法律保障。在一些具体的细节上，比如说是不是必须经过业主大会 2/3 以上同意方可生效，都将会适当加以变通，这样，既保持条例的基本原则，又可切实地解决问题。

今天，咱们看到了在复杂的社会环境下，一个大的政策在具体实施中所遭遇的困惑和尴尬，其实，改革开放至今，很多事物从无到有，没有先例可循，这些都是正常的。对于政策的超前也好，前瞻也好，大家并无强求。可是关系到百姓切身利益的事情，如果长期滞后，就容易让人联想“不作为”。透过维修基金这件事，检验一下我们的现代管理水平，能否适应这个快速发展的社会，这，才是人们应该深思和记取的。

感谢收看“今日话题”节目，明天同一时间再会。

该节目抓住了一个具有全国普遍意义的社会热点——住房公共维修基金的管理和使用问题，话题具有重大性和广泛的关注度。通过事例切入、层层展示、剖析和评论，揭示问题比较深刻。节目的评论也很精当：70 亿维修基金的困惑，其实是一个大的政策在具体实施中所遭遇的困惑和尴尬，是现代管理水平与快速发展的社会的脱节所致，具有一定的深度。节目内容翔实、信息丰富、数据准确、视野开阔，可视性强。

节目播出后，引起了许多购房市民和社会各界的强烈关注，对住房公共维修基金在北京的具体实施起到了积极的促进作用。北京市建委在当年年底出台了《住房维修基金使用管理实施细则》。随后，公共维修基金开始在北京四个小区进行试点，零使用率的情况得以突破。北京也成为全国第一座对住房公共维修基金进行试点和具体实施的城市。

第三节 电视评论性节目的喜与忧

20 世纪 90 年代以来，在我国五彩缤纷的荧屏上，评论性节目和谈话类节目正方兴未艾，从中央电视台的"焦点访谈"、"对话"等栏目的开播，到各地方电视台的焦点、热点板块节目的面世，各具特色的评论性节目相继荟萃一堂，一时间形成了千姿百态、异彩纷呈的景观。很显然，这根植于上世纪 90 年代社会转型期中国大众的一种价值取向。因为一方面，人们的思想观点长期没有机会在公共场合得到沟通、碰撞和理解，如今有了这个平台，就可以展示不同层面人们的看法和个性观点，就此自然而然地被卷入屏幕上的种种交流活动中。另一方面，随着改革开放的不断深入，商品大潮的节节进逼，人们的价值追求越来越多元化，在审美取向上则是趋于个人化和平民化。观众开始有了对娱乐、幽默、轻松节目的需求，并希望在节目中能找到一个参与其中表达自我的位置。因而，这类评论性节目一推出，就以鲜明的特色吸引着公众，受到各方面的关注，同时促进了新闻节目质量的提高。

新闻评论性节目，是一种新的节目样式，它集新闻、评论、专题为一体，以社会关心的话题为主，是追踪社会热点、展开新闻背景、阐释事件因果的深度报道。节目制作，多采取现场采访、现场录音、现场报道、追踪报道和纪实拍摄等方式，配以同期声和画外音，加上新闻背景分析或权威人士的相关评论，实现正确的舆论引导。它充分运用电视手段，全面显现电视传播特点，是电视新闻评论工作的一个创造性发展。

拿屡获中国新闻奖名专栏奖的中央电视台的"焦点访谈"来说，它开播于 1994 年 4 月 1 日，这一时期实际上是电视新闻评论性节目发展最快的时期。从 1993 年到 1996 年，光中央电视台就先后推出了包括"焦点访谈"在内的三档新闻评论性节目，另两档为"焦点时刻"和"新闻调查"。在全国地方台中，开办新闻评论性节目较早的则有上海电视台的“新闻透视”，河北电视台和湖北电视台的“焦点透视”，广东岭南电视台的“一周新闻焦点”等。由于“焦点访谈”一开办就把选题的原则定为“领导重视，群众关心，普遍存在”，把“时事追踪报道，新闻背景分析，社会热点透视，大众话题评说”作为对评论节目内涵的一种追求，充分发挥电视传播的潜能，善抓热点，狠抓深度，因而引起了全国亿万观众的极大关注，来自方方面面的好评如潮。

在“焦点访谈”如日中天的时候，中央电视台还推出了“实话实说”、“聊天”、“朋友”等一批谈话类节目，这实际上也是一种评述性节目。由于它追求的是前沿性、知识化、谈话的深度和观众的参与，关注的是那些在全球经济浪潮裹挟之下，在前沿阵地兴衰沉浮、创新求异的中国人，提供的是一个视野开放、思维状态开放和心态开放的平台，因而同样受到广大观众的青睐。特别是“对话”节目，一炮打响，爆出了“2001 年中国电视界最大的惊艳”——一档在中央电视台二套每周六晚上 22 点 50 分播出的谈话类节目“对话”，以其高含金量脱颖而出。

诚然，无论是新闻评论性节目，还是谈话类节目，都取得了足以让人欣喜的成绩，但并非完美无缺。纵观现有的上述节目，特别是谈话类节目，水平不一，参差不齐，有的表现还不够稳定。比较明显的问题是：第一，同质化问题突出：从上世纪 90 年代开始，模仿中央电视台“实话实说”的谈话类节目遍地开花，内容相当广泛，不少优秀栏目深受观众喜爱。但目前面临的最大困境，就是各台谈话类节目彼此间模仿抄袭较为严重，创新不够，缺少精品。第二，真实感有所丢失：原本应有的对“语言”规律本身的尊重，尤其是口头语言所传达的真实内容，以及所蕴含的真情实感和真实语境往往因照顾节目的“可视性”而受到冷落，削弱了语言真实、生动、自然的品格。第三，无效沟通开始盛行：现场观众和嘉宾的谈话有时言不由衷，受制于人的感觉比较明显，缺乏纯真的语境和氛围。此外，还存在有的聚焦欠准，有的深度不够，有的缺少背景材料，有的虎头蛇尾，等等。即便像“焦点访谈”这样的名牌专栏，也有模式单一、格式雷同的问题，有时给人的印象似乎是访多谈少，理性思考不足，引导力度不够。一句话，当年曾经风光无限的新闻评论节目，眼下有萎缩的倾向。如果从更高层面来审视，当前电视新闻评论的发展面临着三大困惑：一是在当前社会环境下如何重新认识新闻？从表面看这是评论的选题问题，实际上是评论的价值观和视角问题。二是在泛娱乐化的影响下，评论节目如何避免低俗化、边缘化和老化？三是评论节目如何突破原有的模式？当然，这些都是前进中的问题。要改变这种状况，首先要求我们以正确的价值观作支撑，解决精神引领的问题；其次，要力求回归真实传播的本质，用真情、真诚去赢得观众；还要树立受众第一的观念，坚持平民化路线，以及重视主持人的品牌效应，等等。

在网络评论和博客、微博的冲击面前，电视新闻评论面临新的考验。同纸质媒体的新闻评论相比，电视评论因不会被转发、传递而有更大的发展空间。如何做到“新闻立台”、“评论强台”？如何更好体现和扩大电视评论的传播效应？这是摆在广大电视工作者特别是电视评论工作者面前的迫切课题。只要紧跟时代步伐，不断改革、创新，电视新闻评论性和谈话类节目就一定能长盛不衰，永远走俏荧屏。

问题与练习：

1. 电视新闻评论与报纸新闻评论有什么区别？
2. 制作电视专题评论节目要注意哪些问题？
3. 荧屏评论性新闻为何发展很快？
4. 中央电视台以“焦点访谈”为代表的一系列谈话类节目，为什么会广受欢迎？
5. 目前电视谈话类节目面临的主要难题是什么？发展前景如何？

第二十五章

网络新闻评论

本章内容提要：

1. 互联网与网络新闻评论。
2. 网络新闻评论的崛起。
3. 网络新闻评论的优势。
4. 网络新闻评论的拓展。
5. 网络新闻评论的新课题。

第一节　互联网催生了网络新闻评论

20 世纪人类最伟大的发明是互联网。互联网的发明和蒸汽机与电的发明一样，改变了现代人的生活。有一本书叫《世界是平的》，其中就把网络时代人类的政治、经济、文化生活的改变，比之于蒸汽机的发明引出了工业革命时期的剧烈变化。这种变化包含了信息源的变化，因而人们也把 21 世纪称为互联网的世纪。

互联网进入现代人们的生活，它不仅成为一种工具，而且正在演化为一种政治。网络媒体的出现，揭开了人类文明发展史上新的一页。网络时代的世界，是信息爆炸、个性张扬的世界，是智慧闪烁、创新泉涌的世界。虚拟世界，别有洞天。一进入网络，在人们面前呈现的是一派无比丰富、无比活跃、无比鲜美的新天地。即时的信息传播，开放的思维方式，多元的价值观念，交互的创新意识，包容的承受心态，激扬的文字表达，多维的视听景象，把网友们深深地吸引住，舍不得离开。

互联网的影响这几年来急速扩大。互联网是最少过滤的信息中心，是未经修饰的意见平台。互联网是连接领导和网民的一个重要通道，是领导听取百姓意见的开放空间。2003年年初，中共中央总书记胡锦涛对一位参与防治“非典”的一线医生说：“你的建议非常好，我在网上已经看到了。”2006年在全国“两会”结束后，温家宝总理举行了中外记者招待会，一开场就说了这样一段话：“我还要说一下，其实关心‘两会’的是全中国人民。昨天我浏览了一下新华网，他们知道我今天要开记者招待会，竟然给我提出了几百个问题。他们对国家大事的关心，深深感动了我。他们提出的许多意见和建议是值得我和我们政府认真考虑的。”新华网的“发展论坛”就此话题引发了一场讨论，相关帖文累积点击超过6万，跟帖数千。温家宝总理的这番表述，使“发展论坛”的影响力在短期内急剧提升；而通过网络向国家最高领导层反映问题、提出建议，也成了一件常事。

中国的高层领导人通过互联网来了解社情民意，是中国政治的一大进步，是现代科技帮助中国政治实现了这个进步。互联网是顺风耳，是千里眼，是晴雨表，若好好利用它，善于顺势而行，善于为我所用，加上执政为民，廉政爱民，就可以收到事半功倍之效。温总理的一番话，受到网民们的赞扬是受之无愧的。一位网民感慨地写道：“一国的总理在参加‘两会’记者招待会前，首先通过新华网看看普通老百姓有什么意见和建议，这件事不仅可以打消那些曾经怀疑网上参与者的顾忌，而且还鼓励了千百万的网友，激发他们一如既往地谈论国是的信心，并将起到一种召唤作用，使关心国是的人更加多起来。作为一名网友，我为总理的行为叫好。”党的十六届四中全会明确指出：“要高度重视互联网等新型媒体对社会舆论的影响。”中国网络媒体所显示出来的社会影响力、政治认可度、对重大事件的报道能力都清楚地表明，它已经成为中国的主流媒体之一。

近几年来，我国网民的人数呈几何级数增加，已经稳居世界第一。应该看到，网络新闻以其及时性、丰富性、开放性、交互性和畅通性，吸引着越来越多的受众。其发展速度之快，信息量之大，覆盖面之广，影响力之深，使传统媒体只能望其项背。更值得注意的是，网络又以其极强的互动性，为公众的言论自由和话语表达提供了前所未有的空间。据国务院新闻办公室2010年6月8日发布的《中国互联网状况》白皮书说，中国现有上百万个论坛，2.2亿个博客用户。据抽样调查，每天人们通过论坛、新闻评论、博客等渠道发表的言论300多万条，超过66%的网民经常上网发表评论。这既刺激了受众的表现欲和发言权，活跃了政治生活中的民生气氛，又极大地推动了传统媒体新闻评论的发展和进步。

第二节　网络新闻评论的崛起

正是在上述的时代背景下，网络新闻评论应运而生，而且呈蓬勃发展之势。它的发展前景，一天比一天看好。

实践表明，互联网上的时评和论坛，已经成为网民发表言论的广阔天地，为网民提供了评论写作的极大空间。每当一条重大或热点新闻发布之后，总会有无数网民跟帖。譬如，新华网转贴了一篇论述刘翔精神的文章，即刻引来 12 200 多条跟帖，出现了各抒己见、议论风生的局面。应该说，互联网上各种不同意见的发表，也是社情民意的一个风向标，是保障言论自由和发扬政治民主的一个新渠道。近年来，党中央几次发文，要求各地各级网站进一步重视网上评论工作，加强评论队伍建设，积极主动引导网上舆论，掌握导向的主动权。

网络新闻评论，顾名思义，是网络媒体就当前新闻事件或事态发表评价性意见，是网上新闻传播十八般武艺中的一种别开生面的常用武器。全国网络的领头羊——人民网自 2001 年 3 月起，推出评论新栏目“人民时评”后，每天刊出一篇新闻性评论文章，受众甚多，声誉鹊起。在已经发表的大量评论中，75%以上的篇目进入了人民网当日新闻阅读量排行榜的前 10 名。人民网每天更新新闻和信息数千条，最高日访问量超过 1 000 万，在这样一个背景下，能进入前 10 名，实属不易，应该说这是一个非常有说服力的指标。而且，不少网络媒体和传统媒体纷纷转载或摘发“人民时评”的文章。上海东方网也是如此。它从 2000 年 5 月一开办就设立了“今日眉批”评论专栏，2001 年 1 月 1 日起，又进一步突出了“今日眉批”的原创性，由总编辑直接主持，约请社会上的知名之士担任特约评论员，组成一个专门的写作班子。东方网现已拥有新闻媒体特约评论员、专家评论员、社科院评论员、市级机关评论员、共青团评论员等七支评论员队伍，计 200 余人。从 2006 年 1 月 1 日至年底，发表网络评论 3 700 余篇，日均 10 篇以上。几乎是在同一时间，中央各大新闻网站和地方各重点新闻网站，都先后开设了原创评论栏目，组织起自己的评论员队伍。

网络评论和传统媒体的评论相比，有其不可替代的优越性。网络评论能及时把握社会的思想动向，敏锐地捕捉倾向性的有前瞻性的问题，研究分析其产生的缘由、发展趋势和社会影响，指出解决问题的方法，其最大特点就是快速反应，网上热评；公众参与，各抒己见；由小见大，点到即止。近五六年来网络评论的迅猛发展，点击率的日益增长，既表明公众对话语权的珍惜，有强烈的参与意识，又说明网民已不再满足于从互联网上获取信息，还期望通过网络评论来得到对新闻事件的最新评价，从而提高自己的认知水平。

网络评论的功能和作用是显而易见的，就目前而言，起码表现在这样几个方面：它可以配合党和政府的工作中心、重大部署，开展正面引导；可以围绕网上热门话题，组织有深度、有说服力的文章，释疑解惑，坚持导向；可以针对敌对势力的造谣、歪曲和攻击，开展有针对性的舆论斗争，澄清是非，掌握主动；可以在各种重大突发事件发生后，尽快披露事实真相，以正视听，把谣言传播的空间压缩到最低程度；此外，还可以把网上舆情跟踪、引导和有害信息的处理紧密结合起来。随着时间的推移和实践的深化，网络评论在人们生活中的地位和影响，必然会越来越大。一句话，网络评论的兴盛和发展，为不同人群对同一事件的坦陈己见提供了更加便捷的平台，从而帮助公众为实现理想中的社会公器功能之一——“意见市场”功能，大大前进了一步。

第三节　网络新闻评论的特点与优势

网络新闻评论，即时评、政论，是网民借助网站搭建的信息传播平台，就当前某重要新闻或某新闻事件进行议论和评述的文章，每篇字数一般在五六百左右，也有超过千字的。和传统新闻评论相比，网络评论的优势很明显。首先是传播主体的广泛性，充分体现了它的草根性和民主性。它是来自人民为人民的草根评论，广大受众是以主动而非被动的姿态，共享评论的发布、传播、交流的过程，成为评论的制造者和发布者，其最大的特点就是交互性。

目前，国内网络的新闻信息不可谓不多，无论是人民网、新华网、东方网、新民网，还是千龙网、南方网、北方网、东北新闻网、红网、辣椒网等，每天的信息更新量都在数千条，这是传统新闻媒体无法相比的。但是从传播的角度而言，信息量增大到一定程度，接受传播的公众必然会对信息的排序和筛选提出要求，进而希望有人能对当前最关键最重要的新闻信息，进行有说服力的权威的分析和解释，给以正确的舆论引导。不少网站正是基于这个考虑，在设立评论栏目时都有明确的定位。如人民网提出的“围绕舆论关注的焦点、民众关心的热点、党和政府工作的重点”，以及东方网提出的“天下大事，均可评论”等，就体现了这一点。诚然，网络新闻评论还处在成长的初期，一切都有待于进一步完善和提高，但就目前而言，已初步显示了它的特点和优势。就时评政论来说，报纸的评论与网络的评论是相通的，没有本质的不同。但较之报纸评论，网络评论的确又有其独特的优点。

1. 准确及时，快速反应

网络新闻的重要特点，就是快速及时，力求同步传递。网络评论同样如此，应以快速反应、先声夺人见长。网络评论，经鼠标一点，一秒钟之内就由北京、上海传输到东方网，经过编辑之手，短则一小时，长则半天，即可发表。其发表之快速，令人叹为观止！这种传播的即时性，不但报纸杂志难以比肩，连广播、电视媒体也自叹不如。之所以取名“今日眉批”，主要有两点寓意：一是对今日之事的评论；二是像眉毛那么长的批语。两点寓意都要求文章写得短、写得快。赢得了时间，也就赢得了文章的质量。网络评论的即时性不是以天计，而是以小时计，对国内外的各种有新闻价值的新闻即时发表评论，一般传送出 1 小时左右即可上网发表。今后这方面的时间要求会越来越高。2001 年 7 月 13 日 22 时 15 分，北京以 56 票的绝对多数，获得了 2008 年世界奥运会的主办权。消息传来，举国欢腾。东方网于当天 22 时 20 分发出了快讯，接着滚动式地发表了系列评论：22 时 40 分，发表第一篇《那一刻，我们赢了！》；14 日零时 01 分，发出第二篇《让我们相约 2008！》；14 日 13 时 01 分，第三篇《为祖国喝彩》；14 日 13 时 02 分，第四篇《杨澜的泪水》；14 日 17 时 27 分，第五篇《在巴黎度过历史时刻》；14 日 22 时 14 分，第六篇《卫星背后》。在一天里，东方网对北京申奥成功一事连续发表了 6 篇新闻评论。同样，中美在南海上空撞机事件发生后，人民网随即刊发了《质问美国劝告美国》、《美国霸道作风八年不改》等评论，发挥了正确而积极的舆论导向作用,访问量一度突破四五万人次。我国著名杂文家、原文汇报总编辑陈虞孙说过:"油条总是趁热吃好。一篇文章压得太久,好比一根油条在冰箱里放了几天,再拿出来吃,就没啥吃头了。我希望在报纸上能'吃'到更多又香又脆的热油条。"纸质媒体尚且要求这样,何况网络媒体呢?

2. 旗帜鲜明,尖锐泼辣

网络新闻评论,作为主流媒体的旗帜和灵魂,直接关系到媒体的社会影响、社会形象和诚信度。因此,评说世态万象,一定要旗帜鲜明、尖锐泼辣,不能吞吞吐吐、模棱两可。东方网"今日眉批"提出:"言人之所未言,发他人所未发。"它所发表的不少评论,锋芒毕露,有思想,有见解,有相当大的自由度。在这方面,人民网的"人民时评"也公开亮出自己的办栏宗旨:"明白和公正"。2002 年 4 月 3 日,"人民时评"发表盛大林所写的《能否拿执法人员是问?》一文,就当时河北省白沟镇、浙江省温岭市、广东省东莞市、北京市长辛店乡等地的皮制品加工作坊接连发生苯及其化合物职业中毒事件,导致很多打工者患严重的再生障碍性贫血症等严重事件,发表评论道:"靠用工者的良心发现和自律肯定不行,逐利的本性以及高额利润的诱惑,常使他们铤而走险利令智昏;靠打工者的自我保护显然不够,因为他们是弱势群体,而且知识水平大都不高,常常意识不到危险的存在,或者不敢维护自身的权益;靠新闻舆论的监督更是太迟,因为等到记者知道的时候,悲剧往往已经发生;最可靠的还是法律的保护……依法监督生产企业的劳动环境,切实保护劳动者的健康不受侵害,正是劳动、卫生等执法部门不可推卸的职责。"作者进而提出要拿执法人员是问:"对于接连发生的打工者中毒事件,劳动监察及卫生执法人员确实应该深刻地反省了。"这样尖锐的意见,在传统媒体上似不多见。

2006 年 9 月 25 日,中共中央政治局委员、上海市委书记陈良宇被免职后,上海的网上在第二天接连发表六篇评论,题目分别是:《必然的归宿》、《拔出一个更大的"萝卜"》、《坚决拥护中央的决定!》、《久走夜路要撞鬼》、《又看见了"牛栏关猫"》。作者严宝康写的评论《必然的归宿》调侃而又辛辣地指出:"还有一个月,陈良宇就要满 60 周岁了。原本是'高风亮节',随史流传,却不料,晚节不保,骇浪惊涛,因涉及上海市劳动和社会保障局违规使用社保资金、为一些不法企业主谋取利益、袒护有严重违纪违法问题的身边工作人员、利用职务上的便利为亲属谋取不正当利益等严重违纪问题，翻船于小小的阴沟洞，这正应了一句老话——老话怎么说来着：手莫伸，伸手必被捉；多行不义必自毙。”9月29日人民网发表的郑根岭写的《从陈良宇案谈官员周围的“气候”》一文，同样一针见血地指出：“‘南北二陈’陈希同、陈良宇两个位高权重的中央政治局委员，时隔10个年头先后落马，其中一个不可忽视的因素，是其周围‘气候’害了他们。不管是自己的原因还是他人的原因占了大头，反正是源于有那么一个不健康的‘气候’。这就向官员们提出了一个问题，是执意营造贪腐的‘气候’，还是精心营造健康的‘气候’，关乎自身未来的前途和命运，切不可等闲视之！”网民们十分欢迎这些尖锐泼辣的评论，他们发来跟帖道：“大快人心之时，也让人感到寒心，为何腐败会出现在高官身上？国家的监督机构在做什么？难道一夜之间就变坏了吗？为何没有及时发现这种现象？”

3. 交互性强，穿透力大

网络评论拒绝任何形式的“话语霸权”，倡导自由探索，力主平等交流，为公众提供民主的讲坛，构建说话的平台。由于网络媒体交互性强，网上网下实行联动，与传统媒体往往要过一段时间才能了解受众的反应不同，它一般在网上发布的同时，就引来网民的评头论足，有人喝彩，有人反对，直抒胸臆，各陈己见，从而形成一种生动活泼的话语空间。譬如，评论《我看上海楼市》上网不到1小时，就引来众多网民议论纷纷，有人说文章作者是“既得利益代言人”，甚而有人指责其“一定有好几套住房在说风凉话”。当然，也有不少网民支持文章的观点，为作者的“持之有据，言之成理”叫好。此外，报纸发行受地域制约，广播播放受频率影响，电视传送受频道限制，而网络则将偌大的世界变成一个“地球村”，使网络评论具有穿透时空的力量，瞬间可以到达全球的家家户户。

4. 题材广泛，形式多样

网络新闻评论，涉及的问题十分广泛，大到国际国内重大事件，小到随地吐痰、小学生学业负担太重等社会问题，都可以引发议论。而且，切入的角度灵活多样，文章的风格也力求朴实、平易，要充分注意到与普通的传播对象平等交流的关系。“人民时评”的文章大体分为政治、经济、国际和其他四大部分，这其中政治部分主要涵盖国内领域。在上述四大领域中，又有许多分支门类，有广泛的题目和内容。东方网的“今日眉批”实行滚动发表，最多的一天，居然发表了14篇评论。作者也可天天写，不受篇幅、数量的限制。有一位特约评论员，常常是日发两文，一月最多发稿48篇。网络评论还可以互相争鸣、互相探讨同一题目，也可以发表两种不同的意见，进行平等的友好的讨论。网上的原创评论，还可以用漫画评论的形式来表达，同样能够做到别开生面，赢得很高的点击率。一篇题为《洋无赖》的漫画评论，画了一个头戴钢盔、身穿迷彩服的美国大兵，他昂首挺胸地说："我是流氓我怕谁！"文字说明是："一洋无赖某日自语：'京都协议书我签了，签完后我就是不执行；科索沃、巴格达我炸了，炸完我还要制裁你；到别人家门口撞坏别家飞机我错了，错了我不认错……你们尽管谴责吧，有本事就用口水淹死我，要我认错？哼哼，没门！"真是聊备一格，生动活泼，呈现了网络评论风格的多样化。

跟帖也是网络评论的一种形式，而且是一种短而精的评论。三言两语，随写随发，一针见血，一吐为快。2006年9月25日，陈良宇被宣布立案查处后，网上欢声一片。截至9月28日深夜，短短三天，新浪网相关留言总数达到88 500条，网易累计留言为21 081条，搜狐网累计留言为13 757条，以上三家网站留言总数高达123 000条。

第四节　网络新闻评论的新拓展

网报互动、网台互动是新闻传播领域的一个新事物，也是把网络新闻评论移植到传统媒体上的一大创造。这无疑为传统媒体的评论注入了新的生机和活力，使其更有现实针对性，更有广泛的公众性。

东方网于2003年9月，率先和上海《城市导报》开展了网报互动，《城市导报》定期从近一周内东方评论专栏发表的网络评论中挑选六七篇，以一个整版的篇幅集纳刊登。接着，东方网又同《人民日报》的"大地"副刊和《劳动报》的"论吧"专刊合作，在报纸上刊登网络评论，每月四五篇不等。此举开了网络评论在传统媒体上发表的先河，实现了报纸对网络评论的资源共享，这既有利于调动网络评论员的积极性，也有利于进一步发挥网络评论的作用，扩大东方网的影响。

时隔两年之后，即 2005 年 9 月 5 日，东方网又和上海人民广播电台“990 新闻频率”合办“990 评论”，实行网台互动。“990 评论”由东方网评论部供稿，作者基本上是以特约评论员为主体。他们大多是传统媒体的资深作者，又积极活跃在网络评论第一线，具有丰富的人生阅历和较强的写作水平，在广大读者和听众中具有相当的知名度和影响力。因此，稿源十分充足，不愁无米可炊。由于这支队伍比较熟悉网络评论和广播评论之间的联系与区别，所写的评论既符合传统媒体的要求，又能显露网络评论的锋芒，因而网台互动播发后受到普遍好评。一位网友评论道：“网站和电台结缘，资源共享，不愧是优势互补、惠及受众的一个善举！”这不啻是新闻战线改革和发展中的又一个新事物。

2006 年 8 月，东方网还和《解放日报》合作，及时将该报理论版上“群众点题，专题回答”专栏内的文章在网上刊出，并把网民对理论文章的意见和出的题目反馈给报社。这样做，既扩大了东方网和《解放日报》理论宣传的影响，又有助于报社改进工作，使理论宣传更有针对性，更加贴近实际，更为生动活泼。在尝到甜头之后，2006 年 10 月，《解放日报》继续和东方网携手，联合推出“网上热线，党报声音”专栏，每周三次刊出由东方网提供的评论两三篇。在党报上开设网评专栏，这是报网互动的又一个新举措。一位著名学者说，由东方网和广播、报纸实行网台互动、网报互动，这是在新闻竞争日趋激烈的形势下进行跨媒体合作的有益探索，是网络媒体和传统媒体相互融合、共同发展的必然趋势。事实上，岂止在上海，全国从中央到地方，不少网、报、台都有这方面的实践，都取得了骄人的业绩和创造了新鲜的经验。

近年来，作为网络评论的一种崭新表现形式，博客（包括播客）、微博正越来越受到人们的关注。所谓博客，就是上网者把包括日常生活、所思所想、时局信息等发布在自己的网络日志里，以引起网友的阅读兴趣。1998 年，世界上最早的个人“博客”网站——“德拉吉报道”率先捅出克林顿和莱温斯基的绯闻案，第一次向世人展示了“博客”的魅力。作为一种新兴的资讯载体，“博客”网站对公众的影响力越来越大。时下，不少网络评论作者都开放个人的“博客”、“微博”网页，或把自己写的文稿收集进去，或随意发表自己对各种问题的看法和见解。可以说，“博客”、“微博”这种别开生面的评论形式正被越来越多的公众所认识,我们应积极而审慎地对待它。

第五节 网络新闻评论的新课题

同任何新生事物一样,网络新闻评论在发展过程中也碰到了不少新课题,亟待在实践中不断改进、提高。归纳起来,主要有以下三点。

1. 责任意识欠缺,时有负面东西

网络的虚幻性和自由性使得人们在网上的言论有时可以不受社会规范的制约,加上互联网上管理的不严、把关人的缺乏,也为一些虚假言论、不负责任甚至错误言论的横行提供了便利,造成了不良的社会影响。只要我们在网上仔细观察,就不难发现:在少数网络评论作者中,不同程度地存在缺少理性、感情因素太重和缺乏社会责任的毛病,诸如:有的语言粗俗,恶意伤人,相互攻讦以至谩骂;有的拉大旗作虎皮,以损人利己为自娱,职业道德与自律意识淡薄;有的政治素质低下,无视党和国家的政策、法律、法规,在文章中甚至出现了不但低级、庸俗且反动的、危害国家利益的语句,使人不忍卒读。这些问题虽然发生在少数人身上,但对网络媒体造成的伤害不可小觑。据权威部门对不同媒体传播效果的抽样调查显示:信息传递的快速和广大受众的参与度,网络媒体独占鳌头,但信息的真实性和舆论的权威性,非传统媒体莫属。这是一个必须引起高度重视的问题。我们说,网络评论是社会的"晴雨表",也是社会的公器,应该为公众获取信息、交流、沟通、互动提供一个可靠的重要平台。每一位网络评论作者,应该不断强化政治意识、大局意识、阵地意识和责任意识,应该自律、自尊、自爱,从而让网络新闻评论在反映公众诉求、通达社情民意,化解公众情绪方面,在推动整个社会走向健康、走向文明和谐的进程中,一句话,在坚持用正确的舆论引导人方面,发挥积极的作用。

2. 自产自销不够,质量有待提高

现有网络新闻评论,自产自销不太稳定,多半还是刊载或转发传统媒体的评论,当然也有直接利用链接方式将网友的评论送上网页的。上述内容,受众多半是可以通过传统媒体直接获得的。因此,看评论文章是上网还是看报，其答案不言而喻。再说，虽然各网络媒体均在互联网上设立了论坛，为网络用户提供就新闻和社会问题发表和交换意见的场所，且以强大的互动性吸引了方方面面的网民广泛参与。但由于网民成分复杂，文化水平参差不齐，导致新闻评论的质量也是千差万别，总体而言，题材重复、写法老套的应景之作多，故弄玄虚、缺乏新意的表面文章多。这对网络新闻评论的前途，委实是一个严峻的考验。网络评论要得到受众的广泛关注及认可，并产生巨大的舆论影响力，就一定要严字当头，在内容和形式这两个方面刻意求新，不断开拓，树立自己的权威优势，并最终打造自己的品牌，再发挥品牌效应，起到更好的舆论引导作用。

3. 缺乏自律自尊，热衷“群发”拼接

有的作者写好一篇网络评论，往往不满足于给独家单发，而是利用电子邮件的“群发”技术，同时发向十几家媒体，搞“广种薄收”，结果搞得重复采用的新闻媒体十分被动。还有的作者，不经过艰苦的思想劳动，常常采取一种“拼接”的复制法“写稿”，即在买来的软件上输入几个关键词，软件就在网上搜索相关的文章，然后截取他人文章中的段落，并自动拼凑成一篇“新作”，再“群发”到若干媒体的邮箱中。有个别作者，甚而将自己一年以前发表过的评论，拿来改头换面，只是重新更换一个新近发生的新闻事件作为由头，文章标题以及内容并没有什么变化，就这样轻易投给网站。以上种种不讲诚信、不讲文章道德的做法，是我们网络评论作者所万万不可取的。西方文论家狄德罗说得好：“真理和美德是两个密友。你想当作家，当批评家吗？请首先做一个有德行的人。”

应该承认，网络评论总体起步还比较晚，而网络技术和网络载体如论坛、博客、微博又层出不穷、加速变化，加上海量网民超智慧、超能量，都给网络评论提出了比传统评论更高的要求。因此，要解决上述种种问题，关键在于我们是不是具有“铁肩担责任，热情铸文章”的志向、底蕴和胆识。怕这怕那，畏首畏尾，老牛破车，得过且过，是写不好网络评论的。我们一定要充分认清网络评论综合性、渗透性、边缘化和易碎性的特点，少一点刻板和说教，多一点睿智和幽默，多运用“网络语言”，写出有深刻社会意义、能触及问题本质、为广大网民所欢迎和认同的文章，从而提高主流网络评论的水平，增强对网民的亲和力和影响力。

第六节 传统新闻评论与微博网友言论

“忽如一夜春风来，千树万树梨花开。”微博，自2009年夏天随国际互联网潜入新浪网以来，在两年不到的时间里，已如雨后春笋般遍布我国各大中文网站，深入数千万中国老百姓的工作、生活中。2011年11月，第十一届中国网络媒体论坛最新发布：中国网民数量已达4.85亿，居世界第一，微博用户已超3亿，一跃成为继新闻、论坛之后的中国互联网第三大舆情源。无怪乎人们要把2010年戏称为“中国的微博之年”。

什么叫微博？综合各位方家的解读，其义大体是：微博客的简称，每次发布不超过140字，是表达自己、传播思想、吸引关注、与人交流的最快、最便捷的网络传播平台，是一个基于用户关系的信息分享、传播以及获取的载体，是一种传播速度更快、互动性更强、个性更鲜明、写作更便捷的网络传播方式，是当今极具时效性和影响力的媒体。从博客到微博的发展与变化，不只是量的变化，而是质的提升。它更注重信息的新闻性，更注重具体的事件与观点表达，使新闻与舆论有机融为一体，从而实现持续互动与有效传播，实现新闻拓展，推进传播深化。一句话，从博客到微博，更彰显了新闻传播的本质要求与发展张力。

微博之所以如此受公众关注和追逐，正如一位新闻行家所说的，是“沉默的大多数”在微博上找到了展示自己的舞台。而且在微博上，字数的限制将草根和莎士比亚拉到了同一水平线上，使人们像拉家常一样，无需完整的逻辑、华丽的文字和严谨的结构，只要原汁原味、原始原创地将想说的话“微”出来就行了。因此，没有任何门槛，无需任何包装，只要想说，就可以通过微博说出来。一句话，它的原创性、现场感、即时性，使任何接受过中小学教育的人，都能发表各自的喜、怒、哀、乐，表现自己的酸、甜、苦、辣，展示自己的名言警句，显露自己的聪明才智。

我们说，微博发自内心的声音、观点，不管其成熟如何，其影响力首先体现在对社会话语空间的释放。在微博言论中，传播者的身份是谁并不重要，重要的是所传播或发表的议论是否具有分享意义和对社会的价值穿透力。这种言论发布的新方式所带来的社会变迁，不仅在于它所传递的内容，更在于它定义了某种言论的象征方式、传播速度、传播数量以及言论存在的语境，从而在更深层面上影响着特定时空中的社会关系、结构和文化。应该看到，微博言论的兴趣与普及，已经并正在对传统媒体新闻评论的功能、内容与形式产生了冲击，使之发生了复杂而微妙的变化。无论是对评论地位、功能、作用的新的理念，对评论题材范围、选题来源和价值取向趋于多样化的认同，还是对评论时效性、互动性以及分众化、专业化的努力尝试，无不受到微博传播的影响，打上微博言论的烙印。

任何事物都不可能是完美无缺的，微博也是如此。由于它的表达与传播是线性与曲线的交互和纠结，在实现表达的自由与便利时，难免也展示出表达的芜杂与隐忧：表达是自由的，也应是有序的；表达只是手段，影响和效果才是目的。殊不知，小小微博，大千世界！微博今天的一言一行，就是明天的历史。我们应怀着对历史、对时代、对未来高度负责的态度，尽情抒写好自己的微博，担当起这个时代的社会责任和中华民族的历史责任！

问题与练习：

1. 网络新闻评论产生的社会背景和现实意义何在？
2. 网络新闻评论的显著特点是什么？
3. 近几年来网络新闻评论有哪些新的拓展？目前面临的主要课题有哪些？
4. 阅读2010年10月24日人民网播送的评论《依法理性表达爱国热情》（获第二十一届中国新闻奖新闻评论一等奖），试剖析它在选择论题、分析论证、布局谋篇和语言运用上有何显著特色？

依法理性表达爱国热情

中国个别城市近日发生了涉日游行。部分群众对前一阶段日本一些人士的错误言行表达义愤，表达爱国热情，是完全可以理解的；但正如中国外交部发言人几天前表态时所指出的那样，“我们主张，应当依法、理性表达爱国热情，对非理性、违反法规的行为是不赞成的。相信广大群众一定会把爱国热情转化为做好本职工作的实际行动，维护好改革、发展、稳定大局。”这几句话，虽然简短，但说到了点子上，值得大家深思。

在对日问题上，中国政府一向是立场鲜明的。近期沸沸扬扬的“钓鱼岛事件”，中方就明确指出，“钓鱼岛及其附属岛屿自古以来就是中国的固有领土，中国对此拥有无可争辩的主权”，日本国内一些人企图通过此类问题“损害中国领土主权，破坏中日关系，他们的图谋是不会得逞的”。中方也一再表示了发展中日关系、解决中日问题的诚意，“中日两国互为近邻，坚持发展战略互惠关系的方向，符合两国人民的根本利益。双方应通过对话协商解决中日关系中的问题，维护两国关系大局。”中国政府的严正立场维护了国家利益和尊严，表达了中国人民的心声，是掷地有声、毋庸置疑的。然而，总有一些别有用心的日本人士喜欢撩拨中国人民的神经，寻衅滋事扩大事态，破坏中日友好关系，伤害亿万中国人民感情。在国家利益受到威胁、民族尊严受到挑衅之时，任何一个中国人都不会无动于衷，通过各种方式表达自己爱国的热情也是题中应有之义。这展现了每一个中国人对祖国最朴素最深厚的感情，这种爱国热情是一个国家和民族弥足珍贵的精神财富。

在充分肯定大家爱国热情的同时，也要指出，怎样表达爱国之情，用什么方式表达爱国之情，也至关重要。依法、理性表达爱国情感，是一种对国家对民族负责的态度。应当看到，我们当前所处的国际国内环境相当复杂，在我们前进道路上还会遇到各种各样的矛盾和问题。面对复杂环境和各种矛盾问题，如果不能依法、理性表达爱国热情，就无法维持正常的社会秩序，就不能保证经济社会的平稳较快发展，也不利于广大人民群众安居乐业。坚持依法理性表达爱国情，特别是把我们的爱国热情转化为做好本职工作的积极性，维护好我们国家来之不易的和谐稳定的局面，才能抓住发展的机遇，赢得发展的契机，才能把我们的祖国建设得更美好，这是真正的爱国，也是形形色色想把我们中国搞乱、搞垮的境内外敌对势力所最害怕的。

中日互为重要邻国。两国之间存在一些敏感、复杂的问题，应通过对话方式妥善加以解决，共同维护两国战略互惠关系。我们要坚信，在以胡锦涛同志为总书记的党中央坚强领导下，党和政府一定能够从国家民族的长远利益和根本利益出发，正确处理好中日关系，有力维护国家利益、人民利益。我们应该以大局为重，冷静理智、依法有序地表达自己的爱国情感，自觉维护社会秩序，把宝贵的爱国热情转化为做好本职工作和刻苦学习本领的实际行动，把强烈的爱国激情凝聚成推动国家发展、民族振兴、社会稳定的共同意志，为实现中华民族的伟大复兴贡献力量。

经历改革开放 30 多年，古老的中国日益焕发青春，进入了改革发展的关键期。中国正在走向强国之路，也在涵养大国心态。一个强大的国家不仅仅是经济上的强大，更包括精神力量的强大。这就要求我们，在今后很长时间都要回答好这样一个问题：作为一个大国，如何学会承受各种压力，如何善于在压力甚至是打压之下更好地发展。近几年来，抗击汶川大地震、成功举办奥运会、抗击玉树地震、应对舟曲泥石流自然灾害……

中华民族在应对难事、办好大事中、在灾难和荣耀中砥砺了民族精神，磨炼了民族意志，形成了空前的凝聚力和向心力。这些都为我们今后迈步向前、不畏艰险、开拓进取积聚了宝贵的精神动力。

历史告诉我们，无论什么魑魅魍魉，都阻挡不了中华民族伟大复兴的坚定步伐；无论什么艰难险阻，都挡不住13亿中国人的幸福追求。我们应当树立大国风范，让世界看到中国人的团结、理性、智慧与勇气，让世界看到中国的坚定、开放、自信与自强。我们坚信，只要大家团结一心，共同奋进，将亿万国人的爱国热情化为强国行动，中华民族就一定会坚强地屹立于世界民族之林，我们的祖国就一定会和谐发展、繁荣富强！

第二十六章

文艺性政论——杂文

本章内容提要：

1. 杂文的含义。
2. 杂文的基本特征。
3. 杂文写作的基本要求。

第一节　杂文与评论

有人说，杂文是文艺性政论，评论是新闻性政论。也有人说，杂文是融思想性与文艺性为一体的言论体裁，是一种带有散文味的"杂文"。还有人说，评论向杂文靠拢(指文采)——则评论兴；杂文向评论靠拢——则杂文亡。这些说法都有一定道理。但不管怎么说，杂文总是随着现代报纸副刊的发展而发展的。打开我们的报纸，评论和杂文多用楷体字加框刊出，而且读者也习惯把它们都统称为言论。事实上，在"政论"这个要素上，两者是相似的；在文艺性和新闻性这两个要素上，两者又是不同的。

杂文是文学体裁之一，是一种直接而迅速地反映现实生活，有着兴利除弊、激浊扬清战斗功能的文艺性政论。鲁迅先生在《且介亭杂文》的序言中说："凡有文章，倘若分类，都有类可归，如果编年，那就只按作成的年月，不管文体，各种都夹在一处，于是成了'杂'。"这是对杂文概念的一个重要概括。

杂文以短小、锋利、隽永为特点，是一种内容广泛、形式多样的战斗文体。杂文是一种政论，但又不同于报刊上的社论或评论，应该是形象思维与逻辑思维的有机结合。杂文要有鲜明的政治见解，但它阐述政治观点的形式，又要有文艺的色彩和诗的语言。倘一篇杂文没有文学因素，缺乏一种独特的“味道”(通常称为杂文味)，就不成其为杂文。杂文的文学因素，最鲜明的特征是运用一系列的形象化手法，如“比兴”等。假物以彰之，寄物以托之，好的杂文应该是含蓄而典雅的，有独特的创意和风格。因此，杂而有文，是杂文与一般政论的区别所在。正因为杂文是一种文艺作品，它的开头、结尾、布局、谋篇以及语言的运用、议论的穿插等，更要作精心的安排。

杂文在我国有悠久的历史。“议论而兼叙述者，谓之杂说”。“杂说”也者，接近于我们今天所说的杂文。自战国时代以来诸子百家的著述中，都有这一类“杂说”的文章。庄子的《逍遥游》、《秋水》，《战国策》中的《邹忌讽齐王纳谏》，荀子的《劝学》，韩非的《说难》，都具备了杂文的夹叙夹议的特征，这些可以说是中国较早的杂文。秦汉以来，李斯的《谏逐客书》、贾谊的《陈政事疏》、晁错的《论贵粟疏》，指陈利害，议论透辟，切中时弊，锋芒锐利，也应该说是很有杂文色彩的文章。唐末诗风衰颓，小品文放了光彩。有一部分小品文，也是杂文。罗隐的杂文集《谗书》，皮日休的《皮子文薮》、陆龟蒙的《笠泽丛书》中的大量篇章，也都为杂文所属。特别是皮子的小品文，被鲁迅称为“正是一塌糊涂的泥塘里的光彩和锋芒”。宋代苏轼的杂记、杂说，指点江山，评人论事，夹叙夹议，随笔挥洒，“言必中当世之过”，“意之所到，则笔力曲折无不尽意”，其杂文写作手法已达到他自己所说的“大略如行云流水”这样灵巧娴熟的程度。明末清初，一部分知识分子不满现实，也曾用杂文来抒发他们的不平，结果很不美妙，特别在清代，遭到了清朝统治者雍正、乾隆的“文字狱”的残酷镇压。此后，杂文消沉了二百多年。

自“五四”运动以来，以鲁迅为代表的革命作家，为了向封建军阀宣战，向国民党反动派抗争，拿起了杂文这把匕首，擦去了蒙在上面的污垢和灰尘，重新使其锋利无比。鲁迅以他那无比敏锐的政治目光，抓住要害，揭微显隐，痛下针砭，形成了一代“鲁迅风”，在中国文学史上留下了光辉的一页。鲁迅的杂文感情饱满，形象鲜明，具有高度的艺术感染力，形成了杂文的新格调。建国以后，许多作家继承了鲁迅杂文的战斗风格，在社会主义革命和社会主义建设时期继续发挥了它的匕首、投枪作用，同时又满腔热情赞颂了具有无限生命力的新生事物，正确处理人民内部矛盾，激励人们努力为社会主义现代化多作贡献，形成了社会主义时期杂文的新风格。

这里，我们之所以要评说杂文，是因为杂文和评论在“政论”这个要素上，有很多相似之处，譬如都取材于现实生活，都有扶正祛邪的战斗功能；都属于议论文，都要对现实生活的种种现象作出科学分析，并阐明自己的观点；还有，它们都需要诉诸逻辑的理性思考，要注意调动逻辑的力量。我们之所以要评说杂文，还在于杂文和评论在写作上确有互相借鉴也各具特色的需要。搞清楚这些问题，对于提高评论和杂文的写作水平都有好处。

第二节　杂文的主要特征

一、“感应神经”

战斗性是杂文的灵魂。抽去了这个灵魂，杂文就不成其为杂文了。鲁迅先生认为，杂文虽然“不敢说是诗史”，但它“有着时代的眉目”，是时代的“感应的神经”，“攻守的手足”，“作者的任务，是在对于有害的事物，立即给以反响或抗争”，杂文应该“是匕首，是投枪，能和读者一同杀出一条生存的血路的东西”。在高举中国特色社会主义伟大旗帜，为夺取全面建设小康社会新胜利而奋斗的今天，杂文的生命力，也同样首先在于它的战斗性。杂文的这种战斗功能可以使作者和社会现实脉搏息息相通、一起跳动。每当社会生活中出现了新的变化，杂文总是率先出现，以快捷的速度、鲜明的风格，言简意赅地表达人们的思想和意见，加快事物发展的进程。

譬如，《新民晚报》2004 年 7 月 8 日《夜光杯》发表的杂文《感恩老兵》(获第十五届中国新闻奖新闻评论一等奖)，就称得上是一篇把握时代脉动，紧扣国人心弦的力作。此文从 2004 年 6 月的法兰西谈起，概述了登陆诺曼底 60 年后的法国上下隆重举行庆典，向经历腥风血雨、勇闯死亡之门的老兵们致敬的感人场景，然后笔锋一转，联系国内一些人对老兵关注不够的现实，提出我们中国人也绝不能忘记日渐衰老和逝去的抗日将士们，应该对他们为中国和亚洲乃至全世界作出的贡献和牺牲表示感激。文章最后还上升到我们所面临的国家民族认同问题的高度，一针见血地指出：“一个知道感恩的民族才是有前途的。”真是振聋发聩，撼人心魄。在我国抗战胜利60周年的前夕谈论这样一个似乎被人遗忘的话题，更凸显出作者对国家大事的关注和对民族英雄的虔敬。

当然，杂文在针砭、批判一切妨碍、破坏现代化建设的思想和行为的同时，也应满腔热情地讴歌褒扬一切推进现代化建设的新人、新事、新风尚。

二、杂而有文

杂文是一种文艺作品，有“文”的含义之一，即要有形象思维。入题和收煞要有艺术的构思，证明和反驳要机智而富有想象力，过渡和照应要有波有澜，语言要有庄有谐、有声有光。别林斯基曾经说过：“哲学家用三段论法，诗人则用形象和图画说话。”“一个是证明，另一个是显示，可是它们都是说服，所不同的只是一个用逻辑结论，另一个用图画而已”。杂文，既需要哲学家的三段论法，又需要诗人的形象和图画；既需要证明，又需要显示。把两者结合起来，便具有一种强烈的艺术感染力和说服力。读者在读了一篇短短的杂文后，通过切合现实的举例、富于诗意的意境、精辟的议论、形象的语言，获得生动而深刻的教育。因此，写好一篇杂文，必须将逻辑思维与形象思维结合起来。

三、旁征博引

著名作家唐弢曾经说过：“为了提高作品的思想性及其教育作用，杂文是需要有高度的艺术技巧的。正因为它短小、直接、集中，就愈是要求我们的作者能够写得深刻、生动、有味，一下子吸引住读者；愈是要求这种艺术的表现形式能够适应它的思想内容，通过广泛的社会、历史知识以完成其灵活和多彩。”一篇出色的杂文，除要有深刻的思想、鲜明的观点、形象化的语言外，还应有丰富的知识。通过有趣的典故、巧妙的比喻、耐人寻味的幽默、辛辣的讽刺，“给人愉快和休息”。战斗必须有休养，但休养正是为了更好地战斗。为了达到这个目的，古往今来，天上人间，地方风习，街头即景，微观世界，历史典故……均可旁征博引，只要运用得当，把各种知识贯通起来，把各种现象联系起来，用以阐明观点，就一定会使杂文增加色彩，增加说服力。

四、短小精悍

杂文之有别于理论文章的一个显著特点，那就是短。鲁迅有一本杂文集，名叫《花边文学》。“花边文学”就包含着短的含义。在报纸的版面上，为编排美观起见，通常为短文加一个花边的框，而长篇大论则很难加花边，也称不上“花边文学”。杂文的短是由这件轻武器的性能所决定的。只有写得短，才能写得快。杂文的短和快，既是斗争形势的迫切需要向它提出的战斗化要求，也是杂文的艺术风格、艺术特点所固有的规律。为了将宏大的题旨、丰富的思想熔铸其中，我们必须在“精”字上下一番工夫。那种故弄玄虚、卖弄学问的掉书袋习气，那种哼哼哈哈、钝刀子割肉的文风，那种东拉西扯、言不及义的学究式说教，那种言之无物、隔靴搔痒的空话泛论，都是为杂文所不取的。

这里，推荐2004年7月8日发表在《新民晚报·夜光杯》上的杂文《感恩老兵》(获第十五届中国新闻奖新闻评论一等奖)，看一看是否基本具备上面提到的杂文的四个特征？想一想同样的题材，同一个题目，如果采取新闻评论的写法，那么，它的开头、它的说理、它的谋篇、它的笔法、它的文风又将会是一个什么样子！

湛蓝的大海，金黄色的沙滩，在法兰西六月的晨风中，一队身着军服的耄耋老人蹒跚着走来。清朗的阳光打在他们脸上，他们胸前的勋章熠熠生辉。

军乐队奏响了迎宾曲，礼炮轰鸣，年轻的军官和士兵们庄严地抬起右臂——老人们知道这是在向他们致敬！女王站起来了，总统站起来了，总理、首相和部长们站起来了，来自世界各地的不同年龄、不同肤色、不同性别的民众也站起来了，并且用不同的语言欢呼——老人们知道这是在向他们致敬！

这是在诺曼底——这些耄耋老人都是60年前在这里登陆的老兵。他们的很多战友长眠在这里，他们自己也曾经准备把血洒在奥马哈海滩上。今天他们之所以故地重游，就是为了接受欢呼，享受荣耀。希拉克总统在一个礼宾官的陪同下，再次向他们授予了法兰西共和国荣誉军团骑士勋章，然后致辞说，法国和欧洲对他们永远感激！

老兵此时此刻都在想些什么？我不得而知。曾经拍摄了以诺曼底登陆为背景的影片《拯救大兵瑞恩》的好莱坞大导演史蒂文·斯皮尔伯格，在纪念仪式后引用父亲当年的一句话形容这些健在老兵的心境："我们不怕死亡，我们怕被遗忘。"如果真是这样的话，老兵们可以放心了，他们不仅没有被遗忘，在这一刻还成了全世界注目的中心。60年前的"D-day"，当他们在枪林弹雨中冲上滩头的时候，可能没有想过会有今天，但有了今天，他们当年的牺牲，便全都得到了补偿。

诺曼底的庆典也吸引了万里之外的中国人的目光，有的媒体开始寻找参加过登陆作战的中国人。这条消息让我的心里产生了一种难以言说的复杂感觉：在诺曼底战斗过的中国人固然值得给予最大的关注，但那些在我们自己的国土上和日寇拼过刺刀的老兵，是不是也应该受到我们同样的关注呢？那些在卢沟桥、平型关、台儿庄以及在八年漫长的战争中，所有在正面战场和敌后战场浴血奋战过的老兵，他们都在哪里呢？我们是不是也应该选一个适当的日子，比如"7·7卢沟桥事变纪念日"、"8·15日本投降纪念日"或者"9·3抗战胜利纪念日"，让他们胸前挂满勋章，接受我们的欢呼和敬意，然后庄严地告诉他们：中国和亚洲对他们永远感激！

一个知道感恩的民族才是有前途的。老兵们已经不多了，而且还在不停地凋零。抗战爆发时20岁的老兵，今年就应该是87岁高龄了；抗战胜利时20岁的老兵，今年也应该是79岁高龄了。一位接受了"荣誉军团骑士勋章"的美国老兵霍斯勒说："我感到付出的一切都很值得！"明年是抗战胜利60周年，我希望我们也能看到一个隆重的庆典，能够听到有人对他们说"我们永远感激"，能够在经历了这一切之后，听到他们欣慰地说："我感到付出的一切都很值得"——如果我们错过了这个时刻，我们可能就再也没有机会了！

第三节　杂文写作的基本要求

一、“砭痼弊常取类型”

鲁迅在谈他写杂文的经验时说过：“砭痼弊常取类型。”这就是说，批判错误的东西，要善于抓住典型的人和事。

这是杂文写作的一个重要的方法。

写杂文和创作小说、戏剧等文艺作品一样，都要善于“取类型”。这个“取类型”的过程，就是杂文作者将逻辑思维与形象思维结合的过程，也是用极省俭的笔墨，抓取能够反映事物本质的一点一滴，放到杂文这台小小的显微镜下，进行解剖研究的过程。

那么，类型如何“取”呢？鲁迅先生说：“盖写类型者，于坏处，恰如病理学上的图，假如是疮疽，则这图便是一切某疮某疽的标本，或和某甲的疮有些相像，或和某乙的疽有点相同。”在画这疮疽的标本时，就要善于把某甲的疮、某乙的疽，乃至于某丙的溃疡都收集起来，然后加以提炼、概括，使其典型化。这个标本既有一切疮疽的共性，又体现了或某甲、或某乙、或某丙的个性。如果说有杂文笔法的话，这就是一种杂文笔法。鲁迅常常以走狗来讽刺那些反动文人，在《论“费厄泼赖”应该缓行》一文中，又为一种巴儿狗画了像：“它却虽然是狗，又很像猫，折中，公允，调和，平正之状可掬，悠悠然摆出别人无不偏激，惟独自己得了‘中庸之道’似的脸来。……它的事业，只是以伶俐的皮毛获得贵人豢养，或者中外的娘儿们上街的时候，脖子上拴了细链子跟在脚后跟。”这种巴儿狗的形象，既有被鲁迅称为挂着“自由主义”招牌的资产阶级文人林语堂的脸孔，又有被鲁迅骂作“资本家的乏走狗”梁实秋的影子，还有被鲁迅贬为买办资产阶级文人胡适、陈西滢及自称“第三种人”苏汶的神态。这样，鲁迅画出了一条狗，却触痛了一群道貌岸然的“绅士老爷”。

但是，杂文取材的“取类型”和小说、戏剧等文艺作品的典型化是有区别的。这种区别的重要之处在于：小说（即使是短篇小说）中的人物形象必须是完整的，而杂文的“取类型”，往往是写典型人物的一鼻、一嘴、一毛,由小见大。鲁迅先生说:“我的杂文,所写的常是一鼻、一嘴、一毛,但合起来,已几乎是或一形象的全体,不加什么原也过得去的了。但画上一条尾巴,却见得更加完全。”许多揭批“法轮功”的杂文,单独看来,只是一“爪”一“嘴”,而合起来,再给杂文集写一篇“前言”或“编后”(即“画上一条尾巴”),“法轮功”鼓吹者李洪志等的面目,就比较完整地显现在人们面前了。

“类型”是不能信手拈来的。要抓住反映事物本质的杂文题材,重要的是坚持马克思主义的世界观和方法论。没有这一条,等于外科医生手里没有手术刀,文章作法学得再到家也不行。其次要对生活进行深入细致的观察、分析、研究,要留心各种各样的事。有的好题目的得来,似乎是信手拈来,其实却是“为伊消得人憔悴”的结果。第三要多看多想多分析。做到了这三条,我们就不难从错综复杂的社会生活中,选取具有典型意义、小中见大的杂文题材,写出更多有声有色的好杂文来。

“砭痼弊常取类型”,不仅是写切中时弊的杂文的写作方法,写“歌颂性杂文”及其他各种题材的杂文,也是要“常取类型”的。

二、学会小题大做

小题大做,在日常生活中,是一句含有贬义的话,但对于杂文写作来说,却是一个重要的写作方法。

写好杂文,一定要学会小题大做。

鲁迅先生在谈到他是怎样写杂文时说过:“比起高大的天文台来,‘杂文’有时确很像一种小小的显微镜的工作,也照秽水,也看脓汁,有时研究淋菌,有时解剖苍蝇。从高超的学者看来,是渺小,污秽,甚至于可恶的,但在劳作者自己,却也是一种‘严肃的工作’,和人生有关,并且也不十分容易做。”鲁迅先生从各种反动人物身上刺出了一滴脓血,或顺手捉住一只苍蝇,放到他案头那台小小的显微镜下,逐一进行剖析研究,观察一滴脓血,便可以照见那个黑暗社会的腐败情景;解剖一只苍蝇,也能看出一群丑类的可憎面目。一篇篇短短的杂感,成了一块块埋葬那个吃人社会的墓砖。

要学会小题大做,首先要做到取材要小。应当大处着眼,小处入手。一滴水中见太阳,贵在“一滴”。若是一池水中见太阳,那就算不得高明。当然,这“一滴”必须是具有典型意义的“一滴”,是有声有色的“一滴”。要努力做到三“小”:题目小,角度小,口子小。“大做”,并不是讲些人所共知的大道理,而要善于从小题目中分析出一些能给人以启发的新思想,能做到言有尽而意无穷则更好。

杂文需要小题大做,然而不是任何小题都值得大做。今天一顿吃三碗饭,花掉了几元车钱,除掉个别有记流水账癖好的人外,恐怕连记日记的价值也没有。秋风萧瑟,冷月清霜,林妹妹可以诗兴大发,感叹“醒时幽怨同谁诉,衰草寒烟无限情”。如果今天哪位同志也以此为题,来杂感一篇,那就不止是一个无病呻吟的问题了。所以,选题要小,并不是专去找那些并无一定意义的生活琐事,更不能拾到篮里就是菜。哪些小题可以借题发挥,哪些小题则没有作文价值,就需要因时因地作恰当的选择。

即小见大,难在一个“见”字。同是一滴水,有的人可以从中见太阳,有的人则看来看去还是一滴水。所以,要写好杂文,更重要的还是在“见”字上多下工夫。如若不然,以为小题大做就是赋得梅花一叶,可洋洋洒洒地写去。这样的“小题大做”,终究要变成屎里觅道的。

三、富于联想

富于“联想”,这是杂文写作中经常采用的方法。因为世界上的各种事物都是既相互联系又相互制约的,若能根据事物之间具有接近、相似或相对的特点,进行由此及彼、由表及里的思考,产生丰富的联想,就有助于抓到事物的本质,触及问题的要害。因而,有人形象地把联想比作杂文写作的一把“钥匙”。

譬如,有篇题为《“红灯”和“绳子”》的杂文,就是作者通过对“此事物”与“彼事物”作广泛的联想,从而在比较中思考,从习以为常的生活现象中挖掘出不平常的道理来。作者首先从马路上见到的现象入笔:闹市的十字街口处,尽管都设有指挥交通的红绿灯,但还是有一些人视而不见,照闯不误。为此,交警部门请来退休老工人帮忙,他们臂佩红袖章,手执绳子,绿灯亮时放下,红灯亮时收起,以此来提醒行人遵守交通规则。由此作者联想到党纪国法这一“红灯”,并分析道:在少数领导干部眼里,仅仅把这当作一种摆设而已,他们往往怀着侥幸心理,抓住法规的空隙往前闯。从主观而言，这些违法乱纪者大多党性观念不强，法制意识淡薄，自我约束能力较弱；但从客观来讲，其主要原因就是缺乏“绳子”：一个行之有效的监督机制。继而，文章由实际生活中的这种“红灯”和“绳子”联想到政治生活中的“红灯”和“绳子”，十分中肯地指出：为了千百万党员干部的“政治生命”，必须加强党纪法规教育，加强党性修养，常修为政之德，常思贪欲之害，常怀律己之心，增强自律意识，抓牢拒腐防变的思想道德底线这根“绳子”，提高遵守“红灯”的意识。通过这样由实到虚、由具体到抽象的联想与分析，出人意表，启人心智，大大增强了文章的吸引力和说服力。

四、善用讽刺与幽默

五颜六色的中国传统戏曲的脸谱，可以表示人物的性格。据说，白表示奸诈，红表示忠勇，黑表示威猛，金黄表示神灵。所以，传统戏曲中的人物一上场，一看脸谱，便可知晓他是扮演了何等角色。人物脸谱化，是传统戏曲的一大艺术特色。像传统戏曲的脸谱不能离开各种色彩一样，讽刺和幽默，也是杂文这种文艺作品的特色之一。讽刺和幽默运用得当，会增加杂文的思想性和艺术感染力。鲁迅有一本杂文集，题名《热风》，其中的“风”字语义双关：既是一股吹向寒冽社会的“热风”，又是对那个黑暗的旧社会的“嘲讽”。

写杂文常常离不开讽刺和幽默。不论是写敌我矛盾的，还是写人民内部矛盾的，都可以运用讽刺和幽默。毛泽东说：“我们是否废除讽刺？不是的，讽刺是永远需要的。但是有几种讽刺：有对付敌人的，有对付同盟者的，有对付自己队伍的，态度各有不同。”他还指出：“我们可以大声疾呼，而不要隐晦曲折，使人民大众不易看懂。如果不是对于人民的敌人，而是对于人民自己，那么，‘杂文时代’的鲁迅，也不曾嘲笑和攻击革命人民和革命政党，杂文的写法也和对于敌人的完全两样。”“对于人民的缺点是需要批评的，……但必须是真正站在人民的立场上，用保护人民、教育人民的满腔热情来说话”[①]。只要人类社会中有先进、中间、落后三种思想的存在，只要有两个阶级、两种思想斗争的存在，就永远需要讽刺和幽默。善于运用讽刺和幽默，正是显示我们对于社会

① 《毛泽东选集》第三卷，人民出版社，1966年7月横排版，第829页。

主义事业具有信心，是深信自己在政治上占着优势的表现。

从某种意义上说，幽默也是一种讽刺，是一种含笑和轻松的讽刺。讽刺也常常伴有幽默。讽刺和幽默是智慧的表现。严密的逻辑，严肃的说理，辅之以讽刺和幽默，思想的力量就能施展得更加充分。

两类不同性质的矛盾，运用讽刺和幽默的写法是完全不同的，帽子不要戴错。对于阶级敌人的讽刺，是嬉笑怒骂，皆成文章。但是，触到之处，必须是对手的致命伤。唐弢在上世纪40年代写的《小卒过河》抓住胡适博士的"偶有几茎白发，心情微近中年，做了过河卒子，只能拼命向前"这首"述怀诗"，竭尽讽刺鞭挞之能事："现在，他大概已过五十了吧，然而'白发'而曰'偶有'，'中年'也只'微近'，是证'徐娘半老，风韵犹存'，搔首弄姿，意在卖'俏'。"骂得真是痛快，继而再来一段精彩的鞭辟："小'卒'过河，义无反顾，为了效忠主子，他只能横冲直撞，一往向前，再没有后退的余地。为本身着想，自然，悲凉是有点悲凉的，因为代替了'车'的地位，满脸杀气，要袭击对方，自己被袭的机缘也就多起来，不能再借学术来掩护了。"这两段议论，充满了幽默，把这个"新文化战士"的画皮一一剥了下来："偶有几茎白发"的胡适博士，原来是军阀麾下的一名马前卒。

对同盟者和自己队伍里同志的讽刺，是不能用这个办法的。解决人民内部矛盾，也可以运用讽刺和幽默。但是，这种讽刺，是热讽，而不是冷嘲。对于敌人与对于自己人讽刺的区别，也在于此。鲁迅先生指出："如果貌似讽刺的作品，而毫无善意，也毫无热情，只使读者觉得一切世事，一无足取，也一无可为，那就并非讽刺了，这便是所谓'冷嘲'。"问题当然不在于话说得是否尖锐。三娘教子，话也是很重的，但三娘的心意却是希望儿子改好。提醒、教育、规劝，可以采取谈心的办法，也可以采取使之脸红一下的办法。有一篇题为《"'死人'伸动了手"说明了什么》的杂文，说上海某医院将一个活病人险送太平间，闹出了"死人"伸动了手这样的大笑话。作者抓住这个笑话，讽刺那位不负责任的医生说："他视医院规定为具文，视病人生命若儿戏。这不禁使我想起古代一则笑话，一个胳膊上中了箭的将军要一位外科医生治疗，这位外科医生拿起锯子锯掉了病人露在体外的一节箭，说：'剩下的你去找内科医生吧，我是外科医生，只管体外的。'今天那位内科医生置外科病人死活于不顾，同古代那位外科医生何其相似乃尔！只是，古代那位外科医生还没有闹出要把活病人送进棺材的笑话。相比之下，我们这位内科医生堪称'后来居上'了。"讽刺是辛辣的，但又是出自善意，不是把人一棍子打死。对于那个极端不负责的医生，热讽几句，促其出一身热汗，对于帮助他认识错误，很有好处。

讽刺和幽默是杂文写作的一种艺术。要掌握这种艺术，除了多看各种名家的作品外，在生活中留心各种各样的事情，包括多听一点相声、评弹，翻翻漫画，对于启发思绪，触类旁通，也是不无好处的。

五、巧妙用典

巧妙用典，也是写好杂文所必须注意的一个问题。

典故运用得巧，能给人以知识，能增加杂文的艺术色彩，也能使杂文的说理更加有力。典故的内容是很广泛的。成语、寓言、谚语、中外历史故事，都属于典故的范畴。广义来说，名人格言、诗词歌赋、科学史话、遗闻轶事等等，也可以当作典故来运用。

典故可以作为杂文的题目或篇名，成为借题发挥的由头。鲁迅的杂文集《华盖集》，书名“华盖”就是一个典故。据命相家说，和尚交华盖运，是成佛的先兆；而俗人交了华盖运，就是倒霉的象征。“运交华盖欲何求”，鲁迅为了回答当时北洋军阀及其走狗文人的压迫围攻，写了几十篇杂文，题名《华盖集》，以此表示他对反动派的愤懑心情。典故可以作为进一步论述观点的材料，如“赵括将兵”的典故，用以说明只有书本知识而没有实际作战经验的人，用兵必败的道理。韩复榘老子点戏——“关公战秦琼”的笑话和江青论“史”——“武则天用武元衡”的笑话相提并论，更可见不学无术、胡诌历史之辈，并非绝无仅有。典故还可以作为文章的观点。“子系中山狼，得志便猖狂”，《红楼梦》里刻画“酬应权变”而又野蛮狠毒的孙绍祖的两句诗，移赠给文化大革命中“四人帮”的倒行逆施，不是挺合适的吗？

典故，最要紧的是切题。如果片面追求杂文之杂，东拉西扯地抓了一些陈芝麻、烂谷子来塞进文章里，或者悬空八只脚地把一些与题目关系不大的典故，贴在文章的开头，和文章的议论成了一种“油水关系”，往往弄巧成拙。确切，可以说是用典的第一要义。

用典故还要注意推陈出新。典故是死的，而且大多是历史上的事情，如果不问今天的情况，作简单的类比或照搬照抄，就有掉书袋之嫌。袁枚在《随园诗话》中评论欧阳修的文章时说过：“欧公学韩文，而所作文全不似韩，此八家中所以独树一家也。公学韩诗，而作诗颇似韩，北宋诗中所以不能独成一家也。”文学韩而不似韩，就能独树一帜；诗学韩而颇似韩，则不能独成一家。这个评论，说明了推陈出新的重要。杂文用典，也像其他文艺作品的创作一样，贵在独创，忌泛，忌滥。头一篇引用“熊庆来慧眼认罗庚，华罗庚睿目识景润”的材料，辅之以伯乐相马的典故，来说明伯乐之难得，不失为一个有新意的杂文题材。如果接二连三，凡谈人才问题都请伯乐出场，一读题目就知道下文想说什么，这样的用典就没有多少味道了。别人已经嚼过了的馍，就尽可能不去再嚼它。

在运用典故时，最重要的是把典故用活。典故要为我所用，或指出其含义之不足，或借“典”发挥，或反其意而用之，或作新的解释，总之是不要被典故牵着鼻子走。还是以鲁迅的文章为例。在《谚语》一文中，鲁迅对“各人自扫门前雪，莫管他家瓦上霜”这句格言，作了阶级分析：“这乃是被压迫者的格言，教人要奉公，纳税，输捐，安分，不可怠慢，不可不平，尤其是不要管闲事”，而对压迫者来说，这句格言却另有一番含义：“所以被压制时，信奉着‘各人自扫门前雪，莫管他家瓦上霜’的格言的人物，一旦得势，足以凌人的时候，他的行为就截然不同，变为‘各人不扫门前雪，却管他家瓦上霜’了。”鲁迅两句话各改一个字，就把那种失势时奴性十足、有权时无所不为的人物的脸谱，阴阳分明地勾勒出来了。

六、注意语言的生动有味

无论是说理色彩比较浓重的杂文，还是抒情成分十分强烈的杂文，甚至以知识趣味见长的杂文，都要注意语言的生动有味。高尔基说：“语言是一切事物和思想的衣裳。”杂文更应如此。杂文讲究语言锤炼，同一意思可能有完全不同的句子表达；文绉绉中突然杂以俚语，极深奥的道理却用大白话说出，长句短句，古文白话，似乎是信手拈来，却能放能收。杂文要有自己特有的语言，要会说寓意深长的话，说有趣的话。杂文语言的特色，除了力求准确、鲜明、生动以外，还应该加上精练、简洁、含蓄、多彩等要求，还要善于把抽象化为形象，把生活中许多具体可感的、人所共知的现象联系起来，“假象取耦，以相譬喻”，把深奥的道理用浅显的事例说出，使妇孺皆知。好的杂文，应该有浑然天成、举重若轻的阅读效果，让读者既受到思想的启迪，又得到美的艺术享受。

问题与练习：

1. 什么叫杂文？它与新闻评论有何相同点与不同点？
2. 杂文有哪些主要特点？
3. 怎样理解杂文是“感应的神经”？
4. 杂文的文学因素主要体现在哪里？
5. 尝试写一篇 1 000 字左右的杂文。

附　录

历届中国新闻奖新闻评论获奖作品名录

（1990—2011年，第一、二等奖）

年份	等级	体裁	题目	作者	编辑	刊播单位
一九九〇年（第一届）	一	言论	稳定压倒一切	李德民		人民日报
			舍孔雀而取凤尾	李承郜		新华日报
		广播评论	黄河大桥贪污案引出的问号	杨诚勇		河南广播电视新闻中心
		电视评论	粪桶畅销的启示	许东良　王永显　李慧萍		浙江电视台
	二	言论	北京亚运精神光耀神州	于　宁		人民日报
			台湾当局以“三心二意”对待两岸经贸有逆潮流	郭伟峰		中国新闻社
			市长：可否改改垃圾车？	梁若洁		中国新闻社
		广播评论	别再难为孩子和家长们	阙耀明		锦州人民广播电台
			实实在在的潜力	高贤林　黄　明　仇　琼　洪永和		浙江人民广播电台
		电视评论	学雷锋的队伍走了以后	费　洵　汪克辉		南京电视台
一九九一年（第二届）	一	言论	改革开放要有新思路	皇甫平		解放日报
		广播评论	补上市场意识这一课	戴锡新　门方玉		辽宁人民广播电台
		电视评论	刑场上枪声留下的警示	李少连　朱建义　陆晓丹　许易生　李楚玲　张思建　李亦平　脱学业　李敬文　贺　宁		广东电视台

续　表

年份	等级	体　裁	题　　目	作　者	编　辑	刊播单位
一九九一年（第二届）	二	言　论	实干兴邦	李德民		人民日报
			埃及加利有实望	小　康	李俊昌	河南日报
			少数企业“死”不了，多数企业“活”不好	詹国枢		经济日报
			明天，一个里程碑	谢　宏		新闻出版社
		广播评论	和农民朋友谈免费	王海林	王海林	（山西）晋城市郊区广播电台
			《肃贪警世录》之一，思想上的蜕变是堕落毁灭的根源	殷广基　伊可迹　余碧君等	余碧君	广东人民广播电台新闻台
		电视评论	粮食生产要有经营观念	杨省萍　郭浔生　杨玲玲　胡劲草	杨玲玲	江西电视台
一九九二年（第三届）	一	言　论	千万不可忽视农业	何加正	吴长生	人民日报
		广播评论	扫除形式主义	胡占凡　周绍成	曹仁义	中央人民广播电台
	二	言　论	发扬优良传统保持老红军本色	本报评论处		解放军报
			论企业改革与工人阶级	李德民		人民日报
			市场经济就是法制经济	鲁从明	王乾荣	法制日报
			开发务实谈之一	陈修诚		长江日报
			一切从实际出发	本报评论员		天津日报
		广播评论	北京的名牌产品为什么纷纷落马	赵介岐		北京人民广播电台
		电视评论	早稻种了不收引出的思考	杨富坤　施泉明　何才灿　胡劲涛		浙江电视台
一九九三年（第四届）	一	言　论	加强和改善宏观调控积极促进改革与发展	于　宁　曹焕荣	周瑞金	人民日报
			为什么要整顿金融秩序	孙　勇		经济日报
		广播评论	拜金主义要不得	胡占凡	曹仁义	中央人民广播电台
		电视评论	农民要减轻自身负担	段荣鑫　朱海虎　苗民培　吉红枝　张　芹	段荣鑫　朱海虎	山西电视台

续 表

年份	等级	体 裁	题 目	作 者	编 辑	刊播单位
一九九三年(第四届)	二	言 论	对外商要讲“两句话”!	常少扬	王福如	法制日报
			“翻牌公司”与改革目标背道而驰当前公司集团热中的忧思	余辉音	包月阳	经济参考报
			不能搞有偿新闻	丁锡满		解放日报
			房地产一级市场亟待整治	孙德宏	王立生	中国建设报
			利率调整牵人心	吴向中	刘寿昌 席伟航	北京日报
			色情服务法理不容	雷收麦		中国妇女报
		广播评论	力不从心的世界警察	王国庆		中国国际广播电台
			烈士陵园被冷落引发的思考	杜士德 杨 笑 刘 畅		辽宁人民广播电台
		电视评论	红小豆热访谈	周振江 杨松涛 王 洋 朱红梅	周振江	吉林省前郭尔罗斯电视台
一九九四年(第五届)	一	言 论	上下一心打好今年改革攻坚战	周瑞金 施芝鸿	周瑞金	人民日报
			扬州经验的特殊导向意义	刘向东 陶 达		新华日报
		广播评论	反暴利,在南昌为什么难以展开	黄晔明 梁 勇	黄晔明 梁 勇	江西人民广播电台
		电视评论	和平,使沙漠变绿洲	盖晨光 胡 阳 孙 宏 奚 洋 水均益		中央电视台
	二	言 论	是“维护人权”,还是推选强权?	姚达添	翟树耀 于元江 缪宝根	新华社
			加强精神文明建设,促进农村社会全面进步	陈小均 张云青	陈德毅 王子儒	农民日报
			西藏,知识分子的广阔舞台	李佳骏	孟晓林	西藏日报
			义不容辞地维护科学尊严	李 士 黄安文		中国科学报
			誓与改革风雨同舟	李德军 邢贵生 李玉琴 曹太明 刘庆田 刘红英 郝志宏 陈晋华	王义堂 席殿晋 胡 羽 乔宏阁 李志勇 张忠亮	山西日报

续 表

年份	等级	体裁	题目	作者	编辑	刊播单位
一九九四年(第五届)	二	言论	文明姓"文"	吴军 张绍祥	张绍祥	天津日报
		广播评论	少应酬,多办事	史敏	曹仁义	中央人民广播电台
			扣扣"政绩"里的"水儿"	周振江 罗天柱 朱红梅	汤晓光	吉林前郭广播电台
		电视评论	"三国四方"何时拆除篱笆墙	迟航 陈嵩 刘峰		黑龙江电视台
一九九五年(第六届)	一	言论	论孔繁森的时代意义	于宁	周瑞金	人民日报
			忠实履行我军神圣使命	解放军报评论部		解放军报
	二	言论	且看李登辉怎样表演	朱承修	端木来娣	新华社
			经济增长速度:快乎?慢乎?	肖瑞		中国新闻社
			就同"大款"交朋友事向领导干部进一言	储瑞耕	成少安 邢绍和	河北日报
			帮助农民少生孩子	张霞	蔡虹	中国日报
		广播评论	让农民真正成为首位	王宴青	曹仁义	中央人民广播电台
			农民负担,一个不轻松的话题	李昌文 董涛		山东人民广播电台
		电视评论	难圆绿色梦	赛纳 周墨		中央电视台
			合资:引进来,更要利用好!	贾玉祥 姜少英 张帆	张帆	北京电视台
一九九六年(第七届)	一	言论	为经济建设和社会发展提供强有力的政治保证	谢宏(任仲平)	邵华泽 范敬宜	人民日报
			旗帜鲜明地同民族分裂主义和非法宗教活动作斗争	黄元才		新疆日报
		广播评论	市场不相信"出身"	苏维茗 吴双	刘素琴 包仲川	天津人民广播电台
		电视评论	巨额粮款化为水	杨明泽 谢子猛 方宏进	杨明泽	中央电视台

续 表

年份	等级	体裁	题目	作者	编辑	刊播单位
一九九六年(第七届)	二	言论	怎让沉渣又浮起	杨文镒	曹国玺	四川日报
			股市:多一份清醒少一份醉	王迎晖	朱羽 陈宝玖	经济参考报
			编织家庭幸福的纽带	申万启		中国妇女报
			领导干部要敢于破解难题	吴复民	曹绍平 姬斌 吴锦才 姜军	新华社
		广播评论	工人俱乐部这个阵地不能丢	刘心惠　赵刚	赵建华	新疆人民广播电台
			警惕另一形式的腐败	牛日成　叶励丹 方文　张蔚妍	方文	广东人民广播电台
		电视评论	历史事实　不容抹杀	戴听祥　关田 高顺青	刘小峥 安殿成	江苏电视台
			沙尘暴的警告	杨德灵　刘舜发 许嘉陵　杨海莉 孟建国	杨德灵	甘肃电视台
一九九七年(第八届)	一	言论	中华民族的百年盛事	李德民　米博华	邵华泽 范敬宜 谢宏	人民日报
			一个鲜明主题	王晨　李景瑞		光明日报
			察潮流　顺民心　天下定	黄种生	饶新冬	福建日报
		广播评论	49%大于51%的启示	苏维茗　印永清 陈鹰　马津力	吴双	天津人民广播电台
		电视评论	"罚"要依法	再军　白河山 方宏进		中央电视台
	二	言论	劳动者,该有怎样的就业观	盛明富　石述思	张宏遵	工人日报
			回归赋	张曙红	艾丰	经济日报
			互称"同志"好	陈贤德　刘格文	费洪智	解放军报
		广播评论	是"狼来了",还是机遇来了	王中宣　董毅 王红宇　黄海 戴锡新　张华		辽宁人民广播电台

续表

年份	等级	体裁	题目	作者	编辑	刊播单位
一九九七年(第八届)	二	广播评论	戒“浮躁”	丁文奎		中央人民广播电台
		电视评论	祁连山面临危机	杨德灵　万昆　赵楠	潘卫宁	甘肃电视台
一九九八年(第九届)	特别	言论	当前头等大事	李德民　米博华　王义堂　王金海	邵华泽　许中田　谢宏	人民日报
	一	言论	迎着老百姓的方向走	郝斌生	成少安　王长宗	河北日报
	二	言论	评改革开放二十年	谢宏	邵华泽　许中田	人民日报
			积极做好离退休高智力资源的二次开发	徐九武　武云生		科技日报
			树立新的择业观	冯并　张曙红		经济日报
			危险的开端	义高潮	宋健　唐永兴　熊昌义	新华社
			另一种崩溃	冯越	左正红　仇大川	大连日报
		广播评论	艾滋病离我们还有多远	周显东　周保工	陈乾年　罗佳陵　袁晖	上海人民广播电台
		电视评论	粮食“满仓”的真相	喻圣宏　凌泉龙	林玮	中央电视台
			如此“扶贫路”	黄吉龙　李立元	李宪　余乐蓓	云南电视台
			“银河”商标的纷争与启示	唐勇　侯一华　安殿成　朱渊		张家港电视台　江苏电视台
一九九九年(第十届)	特别	言论	祖国万岁	米博华	邵华泽　许中田　谢宏	人民日报
	一	言论	“实力”救不了李登辉	孙晓青　谭健	孙忠同　庄汉隆	解放军报
			一场严肃的政治斗争	冯并　张曙红　郑庆东　张杰　高路	徐心华　武春河	经济日报

续 表

年份	等级	体 裁	题 目	作 者	编 辑	刊播单位
一九九九年(第十届)	一	广播评论	粗暴侵犯中国主权的野蛮行径	张 敏 钱慰曾 王冬梅		中国国际广播电台
		电视评论	“吉烟”现象	王文雁 张林刚		中央电视台
	二	言 论	崇尚科学 破除迷信	李德民 米博华 王义堂 王金海	邵华泽 许中田	人民日报
			石原新知事不知事理	刘宗明 王晓东		北京日报
			变也西藏	谭宏凯		中国日报
		广播评论	“大桥经济热”中的“冷思考”	董 平 刘福瀛	江寅生 解志荣	江苏人民广播电台 张家港电台
二〇〇〇年(第十一届)	一	言 论	全面加强党的建设的伟大纲领	王义堂	许中田 张研农	人民日报
			“台独”即意味战争	刘格文 谭 健 刘新如	孙忠同 庄汉隆	解放军报
			警惕加重农民负担新动向	邓抒扬	王 甄	安徽日报
		广播评论	两起假货案带给河南的警示	勾志霞 姚居清 陈德年 张 铭	冯 鸣	河南人民广播电台
		电视评论	铲苗种烟 违法伤农	黄 洁 凌泉龙 方宏进		中央电视台
			莫把“脱困”当“脱险”	黄 有 陆 钢 王 晶		辽宁电视台
	二	言 论	解放人才	王柏森		新华日报
			人命关天的大事	盛明富	盛明富	工人日报
			坚决铲除形式主义	张 牛	周 勇 文宗武	重庆日报
			水乳交融一家亲	谭宏凯	黄 庆	中国日报
		广播评论	数典忘祖吕秀莲	翁崇闽 郭福佑 罗 华 蓝松祥 张立新	陈育艺 陈福成	福建人民广播电台
		电视评论	青啤燕京股市大较量	胡紫微 李峙冰 魏少波 李 雷	史丹丹	北京电视台
			高唐要建电话县	于伦方 李佳和 巩胜义 边 静	张爱臣	山东电视台

续　表

年份	等级	体　裁	题　　目	作　者	编　辑	刊播单位
二〇〇一年（第十二届）	一	言　论	光荣属于中国共产党和中国人民	米博华	张中田 张研农	人民日报
			中国主权不容侵犯	刘格文　陈贤德 谭　健	孙忠同 张宗银	解放军机
			“真抓”与“假抓”	海　纳	安人和 周丹平	河北日报
		广播评论	信用是本　道德为先	蔡万麟	王明华	中央人民广播电台
		电视评论	干部图政绩　普九变儿戏	王滨生　王英泽	吴　玮 陈晓峰	黑龙江电视台
			河道里建起商品楼	法　展　刘　文		中央电视台
	二	言　论	制止国有资产无偿量化给个人	贺劲松	南振中 侯　平 吴锦才	新华社
			平均数代表不了大多数	陈邦勋	王　太 范学忠	农民日报
			理解　拥护　支持　参与——就农村税费改革与乡村干部拉家常	杜时国　李迎春	郭玲玲	河南日报
		广播评论	苏尼特——不应消逝的草原	新　娜　郭　杰	新　娜 郭　杰	内蒙古人民广播电台
			让中药走向世界	刘　林　陈　军 冯　应　廖山英	魏　鸣 赵兰兰	四川人民广播电台
		电视评论	邪教本质　残害生命	李玉强　余伟利 张雪峰		中央电视台
			异地扶贫也要打假	薛　帆　吴豫红 李立元	李　宪 杨亚生	云南电视台
二〇〇二年（第十三届）	一	言　论	沿着党的十六大指引的方向奋勇前进	米博华	王　晨 张研农	人民日报
		广播评论	政治宣言，举国称颂	王明华	杨　波	中央人民广播电台
		电视评论	冲破贸易壁垒，浙江别无选择	王水明　陈鹏飞 朱　珠　吴　晖 陈　丰	汤伟军	浙江广电集团电视新闻综合频道温州电视台

续 表

年份	等级	体 裁	题 目	作 者	编 辑	刊播单位
二〇〇三年(第十四届)	二	广播评论	两副重担一肩挑	王明华	杨 波	中央人民广播电台
			淮河抗洪显国力	张援春 胡 军 许 鹏 潘树楠	李治宇 江明安	安徽人民广播电台
		电视评论	银行该收"点钞费"吗	海 伦 冯 旭 寇建国	海 伦	北京电视台
			追踪矿难瞒报真相	曲长缨 刘大煜		中央电视台
二〇〇四年(第十五届)	一	评 论	国有企业改制一定要规范	阎卡林 刘东向	李洪波	经济日报
			坚决制止低俗炒作行为	赵 金	徐体义 李 维	云南日报
		广播评论	治理好污水也是政绩	李方存 钱 葳 沈杭珍	巫金龙	浙江人民广播电台
		电视评论	欠债咋就不还钱	孙 锐 孙笑非 王学亮		黑龙江电视台
	二	评 论	算一算 GDP 的代价	张登贵	叶贤权 易其洋	宁波日报
			透过表象看实质——析"公共知识分子"论	凌 河	尹明华	解放日报
			指责熊德明是社会的耻辱	何兰生		农民日报
			"办证"与"教授"之间	张文天		科技日报
			用心灵去感知那别样世界	刘文宁	刘家伟	工人日报
			"清欠"何须年关时	朱 波	徐 军 王笑丹	阜阳日报
		广播评论	谁来主导灾后救援行动?	张 敏	李支援	中国国际广播电台
			6 108 亿军购给台湾带来了什么?	王小珍	王小珍	中央人民广播电台
		电视评论	修公路还是修数字	陈树胜 潘雄海	覃水生 万 亿	广西电视台

续　表

年份	等级	体　裁	题　　目	作　者	编　辑	刊播单位
二〇〇五年（第十六届）	特别	评　论	在全面建设小康社会中充分发挥先锋模范作用——论保持共产党员先进性	马　利　崔士鑫 裴智勇	张研农 陈俊宏	人民日报
			提高自主创新能力推进经济结构调整	李洪波 阎卡林 齐东向	张研农 陈俊宏	经济日报
	一	评　论	让和谐创业的主旋律更雄浑更响亮	张　志	严　力 彭春兰	江西日报
			警惕“专家观点”成为“利益俘虏”	李　扬		新华日报
		广播评论	旗舰遇坚兵——“大显”陷入困境的启示	金　众　刘险峰 王红宇　陈　夕	王中宣	辽宁人民广播电台
		电视评论	70 亿维修基金的困惑	陈大立　袁子勇 史月光　王　宇 苑秋宝		北京电视台
		网络评论	我们怎样表达爱国热情	丁　刚	唐维红 张爱敬	人民网
	二	评　论	期待“审计风暴”之后海晏河清	赵建华	魏　玲 王永志	中国新闻社
			带着感情推进助学贷款	董郁玉	包霄林 李春林	光明日报
			中海油竞购受阻，美国损人不利己	朱启文	张　霞	中国日报
			农科院所制假坑农的多重恶劣性	瞿　剑	于莘明 武云生	科技日报
			不要卖掉穷人的饭碗	姜　美　赵　锐	杨　光	宁夏日报
		广播评论	三问中部	王晓晖	王明华 张华杰	中央人民广播电台
		电视评论	“引资百亿”背后的真相	徐宁刚　万　亿 彭　峰	庞　通 覃水生	广西电视台
		网络评论	面对洪战辉，拷问我们缺失什么？	于　浩　常　悦	刘雁军	北方网

续 表

年份	等级	体 裁	题 目	作 者	编 辑	刊播单位
二〇〇六年(第十七届)	特别	评 论	长征，迈着民族复兴的曙光	王义堂 卢新宁 林治波 杨 健 胡 果	张研农 米博华	人民日报
			论新世纪新阶段我军的历史使命——写在《解放军报》创刊50周年之际	集 体	王梦云 孙晓青 刘格文	解放军报
	一	评 论	构建社会主义和谐社会：从点题到破题	钟怡祖	李景瑞	光明日报
			说要做的事就要做	吴志丽	李启瑞 吕朝晖	广西日报
		广播评论	决不许亵渎英雄，歪曲历史	张 勤 王新玲 陈建海 范少俊	张 勤	浙江广电集团
		电视评论	谁在造假	李 力 潘雄海	贾水生 万 亿	广西电视台
		网络评论	网上“恶搞”有悖和谐理念	张碧涌	集 体	光明网
	二	评 论	媒体自身也要讲荣辱观	王 多	陈大维 周智强	解放日报
			以公民的姿态站立	刘文宁	张 刃	工人日报
			我最看不起“看不起农民”的人	夏 树 汪 洋	王 太 刘伟建	农民日报
			不能让中国新生代姓“西”!	周建琳	夏春平	中国新闻社
			小泉的歪理战胜不了公理	江 冶 包尔文	冯 坚 姬新龙	新华社
		广播评论	信息公开透明 确保安全北京	前 行 陈京英	景 兵 王 欣	北京人民广播电台
		电视评论	深山里的一条“船”	陈 洁 赵 刚 梅 伟		中央电视台
		网络评论	爆炸、矿难，山西为何黑色新闻不断	张 冉	李 鹏	中国经济网

续 表

年份	等级	体 裁	题 目	作 者	编 辑	刊播单位
二〇〇七年（第十八届）	一	报纸评论	走好全国一盘棋	李泓冰等	张研农	人民日报
		报纸评论	上海要有更宽广的胸襟	凌 河（申言）	裘 新	解放日报
		广播评论	和平的赛场需要更宽广的民族胸怀	唐征宇 刘凌燕		福建广电集团
		网络评论	谁代表网友给小慧的后妈道歉	李晓晖 吴双健	张 剑	荆楚网
	二	报纸评论	始终想到“最低”处	尚德琪	侯 煜	甘肃日报
		报纸评论	未到尽头先调整	钱丽萍		新华日报
		报纸评论	中央领导着简装的表率意义	徐 可	苟天林	光明日报
		报纸评论	合全球之力，化能源之忧	朱启文	谭宏凯	中国日报
		广播评论	“拒绝”与“重奖”引发的思考	何金宝 王永军 杨 蓓	王广文 魏雁志	河北人民广播电台
		广播评论	高校扩张，隐忧凸显	陈秉科 杨 博 杨 路 申玉彪	张 军 李宇飞	中央人民广播电台
		电视评论	山西洪洞“12·5”矿难调查	法展等		中央电视台
		电视评论	7·18暴雨启示录	林海燕 李 晨 尹翠华	林修功 杨 璐	山东电视台
		网络评论	“华南虎事件”能否成为一个契机？	卢新宁	刘海梅 李灿灿	人民网
		网络评论	达赖喇嘛提出“高度自治”意在颠覆中国的社会制度	夏小鹏 王 岩	方义农 刘 丹	新华网
二〇〇八年（第十九届）	特别	报纸评论	永恒的经典 历史的丰碑——写在北京第29届奥林匹克运动会闭幕前夕	新华社社评	李从军	新华社
	一	报纸评论	灾难中挺立伟大的中国	任仲平	张研农	人民日报
		报纸评论	万众一心 众志成城 战胜特大地震灾害	本报评论员	刘成安	四川日报
		广播评论	“田”字新解		李昌文	山东人民广播电台
		电视评论	祸起三鹿奶粉		杜晓华	甘肃广电总台
		网络评论	国际金融危机暴露美式经济弊端	刘 江	李志强	中国经济网

续 表

年份	等级	体 裁	题 目	作 者	编 辑	刊播单位
二〇〇八年(第十九届)	二	报纸评论	“佛教比丘”难掩政客真面目	本报评论员	马志德	西藏日报
		报纸评论	推荐鲁冠球的一封信	江 坪	朱国良	浙江日报
		报纸评论	以诽谤罪追究记者必须慎之又慎	李国民	李曙明	检察日报
		报纸评论	今天,让我们体悟生命的尊严	李忠志	吴忠华	河北日报
		广播评论	一个胡小燕,无法承载两亿农民工的期待	朱敏等	郑宇嘉	佛山人民广播电台
		广播评论	西安电子科技大学“卡门”事件调查	杨 超	王化强	中央人民广播电台
		电视评论	没有迈不过去的坎	王水明等	周宇昊	浙江卫视
		电视评论	井口:吃人的虎口!			山东电视台
		网络评论	CNN owes China an apology for slandering(《CNN应就其辱华言论向中国道歉》)	高进安	李 红	中国日报网
		网络评论	达赖和“藏青会”是“藏独”的两张脸	窦灏洋	王甘武	新华网
二〇〇九年(第二十届)	一	报纸评论	改变历史的“北京时间”	任仲平	张研农	人民日报
		报纸评论	不是所有弯道都是超越好时机	孙秀岭	周学泽	大众日报
		广播评论	国企频繁制造“地王”,为转型升级埋下“地雷”	集 体	李修利	苏州广播电视总台
		电视评论	温州:望“楼”兴叹	陈振仕 杨育彦 金道武	陈振仕	温州广播电视台
		网络评论	Piercing through Rebiya's veil(揭开热比娅的面纱)	董志新	刘百家	中国日报网
	二	报纸评论	“网友曝”是一种很恶劣的新闻文风	曹 林	曹 林	中国青年报
		报纸评论	哪个民族需要说谎的“精神母亲”?	张之绿	钱丽花	中国民族报
		报纸评论	养活自己是就业第一义	尚德琪	杨 恒	甘肃日报
		报纸评论	青年中国说	牟丰京	郭 莉	重庆日报

续　表

年份	等级	体　裁	题　　目	作　者	编　辑	刊播单位
二〇〇九年（第二十届）	二	广播评论	开胸验肺，拷问制度之弊	集　体	邱海理	河南电台
		广播评论	补上风险意识这一课	集　体	隋　阳	辽宁广播电视台
		电视评论	顺德缘何要当全国机构改革先锋？	集　体	郑天放	佛山电视台
		电视评论	家电下了乡　服务要跟上	集　体　李　朦 刘　研　王云鹏	侯津淼	天津电视台
		网络评论	石首事件的学费要交得值	吴双建	罗　莎	荆楚网
		网络评论	“倒钩”事件凸显多元监督重要性	新民网评论员（李志军　刘　景）	黄　珏	新民网
二〇一〇年（第二十一届）	特别	报纸评论	决定现代化命运的重大抉择——论加快经济发展方式转变	任仲平	张研农	人民日报
	一	报纸评论	谱写自主创新的辉煌篇章	本报评论员	李洪波	经济日报
		报纸评论	达赖又自打耳光了	本报评论员	孟晓林	西藏日报
		广播评论	善待民工才能够缓解民工荒	袁奇翔　王　掌 甘　洋	李方存	浙江广电集团
		电视评论	版权保护——南通家纺市场成功密码	顾道远　宋　梅 查　金	虞　嘉	江苏广播电视总台
		网络评论	依法理性表达爱国热情	付　龙　史江民	张玉珂	人民网
	二	报纸评论	食品安全就该“人命关官”	张渊腾	张春燕	梧州日报
		报纸评论	专家哪里去了	张显峰	林莉君	科技日报
		报纸评论	法官被枪击　请慎司法不公	李曙明	吴晓杰	检察日报
		报纸评论	留白的艺术	王学文	娄和军	大众日报
		广播评论	鸣鸣祖拉吹响“中国制造”警音	集　体	陈　峰	福建广播影视集团
		广播评论	政府“拍脑袋”决策好事也难办好	黎　辉	刘远飞	广东电台
		广播评论	走了样的节能减排	万　强　张　霰 马昊原	王广文	河北电台

续 表

年份	等级	体 裁	题 目	作 者	编 辑	刊播单位
二〇一〇年(第二十一届)	二	电视评论	假酒真相	潘 明 张 敏 赵丽颖	李景梅	中央电视台
		电视评论	会说谎的作文	郝 颖 贺应桃	席应民	重庆广电集团(总台)
		网络评论	Obama is sending a wrong message(奥巴马发出错误信息)	朱 渊	孙晓慧	中国日报网
		网络评论	坚持走政治体制改革的“中国道路”	周继坚	任俊明	新华网
二〇一一年(第二十二届)	特别	报纸评论	选择,凝聚在信仰的旗帜下——写在中国共产党成立90周年(上)	任仲平(集体)	张研农	人民日报
	一	报纸评论	倾听那些“沉毅的声音”	人民日报评论部(集体)	卢新宁	人民日报
			在转变中赢得大发展——九论用领导方式转变加快发展方式转变	何 平	朱夏炎	河南日报
		广播评论	严禁酒驾带给社会的启示	丁芳 倪晓明 孙向彤		上海广播电视台
		电视评论	聚焦医患“第三方”	集体		上海广播电视台
		网络评论	“老何说和”说了些什么?	李广华 田勇		中国宁波网
	二	报纸评论	采访作风,新闻生命之所系	王斯敏	李玉滑	光明日报
			“传言伤农”,后果更加严重	王玉琪	白锋哲	农民日报
			城市管理亟待走出“整治思维”	翟慎良	戴心平	新华日报
		广播评论	莫让“许诺”冷了百姓的心	王俊伟 黄 英 田 霞 方东晓		太原电台
			津工超市,领跑中国社区商业的启示	王 栋 齐 丽 郝金玲 冯利津		天津电台
			九二共识是两岸和平发展的基础	黄志清 王 琨		中央电台

续　表

年份	等级	体　裁	题　　目	作　者	编　辑	刊播单位
二〇一一年(第二十二届)	二	电视评论	温州：让民间资本回归实体经济	王米娜　孙　宇 黄利伟　朱贤勇		浙江电视台
			名不副实的“公考”培训班	陈树胜　钟坚 黄华强		广西电视台
		网络评论	人民网评：打通“两个舆论场”	廖　玒　潘　健 祝华新　单学刚		人民网
			“斑马线打太极”打出“车德之羞”	陈海荣　林雯晶		东南新闻网

四版后记

改革开放以后，特别是近些年以来，在邓小平理论和“三个代表”重要思想指引下，在贯彻落实科学发展观的过程中，我国的新闻传播业得到了蓬勃发展，呈现出前所未有的繁荣局面。值得一提的是，在新闻的十八般武艺中，新闻评论作为媒体的“旗帜和声音”，其重要地位和独特功能，正被越来越多的人所认识；其内容和形式的拓展，正向新的广度和深度进军。大量事实表明，在坚持正确的舆论导向、高扬主旋律方面，在宣传党在新的发展阶段的路线、方针、政策和一系列重大部署方面，在弘扬社会正气、鞭笞丑恶现象、为公众释疑解惑、引导社会舆论等方面，一句话，在增强新闻媒体的核心竞争力和影响力方面，新闻评论作为“旗帜和灵魂”，已经并正在发挥着日益突出的作用。

然而，相对于较为活跃的新闻评论工作，我们的新闻评论研究与教学是严重滞后了。记得 20 多年前，我还在复旦大学新闻系任教的时候，新闻评论是一门基础最薄弱的学科。在全系师生的支持下，1984 年我撰写了全国第一本新闻学基础教材《新闻评论学》，约 20 万字，并于 1985 年由复旦大学出版社正式出版。这是在此之前我近 20 年从事报纸评论工作和新闻评论教学的经验总结，也对当时新闻改革中评论工作的成功举措作了归纳总结。尽管此书较为浅薄，但由于是“第一本”，新闻出版界予以很高评价，称其“反映了该学科当前的最新水平”；第一版很快售罄，接着数次重印，印数一再追加，还是供不应求。这意想不到的成功，对我委实是极大的鼓励。

光阴荏苒，星移斗转，一晃到了 20 世纪 90 年代中期，我们国家已经发生了深刻的变化，经济体制已进入从计划经济向社会主义市场经济的转轨时期，在此情势下，原教材的一些提法、典例已和当时的形势不相适应；而且，从各种新闻媒体评论的变革看，除了报纸评论外，广播电视评论应运而生，出现了评论类的节目；评论的技法在实践中也更趋多样化，更趋讲究与成熟。这一切，迫切需要有人去进行科学的抽象，加以理论的总结和提高。再从高等新闻教育事业的发展看，新闻专业教学点成倍增长，各类教材也发展很快，相对而言，最缺的就是适合当时需要的《新闻评论学》教材。而我尽管有志于此，但自1983年相继调上海青年报社、新民晚报社主持工作以后，虽然作为复旦大学新闻学院的兼职教授不时为同学讲课，也经常听到同学们和社会上要求修订再版这本教材的呼声，然而毕竟力不从心，实在无暇独立从事修订工作。所幸的是，为了适应当时教学工作的急需，在张骏德、程士安两位《新闻评论学》主讲教师的积极参与下，1996年，我们对第一版《新闻评论学》进行了一次修订，对原书结构和典例作了部分调整，增加了个别章节，同时也删削了与新闻评论关系不太密切的内容，还编入曾建雄博士撰写的《中国报刊新闻评论的产生与发展》作为最后一部分。经过修订后的第二版《新闻评论学》，复旦大学出版社于1997年1月公开出版，这对当时新闻评论的教学与科研工作深入开展，无疑起了积极的推动作用。

如今，人类社会已跨入了风光无限的21世纪，我国新闻传播业呈现出更加蓬勃发展的生机。新闻评论工作也进入了空前兴盛的阶段，突出表现在各级党和政府更加注意通过抓新闻评论加强对新闻事业的领导，新闻单位更加自觉地把加强和改进言论工作，作为深化新闻改革、增强新闻宣传核心影响力的重要方面；新闻评论的内容越来越丰富，评说的空间越来越大，几乎成为社会生活的面面观；广播电视新闻评论性节目和谈话类节目相继崛起；网络新闻评论发展势头雄劲；新闻评论的写作技法也日趋多样；各家媒体上新闻评论专栏越来越多，新作者不断涌现……新闻评论园地里所出现的这一切，有多少新经验需要我们去总结，有多少新课题需要我们去研究，有多少新领域需要我们去拓展啊！

在此情况下，2001年6月，复旦大学出版社负责新闻传播类书籍编辑的顾潜先生专门来函，希望我对第一版和第二版的《新闻评论学》，独自作一次全面修订，力求反映该学科当前的最新水平，并一再说明该书将作为复旦大学出版社的“博学”品牌，作为新世纪版的新闻与传播学系列教材之一问世。说实在的，刚听到这一任务时，我真有点诚惶诚恐，总觉得心有余而力不足。然而，顾潜先生一再给我分析有利条件，说什么有26年新闻实践和10年新闻教学经验啦，近几年又有一些新闻评论学的著述可供参考啦，以及退居二线后我有了更多的精力和时间保证啦，等等，说得我一时语塞。即便在这样的情况下，我还是前后花了将近一年的时间，才改定付梓。这本经过全面修订的《新闻评论教程》,以1985年第一版和1997年第二版的《新闻评论学》为基础,立足于当前这门学科的发展前沿,既注意阐述新闻评论学的一般原理与原则、新闻评论写作的要领与技法,更力求紧密联系当前新闻评论工作的实际,从中找出规律性的东西,以提高实践水平和动手能力。而且,按照教学的需要,每个章节都附有内容提要以及问题和练习,因而特别适合高等院校新闻专业的莘莘学子使用。考虑到丛书体例的一致性,书名则改为《新闻评论教程》。

功夫不负有心人。想不到我的这一番努力,换得了丰厚的回报。这本经过全面修订的第三版《新闻评论教程》面世后,短短5年已11次重印,如果加上前两版的印数,已达30万册之多。更加使我感奋的是,2006年初,这本拙著还被教育部评定为"十一五"国家级规划教材。为了不负众望,使这本教材真正能与时代同步,与社会实际需求同行,根据复旦大学出版社的要求,最近我又用了将近两个月的时间作了再一次修订,力求将新闻评论在近几年的新发展、新突破、新成果,特别是对其内涵和外延的扩大、功能和作用的提升、内容和形式的创新,诸如新闻评论得到前所未有重视的背景、党报言论引导力和影响力的扩大、新闻时评的勃兴、广播电视评论的拓展、网络媒体名目繁多论坛的崛起,以及公众话语平台的构建、社论版雏形的面世等等涵盖进去。为此,我补充和深化了不少新的评论理念,增写了一些新的章节,补充了不少新的内容,调换了若干新的典例,更加注重突出教材的时代性、针对性、科学性、前瞻性和可操作性。在主观上,我不仅希望这本教材能适用于高等院校新闻传播专业的教学需要,而且也渴望能得到有志于学习评论写作的朋友,包括从事评论工作的同行们的喜欢与指教。

在此,我要再一次对所有过去和现在为这本书提供过各种形式帮助的同行、专家、学者,尤其是曾经参与过这本书第二版修订的张骏德教授、程士安教授,以及原《人民日报》副总编辑周瑞金同志、《新民晚报》资深评论员邵传烈同志、《解放日报》评论员王多同志,以及为催生和修订这本书而不遗余力的复旦大学出版社领导和责任编辑、编审顾潜同志等,一并致以深切的谢忱。由于作者水平所限,书中不足和疏漏之处在所难免,诚望诸位方家和读者朋友不吝指教,提出宝贵意见,以便进一步修改补充,使之日臻完善。

作　者

2007年岁末于上海踔厉斋

复旦版新闻传播类重点教材

新闻传播类

书　　名	定价	作　者	备　　注
新闻学概论(第四版)	39	李良荣	十一五国家级规划教材,有课件
中国新闻事业发展史(第二版)	39	黄　瑚	十一五国家级规划教材,有课件
中国新闻史新修	58	吴廷俊	三个一百原创出版工程奖、吴玉章新闻奖
外国新闻传播史导论(第二版)	33	程曼丽	十一五国家级规划教材
马克思主义新闻经典教程(第二版)	38	童　兵	十一五国家级规划教材,有课件
马克思主义新闻思想概论	30	陈力丹	
新闻法规与职业道德教程(第二版)	38	黄　瑚	有课件
新闻传播法学	44	孙旭培	
新闻理论十讲	30	陈力丹	
中国新闻采访写作学(新修版)	38	刘海贵	十一五国家级规划教材,有课件
新闻采访教程	25	刘海贵	
新闻编辑教程(第二版)	30	张子让	有课件
当代新闻评论教程(第五版)	40	丁法章	十一五国家级规划教材,有课件
时评写作十讲	35	曹　林	
当代新闻采访(第二版)	16	刘海贵	
当代新闻写作(第二版)	20	周胜林等	
高级新闻采访与写作(第三版)	32	周胜林	
当代新闻评论	26	柳　珊	

续　表

书　　名	定价	作　者	备　　注
当代报刊编辑艺术	35	韩　松	
当代新闻摄影教程	34	李培林	有课件
新闻编辑能力训练教程	22	若　文	
财经报道概论(第二版)	35	贺宛男	十一五国家级规划教材有课件
当代西方财经报道	25	安雅·谢芙琳	
传播学原理(第二版)	30	张国良	有课件
传播理论	36	陈国明等	
传播学研究理论与方法(第二版)	32	戴元光	
传播研究方法	38	陈国明等	
传播研究方法	40	张国良等	
网络传播概论新编	28	张海鹰	十一五国家级规划教材,有课件
网络传播法规与道德教程	30	黄瑚等	
网络新闻编辑学(第二版)	36	秦　州	有课件
国际传播学导论	25	郭　可	
当代对外传播	15	郭　可	
电子媒体导论	32	张海鹰	
文化产业导论	28	蔡尚伟	
文化产业创意与策划	30	严三九	
现代传媒经济学	30	吴信训	

电视、电影及新媒体类

当代广播电视概论(第二版)	39.80	陆晔等	十一五国家级规划教材,有课件
中外广播电视史(第二版)	36	郭镇之	十一五国家级规划教材,有课件

续　表

书　　名	定价	作　者	备　　注
新编广播电视新闻学	32	吴信训	上海市精品课程，有辅助教学的课程网站
当代广播电视学	35	郭镇之等	有课件
当代电视新闻学	45	黄匡宇	
电视节目策划学	28	胡智锋	十一五、十二五国家级规划教材，有课件
当代电视节目类型教程	35	张　健	有课件
电视艺术教程	28	蓝　凡	有课件
电视专题与专栏——当代电视实务教程(第二版)	40	石长顺	有课件
当代电视新闻采访教程	35	赵淑萍	北京市精品课程，有课件
广播电视专业英语教程	22	邓惟佳等	有课件
当代电视摄影制作教程	39	黄匡宇	
数字电视摄像技术(第二版)	38	赵成德等	有课件
当代电视编辑教程(第二版)	39	张晓锋	
电视深度报道教程	38	季宗绍	有课件
当代广播电视播音主持(第二版)	36	吴　郁	有课件
节目主持人传播	25	陈　虹	
美国播音技艺教程(第五版)	38	Carl Hausman 等	
纪录片概论	35	聂欣如	有课件
纪录片解析	28	陈国钦	配有 40 余部作品视频集粹的助教光盘
纪录片解读	49	石　屹	有课件
纪录片编导与制作(第三版)	36	Alan Rosenthal	

续 表

书　名	定价	作　者	备　注
电影产业概论	38	金冠军等	
外国电影史教程	35	黄文达	
电影美学导论	35	金丹元	
电影阅读方法与实例	30	葛　颖	
电影语言学导论	30	贾磊磊	
影视剪辑(第二版)	38	聂欣如	有课件
类型电影教程	40	郝　建	
苏俄电影教程	28	吴小丽等	
动画概论(第二版)	30	聂欣如	有课件
好莱坞动画电影导论	38	杨晓林等	有课件
动画场景设计	38	陈贤浩	有课件
数字新媒体概论	34	张文俊	有课件

广告、公关类

书　名	定价	作　者	备　注
广告学原理(第二版)	32	陈培爱	有课件
现代广告学(第七版)	36	何修猛	有课件
广告伦理学	35	陈正辉	有课件
中外广告史新编	36	杨海军	有课件
广告策划创意学(第三版)	40	余明阳	有课件
广告文案写作教程(第二版)	32	丁柏铨等	
广告创意战略(第九版)		朱　丽 安妮等	将出
广告创意思维教程	34	舒咏平	有课件
广告调查与效果评估(第二版)	23	程士安	有课件
广告媒体策划	29	纪华强	有课件
广告运作策略(第二版)	29	刘绍庭	有课件

续 表

书　　名	定价	作　者	备　　注
广告经营与管理	35	郜　明	有课件
广告法规管理(第二版)	29	吕　蓉	
现代广告设计(第二版)	48	王肖生	有课件
广告案例教程(第三版)	36	何佳讯	有课件
广告摄影教程(第二版)	48	王天平	有课件
广告摄像教程	48	韩振雷	有课件
广告实验教程	58	舒咏平	有课件
广告英语教程	20	张祖忻等	有课件
整合营销传播:原理与实务	35	黄鹂等	有课件
品牌学案例教程	32	杨海军	有课件
商务谈判与沟通技巧(第二版)	20	潘肖珏	有课件
销售沟通艺术:买卖成功的秘诀	24	谢承志	
演讲的艺术(第八版)	59.80	卢卡斯	配光盘
访谈的艺术(第十版)	48	斯图尔特等	
倾听的艺术(第五版)	32	沃尔文等	
商务沟通的艺术(第十版)	48	阿德勒等	

若了解详情,请到复旦大学出版社网站查询(www. fudanpress. com)。

订购教材、课件索取,请联系:
Email:fudanjiaocai@163. com　电话:021－65103503　联系人:鲍　悦

意见反馈、投稿出书,请联系:
Email:liting243@126. com　电话:021－65100229
联系人:李　婷

图书在版编目(CIP)数据

当代新闻评论教程/丁法章著. —5版. —上海：复旦大学出版社，2012.12(2024.7重印)
(复旦博学. 新闻与传播学系列教材：新世纪版)
ISBN 978-7-309-09337-7

Ⅰ. 当…　Ⅱ. 丁…　Ⅲ. 评论性新闻-高等学校-教材　Ⅳ. G210

中国版本图书馆CIP数据核字(2012)第264337号

当代新闻评论教程(第五版)
丁法章　著
责任编辑/章永宏

复旦大学出版社有限公司出版发行
上海市国权路579号　邮编：200433
网址：fupnet@fudanpress.com　http://www.fudanpress.com
门市零售：86-21-65102580　团体订购：86-21-65104505
出版部电话：86-21-65642845
常熟市华顺印刷有限公司

开本787毫米×960毫米　1/16　印张27　字数406千字
2024年7月第5版第20次印刷
印数181 001—192 000

ISBN 978-7-309-09337-7/G · 1139
定价：48.00元